Überleben und Wachsen in der Sofortgesellschaft

Dieter Bölzing

Überleben und Wachsen in der Sofortgesellschaft

Wie Sie Ihrem Unternehmen
durch Big Data und Value Chain
Wettbewerbsvorteile verschaffen

Dieter Bölzing
IN-NOVA Supply Chain Excellence
Kelkheim, Deutschland

ISBN 978-3-658-15110-2   ISBN 978-3-658-15111-9   (eBook)
https://doi.org/10.1007/978-3-658-15111-9

Die Deutsche Nationalbibliothek verzeichnet diese Publikation in der Deutschen Nationalbibliografie; detaillierte bibliografische Daten sind im Internet über http://dnb.d-nb.de abrufbar.

Springer Gabler
© Springer Fachmedien Wiesbaden GmbH, ein Teil von Springer Nature 2018

Gedruckt auf säurefreiem und chlorfrei gebleichtem Papier

Springer Gabler ist ein Imprint der eingetragenen Gesellschaft Springer Fachmedien Wiesbaden GmbH und ist ein Teil von Springer Nature
Die Anschrift der Gesellschaft ist: Abraham-Lincoln-Str. 46, 65189 Wiesbaden, Germany

Vorwort

Alles wird schneller. Alles beschleunigt sich. Alles wird komplexer. Und doch – vieles wird einfacher. Es kommt immer darauf an, aus welcher Perspektive man darauf schaut.

Der aktuelle Umbruch in Wirtschaft und Gesellschaft, oft durch das *4.0* beschrieben, hat eine völlig neue Qualität und Dimension erreicht, indem viele sogenannte Megatrends zusammenspielen. Durch die globale Vernetzung aller Akteure werden in diesem Umfeld jeden Tag neue Möglichkeiten geschaffen. Mit diesen neuen Möglichkeiten und dem ständigen Auftreten neuer Akteure, sind bestehende Möglichkeiten teilweise schlagartig veraltet, obsolet oder schleichen aus dem Markt. Und die dazugehörigen Akteure ebenfalls.

Das greift dieses Buch auf – die Gesellschaft und ihre Veränderung treibt den Wandel auf Basis technologisch möglich gewordener Vernetzungen der Informationsströme. Die Industrie muss sich möglichst schnell darauf einstellen und hier mitziehen. Ansonsten bedeutet Stillstand einen Rückschritt und teilweise sehr kurzfristig einen Abriss im Umsatzstrom.

Was ist nun das eigentliche Wesen des gesellschaftlichen Wandels? Wenn man einmal hinschaut, was die vielen Konsumenten tun und wie sich auch industrielle Informations- und Transaktionsprozesse verändert haben, dann stellt man eines fest:

Alles muss sofort geschehen – und alles ist auch irgendwie sofort möglich!
Die aktuelle Generation will alles sofort und es ist machbar durch den Einsatz von internetbasierten Zugängen zu Informationen und Transaktionen (auf attraktiven mobilen oder stationären Endgeräten) und durch das Anbieten digitaler und physischer Produkte und Services, die im Rahmen von verknüpften Hochleistungsprozessen in kürzester Zeit Kommunikation, Information, Produkte und Services verfügbar machen.

Das betrifft mittlerweile fast alle Bereiche des täglichen Lebens: Reisen, Kontostand, Finanzmarkt-Informationen, Wertpapiertransaktionen; Autos, Häuser, Wohnungen mieten oder kaufen; Musik, Videos, Spiele kaufen; Bilder anschauen oder gar neue mit witzigen Effekten erstellen und mit anderen teilen; die neuesten Sportergebnisse, neue Lebenspartner finden und vieles mehr – alles ist sofort erreichbar, konsumierbar, machbar.

Daher wurde als Leitthema des gesellschaftlichen Wandels der Begriff **Sofortgesell-schaft** definiert. Dies ist der eigentliche Treiber, warum alles schneller wird und Kunden-beziehungen viel dynamischer sind als früher.

(Über-)Leben in der Sofortgesellschaft und Schöpfen aus der Dualität von digita-len und physischen Angeboten für die Verbraucher – diesem Phänomen soll in diesem Buch nachgegangen werden. Wie muss ein Unternehmen intern organisiert sein, worauf kommt es im Kern an, um physische und digitale Angebote möglichst schnell, effizient und effektiv zum Verbraucher zu bringen? Welche Angebote sollen wie vermarktet und geliefert werden? Das rührt an den Grundfragen der Unternehmensgestaltung.

Interessanterweise lassen sich darauf recht einfach Antworten finden. Das passt zur These der *maximalen Einfachheit in der maximalen Komplexität*. Es kommt eben nur darauf an, diese Dinge richtig zu machen. Und Vorbilder für *Richtig* und *Falsch* gibt es jeden Tag zu betrachten; neue kommen hinzu, andere scheiden aus.

Woran liegt es nun, dass einigen das Wachstum gelingt, nicht nur das Überleben? Und wie lässt sich das auf das eigene Unternehmen übertragen? Hierzu soll ein Beitrag geleistet werden. Die Eckpunkte für die Lösung seien hier bereits kurz genannt.

Es ist das Zusammenspiel von Produktattraktivität, Kundenerreichbarkeit, Exzellenz in der Wertschöpfungskette durch Synchronisation und Kollaboration und ein Führungs-modell des Unternehmens, dass das jeden Tag aufs Neue will und jeden Tag neue Mög-lichkeiten sucht, dies zu verbessern und auszuweiten.

Dazu gehören natürlich einige Hilfsmittel aus der digitalen, aber auch aus der emotio-nalen Welt. Nur die Unternehmen, die beide *Enabler* nutzen, werden wirklich erfolgreich sein. Was das bedeutet? Nun, dazu müssen Sie, liebe Leser, dann schon etwas weiter hin-ten schauen. Ich wünsche Ihnen viel Spaß dabei!

Zwei Hinweise seien an dieser Stelle gestattet:

1. Dieses Buch richtet sich vor allem an die Vielzahl der Unternehmen, die einen Nach-holbedarf im Hinblick auf ihre *Digitalisierungsstrategie* empfinden. An die vielen Unternehmen, die jeden Tag einen hohen Aufwand der ungewollten Improvisation und des *Firefighting* haben. An die Unternehmen, für die Supply-Chain-Exzellenz, und mehr noch Value-Chain-Exzellenz, ein Themenbereich ist, der erst noch richtig erschlossen werden will.

   Im Maturity-Modell gesprochen, eher an die Unternehmen in *Level 0 bis 3*. Für die feine und durchaus wachsende Zahl der Supply-Chain-Stars wird es in weiten Teilen doch eine Darstellung entweder bekannter Sachverhalte geben, oder die hier vorge-stellten Themen sind nicht in dem Maße relevant wie für die Unternehmen mit einem höheren Nachholbedarf.

2. Es geht um supply-chain-relevante Strukturen, bei denen physische, aber auch digita-lisierte Produkte verkauft, gekauft und geliefert werden. Daher stehen Beispiele und Sachverhalte im Vordergrund, die mit hoher Transaktionsvielfalt zu tun haben und

die direkt an der Schnittstelle zwischen Anbietern und der Sofortgesellschaft stattfinden. Viele Beispiele hinsichtlich der Sofortgesellschaft zielen auf das Geschäft
mit Konsumenten (Business-to-Consumer), einige auch auf das Geschäft zwischen
Geschäftskunden (Business-to-Business). Hier findet die unmittelbare Veränderung
von Gesellschaft und Unternehmensprozessen statt. Indirekt sind jedoch alle Unternehmen davon betroffen, dass sie eine höhere Taktrate, eine höhere Geschwindigkeit,
eine höhere Effektivität und Effizienz in ihrer Wertschöpfungskette benötigen. Das
findet sich verstärkt in der zweiten Hälfte des Buches.

Doch auch für dieses Buch gilt, dass Stillstand Rückschritt bedeutet. Somit ist das Drucken eines Buches schon Stillstand und es wird automatisch jeden Tag etwas veralten.
Daher würde ich mich freuen, mit Ihnen in einen Dialog treten zu können, in dem Sie mir
über Ihre Erfahrungen berichten und vielleicht ein paar Beispiele und Lösungen beisteu-
ern. Dann haben wir auch eine kleine *Sofortgesellschaft* für diese Themen, die die Welt
verändern und sie zu einer besseren für Anbieter und Konsumenten machen können.

Dr. Dieter Bölzing

Inhaltsverzeichnis

Abbildungsverzeichnis

Einleitung: Alles beschleunigt sich

1

1.1 Megatrends treiben den Wandel

Unsere Gesellschaft befindet sich in einem der größten Wandlungsprozesse, die sich in den letzten Jahrzehnten vollzogen haben. Eigentlich eher in den letzten Jahrhunderten, da viele diese Veränderungen auf eine Stufe der verschiedenen industriellen Revolutionen stellen. Mit denen hat die aktuelle Veränderung gemein, dass sich nicht nur die industriellen Prozesse grundlegend verändern, sondern damit auch gleichzeitig viele gesellschaftliche Veränderungen einhergehen.

Allerdings ist es dieses Mal so, dass die technologischen Möglichkeiten auf Basis des Internets und des damit möglichen offenen Informations- und Datenaustauschs in der Gesellschaft der Treiber der Veränderung sind und nicht die industriellen Prozesse. Letztere sind vielmehr eine Folge der neuen Interaktions- und Informationsprozesse und hinken eher hinter diesen her. Andererseits sind die Gestaltung der Schnittstellen zwischen den Akteuren und auch die damit mögliche, völlig neue Ansprache von Kunden und Konsumenten, durchaus ein wesentlicher Treiber des sich vollziehenden Wandels. Er passiert aber nicht automatisch, sondern wird von vielen Akteuren weltweit gleichzeitig und in vielen unterschiedlichen Facetten betrieben.

Daher hat der aktuelle Umbruch letztlich eine völlig andere Qualität und Dimension erreicht, da viele Megatrends zusammenspielen. Das besondere hieran ist, dass jeder Megatrend für sich schon eine vielfältige und umfassende Veränderung der Welt, in der wir leben, mit sich bringt (oder diese Veränderung treibt). Jeder Megatrend schafft jeden Tag irgendwo auf dieser Welt neue Möglichkeiten. Nun wirken diese bereits in sich hoch explosiven Megatrends auch noch zusammen und schaffen in einem vernetzten Zusammenspiel noch weit darüber hinausgehende Veränderungen, die ein Vielfaches an Möglichkeiten, Angeboten, Interaktion, Spontaneität, neuen Anbietern, aber auch Volatilitäten und viele andere positive wie negative Effekte mit sich bringen.

© Springer Fachmedien Wiesbaden GmbH, ein Teil von Springer Nature 2018
D. Bölzing, *Überleben und Wachsen in der Sofortgesellschaft,*
https://doi.org/10.1007/978-3-658-15111-9_1

Mit diesen neuen Möglichkeiten, und dem ständigen Auftreten neuer Akteure, sind bestehende Möglichkeiten teilweise schlagartig veraltet, obsolet, oder schleichen aus dem Markt. Und die dazu gehörigen Akteure ebenfalls. Die Dynamik dieses gesamten Geschehens hat eine Größenordnung erreicht, die oft schon gar nicht mehr richtig mitverfolgbar ist (siehe auch Matzler et al. 2016).

Die hierauf basierende und diese neuen Möglichkeiten nutzende Gesellschaft und ihre Veränderungen treiben den Wandel. Industrie und Handel müssen sich möglichst schnell darauf einstellen und hier mitziehen. Ansonsten bedeutet Stillstand einen Rückschritt und teilweise sehr kurzfristig einen Abriss im Umsatzstrom.

1.2   Die Sofortgesellschaft will den Wandel

Die **Instant Society** ist in ihrem Verhalten, vor allem aber in ihren Möglichkeiten, mittlerweile fast unbegrenzt. Alles lässt sich sofort nachschlagen, die Welt ist überall online, ein Download verschafft den Zugang zum Produkt in Sekundenschnelle. Und nicht nur zum Produkt, sondern auch zu aktuellen und vielfältigen Bewertungen anderer Käufer und Nutzer im Hinblick auf Qualität, Brauchbarkeit, Verwendbarkeit und auch zum Lieferprozess. Doch nicht nur die kommerzielle Transaktion ist Gegenstand der Sofortgesellschaft, sondern der Informationsaustausch generell.

Erreichbarkeit ist ein Muss und Geschwindigkeit ist nur noch als „schnell" akzeptabel. Das Nicht-Erscheinen der blauen Häkchen verursacht bei vielen Akteuren bereits Stresssymptome, denn eine Antwort sollte nach Möglichkeit in den nächsten Sekunden kommen. Die andere Person schreibt, aber nicht an mich – was bedeutet das? Geschwindigkeit und Transparenz erlangen am Beispiel WhatsApp oder WeChat betrachtet eine völlig neue Wirkungsdimension, die Ungeduld mit anderen weitreichenden Emotionen kombinieren kann.

Zu jedem Ereignis in dieser Welt gibt es sofort Kommentare; viele der Teilnehmer differenzieren sich bereits über die Geschwindigkeit, mit der sie die richtigen und wichtigen Geschehnisse und Neuigkeiten kommentieren, nicht mehr über die Qualität der Aussage. In Sekundenbruchteilen wird geliked, getweeted, gechattet, bestellt. Und auch wieder abbestellt.

Man braucht sich nicht mehr den Aufwand zu machen, zu einem Laden zu fahren, der doch nur ein begrenztes Sortiment hat. Man stöbert sofort und spontan im Internet, findet oft auch andere Dinge, die man schon immer mal haben wollte (dies nur vergessen oder vielleicht noch gar nicht gewusst hat). Wenn es ein physisches Produkt ist, kann man es oft schon am gleichen Abend zugestellt bekommen. Der Download geht natürlich sofort; man muss nur noch aufpassen, dass man das richtige Medium und richtige Format verwendet – und selbst das wird zunehmend kein relevanter Aspekt mehr. Die handelnden Akteure treiben diese Beschleunigung mit großer Kreativität und hoher Energie (und teilweise auch hohen Investitionen) voran. Die hierdurch entstehenden Algorithmen, Programme und auch physischen Lieferstrukturen sind durchaus hochkomplex – gegenüber dem Kunden jedoch auf maximale Einfachheit getrimmt.

1.3 Maximale Einfachheit versteckt die maximale Komplexität

Und damit sind wir bei einem wichtigen Sachverhalt der Sofortgesellschaft – alles muss sofort intuitiv verstanden werden, spontan ansprechen und ganz einfach zu bedienen sein. Mit möglichst vielen Auswahlmöglichkeiten, welche Zusatzinformation oder auch ganz andere Information man als Nächstes anschauen möchte. Das erfordert hohen Aufwand im Hintergrund, der darf aber nicht spürbar oder gar erkennbar sein. **Maximale Komplexität trifft auf maximale Einfachheit!**

Übersetzt auf die Unternehmen, die als Anbieter in dieser Sofortgesellschaft agieren, heißt dies nichts anderes, als dass die viel diskutierte *digitale Transformation* im Kern eine extreme Beschleunigung der Geschäftsgeschwindigkeit bedeutet. Aufgrund der Spontaneität im Kundenverhalten bringt diese neben der hohen *Vorwärtsgeschwindigkeit* auch eine Vielzahl von spontan auftretenden Störgrößen mit sich, die darüber hinaus eine hohe Volatilität in Geschäftsabwicklung und Geschäftssystem verursacht.

Somit ist eine der Lerngrößen für Unternehmen, die diese beispielsweise mit transaktionsbegleitenden Datenanalysen durchführen sollten (Stichwort *Big Data – aber bitte richtig*), das richtige Zeitfenster herauszufinden, in dem sie den physischen Versand anstoßen sollten: Gibt man den Versand zu schnell frei, gibt es eine schnelle Stornierung oder Änderungen der Bestellung und alles kommt ins Trudeln. Wartet man zu lange, klappt es nicht mehr mit dem Handover an den liefernden Service Provider und die Zustellung erfolgt nicht mehr zum gewünschten Zeitpunkt. Nicht alle Produkte sind digitalisierbar für den Download, somit ist nach wie vor die Beherrschung der physischen Prozesse einer der fundamentalen Effekte auch im Zeitalter der *digitalen Transformation*.

1.4 Dualität von digital und physisch ist ein Muss

Der zweite fundamentale Effekt ist die **Dualität.** Physische und digitale Produkte sind eine Symbiose eingegangen. Wozu noch eine vielsprachige Gebrauchsanleitung drucken, wenn man per 3-D-Barcode die passenden Informationen einfach downloaden kann und per Stichwortsuche gleich die gewünschte Bedienungslösung findet? Man braucht für diese nicht mehr einen Platz zu finden, an dem man sie doch nie wiederfindet und es fällt kein Altpapier an, das entsorgt werden muss. Nur noch das Bereinigen der Festplatte vom „Datenmüll" ist nötig – auch das geschieht mittlerweile automatisch und selbsttätig durch viele kleine Dienstprogramme.

(Über-)Leben in der Sofortgesellschaft und Schöpfen aus der Dualität von physischen und digitalen Angeboten: Das erfordert ein intensives und gesteuertes Zusammenspiel von Produktattraktivität, Kundenerreichbarkeit, Exzellenz in der Wertschöpfungskette durch Synchronisation und Kollaboration und ein Führungsmodell des Unternehmens, das dieses jeden Tag aufs Neue will und jeden Tag neue Möglichkeiten sucht, dies zu verbessern und auszuweiten.

Der Blick auf die *TOP 25-Unternehmen,* die aus globaler Sicht als Supply-Chain-Champions betrachtet werden, zeigt, wie sehr diese Firmen an den genannten vier Stellhebeln arbeiten (Gartner 2016, 2017). Alle Unternehmen, ob in Produktion, Handel, Gastronomie oder anderen Dienstleistungen tätig, legen großen Wert auf Innovation in allen Bereichen des Unternehmens, vor allem aber auf innovative und aus Kundensicht attraktive Produkte. Alle arbeiten aufs Intensivste daran, dass sie den Kunden mit ihren Marketingbotschaften erreichen, insbesondere jedoch, dass die Kunden sie erreichen. Was nützt der „angeheizte" Verbraucher, wenn die Ladentür geschlossen ist? Oder erst gar nicht zu finden ist? Hierfür braucht es die Vielfalt der Absatzkanäle; nicht nur im traditionellen Handel, sondern auch in den digitalen Verkaufslandschaften.

Der Fokus der *TOP 25-Analysen* liegt im Schwerpunkt auf der internen Exzellenz in den verschiedenen Leistungsprozessen. Hierzu wurde ergänzend vom Autor ein Reifegradmodell entwickelt, das in Abschn. 4.3 vorgestellt wird. Aus der Beobachtung der wirklichen *Market-Changer* hat sich ergeben, dass es auch eine neue Art der Zusammenarbeit auf der Führungsebene gibt, die signifikant ist – sowohl in der Rollenverteilung als auch im Zusammenspiel.

Dazu gehören natürlich einige der neuen Hilfsmittel aus der digitalen Welt sowie vielfältige Ansprache und Nutzung der emotionalen Welt. Während die digitalen Helfer vor allem Transparenz erzeugen können, setzen die emotionalen Hilfsmittel mehr auf Attraktivität, Loyalität, aber auch auf Angstelemente, um einen schnellen Abschluss zu erzielen. Hier hat die Hirnforschung in den letzten Jahren wichtige neue Erkenntnisse zu Sachverhalten geliefert, die früher eher aufgrund von Intuition oder Erfahrung eingesetzt wurden, nun aber gezielter und wirksamer verwendet werden können.

1.5   Dualität aus rationaler Analyse und emotionaler Kundenbindung

Es liegt noch eine weitere *Dualität* vor: **Rational paart sich mit emotional.** Nur die Unternehmen, die beide *Enabler* nutzen, werden wirklich erfolgreich sein können. Die analytischen Instrumente liefern den Ansatzpunkt und Hebel, um zu wissen, welche Kundengruppen im Absatzmarkt vorliegen, wie diese jeweils „funktionieren" und was den handelnden Personen wichtig ist. Diese quantitativen Analysen geben aber keine Lösungen, wie man diese Kunden am besten anspricht und in welcher Weise die *Customer Journey* zu gestalten ist, um die angesprochenen Kunden auch zum Kauf im eigenen Umfeld zu bewegen. Hier setzt die Verhaltens- und Hirnforschung ein. Das Ansprechen unterschwelliger Ängste und Präferenzen in geschickter Weise führt dazu, dass Kunden unbemerkt gelenkt werden können und sich mit hoher Wahrscheinlichkeit für das angebotene Produkt entscheiden. Andererseits haben die digitalen Medien durch Kundenbewertungen Mechanismen gefunden, um den Kunden nicht zum wehrlosen, manipulierten Opfer werden zu lassen.

Auch hier greifen die neuen digitalen Verkaufshelfer erfolgreich ein, da man ja in der Lage ist, die Kundenbewertungen aus aller Welt und aus allen digitalen Absatzkanälen zusammenzuführen. In Echtzeit natürlich – wie es in der Sofortgesellschaft angezeigt ist. Es ist schon lange keine Frage der Informationsverfügbarkeit mehr – es ist nur noch die Frage, wie man sich diese Informationen zugänglich macht, sie ausweitet und vor allem, wie man darauf angemessen reagiert.

Die bisherigen Betrachtungen zeigen den Zusammenhang zwischen der digitalen Transformation und den Endverbrauchern (Konsumenten) auf. Hier, im *Business-to-Consumer-Bereich (B2C)* spielt sich in der Tat ein großer Teil der Sofortgesellschaft ab. Aber auch in der weitreichenden Welt des *Business-to-Business (B2B)* sind zunehmend die gleichen Mechanismen, die gleichen Veränderungen und die gleichen Instrumente zu beobachten. Natürlich in leicht modifizierter Ausprägung, damit es zum Geschäftsgeschehen passt. Aber letztlich treffen ja die vielen Volatilitäten aus der *B2C-Welt* auch auf die übrige Lieferkette und führen dort ebenfalls zu vielen mehr oder weniger starken Schwankungen. Der Markt für Auto-Gussteile beispielsweise hängt ja letztlich an der Endnachfrage der Konsumenten. Der Markt für Hartmetallerzeugnisse, die in der Bildschirmbeschichtung eingesetzt werden, ist zwar ein *B2B-Geschäft,* hängt aber direkt am Gesamtabsatz des TV-Geräte-Herstellers an Endkunden. Und der Markt für Automatisierungstechnik folgt den Unternehmen, die erfolgreich in der Zulieferung ihrer erfolgreichen Kunden sind. Wer an die Verlierer des globalen Wettbewerbs liefert, gehört schnell selbst zu den Verlierern. Von daher kommt der strategischen Kundenanalyse unter Einsatz von diversen Instrumenten der Big-Data-Welt eine ganz neue, aktuelle Bedeutung zu, in der ein schneller Zugriff auf weltweite Absatzdaten der Abnehmermärkte und Endgeräte ein zentraler Baustein des eigenen Risikomanagements, aber auch der Supply-Chain-Planung ist.

1.6 Leistungsgewöhnung führt zu neuen Leistungsstandards

Ein weiterer wichtiger Aspekt ist die Leistungsgewöhnung. Aus der schnellen Welt des Verbrauchers kommt die Ungeduld, die sich dann auf die industriellen Beschaffungs- und Produktionsprozesse niederschlägt. Zum einen aus der reinen Gewöhnung, dass man in Tagen statt Wochen denkt. Oder in Stunden statt Tagen, in Sekunden statt Stunden, Tagen oder Wochen (Abb. 1.1). Andererseits erfordern die extrem beschleunigten Prozesse auf der Absatzseite auch schnellere, agilere und reaktionsfähigere Prozesse in der Güterbereitstellung und -erzeugung. Auch aus diesem Grunde führt die Beschleunigung und Volatilität des Endverbrauchergeschäftes zu einer Beschleunigung und Volatilität entlang der gesamten Zulieferkette, inklusive der damit zusammenhängenden Ausrüstergeschäfte.

Die digitale Transformation ist somit in allen Lebens- und Arbeitsbereichen angekommen, sichtbar – und will bedient werden.

Eine der möglichen Stoßrichtungen im industriellen Geschäft ist der gesamte Themenkomplex rund um *Industrie 4.0.* Hier wird mit großem technischen Aufwand eine neue

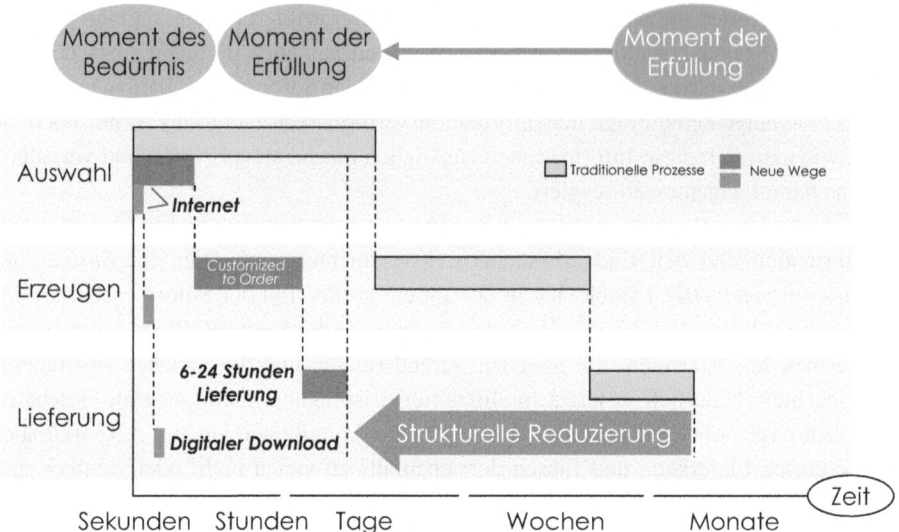

Abb. 1.1 Strukturelle Beschleunigung des Zeitempfindens durch neue Technologien

Form der Transparenz, Kommunikation und technisch basierter Interaktion der Produktions- und Wartungsprozesse erreicht. Diese *ingenieur-getriebene Welt* erfreut sich natürlich daran, die Grenzen des technisch Machbaren auszuloten und auch die vielfältigsten Lösungen und Anwendungen hierfür zu ersinnen. Dies trifft deswegen auf eine so bereite Resonanz, die in vielfältiger Weise diskutiert wird, weil die Wurzel der CIM-Bewegung (Computer Integrated Manufacturing) bereits aus dem Zeitraum 1985–1995 stammt.

Viele der Ideen des *Computer Integrated Manufacturing* wurden bereits umgesetzt – aber die Visionen waren doch vielfach höher, als man sie (informations-)technisch realisieren konnte. Das ist nun anders. Die Sensorien wurden um ein Vielfaches weiterentwickelt, die Datenübertragung und Datenverarbeitung ist nun ebenfalls in der Lage, die riesigen Datenmengen schnell und zielgerichtet zu übertragen und in geeigneter Weise zeitnah umzusetzen sowie umfangreichste Datenanalysen in kürzester Zeit zu erledigen. Die zentrale Frage ist allerdings, in welchen Feldern hier die höchsten Nutzeffekte in kürzester Zeit zu erwarten sind. Denn der Finanzchef und Controller wartet nur ungern auf den ungewissen *Return-on-Investment*.

Dieser Findungsprozess ist in vollem Gange, wie man aus den Programmen der aktuellen Konferenzen ablesen kann. Aber – wie nicht anders zu erwarten – kommt fast jedes Unternehmen zu einer anderen Schlussfolgerung. Nur die Lösungsanbieter sind sich alle einig, dass jeweils ihre Lösung den höchsten Wirkungsgrad erreichen wird. Woher kommt das? Nun, jedes Unternehmen hat seine eigene Prozess- und Automatisierungswelt und somit auch ein unterschiedliches Bedürfnis, darin zu optimieren. Diese ausgeprägte Individualität trifft auch auf Supply-Chain-Lösungen zu und ist wesentliches Thema von Kap. 5 dieses Buchs.

1.7 Die Sofortgesellschaft prägt auch den industriellen Alltag

Sämtlichen Aspekten gemeinsam ist, dass man alle wesentlichen Bereiche des Unternehmens bzw. seiner Produktionsprozesse betrachten und individuell abwägen muss, wo eine höhere Transparenz und massive Beschleunigung der analytischen und datenkommunikativen Fähigkeiten einen Leistungsvorteil bringen. Das Ergebnis dieser Betrachtungen kann dann in einem Entscheidungsraster eingeordnet werden, um zwischen *Beitrag zur Leistungssteigerung* und *Aufwand und Risiko der Umsetzung* eine fundierte, individuelle Managemententscheidung zu treffen. Wobei auch wichtig ist zu definieren, was die erforderliche Leistungssteigerung ist: Flexibilität, Prozessstabilität, Geschwindigkeit, Variabilität oder Agilität, Umstellbarkeit oder andere erforderliche Messgrößen der künftigen Anforderungen an das Produktionssystem.

Und so ist es mit *Industrie 4.0* wie mit Big Data – ohne eine Kenntnis der eigenen Situation, der wirklich erforderlichen Optimierungshebel und der möglichen Maßnahmen kommt man nicht wirklich zu einem fundierten, angemessenen und sowohl finanziell als auch prozessual wirksamen Lösungsgefüge. Bei einem reinen Ausführen der *Mainstream-Aktivitäten* kommt daher doch der Effekt *Ablenkung vom Endkunden, Ausrichten auf die eigenen Belange* zum Wirken. Das ist natürlich nicht gewollt und wird auch dem Potenzial der neuen digitalen Welten in der Produktionsumgebung nicht gerecht. Aber im richtigen Kontext, auf die richtigen Schwerpunkte fokussiert und eingegrenzt ausgerichtet, kann sich ein hoher Mehrwert aus diesen Technologien einstellen, der für das Unternehmen erhebliche Leistungssteigerungspotenziale hat. Noch dazu meist gar nicht im direkten Bereich der Investition, sondern an vielfältigen Stellen des gesamten Unternehmens. Das hat *Industrie 4.0* mit dem *CIM* der 90er-Jahre gemeinsam.

Ähnlich wie in der gesamten Supply Chain geht es auch hier bei *Industrie 4.0* um Prozessintegration, Beschleunigung und Qualitätserhöhung der Interaktion und eine Verbesserung des Zusammenspiels der bisher getrennten Akteure (Produktion, Instandhaltung, Wartung, Zulieferer, Qualitätsmanagement etc.). Auch hier entsteht eine neue *Sofortgesellschaft* im industriellen Bereich, da man ja nicht nur reaktiv, sondern zunehmend auch diagnostisch agieren kann, um Fehler bzw. Probleme vorzeitig oder zumindest zeitschnell beheben zu können.

Somit ist die Sofortgesellschaft nicht nur ein Phänomen in den Absatzmärkten, sondern wird auch in kürzester Zeit sehr intensiv in den Herstellprozessen der Industrie selber zu finden sein; eigentlich ist sie dort bereits seit Langem angekommen. Dort wird die Ungeduld auf die Durchführung der erforderlichen Maßnahmen einfach nur als „normal" empfunden, da ja ökonomische Zwänge vorliegen, aus denen heraus ein Stillstand oder Kapazitätsausfall zu messbaren Mengen- und finanziellen Verlusten führt.

1.8   Die drei Erfolgsdimensionen der Value-Chain-Exzellenz

Wie geht man nun diese Herausforderung an, wie geht man in der Vielfalt nicht unter, sondern erkennt die richtigen Stellhebel?

Hierzu hilft ein Blick auf die Supply Chain, die in die Value Chain des Unternehmens eingebettet ist (Abb. 1.2). Diese Supply Chain empfängt Materialien, stellt Produkte her, lagert diese in geeigneter Weise ein, verteilt diese in die Absatzmärkte und sorgt dafür, dass Kunden die angepriesenen Waren erwerben können. Hierzu wird eine Vielzahl von Koordinationsmechanismen und -prozessen eingesetzt: Auftragsmanagement, Warehouse- und Lagermanagement, Bestandsmanagement, Kommissionierung, Transportmanagement, Absatzplanung, Produktionsplanung und vieles mehr. Ein sehr umfassendes Feld, da es ja nicht nur um das *eigene* Unternehmen geht, sondern auch die Vielzahl der Interaktionen mit Kundenunternehmen und Lieferanten zu beachten und nach Möglichkeit zu integrieren sind. Und von daher eröffnet sich bereits eine unbegrenzte Vielfalt an Optimierungsmöglichkeiten, die in jedem Unternehmen eine andere Ausprägung der Lösungs- und Projektlandschaft mit sich bringt.

Aber diese Supply Chain, selbst wenn sie in sich reibungslos funktioniert, wird wiederum nicht korrekt ablaufen, wenn wichtige interne Zuarbeitprozesse nicht richtig damit in Einklang stehen.

Einen großen Anteil hat die Produktentwicklung, die nicht nur Ideen in attraktive Produkte umsetzt, sondern auch alle erforderlichen Unterlagen für produktions- und montagegerechte Produkte (mit hoher Feldqualität) zum richtigen Zeitpunkt bereitstellt und auch die erforderlichen Vorlaufzeiten richtig beachtet. Bereits an dieser Stelle unterscheiden sich die exzellenten Unternehmen vom Durchschnittsunternehmen signifikant in der Synchronisation und Beherrschung dieser wichtigen Prozessschnittstelle. Wobei dies mehr ist als ein ausgefeiltes Milestone-Programm in der Produktentwicklung, sondern auch eine durchgängige Gestaltung von Änderungs- und Übergabeprozessen über alle Stufen hinweg.

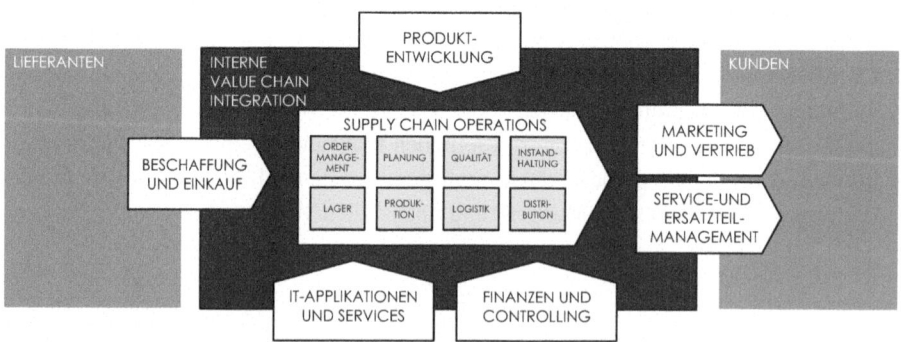

Abb. 1.2 Integratives Modell von Supply Chain und Value Chain

Eine weitere wichtige Enabler-Funktion ist der Finanzbereich bzw. das Controlling. Dieser sollte sich nicht durch das Einfordern unreflektierter Bestands- oder Working-Capital-Ziele definieren, sondern u. a. durch zeitnahes Bereitstellen aller wichtigen Kennzahlen und die enge Steuerung der Zahlungsströme einen Wirkbeitrag für das Funktionieren der Supply Chain leisten.

Die IT-Systeme, vor allem aber auch die damit verbundenen Servicefunktionen hinsichtlich Optimierung und Weiterentwicklung der Systeme, Schulung der Nutzer, Sicherstellen der Datenintegrität, Ermöglichen weitreichender und zeitnaher Datenanalysen und Gestaltung der Schnittstellen zu internen Funktionen, insbesondere aber der externen Partner, sind ein weiterer wichtiger Garant für die hohe Leistungsfähigkeit der Supply Chain. Hierzu gehört auch die Einbindung von externen Transaktionsplattformen und die sich mehr und mehr durchsetzenden cloudbasierten IT-Lösungen für vereinfachten Datenaustausch in der Kollaboration.

Diese drei *vertikalen Funktionen* können betrachtet werden wie die Regelung eines Ventils; wenn sie einen positiven, hoch wirksamen Beitrag zur Supply Chain leisten, wird sie um ein Vielfaches schneller fließen und einen hohen reibungslosen Durchsatz ermöglichen. Haben diese die Leistungsfähigkeit aber nicht im Fokus, sondern verfolgen vermehrt eigene Zielstellungen oder sind nur unzureichend ausgeprägt, so vermindern sie den Strömungsquerschnitt, sorgen für vermehrte Reibung und somit für eine geringere Fließgeschwindigkeit und auch eine hohe Verlustleistung in den operativen Prozessen der Supply Chain. Dann sind natürlich auch höhere Kosten die Folge, meist auch zusätzlich noch reduzierte Leistungsziele (Schnelligkeit, Zuverlässigkeit, Anpassungsfähigkeit). In einigen Fällen gelingt es durch hohen Einsatz aller Akteure trotz der Unpässlichkeiten noch gute Leistungsniveaus zu erreichen, diese werden dann aber über einen erhöhten Mitteleinsatz erkauft, sodass hier eigentlich ein hohes Maß an Verschwendung vorliegt (um hier einen wichtigen Begriff aus dem Lean Manufacturing einzuführen).

Demgegenüber sind die drei *horizontalen Funktionen* der Value Chain eher verantwortlich für das Erzeugen und Steuern eines hohen Volumenstroms.

Auf der Absatzseite sind es die Aktivitäten in Marketing und Vertrieb, die einerseits als Aufgabe haben, einen hohen Bedarf in den Absatzmärkten zu erzeugen, andererseits aber auch wichtige Absatzinformationen an die Supply Chain zu geben, damit diese entsprechend darauf ausgerichtet und eingestellt werden kann. Damit liegt auch eine wichtige Querbeziehung zur Produktentwicklung vor, da sowohl Marketing als auch Vertriebsorganisation einen wichtigen Beitrag für die Ausgestaltung des aktuellen und künftigen Produktprogramms und der Features der einzelnen Produkte und Services leisten. Andererseits müssen natürlich die neuen Produkte und neuen Features mit hoher Energie in die Absatzmärkte einsteuern, damit dort ein hoher Kaufwunsch erzeugt wird. Über die Auswahl der Absatzkanäle, Regionen und der inhaltlich oder durch Kundengruppen abgegrenzten Käufermärkte wird das mögliche Absatzvolumen definiert. Und gleichzeitig ergeben sich hieraus direkte Anforderungen an die Supply Chain, diese einzelnen Absatzmärkte anforderungs- und leistungsgerecht zu beliefern.

Um eine bessere Abgrenzung der Bedarfe aus dem *Aftersales* zu erreichen, ist es sinnvoll, dieses als separate Marktorganisation für die Supply Chain zu betrachten und auszugestalten.

Hier gelten völlig andere Mechanismen in der Nachfrage, vor allem aber auch in dem vor-
zuhaltenden Sortiment. Während das Neugeschäft einen hohen Mengendurchsatz in viele
Regionen leisten muss, um die Verfügbarkeit sicherzustellen, ist es beim Aftersales eher
die hohe Geschwindigkeit kleiner Bedarfsmengen aus einem langen Herstellzeitraum und
somit aus einem stark historisch geprägten Produktportfolio. Auch wenn es technische Synergien mit der Produktion im Neugeschäft gibt, empfiehlt es sich oft, auch die Herstellung
der Ersatzteile völlig vom Neugeschäft zu trennen. Anders ist es beim Servicegeschäft; hier
gibt es typische Wartungs- und Serviceteile, die oft ein hohes Mengenvolumen aufweisen.
Diese können dann auch in hochvolumigen industriellen Produktionsumgebungen gefertigt
werden. Aus diesem Mix an spezifischen Entkoppelungen und Fokussierungen leitet sich
dann eine spezielle, auf die Anforderungen des Aftersales ausgerichtete Supply-Chain-
Struktur ab, sowohl mit individuellem Bedarfsmanagement als auch Liefermanagement und
oftmals mit einer fundamental anderen Supply Chain als im Neugeschäft. Wenn dies nicht
befolgt wird, ergeben sich oft Irritationen in der auf höhere Mengenleistung ausgerichteten
Neuprodukt-Supply-Chain und daraus dann vielfältige Störungen, Improvisationen,
Unzulänglichkeiten und auch finanziell messbare Nachteile. Somit eine Vielzahl vermeid-
barer Verschwendungen.

Die dritte relevante Funktion für den Mengenstrom ist der Einkauf. Aufgrund der
hohen industriellen Arbeitsteilung und Spezialisierung sind die Materialkosten oft der
größte einzelne Kostenblock, der besonderer Beachtung bedarf. Den Fokus auf die Einstandspreise zu legen, ist ein wichtiger Beitrag zu einer Optimierung der Kosten und
Basis für niedrige Preise bei noch ausreichend attraktiven Margen am eigenen Absatzmarkt. Diese Preisoptimierung ist ein im Einkauf seit vielen Jahrzehnten (eigentlich
Jahrhunderten) praktizierte und verfeinerte Technik. Im Rahmen des globalen Einkaufs,
vor allem aber des *Low Cost Country Sourcing,* entsteht aber potenziell ein zunehmender
Zielkonflikt mit der gut, flexibel und zuverlässig funktionierenden Supply Chain. Zwei
Aspekte spielen hier eine zentrale Rolle: Wie hoch ist das Risiko, dass die Ware in der
erforderlichen Qualität und Menge zum Bedarfstermin vorhanden ist und welche Folgekosten verursacht ein scheinbar attraktiver Einkaufspreis in den vielfältigen Prozessen
entlang der gesamten eigenen Wertschöpfungskette? Hier gibt es eine in den letzten Jahren zunehmende Vielzahl von Negativbeispielen, wie die Optimierung der reinen Ein-
kaufserwägungen zu Problemen für die Leistungsfähigkeit der Supply Chain führt. Und
die dann erforderlichen Improvisationen, Produktionsumstellungen oder gar -ausfälle,
oder auch Konventionalstrafen sind wiederum vermeidbare Verschwendung.

Im Ergebnis führt diese Betrachtung des Zusammenspiels der vielen erforderlichen
Funktionen in der Supply Chain zu einem letztlich einfachen, vielleicht aber gerade
daher sehr wirkungsvollen Ansatz: Die Betrachtung der Value-Chain-Exzellenz als das
Ergebnis funktionaler Exzellenz durch Spitzenleistung in der einzelnen Funktion, hori-
zontaler Exzellenz durch das Erzeugen eines schnellen und hohen Volumenstroms entlang der Kette und die vertikale Exzellenz durch das zielgerichtete, synchronisierte
Zusammenarbeiten in den eher definierenden Aufgaben, durch die eine schnelle, flexible
und agile Supply Chain erreicht und ermöglicht wird.

1.9   Ausbildung heutiger Manager als Hemmnis für Value-Chain-Exzellenz

In der Sofortgesellschaft liegt der Fokus auf dem Absichern der schnellen Transaktion. Aus Sicht des Kunden, der sich für ein Angebot entschieden hat und es nun auch wirklich haben will. Und natürlich aus Sicht des Anbieters, der seinen Marketing- und Vertriebsaufwand in Umsatz verwandeln möchte. Hierbei spielt die Preisattraktivität eine große Rolle, da der Kunde in Sekundenbruchteilen die Preise für das gleiche Produkt vergleichen kann und sich mit großer Wahrscheinlichkeit für das billigste Angebot entscheidet. Wenn dies zu seiner Bedarfssituation passt … Eine schnelle Übermittlung und somit Verfügbarkeit der Leistung ist in vielen Fällen wichtig und führt zur Auswahl der Kombination aus *niedrigem Preis* und *schneller Verfügbarkeit*. Daher ist die Beherrschung der Schnelligkeit genauso wichtig wie die Beherrschung der Kosten.

Und hier liegt nun genau ein Problem. Viele Unternehmen fokussieren einseitig auf diese Kostensicht. Kostensenkung als Maßnahme, um niedrige Preise anbieten zu können. Daher werden viele Entscheidungen unter *Niedrigpreisaspekten* getroffen und die Suche nach möglichen Personalabbaupotenzialen dominiert. Denn weiterhin gilt die Maxime, dass Kostensenkungen im Wesentlichen über Personalabbau und niedrigere Einstandspreise erzielt werden. Und auf Umsatzrückgänge wird im Regelfall mit Kostensenkungen, sprich Personalabbau, reagiert. Leider verschlimmert sich dadurch oft die Situation nur noch, da die „helfenden Hände und Köpfe" fehlen, die die nicht wirklich gut funktionierenden Prozesse stabilisiert haben.

Durch die Analyse gut funktionierender Supply Chain lässt sich aber zeigen, dass bei diesen die Verschwendung am geringsten ist. Und somit nicht die Höhe der Kosten ausschlaggebend ist, sondern welche Leistung mit diesem Kosteneinsatz erzielt wird. Wenn bei den Beschaffungs-, Produktions-, Lager- und Lieferprozessen vielfache Blindleistung anfällt (durch Improvisation, Ausgleich von Fehlplanungen, unzureichende Verfügbarkeit, spontane Klärungen etc.), dann fallen insgesamt höhere Prozesskosten an als erforderlich wären.

Die durchgängige Etablierung von Flussprinzipien schafft somit eine bessere Kostenbasis als der reine Fokus auf Kostensenkungen durch Personalabbau und Einkaufspreissenkungen.

Ein Problem ist allerdings, dass die heutige Managergeneration vielfach in den klassischen Kostensenkungsdisziplinen aufgewachsen ist und hiermit in ihrem relevanten Kontext auch teils gute (wenngleich oft nur kurzfristige) Erfolge erzielt hat. Da sich aber der Kontext geändert hat, greifen die bisherigen Mittel nur unzureichend.

Die Sofortgesellschaft erfordert eine Orientierung an den klassischen Zielen *Kosten, Qualität, Zeit*. Diese sind nach wie vor gültig. Aber sie geben keine Richtung mehr, keinen Beurteilungsmaßstab, welche Maßnahmen wirklich zu ergreifen sind und welche Art von Investitionen und Verbesserungen gefordert sind. Die Spontaneität und Volatilität in der Sofortgesellschaft erfordern ein neues Referenzsystem, das die Anforderungen klar kategorisiert.

- Das Flussprinzip fordert *Lean;* das Eliminieren von Verschwendung.
- Die Spontaneität erfordert *Responsiveness;* die schnelle Reaktionsfähigkeit auf unterschiedlichste Auftragssituationen der Kunden.
- Und die Volatilität und rasante Weiterentwicklung der Kundenbedürfnisse und der Märkte erfordert *Agilität,* die Anpassungsfähigkeit des Geschäftssystems an sich verändernde Nachfragestrukturen.

Während das erste Prinzip noch dem Kostensenkungsgedanken in die Karten spielt, da hier ja Kosten reduziert werden (wenn auch mit anderen Maßnahmen), erfordern die anderen Bereiche meist Investitionen und oft vordergründig Mehrkosten. Dies ist für klassische Manager kontraintuitiv, unproduktiv und somit abzulehnen. Diese scheinbaren Mehrkosten führen aber dazu, dass man mit den vielfältigen „Störgrößen" des „Regelablaufs" viel besser umgehen kann und sich sowohl unterschiedliche Auftragsszenerien reibungsloser und effektiver abarbeiten lassen (und daher weniger Gesamtkosten zur Folge haben) als auch die Atmungsfähigkeit des Geschäftssystems (d. h. die Anpassung an unterschiedliche Mengenszenerien entlang der gesamten internen und externen Kette) reibungsloser vollziehen lässt. Der Return dieser an einzelnen Stellen anfallenden Investitionen und Mehrkosten lässt sich also nur bei Betrachtung der Gesamtsituation erkennen und beurteilen.

Ein wichtiger Startpunkt für diese Maßnahmen ist die Erkenntnis, dass man nicht Stabilität erzwingen kann, sondern die Veränderung und bisher als „Störung" empfundenen Einflüsse der Normalfall geworden sind. Die Veränderung als Normalfall heißt aber auch, sich fundamental anders zu organisieren. Dabei steht dann nicht mehr das Vermeiden der Störung im Mittelpunkt, sondern der elegante Umgang mit den unterschiedlichen Lastsituationen. Damit kommt man zu anderen Lösungen, die auch andere Entscheidungsmuster erfordern. Und diese sind oft für die „klassischen" Manager unbekannt, oder haben sich zumindest nicht in der bisherigen Arbeitspraxis bewährt.

Ein Verändern der bisherigen Entscheidungen, hin zur dynamischeren Aufstellung von Unternehmen, erfordert somit zunächst ein Verändern der Sichtweise der Führungskräfte und das Hinführen zu den Auswirkungen der Sofortgesellschaft, die in vielen Bereichen des täglichen Lebens und des Unternehmensalltags zu erkennen sind – aber nur für den Betrachter, der gelernt hat, diese zu sehen: *Learning to see.*

1.10 Die Rolle der Finanzanalysten als Hemmschuh der Dynamisierung

Eine ähnliche Problematik kommt aus den Finanzmärkten, die vielfach die Entscheidungen in Unternehmen maßgeblich beeinflussen. Die Akteure, die Unternehmen beurteilen und über Kauf oder Verkauf den Aktienkurs beeinflussen, haben oft eine recht einfache Sichtweise auf die Unternehmen. Und die Manager haben ein Interesse daran, dass sich die Aktienkurse ihres Unternehmens positiv entwickeln und stetig steigen. Doch diese Steigerung kann nicht ins Unermessliche geführt werden.

Die Finanzanalysen müssen viele Unternehmen gleichzeitig beurteilen; daher werden bestimmte Kennzahlen gebildet, die eine schnelle Unternehmensanalyse ermöglichen. Aber auch hier ist die Sofortgesellschaft angekommen: Aktienkurse werden in Realtime gebildet, Kauf- und Verkaufaufträge in Realtime (vielfach automatisch) erteilt und alles spielt sich in Mikrosekunden ab. Auch hier gelten die Prinzipien des *Sofort, Jetzt und Gleich*. Ist man schneller als die anderen, hat man einen Vorteil, sowohl beim Kauf als auch beim Verkauf, je nach Spekulationsstrategie und Kursentwicklung. Auch hier ist die schnelle Reaktion auf jegliche Art kursrelevanter Information also der Treiber des Erfolgs. Da dies aber in der Regel im *digitalen Datenraum* stattfindet, gibt es weder physische Lieferprozesse noch digitale Downloads. Alles ist nur noch eine digitale Buchung in einem digitalen Kontenumfeld der Akteure. Daher ist hier die Sofortgesellschaft auch ohne Beschränkungen ausgeprägt; da sie aber im Wesentlichen unter sich bleibt, ist dies für die Außenwelt nicht so stark sichtbar. Nur die fallenden oder steigenden Kurse zeigen, dass hier etwas passiert.

Die hohe Konzentrationsdichte der Transaktionen erfordert somit eine Fokussierung, eine Reduzierung auf die wirklich relevanten Informationen. Und viele der in der Vergangenheit entwickelten Kennzahlen wurden nach klassischen Maßgaben gebildet. Umsatz pro Mitarbeiter, Ergebnis pro Aktie, IT-Kostenanteil am Umsatz, Return on Assets – dies sind statische Größen, wenn man sich die tagtägliche Dynamik des Wirtschaftsgeschehens anschaut. Und die Analysten betrachten die Informationen, die diese Kenngrößen verändern. Mitarbeiterabbau, Outsourcing, Personalstraffung führt zu mehr Umsatz pro Mitarbeiter, zu mehr Ergebnis je Mitarbeiter. Das ist attraktiv und wird mit Kursanstieg belohnt. Ob diese Maßnahmen aber die Geschäftstätigkeit wirklich nachhaltig stabilisieren oder sogar beschleunigen, lässt sich meist gar nicht genau erkennen.

Die oben beschriebenen Investitionen in Responsiveness und Agilität sind eher mittelbar wirksame Maßnahmen. Kurzfristig führen diese zu einem Kostenanstieg und meist auch zu einer Verschlechterung der klassischen Kennzahlen. Und daher auch zu einer „Abstrafung" durch Kursverluste.

Und für Manager, die ihr Unternehmen sehr stark nach Kapitalmarktmotiven steuern, sind solche Maßnahmen somit sehr unattraktiv. Daher bevorzugen sie die Suche nach den populären Maßnahmen, die entsprechend zu positiven Reaktionen führen. Und wenn dann doch einmal das Gesamtergebnis einbricht oder gar der Umsatz zurückgeht, ist sicher schnell eine Ursache zu finden, die nicht in der Investitionsvermeidung liegt, sondern außerhalb der eigenen Beeinflussbarkeit.

Dies führt auch beispielsweise zur Vermeidung großer und riskanter Investitionen in F&E-Projekte oder signifikanter Investitionen in neue und leistungsfähige IT-Systeme. Beides sind aber wichtige Bereiche, die die Attraktivität des Unternehmens am Markt beeinflussen – die Ersteren durch neue, attraktive Produkte aus Kundensicht und die

Zweiten, da hiermit die schnelle Verfügbarkeit ermöglicht werden kann, die in der Sofortgesellschaft überlebenswichtig ist.

Aber erfreulicherweise gibt es ja auch viele positive Beispiele, wo die Unternehmensleitung sich bewusst gegen solche kurzfristigen Effekte stemmt und eine langfristig angelegte Strategie verfolgt, um die Attraktivität der Produkte, die Leistungsfähigkeit der Prozesse und somit die Attraktivität des Gesamtunternehmens voranzutreiben. Nachzulesen ist dies in den eben schon angesprochenen *TOP 25 SCM* (Gartner 2016, 2017).

Bevor wir nun zu den Lösungen kommen, möchten wir uns noch etwas vertieft mit dem Wesen der Sofortgesellschaft und den ihr innewohnenden Triebkräften beschäftigen. Erst wenn man diese versteht, kann man die richtigen Aktionsprogramme und Handlungsschwerpunkte ableiten.

Die Sofortgesellschaft – Leben in ständiger Beschleunigung

2

2.1 Neue Lebenswelten im Rausch des Sofort

2.1.1 Wie funktioniert die Sofortgesellschaft?

Warum werden wir eigentlich ständig immer „soforter"?

Weil es technisch möglich ist und immer schneller zu sein zum neuen Standard wird. Das gesellschaftliche Phänomen *Ungeduld* wird zum technisch machbaren Erlebnis und es betrifft immer mehr Bereiche unseres täglichen Lebens, eigentlich schon fast alles, mit dem wir uns beschäftigen. Das *Sofort* wird omnipräsent und umhüllt uns mit feinen Fäden Tag und Nacht, überall wo wir sind.

Die Ursache dafür ist, dass die Zugangsmöglichkeiten, Datenübertragungen und vor allem die Leistungsangebote verfügbar sind und immer neue Akteure immer neue Wege suchen, wie wir alles noch schneller, noch interaktiver, noch bequemer machen können. Diese Akteure wollen besser sein als die Wettbewerber und sich von diesen durch noch mehr Bequemlichkeit, noch bessere Auswahl, noch schnellere Verfügbarkeit differenzieren. Die uns Menschen immanente Ungeduld wird durch unternehmerische Schöpfer- und Zerstörerfreude immer intensiver bedient, um Kundenbeziehungen, teilweise auch Kundenbindungen einzugehen.

Auch die Freude, wieder einmal einen ganz besonderen und besseren *Deal-Kanal* gefunden zu haben, den die anderen noch nicht kennen, wird hier bedient. Der Wunsch nach Differenzierung, nach Anerkennung, wird hier ganz klar adressiert.

Sofort wird also zum Normalfall. *Sofort* wird zur Sucht – und wenn etwas nicht sofort klappt, dann drohen Entzugserscheinungen.

Warum noch selber kochen, wenn der Lieferheld die Ware bringt? Oder gar Einkaufen gehen in den Supermarkt, mit Parkplatzsuche, langer Produktsuche, Schlange stehen am Frischcounter und dann auch noch lange Schlangen an den Kassen. Und alles auspacken,

© Springer Fachmedien Wiesbaden GmbH, ein Teil von Springer Nature 2018
D. Bölzing, *Überleben und Wachsen in der Sofortgesellschaft*,
https://doi.org/10.1007/978-3-658-15111-9_2

aufs Band legen und hinten wieder in den Einkaufswagen verstauen, bevor man es zum Auto bringt und da alles nochmal verstauen muss. Und zu Hause das ganze Spiel noch einmal von vorne – alles aus dem Auto in die Wohnung schleppen, sachgerecht verstauen und dann vor Erschöpfung zusammensinken. Damit ist die Energie für die Zubereitung der leckeren Speisen erst einmal dahin.

Dann doch lieber bequem online bestellen, andere suchen lassen (die sind spezialisiert darauf und wissen, wo die Waren sind oder es ist sogar ein automatisierter Vorgang) und sich alles bequem nach Hause bringen lassen – in diesem Fall bleibt nur das genussvolle Verstauen, Einsortieren und die Vorfreude auf das mit entspannten Freunden zubereitete Mahl.

Warum noch telefonieren, was mit umständlichen Begrüßungen und sonstigen Floskeln viel Zeit braucht? Dann doch lieber per Messenger in die Gruppe chatten oder dem Freund/der Freundin eine schnelle Nachricht mit Bild des tollen Events, auf dem man gerade ist, zukommen lassen. Warum bei einem traditionellen Ladengeschäft einkaufen, wenn man das Gleiche im vertrauten Internetshop bekommt? Oder gleich im gesamten Internet stöbern, wo es den gewünschten Artikel am billigsten und am schnellsten gibt. Neu oder gebraucht oder einfach nur einen als gebraucht markierten (tatsächlich aber neuen, original verpackten) Artikel ergattern, der vom Verkäufer nur zum „Kundenfang" unter die reguläre Preisgrenze gebracht wurde.

Das sind die Anreize, die der Attraktions- und Schnäppchenjäger sucht. Und diese „Jäger" gibt es zuhauf in jeder Gesellschaft, in jedem Land, in jedem Kontinent. Schon sind die lokalen, regionalen und globalen Märkte im Zugriff der Anbieter; es ist dann nur noch eine Frage des passenden Logistikdienstleisters und vielleicht auch der integrierten Preisbildung, die die Transportkosten zumindest optisch verschwinden lässt, und schon schmilzt unsere große Welt zu einem kompakten Logistiknetz. Und wenn es nicht die Ware ist, die sofort verfügbar gemacht wird, dann doch zumindest die Auftragsbestätigung und der Link, mit dem man die Sendung stetig auf ihrem (Liefer-)Fortschritt begleiten kann und immer wieder informiert wird, wie lange die Lieferung noch dauert.

So trifft das *Sofort* auf eine ganz spezielle Anreizwelt, die viele Verhaltensmuster in uns anspricht und ausgiebig adressiert, die uns oftmals gar nicht wirklich bewusst sind.

2.1.2 Unbewusstes Reflexhandeln treibt die Sofortgesellschaft an

Erfreulicherweise hat die Hirnforschung in den letzten Jahren hierzu eine Reihe interessanter Erkenntnisse gewonnen. Einige wichtige davon können wir heranziehen, um das oftmals merkwürdig anmutenden (Bestell-)Verhalten der Kunden und Konsumenten zu verstehen und dieses für die Supply-Chain-Gestaltung und die Supply-Chain-Steuerung zu verwenden.

Eine der Kernbeobachtungen von Prof. Steve Peters ist die Dualität von menschlichem und *Primaten-Denken* in unserem Hirn. Im Zuge der Evolution hat der Mensch gelernt, mit Logik umzugehen. Hierzu zieht er Fakten und Wahrheiten heran. Aber das „alte Denken" des Primaten ist immer noch präsent in uns und es ist nur die Frage, aus welchen Anlässen heraus es aktiviert wird und sogar das menschliche Logik-Denken ausbremst. Dieses Primaten-Denken ist stark emotional geprägt und hat viel mit Reflexen zu tun. Es basiert auf Gefühlen und Eindrücken, teilweise auch auf Vermutungen aus beobachteten Situationen oder Reizen (Peters 2015, S. 13–26).

Interessanterweise läuft der Denkprozess in beiden Bereichen parallel ab; wenn beide Seiten zu der gleichen Einschätzung einer Situation kommen, dann greift das menschlich-logische Denken, also überlegtes, reflektiertes Handeln, frei von emotional stimulierenden Effekten. Aber immer dann, wenn es unterschiedliche Einschätzungen gibt, gewinnt leider stets der Gleiche: der „Chimp".

Dieses Primaten-Denken dient dazu, seinen Träger (und auch den Fortbestand der Rasse) zu schützen – vor allen Arten von Gefahren. Daher reagiert es auf bestimmte Reize reflexartig und schnell und übersteuert das menschlich-logische Denken. Dieser animalische Teil in uns reagiert stark auf Gefahren, aber auch auf Belohnungen. Und er ist geprägt von Ungeduld, denn diese bewirkt ja, dass wir Angst haben, etwas Wichtiges zu verpassen (Peters 2015, S. 27–39).

Und hier sind wir genau an den Punkten, warum die Sofortgesellschaft uns so stark in ihren Bann zieht:

- Angst, etwas zu verpassen – daher wollen wir alles gleich und sofort bekommen bzw. erleben.
- Angst, nicht geliebt zu werden – daher wollen gleich am blauen Haken erkennen, wie die Lage unserer Beziehung ist.
- Gefahr, aus der Gruppe ausgestoßen zu werden, nicht anerkannt zu sein – daher wollen wir lieber schnell und intensiv mit allen chatten.
- Angst, etwas Falsches bestellt zu haben – daher bestellen wir lieber viele verschiedene Farben und Größen und checken noch schnell die positiven Rezensionen.

Und die Belohnung gibt es natürlich auch sofort: in Form der Kommunikation, in Form der Bestellbestätigung, im schnellen Download und der sofortigen Verfügbarkeit, in der rasend schnellen Lieferung und in der schnellen Antwort auf die Chat-Nachrichten. **Alles erfolgt sofort, alles ist sofort machbar.**

Wenn man die aktiven Teilnehmer *(Nutzer)* der Sofortgesellschaft beobachtet oder diese befragt, so erscheinen viele Gedanken bzw. Verhaltensweisen irrational. Das emotionale Primaten-Denken ist relativ instabil und inkonsistent, da es ja nur auf spontane Reize reagiert. Diese spontanen Reize und Reizstrukturen können sich schnell ändern, z. B. wenn man einen vergleichbaren, aber scheinbar besseren Artikel bei den *Andere-Kunden-kauften-auch-Vorschlägen* sieht. Daher ist das Verhalten der Kunden auch wenig vorhersehbar; deutlich weniger als das logik- und ratiogeprägte normale *Mensch-Denken*. Seine Entscheidungen sind sprungartig und in der Tat reflexgesteuert. Dieses Chimp-Denken springt schnell zu Schlussfolgerungen und Aktionen und füllt fehlende

Informationen sofort mit passenden Annahmen auf, die ihn in seinem emotionalen Wunsch bestärken.

Damit haben wir auch einen wichtigen Ansatzpunkt, warum die traditionelle Marktforschung nicht ausreicht, um Nachfrage-Verhalten der Verbraucher in dieser Sofortgesellschaft herauszuarbeiten oder gar zu prognostizieren. Denn diese geht oft auf die rational gesteuerten Vorlieben der einzelnen Konsumentengruppen ein, versteht aber nicht die Beweggründe der Verbraucher tief in ihrem die Entscheidungen steuernden Hirn. Daher schauen wir uns dieses nun weiter an und übertragen die Erkenntnisse der Hirnforschung auf das Verhalten der Marktteilnehmer der Sofortgesellschaft.

Wenn also der gerade bestellende Verbraucher aus irgendeinem Grund eine spezielle Verpassens-Angst-gesteuerte Vorliebe für ein Produkt gewonnen hat und darin seine Belohnung sieht, dann wird er viele der angebotenen Informationen nicht sorgfältig lesen (was der rationale Logik-Denker machen würde), sondern füllt das fehlende Wissen durch passende Wunschvorstellungen auf – die natürlich meist nicht der Realität entsprechen.

Das Aufwachen kommt dann entweder nach der Bestellung, wenn der Chimp die Reise des bestellten Gutes angestoßen hat und sich wieder entspannt, also nicht mehr bedroht, fühlt. Dann übernimmt das Mensch-Denken wieder die Kontrolle und schaut in die Bestellbestätigung, vielleicht auch nochmal per Link-Klick auf das bestellte Produkt. Der suchende Blick des Mensch-Denkens schweift auf diverse Details, die das rational-logische Denken benötigt, und schon kommt die erste Angst auf, die den Chimp wieder auf den Plan ruft. Die Angst fordert: „Schau doch mal, was andere für Erfahrungen gemacht haben." Der Chimp führt uns dann rasend schnell zu den Rezensionen und je nach Suchmuster werden erst die sehr guten, meist aber nun die sehr schlechten gelesen – von dort bis zur Stornierung ist es dann nicht mehr weit.

Der zweite, leider um ein Vielfaches aufwendigere, Schritt kommt nach Erhalt der bestellten Ware: Irgendwie ist sie anders als erträumt/erhofft/benötigt – und schon wird die Rücksendung eingeleitet, mit allen erforderlichen verwaltungstechnischen und logistischen Besonderheiten, Ärgernissen und Aufwendungen. Hier schlägt dann die angstgesteuerte Belohnungssuche um in ein Frusterlebnis, das sich oft nicht nur im Produkt, sondern auch in der Zufriedenheit mit dem Vertriebskanal oder Versender äußert.

Daher ist es von besonderer Wichtigkeit, diese Rücksendung in einer Weise zu gestalten, die den Verbraucher trotz allen Unbills noch ein kleines Behaglichkeitsmoment verschafft, einen verständnisvollen Wohlfühlfaktor, damit die Rücksendung kein Drama, sondern ein normaler Teil der Kundenbeziehung wird. Das kostet allerdings Geld und Aufwand – den viele Unternehmen scheuen und daher auch weniger „geliebt" werden.

Wenn man sich einmal im Detail anschaut, mit wie viel Akribie Amazon seinen Rücksendeprozess gestaltet, ständig weiterentwickelt und immer neue Raffinessen einbaut, dann sieht man, warum dieser Konzern der unbestrittene Weltmarktführer ist (und von Gartner mittlerweile in die Top-Klasse der „Supply Chain Masters" aufgenommen ist; Gartner 2017). Feinsinnig wird vom Algorithmus aufgrund des Rücksendungsgrundes ermittelt, ob diese nun kostenfrei oder kostenpflichtig erfolgen soll, ob die Abholung der Sendung auch eine zulässige Option ist oder ob sie bei einer Annahmestelle abzugeben ist.

Eine kleine Hürde soll also vorhanden sein, damit der Verbraucher etwas lernt und nicht in Übermut und Leichtsinn bei seinen Bestellungen verfällt. Und aus der Analyse der Rücksendegründe lassen sich Schlussfolgerungen ziehen, welche Informationen an welcher Stelle wie groß angebracht sein sollten, damit es zu weniger Fehlbestellungen kommt.

Und der oben zuerst genannte Grund (der Chimp entspannt und gibt Entwarnung, der Ratio-Mensch übernimmt wieder) ist der Verursacher, warum man – trotz Sofortgesellschaft – etwas „Wartezeit" zwischen Bestellannahme und Versandstart lassen sollte. Die Auftragsbestätigung wird ja automatisch generiert und sollte sofort beim Besteller sein. Aber dann ist es doch wichtig, *die Cool-Down-Period* des Chimps zu respektieren, sie auszunutzen und voreilig getätigte Bestellungen einfach im Datenmüll der automatischen Stornierungsroutinen zu entsorgen; ohne dass wirklich eine kostenzehrende Transaktion ausgelöst wurde.

2.1.3 Spontaneität – das Verschwinden der Verbindlichkeit

Das schnelle Handeln, die schnelle Erreichbarkeit, aber auch die spontane Bedürfnisbefriedigung hat jedoch auch ihre Schattenseiten. Viele Waren werden bestellt und doch zurückgeschickt. Es kostet ja nichts und man hat alles da, so wie im Ladengeschäft. Und wenn nichts gefällt, geht eben alles zurück. Aus Sicht des spontan agierenden Verbrauchers ist dies eine Wegbereitung hin zur Bequemlichkeit, zum Genuss, zur Einfachheit – und zur Unverbindlichkeit. Das er selbst sich auch intensiv mit der Rücksendung beschäftigten darf (Stornieren der Artikel, Ausdrucken der Versandunterlagen, Einpacken, Gang zum Versandpunkt – oder doch einfach die Abholung nutzen?), wird vielleicht noch als Spiel betrachtet, das dazu gehört. Man hat ja Zeit, es gab keinen Stau, keine Parkplatzsuche, keinen Fußweg, keine nicht vorhandenen Artikel. Aber das der Versender sich intensiv mit der Aufbereitung der Waren beschäftigen muss (bis hin zur Prüfung des Missbrauchs, z. B. ob die Kleidungsstücke schon intensiv getragen waren), daran wird kein Gedanke verschwendet. Es tritt eine spezielle Art der Leistungsgewöhnung auf: Die spontane Bequemlichkeit führt zur Unverbindlichkeit.

Buchung von Unterkünften über das Internet? Bis hin zum geplanten Punkt der Anreise kostenfrei stornierbar. Buchung eines Mietwagens per Internetportal für lokale Mobilität am Zielort? Bis zum Morgen der Anmietung kostenfrei stornierbar. Abschluss eines Versicherungsvertrags über einen Internetmakler? Sogar noch rückwirkend stornierbar. Viele Transaktionen, die früher ein längeres Nachdenken vor dem Handeln, ein Rückversichern, ein Planen, ein Abstimmen erforderten, sind heute durch den intensiven Wettbewerb der Internetanbieter, aber auch dank des daraus erwachsenden Verbraucherschutzes spontan durchführbar und noch lange ohne Angabe von Gründen wieder stornierbar. Die Verbindlichkeit wird ersetzt durch spontane Unverbindlichkeit.

Diese Unverbindlichkeit prägt aber auch zunehmend den Zeitgeist. Es ist nicht nur ein Merkmal der Apps-geprägten jungen Generation, der *Digital Natives,* sondern zunehmend auch bis hin in mittlere Altersbereiche (die ja ebenfalls zu den intensiven

Internetnutzern gehören) zu beobachten: Private Verabredungen werden vereinbart, aber dann kurzfristig wieder abgesagt, weil ein anderer Termin plötzlich spannender erschien. Ob sich der Partner der Verabredung speziell die Zeit dafür eingerichtet hat, vielleicht schon einige Vorbereitungen getroffen hat oder selbst andere mögliche Einladungen ausgeschlagen hat – das alles ist gleichgültig. Im Vergleich zu früheren Zeiten wird wesentlich weniger Rücksicht darauf genommen, in welchem Kontext solch eine „Stornierung" ausgesprochen wird. Im Mittelpunkt des Agierens steht mehr und mehr eine eher egoistisch geprägte Grundhaltung, die sich in einer spontanen Genussmaximierung äußert und zunehmend präsent ist.

Diese Unverbindlichkeit geht letztlich in eine Art des Missbrauchs über bzw. lebt mit diesem in enger Dualität. Mit den neuen Möglichkeiten von Vielfalt und Schnelligkeit wächst auch das Potenzial, diese auszunutzen. Flexibilität durch schnellen Zugriff auf viele Kontakte zu Anbietern führt zu einer Unverbindlichkeit der eingegangenen Vereinbarung. Sicherung der eigenen Optimierung führt zu vielen parallelen Verabredungen, um kurzfristig die auszuwählen, die den höchsten Nutzen- oder Spaßfaktor bietet. Ein Sich-nicht-Festlegen, ständiges Ausloten, ob nicht doch noch etwas anderes besser ist, ist die Folge.

Interessanterweise ist dies auch ein prägendes Charakterelement der *Generation Y,* die zwischen 1985 und 2000 geborenen Personen, die in einer digital geprägten Welt aufgewachsen sind und deren Jugend und junges Erwachsensein von der aufkommenden Sofortgesellschaft geprägt sind – mit allen Zugriffsmöglichkeiten auf alle Angebote dieser Welt. Ein Aufwachsen ohne die Beschränkungen, die die Generationen vorher geprägt haben. Die Generation Y erfordert ein ganz anderes, viel beweglicheres Wertesystem als die älteren Generationen, deren Wertesystem stark von Aufrichtigkeit, Ehrlichkeit, Beständigkeit und Verlässlichkeit geprägt war. Diese Werte werden in der unverbindlichen Welt der Sofortgesellschaft neu definiert bzw. neu ausgestaltet. Sie erhalten eine stärkere Prägung aus situativer Flexibilität; eine Anpassung an die jeweilige Notwendigkeit der Selbstoptimierung. *Der Mensch im Mittelpunkt* wird hierbei vollständig individualisiert. Die *Customer Journey* stellt ja die *Customer Experience* des Einzelnen in den Mittelpunkt – wie kann dieser den maximalen Komfort aus seiner Transaktion ziehen, diesen ständig spüren und sich rundherum in seinem *digitalen Erlebnis* wohlfühlen. Teil dieses Wohlfühlens ist das Sicherstellen der Unverbindlichkeit, der Möglichkeit zum spontanen Optimieren, des Nicht-Eingehens zahlungspflichtiger Vereinbarungen. Für die Welt von Big Data ist dies sowohl eine Fundgrube vieler erzeugbarer Datenpunkte aus den Abläufen der eingegangen Vereinbarungen, aber auch der zahlreichen Stornierungen, Rückgaben und Umtausche. Andererseits ist genau für Big Data dann das Problem, wie sich daraus einigermaßen belastbare Prognosen zukünftigen Verhaltens ableiten lassen.

Der potenzielle Missbrauch aus dem Ausnutzen der vielfältigen Unverbindlichkeit führt zunehmend zu einer Entkopplung, zu einer wegfallenden Ernsthaftigkeit, zu einem Verschwinden persönlicher Interaktion, da diese ja durch digitale Interaktionen vielfältiger Art ersetzt werden. Und damit zu einem Wegfall von korrektiven Schleifen und Interaktionen, die das bisherige Sozial- und Wirtschaftssystem geprägt haben. So wertvoll die

Bewertungen anderer Nutzer in den vielfältigen Internetportalen und Shops sind, so hoch ist auch das Potenzial des Missbrauchs infolge fehlender Interaktion bzw. falsch kalibrierter Erwartungen.

Eine große Quelle der gesellschaftlichen Unverbindlichkeit sind Buchungsportale für Hotels und andere Unterkünfte. Einerseits stellen sie eine unglaubliche Informations- und Auswahlfülle für den Suchenden dar und andererseits eine große Quelle des potenziellen Missbrauchs. Die große Anzahl und Vielfalt von Unterkünften am gewünschten Zielort nach Art, Lage und Preis erlaubt dem potenziellen Kunden eine durchaus anspruchsvolle Suche und Auswahl durch Verwendung der geeigneten Selektionsfilter mittels des klassischen „Surfens". Mehrere Unterkünfte können parallel gebucht werden, da man ja oft bis zum Morgen des Anreisetages stornieren kann. Der damit mögliche Missbrauch ist vergleichbar zum Prognosefehler im Demand Planning bei Allokationssituationen: Viele Unterkünfte blockieren die Kapazität in Erwartung des einen Gastes, der aber bei vielen Unterkünften diese Transaktion gebucht hat (diese wissen jeweils aber davon natürlich nichts). Und so werden in einem Ort z. B. zehn Zimmer reserviert und neun davon am Morgen der „Produktion" (der Zimmerbelegung) storniert. 90 % Forecast-Fehler im Gesamtsystem – für das einzelne Hotel vielleicht nur 3–5 % der gesamten Kapazität, bei kleineren Unterkünften durchaus 15–20 %. Das Problem ist nun, wenn dies viele gleichzeitig machen, kommt es zu einer dramatischen Inflationierung der gesamten erwarteten Nachfragesituation. Das kann dann vielfach durch eine 10 %-ige Überbuchungsreserve nicht mehr kompensiert werden. Bei sehr großen Hotels schlägt dies vielleicht nicht mehr so stark durch, da diese auch andere Vermarktungswege haben; bei kleineren kann dies fatal wirken.

Die Unverbindlichkeit in der Sofortgesellschaft ist somit ein großes Problem hinsichtlich der Prognosegüte und der damit verbundenen Produktionssteuerung. Was beim Hotel die stornierten Zimmer, ist beim Onlinehändler das retournierte Kleidungsstück oder die retournierte Unterhaltungselektronik. Der Händler fungiert als Puffer der Nachfragefehler – aber er disponiert ja auch, bestellt Nachschub und muss auch immer wieder umdisponieren. Schon schwingt die gesamte Nachfragekette auf. Unverbindlichkeit wird zur Quelle des Nachfragefehlers, zur Quelle der Fehlentscheidung, zur Quelle der Existenzgefährdung.

Viele Hotels erzeugen heute bereits über 60 % ihres Umsatzes über Onlineportale, viele Hersteller über 60 % ihres Umsatzes über Onlinehändler. Hier liegt ein hohes Gefährdungsrisiko traditionell bestandsoptimierter Supply Chains, da diese nicht in der Lage sind, die erforderliche Flexibilität, Reaktionsfähigkeit und Agilität aufzuweisen, um diese neue, fast schon brutale Art der Nachfragedynamik zu kompensieren. Unverbindlichkeit wird zum Gestaltungsmerkmal moderner Supply Chains – das Sicherstellen spontaner Flexibilität erfolgt durch ganze Bündel von Maßnahmen, von der Gestaltung und Nutzung von Datenwelten über Steuerung bis hin zur organisatorischen Anpassungsfähigkeit.

Die andere Seite des potenziellen Missbrauchs ist die Bewertung; auch dies sei wieder zunächst am (für die Supply Chain scheinbar wesensfremden) Beispiel der Hotelbuchungen erörtert. Nachdem nun eine Unterkunft tatsächlich aufgesucht wurde, treffen oft vorgeprägte Erwartungen auf die vorgefundene Realität. Dies können tatsächliche Fehler sein (da gibt es ja viele Möglichkeiten), es können aber auch nur Erwartungen an bestimmte Merkmale sein, die gar nicht zur gewählten Preiskategorie in der Zielkategorie passen. In beiden Fällen gibt es eigentlich zwei Möglichkeiten: Man nimmt es hin, oder man spricht das Hotelpersonal darauf an und bittet um Abstellung oder Verbesserung – und bekommt diese bzw. eine entsprechende Antwort.

Hier kommt es nun zu einer interessanten Form des Missbrauchs, die in der Sofortgesellschaft zunehmend zu beobachten ist: In vielen Fällen wird auf den Missstand bzw. die nicht erfüllte Erwartung gar nicht mehr hingewiesen. Aber noch während des Aufenthalts, spätestens aber danach, wird dies in der Bewertung des Aufenthalts entsprechend negativ vermerkt, führt zu Abstrichen der Bewertungspunkte und Missstände werden oft dramatisierend beschrieben. Aber mit dem Hotelier hat man nicht gesprochen, er hatte gar keine Chance, dies zu korrigieren oder richtigzustellen, sondern kann erst im Nachhinein sehen, dass es ein Problem gab. Dieser Missbrauch der post-situativen Machtposition ist aber ganz klar eine degenerative Erscheinung und konterkariert das eigentliche Wesensmerkmal der Sofortgesellschaft: Die Schnelligkeit von Information und Reaktion. Es geht ja eigentlich um die Geschwindigkeit der Kommunikation und das entsprechend schnelle Abstellen des Missstands – aber hier wird er missbraucht, weil man in der digitalen Welt der Bewertungen keine Konfrontation, keine Rechtfertigung, kein Einstehen für die eigene Meinung braucht. Die Situation und damit auch die Sofortgesellschaft sind hierdurch widerspruchsfrei geworden. Jeder kann seine Bewertung ungefiltert abgeben und sich somit unter Wahrung seiner persönlichen Kommunikationsbarriere austoben. Es ist eine Form des Missbrauchs, die entsprechende Mündigkeit der anderen Verbraucher erfordert, diese singulären Fehlverhaltensfälle zu identifizieren und für die eigene Entscheidungsfindung auszublenden.

In diesen Mustern der Unverbindlichkeit zeigt sich aber auch ein Phänomen, das sich als „Wellenbewegung" äußert. Durch die Möglichkeiten der digitalen Welt gibt es immer wieder die Situation auf- und irgendwann überschäumender Euphorie durch die neuen Möglichkeiten und deren hohe Zweckmäßigkeit, Vielfalt und Bequemlichkeit. Dem folgt dann oft eine Phase der Ernüchterung infolge des zunehmenden Missbrauchs (der in vielen Fälle auf der Unverbindlichkeit aufbaut), der sich in einem Rückgang der Bereitschaft zur Teilnahme einer Seite der Marktteilnehmer äußert. Dadurch *friert* die Marktdynamik vorübergehend ein, da die akzeptanztreibende, lebenswichtige Liquidität der Plattform eingeschränkt wird. Bei Vorliegen entsprechender Erkenntnisse können nun die Plattform-Betreiber das erforderliche Neufinden der Balance ausloten und implementieren. Wenn diese Maßnahmen die Richtigen waren, werden die vorher zurückgezogenen Marktteilnehmer wieder aktiv und die Plattform kann auf höherem Niveau agieren. Dies lässt sich in vielen Fällen beobachten.

Wenn beispielsweise ein Plattform zu einseitig auf die Optimierung der Kundenseite ausgerichtete ist und dessen *Customer Experience* zulasten der Anbieter maximiert, hängt dies oft damit zusammen, dass die Anbieter als austauschbare Ware empfunden werden. Ein Markt erfordert aber immer beide Seiten, und Liquidität im Markt beruht auf der Möglichkeit zur Auswahl aus attraktiver Anzahl und Vielfalt. Im Falle einer Hotelbuchungsplattform kann es beispielsweise die Maximierung der Unverbindlichkeit sein, die aber zu wirtschaftlichen Einbußen der Anbieter führt – und damit eine Imbalance herrscht, die mittelfristig zur eingeschränkten Bereitschaft der Anbieter führt, diese Plattform weiter zu nutzen. Problematisch wird dies, wenn sich einzelne Plattformen als superdominant entwickeln und monopolähnliche, marktbeherrschende Stellungen erlangen. Dies kann dann dazu führen, dass sich die Sofortgesellschaft zunehmend zur „Umsonstgesellschaft" entwickelt; es wird ein niedriger Preis gesucht, aber doch der Komfort wie für einen hohen Preis erwartet und damit beginnt die Spirale der enttäuschten Erwartungen.

Hinter alldem steckt die zunehmende Unverbindlichkeit; der Mechanismus des Sofort, So-lange-ich-Will, Was-ich-Will – weil es möglich ist, weil andere in der Gesellschaft sich ebenso verhalten. Und so stößt die Unverbindlichkeit zunächst auf individuelle und dann zunehmend auf gesellschaftliche Akzeptanz. Das Verschwinden der Verbindlichkeit wird ersetzt durch spontanes Nutzen von möglichen Angeboten. Dies ist die Basis für das sich darauf gründende Phänomen der Selbstbestimmtheit, der Eigenständigkeit, der Verfolgung individueller spontaner Ziele.

2.1.4 Selbstbestimmung des Verbrauchers als Akzeptanztreiber

Ein weiteres Kernmerkmal der Sofortgesellschaft ist die Erreichbarkeit. Nicht notwendigerweise des passenden Vertriebskanals, da im Zweifel ja online nachgeschaut werden kann. Aber das Finden des gesuchten Produktes. Daher ist der einfache Einstieg in das Suchen, das einfache Finden der Suchfunktion sehr wichtig, damit man ohne langes Überlegen, mit beliebigen Begriffen schnell das richtige Produkt findet. Denn welcher Kunde kennt schon die Kategoriemerkmale, mit denen Hersteller und Händler das Produkt klassifizieren? Daher ist sowohl der Algorithmus der Suchfunktion von essenzieller Bedeutung als auch eine große Kreativität bei der Wahl der Attribute, die einem Artikel zugeordnet werden, sodass dieser auch bei ungewöhnlichen Sucheinstiegen schnell gefunden und im Verbund mit anderen passenden Produkten angezeigt wird. Und auch hier ist ein weiterer wichtiger Erfolgsfaktor die Verwendung eines weiteren Algorithmus, der nicht nur direkt vergleichbare Produkte zeigt, sondern durchaus auch ganz andere Produkte, die ein ähnlich agierender Kunde bereits einmal gekauft hat oder die in diesem Käuferkreis gerne bestellt werden.

Hier trifft dann die Big-Data-Welt auf die gesellschaftlichen Phänomene der Sofortgesellschaft. Je mehr Transaktionen, je mehr Liquidität (Anzahl kaufbereiter bzw. suchender Teilnehmer) in der Plattform ist, desto besser können diese vielen Transaktionen im Zusammenhang mit einer Vielzahl von Kontextvariablen ausgewertet und auf passende Muster hin untersucht werden. Und dies sogar vollautomatisiert, sodass letztlich der einzelne Verbraucher wirklich als einzelner Kunde wichtig genommen wird, auf diesen individuell fokussiert wird und das Erfahrungswissen der gesamten Plattform auf diesen einen speziellen Teilnehmer angewendet wird. Das ist die wahre Macht von Big Data – alles geschieht für diesen einen Moment, in dem dieser spezielle Verbraucher wieder auf der Plattform aktiv ist. Seine initialen Bedürfnisse werden ernst genommen, ihm aber auch Wege eröffnet, seine weiteren Bedürfnisse ausleben zu können – aber bitte, ohne dass es der potenzielle Kunde als Belästigung empfindet.

Daher ist eine kleine fokussierte Auswahl als Einstieg wichtig, aber auch das Eröffnen der Möglichkeit, in den weiteren Vorschlägen selbst zu stöbern. Die Entscheidung, tiefer zu suchen, sollte beim Nutzer liegen; er sollte nicht durch eine Überfülle an möglichen Zusatzartikeln „erschlagen" oder „erdrückt" werden. So wird der potenzielle Kunde es als selbstbestimmt empfinden und weder als Belästigung noch als Bedrohung. Er fühlt sich ernst genommen und nicht ausgenommen. Der Chimp kann sich entspannt zurücklehnen und lässt spielen, er fühlt sich nicht bedroht und geht daher nicht auf Abwehr. Im Wechselspiel zwischen der Freude des Chimp und den logisch-rationalen Analysen des Mensch-Denkers wird dann der Warenkorb gefüllt, bis dann irgendwann eine Budgetgrenze ein Ende des freudigen Kaufens setzt.

Diese Muster klingen nach typischem Consumer-Geschäft. Aber interessanterweise sind sie auch vielfach in den Business-to-Business-Welten zu finden. Dort wird ja ebenfalls nicht immer nur um Großaufträge verhandelt, sondern es werden eine riesige Vielfalt an Verbrauchsartikeln oder kleineren Investitionsgütern per „Onlinekatalog" eingekauft. Die gleichen Mechanismen, die oben beschrieben wurden, wirken auch hier. Leicht verändert, da gelegentlich noch eine Freigabe eines Vorgesetzten erforderlich ist oder formal enger mit Budgets und Einkaufsgrenzen operiert wird. Aber die Gründe, warum ein Einkäufer gerne bei einer bestimmten Quelle einkauft, hängen mit den gleichen Mustern zusammen. Was wird als hilfreiche Anregung empfunden, was ist Belästigung? Was wird als Anreicherung wahrgenommen und was als Zeitverschwendung? Und Letzteres ist in der Sofortgesellschaft ohnehin ein „No-Go", da ja niemand mehr Zeit hat für umständliche Routinen, zeitaufwendige Auswahlprozesse oder die Durchsicht unnötiger Details.

Aber die eben angesprochene Selbstbestimmung ist auch hier zentraler Treiber der Kaufentscheidung. Egal, ob es eine Reisebuchung, ein Produktkauf oder die Terminvereinbarung für einen Servicetechniker ist, der Nutzer will einen selbstbestimmten Ablauf der Transaktion und möchte nicht möglichst viele alternative Angebote dabei sehen. Ein bis zwei Hinweise auf mögliche Alternativen oder Ergänzungen sind erlaubt und wenn sie dann passend sind, werden sie als hilfreich empfunden; als Anreicherung der Wissensbasis. Auch wenn es nicht unbedingt zur Abschlusstransaktion kommt, so ist doch zumindest ein Wertbeitrag entstanden. Dieser trägt immerhin als Wohlfühlfaktor bei und wird bei passender Gelegenheit möglicherweise zu einem Abschluss führen. Da alle diese Vorgänge über Algorithmen vollautomatisch gesteuert werden, kostet diese Art der Beratung ja für den Einzelfall auch keine Geld, wohl aber für die Investition in die entsprechenden Algorithmen und das Finden und Einpflegen der passenden Attribute zu den verschiedenen Angeboten.

2.1.5 Die Macht aktiver Konsumenten

„Die Macht aktiver Konsumenten", so titelte ein Marketingbuch schon vor vielen Jahrzehnten (Specht 1979). Dabei ging es darum, über welche Organisationen, Institutionen
oder Verhaltensweisen Verbraucher durch Konsum, Konsumverzicht oder Medieneinsatz
auf das Produktangebot von Konsumgüterfirmen einwirken können. Das war damals sehr
mühselig, aber es gab durchaus bereits in diesen Jahren Erfolge, wie Konsumenten auf
die Hersteller einwirken können.

Im Rahmen der Sofortgesellschaft ist das fast schon systemimmanent. Die „virtuelle Zusammenrottung" erfolgt nicht aus Interessengruppen heraus organisiert, sondern
spontan, individuell, vielfältig – und mit riesigem Wirkungspotenzial. Die Rede ist von
Rezensionen im Internet, diversen Kaufberatungen und der Popularität von Meta-Porta-
len. Zu Letzteren gehören z. B. Preisportale wie idealo.de, preisvergleich24.de und viele
andere. Diese verkaufen nichts selbst, führen aber den suchenden Verbraucher zu einem
günstigen Preis für das gewünschte Produkt und halten eine Vielzahl von Erfahrungsberichten bereit, in denen der aktive Konsument stöbern kann.

Wenn auf diesen Portalen viele negative Erfahrungen berichtet werden, ist dies für
den betroffenen Hersteller oder Händler natürlich sehr schnell ein gravierendes Problem, da ja niemand ein unzweckmäßiges Produkt erwerben möchte. Daher ist die Sicht
auf die diversen Rezensionskanäle eine extrem wichtige Informationsquelle, um in der
Sofortgesellschaft ein effektives Value-Chain-Management zu betreiben. Denn was nützen die Absatzerwartungen der Vertriebsmitarbeiter oder der Handelspartner, die im
Demand-Planning-System zusammengeführt werden, wenn gerade eine ablehnende Hal-
tung zum Produkt entsteht? Sie werden ganz einfach zu Überproduktion und damit zu
vermeidbaren Kosten und Investitionen in Lagerbestände führen, für Ware, die kaum noch
verkaufbar ist und somit durchaus existenzbedrohend für das Unternehmen werden kann.

Neben diesen schon fast klassischen Instrumenten der Kundenrezensionen gibt es
einen weiterhin (da heute schon auf hohem Niveau) immer mehr zunehmenden Einfluss auf Kaufpräferenzen über die verschiedensten Informationskanäle, die teilweise
den Social Media zuzurechnen sind (Facebook, Twitter, LinkedIn u. v. m). Ein weitaus
signifikanterer Einfluss kommt aber auch aus den Kanälen, in denen über Celebrities und
deren spontane Aktivitäten oder Ideen und Präferenzen berichtet wird. Dies kann sehr
schnell zu signifikanten Nachfrageverschiebungen in Art und Menge der Produkte führen.

Allein schon die Identifikation der für die Produkte und Leistungen eines Unternehmens relevanten Informationskanäle im internetbasierten Kommunikationsumfeld
wirkt sich aus.

Somit ist die intensive und ständige Analyse und Auswertung der diversen Soci-
al-Media-Kanäle als auch der Verbraucherrezensionen eine der Hauptaufgaben für
zeitgemäßes Value-Chain-Management. Dort lassen sich eine Vielzahl an Ideen für
Produktverbesserungen, aber auch für die richtige und angemessene Positionierung und
Vermarktung der Produkte ableiten. Völlig kostenfrei stehen in Realtime diese Informationen für alle Anbieter zur Verfügung – die Kosten bestehen lediglich darin, in die

Fähigkeit zu investieren, diese Informationen zu finden, darauf zugreifen zu können, diese verwertbar und verwendbar zu machen, nach der entsprechenden Analyse die richtigen Schlussfolgerungen abzuleiten, die angemessenen und erforderlichen Maßnahmen einzuleiten und letztlich auch umzusetzen. Dieses erforderliche Aktionsprogramm kann sehr vielfältig sein, aber auch sehr fokussiert an ganz bestimmten Schwachstellen ansetzen. Wichtig ist, dass man den Gesamtprozess etabliert.

Denn was nützt die beste Lieferkette, wenn niemand das Produkt will? Und das vielleicht ganz plötzlich, überraschend und unerwartet?

Im Zusammenhang mit dieser Macht der aktiven Konsumenten sieht man nun sehr schön das Zusammenspiel von Supply-Chain-Exzellenz und Value-Chain-Exzellenz. Darüber hinaus erkennt man, dass die Grenzen zwischen Supply Chain und Value Chain verwischen bzw. aufgrund der Dynamik, Spontaneität und Volatilität in unserer heutigen Sofortgesellschaft dahinschmelzen. Wo früher noch klare Zuständigkeitsgrenzen waren, ist heute eine enge, auf gemeinsame Ziele und Sachverhalte hin ausgerichtete Zusammenarbeit erforderlich. Interaktive Interaktion – was scheinbar nach einer Tautologie klingt, beschreibt sehr schön die Intensität, mit der alle Akteure im Unternehmen zusammenwirken müssen, um relevante Informationen zu suchen und in geeigneter Weise mit den anderen auszutauschen.

Die kausalen Zusammenhänge hierzu sind letztlich sehr einfach:

- Der Unternehmenserfolg lebt vom Absatz.
- Der Supply-Chain-Erfolg lebt von schnellen, effizienten, flexiblen und zuverlässigen Prozessen, die die Produkte zur Verfügung stellen.
- Und die Value Chain muss durch das Zusammenspiel der definierenden, vermarktenden und der liefernden Prozesse das Gesamtsystem zum Erfolg führen.
- Wenn es dann auch noch gelingt, eine entsprechende Preispositionierung zu erreichen, ist dies eine sehr profitable Konstellation.

Im Umfeld aktiver Konsumenten wird die Sofortgesellschaft aber auch zu einer Spontangesellschaft. Je nachdem, welcher Impuls vorliegt und wie der einzelne Teilnehmer damit umgeht, können sich in kürzester Zeit völlig neue Nachfragekonstellationen ergeben.

Ein aktuelles Beispiel: Der erst etwa 2006 nach Deutschland importierte Schädlingsfalter Buchsbaumzünsler verbreitet sich sehr schnell, ist bei Befall extrem aggressiv und hungrig auf seine Wirtspflanzen und in einem Land der Gartenliebhaber stellt sich natürlich die Frage, wie man am besten gegen einen solchen Schädling vorgeht, der ja noch keine wirkliche Historie bei den Pflanzenschutzmittel-Herstellern hat. Dies bewirkt aber zweierlei: auf der einen Seite wird hiermit ein neuer **Absatzmarkt** geschaffen für jegliche Mittel, die hier Abhilfe schaffen können. Auf der anderen Seite entsteht eine **Informationskultur,** die wiederum die Nachfrage mit steuert. Naturschutzbünde, diverse Foren in gärtnerrelevanten Portalen, sogar spezielle Informationsseiten werden

geschaffen. Vielfältige Erfahrungen, erfolgreiche und weniger erfolgreiche Vorgehensweisen werden dort veröffentlicht und sind somit auf der ganzen Welt einsehbar. Und
alle sind über Suchmaschinen wie Google oder Bing für den Hilfesuchenden sofort
auffindbar – die Kunst liegt mehr in der Auswahl der geeigneten Fundstellen als im
Angebot. Und wie immer in der Sofortgesellschaft, sind alle Informationen sofort verfügbar, das am meisten Erfolg versprechende Mittel kann direkt oder in einem anderen
Portal bestellt werden und ist in kürzester Zeit am Bedarfsort – theoretisch.

Denn je nachdem, welche Gartenschützer welchen Erfolg mit welchem Mittel haben,
darüber berichten und besonders oft gefunden werden, verändern sich die Nachfrage-
ströme. Sogar soweit, dass einige Mittel nicht mehr lieferbar sind, weil der Hersteller
mit dem riesigen und spontan einsetzenden Nachfrageschub überfordert ist. Der aktive
Verbraucher steuert somit die Nachfrage und damit die Absatzströme der Hersteller. Und
wenn man dies nicht in seiner Absatzplanung berücksichtigt, hat man ungewollt einige
Probleme.

Da die betroffenen Verbraucher einen hohen Leidensdruck haben und in ihrer
Unsicherheit über die zu ergreifenden, wirklich wirksamen Maßnahmen eine geringe
Preissensitivität haben (Merke: der Chimp ist bedroht, der mit viel Liebe, Zeit und Geld
gestaltete schöne Garten wird zerstört, es wird reflexartig gehandelt und alles ergriffen,
was Abhilfe schafft), können die Hersteller, die hierfür ein probates und von vielen
Rezensenten gelobtes Produkt anbieten, für dieses ein echtes Preis-Premium realisieren. Und im Rahmen des Kaufs im Internet kann man diese Angebotspreise sehr schnell
beeinflussen und in gewünschter Weise anpassen.

Wirksamkeit der Produkte, somit Wirksamkeit des Leistungsangebots und sich durch
soziale Medien formende Nachfrage, führen zu einem dynamischen Preisbildungs-
mechanismus. Wer dies nicht beachtet, verschenkt Marge. Und wessen Produkt nicht
wirklich wirkt oder kompliziert in der Anwendung ist, verliert schnell an Menge. Die *aktiven Konsumenten* sind daher extrem wichtige Akteure in der Sofortgesellschaft und müssen mehr als ernst genommen werden. Und die Kunst liegt darin, sie aufzuspüren, ihre
Kommunikationsmuster zu erkennen, ihre Fährten aufzunehmen und den sich daraus ables-
baren Trends sehr schnell, agil und reaktionsschnell zu folgen bzw. diese mitzugestalten.

2.1.6 Heute ist morgen schon gestern

Die Macht der aktiven Konsumenten ist eine teils bedrohliche, teils nutzbare Macht für
eine aktive, gut funktionierende Supply Chain und fordert das exzellente Zusammenwirken in der Value Chain jeden Tag aufs Neue heraus. **Denn heute ist morgen schon
gestern. Dies ist in der Sofortgesellschaft noch viel wichtiger als je zuvor.**

Die Probleme der Vergangenheit sind (hoffentlich) erfolgreich gelöst, aktuelle neue
Herausforderungen prägen den jetzigen Tag und es passieren so viele Ereignisse in
den Märkten, dass morgen schon wieder ganz neue Herausforderungen zu bearbeiten
und zu bewältigen sind. Die Medien überschlagen sich darin, Informationen möglichst

schnell in die Informationskanäle des Internets zu pressen. Trends ändern sich spontan und schlagartig. Und die Verbraucher, je nach Situation scheinbar schwankend (in Wahrheit aber gesteuert) zwischen reflexgesteuertem Chimp-Verhalten und rational-logischem Menschen-Verhalten, schaffen ständig neue Konstellationen. Mit diesen muss das Unternehmen in seiner gesamten Lieferkette, vom Einkauf bis hin zur Distribution, vom Produktentwickler bis zum einzelnen Vertriebsmitarbeiter in geeigneter Weise umgehen.

Es muss eine hohe Energie bereitgestellt werden, um sich damit in der richtigen Weise zu beschäftigen. Eine Investition in Kapazität, Fähigkeiten und Motivation, die nur sehr indirekt ihre Wirkung entfaltet, dafür dann aber umso intensiver im Vergleich zu Unternehmen, die diese Art von Investitionen scheuen und lieber auf kurzfristige Kostenvermeidung schauen.

Daher sind die Supply-Chain-Champions auch dauerhaft erfolgreicher als viele andere Unternehmen, weil sie in der Lage sind, durch diese Art der Investitionen ihre Kosten in eine viel höhere Wirkleistung zu überführen als die Normalunternehmen. Unsere Untersuchungen haben gezeigt, dass die Höhe der Kosten bei den Champions etwa gleich hoch ist wie beim Normalunternehmen. Aber die Ausbeute, der Wirkungsgrad der durchgeführten Prozesse ist wesentlich höher und es fällt viel weniger Blindleistung durch ungewollte Improvisationen oder spontane unkoordinierte Interventionen an. Damit sind die Champions in der Profitabilität erfolgreicher als die Normalunternehmen. Doch dazu mehr in späteren Kapiteln.

2.1.7 Die Sofortgesellschaft ist auch eine Umsonstgesellschaft

Die niedrige Hürde, Informationen jeglicher Art zu erlangen und das Streben vieler anbietender Akteure, sich durch interessante Informationsinhalte zu differenzieren, führt zu einem Verfall der Zutrittsbarrieren. Die Grenzen zwischen originären Informationen und aus den vielfältigen Kanälen selektiv abgeleiteten Informationen verschmilzt. In der Sofortgesellschaft gewinnt der Informationsanbieter, der als Erster über einen wichtigen Sachverhalt berichtet. Zumindest in der Akzeptanz der Personen, die diesen Kanal nutzen.

Die Funktionalitäten der modernen Zugangsgeräte ermöglichen eine Vielfalt an *Push-Nachrichten,* die sich aus der ständigen Erreichbarkeit der Geräte und damit seiner Nutzer ergeben. Somit bieten sie dem Verbraucher die Möglichkeit, sich von verschiedenen dieser Kanäle mit den neuesten Informationen *on appearance* versorgen zu lassen, nicht mehr *on demand,* das ist ein Konzept aus früheren Zeiten. Der Demand ist ja in der Sofortgesellschaft immer da, immer auf der Suche nach der neuesten Neuigkeit mit bahnbrechendem Informationsgehalt. Die Entscheidung, welche Information für den jeweiligen Nutzer besonders relevant ist, bleibt diesem überlassen. Wichtig ist die Informationsversorgung, die breite Streuung, da dann eine größtmögliche Verteilung erreicht werden kann. Hier begegnen wir auch wieder der Selbstbestimmung, da jeder Nutzer für sich selbst entscheiden kann, wie er mit der gerade eingetroffenen Information umgeht, je nach dem, in welcher Situation er sich gerade befindet und welche potenziellen Transaktionen für ihn damit verbunden sind. Die Instant Society lebt also von Schnelligkeit, Betroffenheit und selbstbestimmtem Handeln. Ob dies dann immer so „selbst" bestimmt ist, oder durch Gruppeneffekte überlagert wird, entscheidet wieder einmal der Chimp – die blitzschnelle Analyse und Reaktion, ob eine Bedrohung oder besondere Belohnungssituation vorliegt oder ob das Handeln dem langsameren rational-logischen Denken überlassen werden darf.

Neben dem schon angesprochenen Effekt, dass die Sofortgesellschaft auch eine Spontangesellschaft ist, führt dieses Überangebot an Informationen, das Heischen der Informationsanbieter um Blicke auf ihre Seite (und die dort platzierte Werbung) dazu, dass diese Informationen immer wieder ohne einen zu zahlenden Preis zugänglich gemacht werden. Dies widerstrebt natürlich den etablierten News-Produzenten (insbesondere im Print-Bereich), ergibt sich aber einfach aus dem Überangebot von Anbietern und deren Drängeln um Nutzer.

Denn hier wird eine neue Währung im Internetzeitalter erkennbar. Es ist nicht der monetäre Preis, den man zahlt. Sondern es ist die Preisgabe von anderen Effekten, auf die der jeweilige Anbieter zielt. Dies kann das Betrachten von Werbe-Effekten sein (und auch Reagieren darauf), es kann aber auch eine abgeleitete Information sein, wie z. B. die Analyse, aus welchen Regionen oder Geräten der Zugang zu diesem Portal erfolgt. Das alles kann im Hintergrund abgegriffen werden und ist bei anonymisierter Verwendung auch nicht unbedingt zustimmungspflichtig. Aber es können daraus Informationen gewonnen werden, für die irgendjemand bereit ist, etwas zu bezahlen. Und so speist sich das System der Umsonstgesellschaft nicht dadurch, dass es völlig kostenfrei ist, sondern durch das Schaffen und Bezahlen mit neuen (unsichtbaren) Währungen.

Wenn dann noch die Daten eingeloggter Nutzer mit ausgewertet werden, ist man schon sehr nah an einer Realtime-Marktforschung mit sehr hoher Relevanz. Und wenn sogar das Transaktionsverhalten auf dieser Customer Journey abgegriffen und dokumentiert wird, kann man sehr transparent nachvollziehen, in welcher Weise Nutzer zu einem Ergebnis kommen, oder wo sie den Vorgang abbrechen. Da hierbei das Verhalten sehr großer Nutzergruppen automatisiert analysiert werden kann, lassen sich auch mit statistischen Methoden darin Muster und Gruppen aufspüren, die ähnlich agieren. Wobei diese Ähnlichkeitsmuster meistens nicht analytisch vorab definiert werden können, sondern sich in der Tat aus den verschiedenen Verhaltensmustern abzeichnen und dann gegriffen und definiert werden können.

Da dies aber alles unsichtbar ist (maximale Einfachheit trifft auf maximale Komplexität), merkt der Nutzer hiervon in der Regel nichts. Er bezahlt also unbemerkt und denkt, es wäre alles umsonst. Daraus speist sich dann jedoch die Erwartungshaltung, dass im Internet alles umsonst zu haben ist – legal oder auch mal illegal. Die Grenze dessen ist für viele Verbraucher nicht wirklich erkennbar, oder es wird unberechtigterweise als Kavaliersdelikt billigend in Kauf genommen und durchgeführt.

Somit verwischen die Grenzen zwischen Sofortgesellschaft und Umsonstgesellschaft. Gleichzeitig schafft aber die globale Informationstransparenz die Möglichkeit, dass sich die Verbraucher sehr schnell darüber informieren können, wo sie das gewünschte

Produkt oder die gewünschte Leistung zum niedrigsten Preis finden können. Schließlich ist der Kaufabschluss nur noch davon abhängig, ob das attraktivste Bündel aus Preis und Lieferzeit zu der Bedarfssituation des Konsumenten passt – billig und vielleicht etwas später oder nicht ganz so billig, aber dafür noch heute oder spätestens morgen.

Andererseits gibt es natürlich sehr viele Informationen umsonst. Aufgrund der Mitteilungsfreude der Konsumenten gibt es ja die oben angesprochene Vielfalt an Erfahrungsberichten, Rezensionen und auch Hinweise auf vielleicht noch besser geeignete Produkte. Diese Kaufberatung, diese Art der Marktstudien, ist völlig kostenlos und frei zugänglich. Bei vielen vorliegenden Rezensionen liegt auch eine Art „Selbstbereinigung" vor. Dies bedeutet, dass frühere Käufer, die vielleicht andere Erwartungen hatten, etwas ungeschickt sind oder mit dem erhaltenen Produkt nicht wirklich umgehen können dazu neigen, einen negativen Erfahrungsbericht zu veröffentlichen. Bei vielen Bewertungen kann sich der Interessent aber schnell einen Überblick davon verschaffen, wie der Trend ist und dann seine eigene Kaufentscheidung für Produkt und Verkaufskanal treffen. Dieser Mehrwert entsteht umsonst für den Nutzer, da ja die anderen Teilnehmer ihre eigene Zeit und Mühe investiert haben, diese Bewertungen zu schreiben. Dies wird nicht in Rechnung gestellt, sondern letztlich in der unausgesprochenen Erwartung getan, dass andere sich ebenso verhalten und einem selbst in der später einmal anfallenden Bedarfssituation ebenfalls wichtige Anwenderinformationen zur Verfügung stellen. Damit ist das *MacGyver-Prinzip* weltweit ausgerollt, perfektioniert und jederzeit abrufbar.

Und schon haben wir wieder eine neue Währung in der Sofortgesellschaft identifiziert: den Tausch von werthaltigen Informationen – abstrakt, ohne direkten Tauschpartner, sondern auf der Plattform. Das Schaffen potenzieller *Liquidität* entsteht durch hohe Relevanz und Attraktivität des Informationsgehalts, viele potenzielle andere Nutzer, zeitlich unbegrenzte Verfügbarkeit der Informationen, kostenfreien Zugriff und ist somit genau richtig für die spontanen Bedarfsinteressen der Akteure der Umsonst- und Sofortgesellschaft.

Eine weitere Facette der Umsonstgesellschaft ist die Handhabung von Retouren. Diese Rückgaben sind ein wesentlicher Teil des Verkaufs, unabhängig vom genutzten Verkaufskanal. Die entsprechenden Verbraucherschutzrechte setzen hier klare Vorgaben. Da ein stationärer Handel eine Rückgabe kostenfrei annimmt und abwickelt, überträgt sich dies auch auf den Onlinehandel. Zum Schaffen der erforderlichen Akzeptanz wurden diese Rücksendungen zunächst auch kostenfrei angeboten. Ausgangspunkt waren die Überlegungen zu Garantie und Kulanz standardisierter, verpackter Ware und somit ein vergleichsweise geringer Anfall von Rücksendungen. Diese wurden dann im Gesamtumsatz absorbiert und fielen nicht weiter ins Gewicht. Mit dem zunehmenden Anteil an Bekleidungsverkäufen über das Internet stieg aber die Unsicherheit des Verbrauchers, welches das richtige Produkt ist und es wurde daher eine größere Menge zur Auswahl bestellt, von der der überwiegende Anteil wieder zurückgeschickt wurde. Dies betrifft nun auch immer mehr andere Artikel, insbesondere aus dem Bereich der Consumer Electronics, da hier die Angebotsvielfalt dem Kunden oft die Auswahl am Bildschirm schwer macht – wo sind die Vorteile, wo die Besonderheiten, wie fühlt sich der Artikel an, wie praktikabel ist er.

Da sich aber auch an dieser Stelle eine *Leistungsgewöhnung* an die kostenfreie Rücksendung eingestellt hat, gelingt es den Onlinehändlern nicht, diesen Service nun auf kostenpflichtig umzustellen. Trotz entsprechender neuer Regelungen auf EU-Ebene ist dies weiterhin ein Privileg, das die Umsonstgesellschaft nicht mehr hergeben will. Und da es immer noch viele Wege gibt, diese Kostenpflicht zu umgehen, wird es auch weiterhin sowohl ein Merkmal der Sofortgesellschaft als auch der damit verbundenen Umsonstgesellschaft bleiben, solche Privilegien kostenfrei nutzen zu können. Der Zeitaufwand für Rücksendungen ist oft durchaus beträchtlich und ist dem Besteller zum Zeitpunkt des „Surfens im Kaufmodus" nicht wirklich klar. Doch da gelten ja noch andere Gesetzmäßigkeiten.

Die Aufwendungen auf der Händlerseite sind für den Käufer ohne direkten Belang, da außerhalb seiner Sichtbarkeit oder Beeinflussbarkeit (zumindest bei nicht missbräuchlich zurückgesandter Ware, die trotz Nutzung zurückgeschickt wird). Und da jede Retoure den Händler mindestens zehn Euro in der Abwicklung kostet (EHI 2015), gibt es natürlich zahlreiche Bemühungen, diese Retourenquote zu senken (Selbach 2016). Hilfreich sind hier die Ansätze, die helfen, das Produktangebot besser einzuschätzen; z. B. durch hochauflösende Fotos, Zoom-Funktionen, viel Aufwand in der Produkterläuterung, gut sichtbare Rezensionen etc. Dies wird vom Nutzer gerne angenommen, da es ihm in seinem Entscheidungsfindungsprozess hilft. Schwieriger sind hingegen Bemühungen, die Rücksendung beschwerlicher zu machen, z. B. durch aufwendige Rückgabeprozeduren, Begrenzung der bestellten Artikel, hohe Versandkosten etc. – das passt weder zur Sofortgesellschaft (die will es ja bequem und sofort), noch zur Umsonstgesellschaft (die sucht sich dann lieber dank globaler Transparenz die Kaufquelle mit dem kostenfreien und schnellen Service).

Wenn man nun also diesen Return-Prozess nicht als Kernprozess des Onlinehandels versteht und ihn nur unwillig realisiert, wird das Geschäft ständig unter nicht optimal abgewickelten Retouren leiden, was zu einer Vielzahl negativer Folgeeffekte, vor allem aber zu überhöhten Kosten führt. Damit resultiert daraus fehlende Wettbewerbsfähigkeit, da diese Kosten ja über die erzielten Umsätze abgedeckt werden müssen und die Wettbewerbsintensität, Angebots- und Markttransparenz sehr eng kalkulierte Preise zur Folge hat. Somit gilt es, diesem Prozess mindestens genauso viel Aufmerksamkeit zu widmen wie dem Neuversand – vielleicht sogar noch mehr, da hier viele ungeplante Kosten anfallen. Neben der noch vergleichsweise günstigen Abwicklung ist ja auch oft die Frage offen, ob der Artikel überhaupt wieder als Neuware verkauft werden kann oder eine Aufbereitung benötigt oder nur noch mit Abschlag zu verkaufen ist – was einen erheblichen Kostenfaktor bedeutet.

Da dieser Rücksendeprozess ein Grundmerkmal der Sofortgesellschaft geworden ist, haben sich hier inzwischen verschiedene Spezialisierungen herausgebildet. So bieten einige der Transportdienstleister spezialisierte Fulfillment-Services an, in denen diese Retouren industrialisiert, professionell und effizient abgewickelt werden. Bei größerem Geschäftsvolumen ist das ein guter Weg, Spezialisten für solche Themen einzusetzen, die man selbst nur unzureichend ausprägen und ausgestalten kann.

Was bedeutet nun diese Umsonstgesellschaft für die Manager von Supply Chains?

Nun, vier Dinge sind von besonderer Bedeutung:

- Die Kunden sind nur in begrenztem Umfang bereit, für Produkte einen Preis zu bezahlen, der über dem globalen Minimalpreis liegt. Wichtig ist hierzu, skalierbare Versandoptionen anzubieten (unterschiedliche Geschwindigkeit, unterschiedliche Preise).
- Der Rücksendungsprozess ist ein Kernprozess im Versandhandel, der maßgeblich den Unternehmenserfolg steuert. Neben der Bequemlichkeit für den Besteller (zur Kundenbindung) ist auch eine hohe Effektivität und Effizienz in der internen Prozessabwicklung zu realisieren.
- Marktforschung kann hochgradig relevant und schnell erfolgen, ohne dass man dafür viel bezahlen muss. Allerdings ist es auch nicht kostenfrei für das Unternehmen, da man die Mitarbeiter und die entsprechenden Algorithmen und Analysentools bereitstellen muss. Dafür erhält man aber individuell nutzbare Informationen in Realtime und kann seine Supply-Chain-Steuerung darauf ausrichten.
- Es ist extrem wichtig, die als relevant identifizierten Foren der aktiven Konsumenten auf gefährdende Einflüsse zu untersuchen. Das können einerseits negative Darstellungen sein, es kann andererseits aber auch aufgrund extrem positiver Berichte ein unerwarteter Nachfrageschub entstehen, der dann wiederum negative Berichte zur Folge hat, wenn er nicht passend bedient werden kann.

2.1.8 Multi-Channel als Antwort auf die situative Erreichbarkeit

Durch die starke und immer mehr wachsende Dominanz der internetbasierten Verkäufe verschiebt sich der Käuferstrom aus den klassischen Kaufquellen in Richtung Onlinehandel. Das zeigt der Blick auf viele Innenstädte, in denen zunehmender Leerstand von Ladengeschäften zeigt, dass diese Geschäftsform nicht mehr zur Sofortgesellschaft passt.

Andererseits wachsen viele Einkaufszentren weiterhin ungebrochen – allerdings nur, wenn es gelingt, neben der guten Lage (Erreichbarkeit, Parkmöglichkeiten, Einzugsgebiet) auch eine attraktive, abwechslungsreiche Erlebniswelt für den Konsumenten zu schaffen. Konsum folgt Opportunitäten – während es eine Zeit lang üblich war, sich im Ladengeschäft das gewünschte Produkt anzuschauen, erläutern zu lassen, es auszuprobieren und es dann doch im Internet zu einem niedrigeren Preis zu kaufen, so gibt es derzeit auch hier eine neue Dualität: Die attraktive Erlebniswelt reduziert die Kaufschwelle und die Möglichkeit, direkt per Mobiltelefon die relevanten Händlerquellen auf die Preisstellung zu prüfen, verschafft Markttransparenz.

Und wenn das Preis-Delta nicht zu groß ist, wird dann doch gleich, vor Ort und sofort gekauft und bezahlt. Dann ist die Ungeduld in der Sofortgesellschaft größer als die Bereitschaft, für einen kleinen Einspareffekt die Ungewissheit des Wartens einzugehen.

Damit befeuert die immer „soforter" werdende Sofortgesellschaft die Dualität von online und stationär – und auch das Überleben des Stationären: Kaufgenuss statt Warteverdruss.

Aber: Die richtige Größe, die richtige Farbe, das richtige Modell muss verfügbar sein, sofort und gleich. Das früher noch beliebte „Wir können das aus einer anderen Filiale hierher liefern lassen" ist nicht mehr zeitgemäß, da nicht *sofort*. Und warum sollte der Kunde nochmal den ganzen Anfahrtsweg, die Parkplatzsuche, den Gang zum Laden, das Warten auf die passende Verkaufsberatung etc. auf sich nehmen? Dafür hat er gar keine Zeit mehr, weil schon andere Freizeit- und Arbeitsaktivitäten auf ihn warten.

Erfolgreicher ist da schon das zunehmend verbreitete „Wir können Ihnen das bis morgen nach Hause liefern lassen". Der Kunde zahlt in diesem Fall im Laden und erhält die Ware aus dem onlinebasierenden Warenwirtschaftssystem. Schnell und zuverlässig, vielleicht noch mit einer persönlichen Grußkarte des Ladengeschäftsführers. Die Grenze zwischen stationär und online verschwindet – aber nur intern; für den Kunden bleibt es dann oft beim positiven Stationär-Erlebnis; manchmal sogar mit dem Zusatznutzen, dass er seinen Einkauf nicht nach Hause zu tragen braucht. Das Kauferlebnis, die Customer Journey, gibt es somit auch weiterhin im realen Leben, selbst wenn der Fokus derzeit oft auf der *Kunden-Kaufreise* im Onlineauftritt liegt. Trotz viel Energie für die neue Welt darf die „alte Welt" nicht vergessen werden. Sonst wird sie schnell in Vergessenheit geraten – beim Kunden.

In dieser von vielen Dualitäten geprägten Sofortgesellschaft gibt es somit viele Wege zum Kunden. Der Trend weist ganz klar zum Digitalen, da man mit einem Onlineshop weltweit eine unermesslich große Anzahl potenzieller Kunden erreichen kann. Ein Shop ist eine einzige Anlaufstelle für Milliarden – theoretisch. Natürlich gibt es da noch die Sprachhürde. Aber selbst innerhalb eines Landes ist diese Perspektive schon verlockend, lediglich einen einzigen Shop zu betreiben, den man zudem beliebig oft und beliebig schnell umbauen und an neue Trends anpassen kann, und damit Millionen potenziellen Käufern die Möglichkeit zu geben, hier einzukaufen. Und da es zum Verhaltens- und Bedarfsprofil der Sofortgesellschaft passt, ist dies auch der Weg der Zukunft.

Dennoch gibt es noch viele andere Wege, seine relevanten Kundengruppen zu erschließen, zu betreuen und mit ihnen Umsätze zu erzielen. Aber – es braucht die Dualität. Ohne Online ist langfristig kein Überleben in der Sofortgesellschaft möglich. Daher ist dies das zentrale *Front-End* der Value Chain und auch der Supply Chain. Das, was man hier schnell und gut ausführen kann, lässt sich auch auf die anderen Absatzwege übertragen.

Vorwerk beispielsweise hat im Kern ein sehr altertümlich anmutendes Vertriebsmodell: den Haustürverkauf. Da die Produkte sehr erklärungsbedürftig sind, durchaus erfolgreich, damit sich dem Verbraucher der wirkliche Nutzen aus dem hohen Kaufpreis erschließt. Natürlich eröffnet das auch die Möglichkeit zum Cross-Selling, wenn man die passenden Leistungsangebote hat.

Und so hat Vorwerk neben dem traditionellen Staubsauger weitere sehr erfolgreiche Produkte im Sortiment. Der normale Vorwerk-Staubsauger ist in der Sofortgesellschaft eigentlich nicht mehr besonders attraktiv – aber doch wirksam, da er einen höheren Reinheits- und Hygienegrad als andere Modelle hat. Obwohl man für den Ablauf des Kaufprozesses viel Zeit braucht, lebt das Produkt von einem anderen Effekt: Die Sofortgesellschaft ist auch eine Gesundheitsgesellschaft und so gibt es für dieses traditionelle Produkt doch einen Platz.

Aber viel passender sind zwei andere Produkte, die noch „soforter" sind: der Saugroboter und der Thermomix. Beide sorgen dafür, dass man mehr Zeit hat für das Wesentliche und beide machen ihre Arbeit sofort und automatisch. Ein Druck auf die Starttaste und der Saugroboter fährt den gewünschten Bereich ab und hält ihn ohne weiteres Zutun sauber (nun ja, der Sammelbehälter muss noch geleert werden). Anschließend kehrt er selbstständig wieder zurück ans Ladedock und bereitet sich für den nächsten Einsatz vor. Das passt in die Zeit – Freizeit, Familienzeit oder Arbeitszeit statt Staubsaugezeit.

Ebenso beim Thermomix – der Alternative zum Lieferheld, wenn man es doch lieber selbst machen möchte – einfach die Zutaten hineingeben und irgendwann ist alles lecker fertig.

Dies hier soll keine Werbung für Vorwerk sein, sondern die Effekte aufzeigen, die in der Sofortgesellschaft für hohe Attraktivität der Produkte sorgen. Freie Zeit zu verschaffen ist ein hoher Zusatznutzen. Dafür ist der Kunde auch bereit, einen hohen Preis zu zahlen, wenn das zuverlässig funktioniert. Aber: Online erschließen sich diese Produkte nicht wirklich. Daher ist hier der „klassische" Vertrieb so wirksam. Vorwerk erlebt im Moment große Markterfolge mit diesen beiden Produktlinien.

Dualität heißt aber auch, online präsent zu sein. Nicht für den Neuverkauf, sondern für das Aftersales. Alle Verbrauchsartikel können online sofort bestellt werden und werden dann über eine Hochleistungslogistik spätestens am nächsten Tag geliefert. Und wenn einmal ein Gerät defekt ist, wird es (wenn nötig noch am gleichen Tag) zu Hause abgeholt und wenige Tage später wieder gebracht. Natürlich nicht von Vorwerk, sondern von einem der besten Transport-Dienstleister. Diese Kombination aus schneller Erreichbarkeit, schneller Reparatur, schneller Abwicklung in der Warenwirtschaft und Ausnutzen der Stärke des Transport-Dienstleisters verschafft dem Kunden ein positives Erlebnis und führt zu einer hohen Kundenbindung durch Zufriedenheit. Diese ist allerdings hochgradig fragil – wenn etwas nicht klappt, treten rasch Risse auf, die schnell größer werden können. Daher ist es hier extrem wichtig, die permanente hohe Qualität dieser Prozessketten sicherzustellen, diese in Realtime zu überwachen, auf Schwächen zu analysieren und diese rasch abzustellen. Hier greift dann transparente Hochleistungslogistik tief in die Kundenzufriedenheit ein – und wieder zeigt sich, wie eng Supply Chain, Value Chain und Unternehmenserfolg in der Sofortgesellschaft miteinander verknüpft sind.

Die geeignete Auswahl und der Aufbau der Multi-Channel-Erreichbarkeit ist eine extrem wichtige Aufgabe in der Sofortgesellschaft. Gleichzeitig ist dies aber nicht Thema dieses Buches und es würde dessen Rahmen sprengen.

Von ebenso entscheidender Wichtigkeit sind die logistischen Ströme im Hintergrund. Jeder Kanal braucht eine spezielle, darauf ausgerichtete Supply Chain. Jeder Kanal funktioniert anders, hat ein anderes Absatzverhalten und andere Reaktionsgeschwindigkeiten. Bei Onlineshops kann eine voll zentralisierte Warenwirtschaft realisiert werden, die keinerlei verteilte Bestände hat. Der stationäre Handel hat seine lokalen Bestände, aus denen heraus er operiert, unabhängig davon, in welcher Verkaufsumgebung dieser angesiedelt ist. Der Haustür-Verkäufer wiederum hat nur sein Demo-Gerät dabei und es würde sein Fahrzeug überfordern, wenn er eine ganze Kollektion mitführen würde.

Daher ist es auch wettbewerbsentscheidend, hier gemeinsame Elemente zu finden und diese zu realisieren. Der stationäre Handel muss seine vorgehaltenen Modelle (Größe, Farbe etc.) individuell je Outlet auf das relevante Kaufpublikum ausrichten. Dies ist möglicherweise für jeden Outlet anders, da das relevante Einzugsgebiet unterschiedliche Präferenzen und Maße der Kunden aufweist (um den Klassiker zu vermeiden, dass immer die Größe 38 bei den Damen und 50 für die Herren schon ausgegangen ist).

Online und stationär können immer mehr verschmelzen; die onlinebestellte Ware kann ja auch im Outlet des Händlers zurückgegeben werden. Wenn der Kunde diesen Weg wählt, kann er vor Ort noch etwas kaufen und dabei Schnitt, Form und Farbe besser beurteilen, als es im Onlineshop möglich war. *Sofort* erhält hier eine neue Dimension. Und die administrativen und logistischen Prozesse müssen die entsprechende Rückgabeprozedur kennen und Entscheidungen treffen, wie mit dem zurückgegebenen Produkt umzugehen ist (z. B. Einsteuern in den Bestand des Outlets, Überstellung an ein anderes Outlet mit Bedarfssituation im Bestand oder Rücksendung an die zentrale Warenwirtschaft).

Im Hintergrund muss aber immer die Hochleistungslogistik wirken und die erforderliche Ware extrem schnell und zuverlässig zum Verbrauchspunkt bringen. Der Haustür-Verkäufer kann schon beim Kunden oder direkt nach dem Gespräch seine Onlinebestellung übermitteln und den Lieferprozess anstoßen. Dann ist das Produkt am nächsten Tag da – bei Bedarf auch noch am gleichen Tag (mit entsprechenden Mehrkosten). Das Phänomen *Leistung ist machbar* wird hier zur abrufbaren Option. Diese muss aber entsprechend gestaltet werden, damit es nicht zur Improvisation wird.

Die Sofortgesellschaft will alles sofort und gleich – das bezieht sich nicht nur auf das Produkt, sondern auch auf ein positives Kauferlebnis mit einem positiven Abschluss innerhalb der tolerierten Zeitspanne. Diese wird immer kürzer und erfordert daher eine Supply Chain im Hintergrund, die dies schnell, elegant, effizient und effektiv ermöglicht.

2.1.9 Multimediale Erreichbarkeit – das Dilemma der Kundenansprache

Wie findet der Kunde eigentlich zu seinem Onlineshop? Das Internet ist ja im Grunde genommen ein völlig unübersichtlicher Dschungel – und zudem völlig verschlossen. Nicht nur im Bereich des Dark Net. Man kann nicht wirklich hineinschauen. Mithilfe einer Taschenlampe wie Google, Bing und Co kann man darin stöbern. Aber welche Angebote es wirklich alle gibt und ob man jemals das relevante findet – hierfür gibt es keine Garantie und keinen Überblick.

Somit muss ein Unternehmen Wege finden, den Kunden auf sich aufmerksam zu machen. Neben den vielfältigen Möglichkeiten, die es im Internet hierfür gibt (z. B. Möglichkeiten der Suchmaschinenoptimierung und Auffindbarkeit auf Metaplattformen), gilt es natürlich auch, neue Kundenkreise zu erschließen, die man auf diesem eher passiven Wege nicht erreicht hat, oft auch nicht erreichen kann. Die Besonderheit beim

Onlinemarketing ist, dass man den Kunden potenziell genau aufgrund seiner vermuteten Präferenzstrukturen ansprechen kann. Vermutete, da man ja kontextsensitive Werbeeinblendungen schaltet, die je nach Eignung und Situation von im Hintergrund operierenden Algorithmen aufgerufen werden. Da man aber nicht vorher sagen kann, wann dieser Kontext entsteht und die jeweilige Werbeplatzierung aufgerufen wird, lässt sich auch nur bedingt ein Zusammenhang zwischen Werbeintensität und Absatzmenge (=Liefermenge der Supply Chain) ableiten. Zudem besteht hier die Einschränkung der Ablenkungsbereitschaft, d. h. wie weit ist der Nutzer fokussiert auf das, was er im Kern macht und wie weit blendet er alles in der Umgebung aus? Wie stark wird der nicht erwünschte Informationsinhalt ausgefiltert? Das macht die Prognostizierbarkeit der Werbewirksamkeit für die Absatzplanung schwierig.

Insbesondere für das Erreichen neuer Käuferkreise spielt der klassische Werbemix (Print, TV, Radio) weiterhin durchaus eine wichtige Rolle und es muss individuell abgewogen werden, welche Wege gegangen werden und vor allem, welche Art der Werbung die verschiedenen möglichen Zielgruppen wirklich erreicht und positiv auf das Leistungsangebot reagieren lässt. Zalando oder mobile.de beispielsweise haben einen großen Teil ihres Markterfolgs und ihrer Verbreitung den aggressiven und unterhaltsamen Kurzspots im TV zu verdanken. Hierdurch wird vor allem das Image geprägt und eine einprägsame Identifikationsformel für den jeweiligen Anbieter in den Werbeempfängern verankert (z. B. Zalando: „Schrei vor Glück, oder schick's zurück"). Zudem werden Kundengruppen erreicht, die die Plattformen vorher nicht kannten oder sie zumindest für einen Kauf nicht in Erwägung gezogen haben.

Für die Supply Chain ergibt sich hieraus wiederum die Relevanz dieser Fragestellungen, da mit dieser Werbung ja Effekte erreicht werden sollen. Sowohl für das Absatz- und somit Liefervolumen der Produkte als auch für die mit dem Geschäftsmodell verbundenen Besonderheiten. Es ist im Onlinehandel mit Bekleidung völlig normal, dass man eine Rücklaufquote von 40–80 % hat. Im stationären Handel ist die *Anfassquote* und auch die *Anprobierquote* um ein Vielfaches höher, wird aber natürlich nicht gemessen, da diese hier aus dem Bestand erfolgt und neben der Arbeitszeit der ohnehin anwesenden Mitarbeiter keine weiteren Nebeneffekte verursacht.

Der Onlinehandel erlaubt das Anfassen und Anprobieren aber nur begrenzt, auch wenn es hier immer wieder beeindruckende Weiterentwicklungen gibt. Dennoch, wie oben dargelegt, wird der Verbraucher immer dazu neigen, eine gewisse Selektion zu bestellen und daraus etwas zurückzusenden. Daher ist dieser Prozess professionell auszuprägen, vor allem aber skalierbar hinsichtlich des Mengenaufkommens: Dies ist einer der Effekte, der mit Werbekampagnen verbunden ist – mehr Umsätze, mehr Lieferungen, also auch mehr Retouren. Dies ist im Rahmen der Supply-Chain-Steuerung sicherzustellen.

Der andere Effekt ist die zeitlich versetzte Wirksamkeit der einzelnen Maßnahmen, die man im Rahmen des Demand-Managements aufgreifen muss. TV wirkt extrem schnell und oft auch mengenmäßig signifikant und stoßartig; Radio schon etwas langsamer, da hier erst die Penetranz der Botschaft die Wirkung ergibt. Und Print hat schon mal einige Wochen Zeitversatz zwischen Erscheinungsdatum und aufkommenden Mehrumsätzen – die Kurve verläuft in der Regel flacher im Anstieg.

Das Dilemma für das Erreichen der Mitglieder der Sofortgesellschaft ist hier das Finden des richtigen Werbemaßes und des richtigen Werbemixes. Wie hoch muss der Werbeetat insgesamt sein, um aufzufallen? Welche Kanäle sind (gleichzeitig) für die Maximierung der Werbewirksamen einzusetzen? Und wie sollten die Mittel hierfür verteilt werden? Auch diese Fragen zu beantworten, ist nicht Gegenstand dieses Buches; dafür gibt es genügend Spezialliteratur (z. B. Kreutzer und Land 2016). Im Kontext mit dem exzellenten Management der Supply Chain ist es jedoch wichtig, die Effekte der unterschiedlichen Werbemaßnahmen zu kennen und in die Absatzplanung, beispielsweise durch szenarienbasierte Planung, einzubeziehen.

Daher ist das enge Zusammenspiel zwischen den Marketing- und Vertriebsfunktionen mit der Supply Chain von extremer Wichtigkeit, um Kapazitäts- und Prozessplanung hierauf auszurichten; nicht nur für die eigenen Prozesse, sondern auch für die der eingebundenen Dienstleister und Zulieferanten.

Die sortimentsgebundenen Bestände hingegen sind weiterhin Teil der Unwägbarkeit: Welche Artikel, welche Farben, welche Besonderheiten die Kunden jeweils ordern, ist in weiten Teilen unberechenbar. Zumindest nach einer der klassischen Werbekampagnen. Anders ist es natürlich, wenn man im regulären Geschäft das Kaufverhalten der diversen Kundenkreise mit Big Data beobachten und analysiert kann. Aber Werbekampagnen führen immer zu eruptiven Bedarfsprofilen, da viele neue (und damit im digitalen Profil unbekannte) Kunden zu dem bestehenden Kundenkreis dazustoßen. Und deren Kaufpräferenzen formen sich erst beim Stöbern im Sortiment und dem Verwirklichen der individuellen Kaufwünsche und -präferenzen.

Daher muss die Supply Chain für diese Situationen mit einer ausgeprägten Agilität vorbereitet sein. Die Reaktionsfähigkeit ist ohnehin hoch, da immer schnell zu liefern ist. Aber da die Ausprägungen der Bedarfe so schlecht prognostizierbar ist, müssen hier schnelle Beschaffungsprozesse ausgestaltet sein, um die richtigen Waren zeitnah liefern zu können. Es erfordert die Vorbereitung der Supply Chain auf unterschiedliche Bedarfskonstellationen und somit das Schaffen von Handlungsalternativen (ohne dass diese auch wirklich alle abgerufen werden). Über die gut und schnell funktionierenden Retourenprozesse sollten die Rückläufe möglichst schnell wieder in den Neuversand einsteuerbar sein, damit nicht zu viel *toter Bestand* im System ist, der entweder zu unnötigen Nachdispositionen führt oder im schlimmsten Fall sogar zu nicht mehr absetzbaren Waren, da die Werbemaßnahmen bereits die nächsten Trends in die Absatzmärkte tragen.

2.2 Beschleunigungskräfte der Sofortgesellschaft

2.2.1 Das Phänomen VUCA

Der Sachverhalt, dass es für Unternehmen so kompliziert geworden ist, sich in den heutigen Märkten zu bewegen, hat zur Formung eines Konzeptes geführt, mit dem diese Dynamik und Ungewissheit beschrieben werden kann. Dieses Konzept steht letztlich als

Umschreibung für die Welt, in der wir leben. In dieser Welt findet die Sofortgesellschaft statt und diese prägt wiederum die Welt, in der wir leben und agieren.

Dies wird über das Akronym VUCA beschrieben, welches vier Grundthemen der heutigen Geschehnisse in unserer Welt umfasst: Das *Volatile* in der *Uncertainty,* das sich in der *Complexity* entfaltet und durch *Ambiguity* immer unberechenbarer wird. Es ist eine Umgebung, in der Informationen oft keine prognostische Aussagekraft mehr besitzen, weil Rahmenbedingungen sehr schnell wechseln, Interessenkoalitionen immer vielschichtiger werden sowie Motivlagen sich ständig verändern (siehe auch Mack und Khare 2016):

- V = Volatility (Wechselhaftigkeit). Die Natur, aber auch Dynamik der Veränderungen, die Geschwindigkeit der Veränderungen sowie der Kräfte und Katalysatoren, die die Veränderung bewirken.
- U = Uncertainty (Ungewissheit). Das Fehlen der Vorhersagbarkeit, das Eintreffen von Überraschungen und die dafür erforderliche Wachsamkeit sowie das Verstehen der Einflussfaktoren und Ereignisse.
- C = Complexity (Komplexität). Die Vielfalt und Verknüpftheit von Kräften, das irgendwie verwobene Auftreten von Phänomenen, deren zufälliges Eintreten ohne erkennbare Wirkungszusammenhänge und die damit verbundene Konfusion, die eine Organisation umgibt.
- A = Ambiguity (Ungewissheit). Die Verschwommenheit der Realität, das Potenzial für Missverständnisse, die unklare Bedeutung der angetroffenen Bedingungen und dazu gehörige Konfusion über die Wirkungszusammenhänge.

Diese vier Elemente beschreiben indirekt die Effekte, aber auch wesentliche Merkmale der Sofortgesellschaft. Es geht um Geschwindigkeit und Unberechenbarkeit, um Spontaneität und doch irgendwo vorhandene Strukturen im scheinbaren Kontinuum. Es gilt, die Wirkmuster herauszuarbeiten, die hinter vielen scheinbar unberechenbaren und unvorhersehbaren Ereignissen stehen. Die VUCA-Perspektive verhilft dazu, in der scheinbaren Ungewissheit einen Kontext zu finden, in dem Organisationen ihre gegenwärtige, aber auch ihre mögliche künftige Situation betrachten können. Diese vier Elemente geben letztlich auch gewisse Grenzen für die erforderlichen Planungen, Regelungen und Festlegungen. Dabei sind sie aber doch so flexibel, dass man sich eher in einem Korridor als in strikten Entscheidungen und Sachverhalten bewegt. Sie helfen auch, den Rahmen für Führung und Management zu setzen.

VUCA zielt nun darauf ab, das nicht Erfassbare erfassbar zu machen. Es steht für die Beschreibung der veränderten Rahmenbedingungen, unter denen heute Entscheidungen getroffen werden müssen. Und ist dabei beschreibend und Lösungskonzept zugleich. Dadurch, dass man die einzelnen Bestandteile der Dynamik um uns herum trennt, kann man sie auch gezielter identifizieren, analysieren und dazu Lösungsalternativen entwickeln.

Letztlich geht es dabei immer um zwei Effekte: Wie viele Informationen hat man über eine Situation und wie weit kann man die Auswirkungen des eigenen Handelns abschätzen?

Hierzu werden diesen volatilen Rahmenbedingungen genügend Schwankungspuffer, ungewissen Situationen eine solide Informationsmenge und komplexen Entwicklungen eine Kombination von Information und Ressourcen entgegengesetzt.

Die tiefere Bedeutung jedes einzelnen VUCA-Elements besteht letztlich darin, das man sowohl die strategische Signifikanz dieser Vorausschau und die damit verbundenen Einsichten erkennt als auch das Verhalten von Gruppen sowie von Individuen in Organisationen betrachtet. Es erörtert sowohl systematische Fehler als auch verhaltensbedingte Fehler; beides sind typische Charakteristika von Fehlern in Organisationen. Daher ist VUCA für viele Organisationen ein praktisches Hilfsmittel, um Wachsamkeit und Handlungsbereitschaft zu erzeugen. Dies hat mit Antizipation künftiger Zustände zu tun, aber auch mit der Evolution der Situation und der Bereitschaft zu gezielten Interventionen.

Die besondere Bedeutung von VUCA liegt nun darin, wie Menschen die Konditionen betrachten, unter denen sie Entscheidungen treffen, die Zukunft planen, Risiken managen, Veränderungen betreiben und sowohl aktuelle als auch antizipierte Probleme behandeln und lösen. Damit schafft es die Fähigkeit in einer Organisation, wichtige Grundfragen zu behandeln (Mack und Share 2016):

- Vorausschau und Vorwegnehmen von Einflussfaktoren, die die Rahmenbedingungen gestalten;
- Verständnis über die Konsequenzen der Einflussfaktoren und von Handlungen;
- Anerkennung der Interdependenz von Variablen und Parametern;
- Vorbereitung von alternativen Realitäten und Vorbereitung auf künftige Herausforderungen;
- Interpretieren und Adressieren relevanter Opportunitäten in der Zukunft.

Für das Überleben und Wachsen in der Sofortgesellschaft ist es daher von besonderer Bedeutung, sich mit den dahinterliegenden Wirkmechanismen zu befassen, um daraus die erforderlichen Ansatzpunkte zu erkennen, abzuleiten und in Aktionen umzusetzen. Da diese stark miteinander verwoben sind, werden die einzelnen Treiber, aber auch deren Zusammenspiel, in den nächsten Abschnitten betrachtet.

2.2.2 Zusammenwirken der globalen Megatrends

Die Sofortgesellschaft ist geprägt davon, dass alles auf einem hohen Niveau passiert. Dies betrifft die Ansprüche des Einzelnen, aber auch die Leistungsfähigkeit der Anbieter. Zudem auch die Existenz und Präsenz einer unglaublichen Fülle von Angeboten und dies nicht nur im Zusammenhang mit digitalen Welten, sondern auch im ganz normalen Alltag. Frisches Obst ist immer verfügbar, auch wenn in Deutschland keine Saison dafür ist. Alle Arten exotischer Früchte sind jederzeit erhältlich, ohne dass man eine Auslandsreise machen muss. Alles ist nur noch eine Frage der Erreichbarkeit und Erschwinglichkeit, nicht mehr der Verfügbarkeit, und für die Erschwinglichkeit hilft eine Kreditkarte oder eine andere Form der Finanzierung. Alles geht schnell und auf hohem Niveau, in den verschiedensten Anwendungsbereichen des täglichen Lebens, auch des industriellen.

Wenn man Lieferketten von heute vergleicht mit denen aus den 80er-Jahren, dann ist dies wie ein Realität gewordener Science-Fiction-Roman. Waren es früher nur Groß-konzerne, die die Welt mit einem Netz von Produktionsstandorten überzogen haben und mit wenigen Produkten die Welt beglückten, so ist heute alles viel mehr im Fluss. Der kleine chinesische Handwerksbetrieb kann den deutschen Kunden genauso mit Fahr-radzubehör versorgen wie den indischen oder den südamerikanischen – wenn es sein muss, in wenigen Tagen. Wenn es billig und langsam sein darf, auch mal in wenigen Wochen. Amazon und andere Handelsportale haben sich mit entsprechend leistungs-fähigen Logistik-Dienstleistern ein Imperium der globalen Verfügbarkeit und Erreichbar-keit geschaffen.

Damit entstehen neue lokale Anbieter ohne eigenes Vertriebsnetz und damit neue Wettbewerber. Abb. 2.1 zeigt ein Beispiel, wie zehn hier ausgewählte, für die Supply Chain relevante Megatrends zusammenspielen. Jeder einzelne ist global wirksam; jeder für sich bereits ein die Welt verändernder Megatrend, der immer noch jeden Tag wei-ter fortschreitet. Das eigentliche Wirkungspotenzial dieser hier dargestellten Megatrends liegt darin, dass sie gleichzeitig auftreten, in verschiedensten Weisen zusammenspielen, sich gegenseitig verstärken, neue Themen hervorbringen und dadurch jeden Tag das Niveau der Veränderungen, die uns umgeben, weiter anheben.

Wie in Abb. 2.1 dargestellt schafft der demografische Wandel (1) neue Alters-pyramiden. Gleichzeitig gibt es auf der Suche nach Wohlstand, Sicherheit und guten

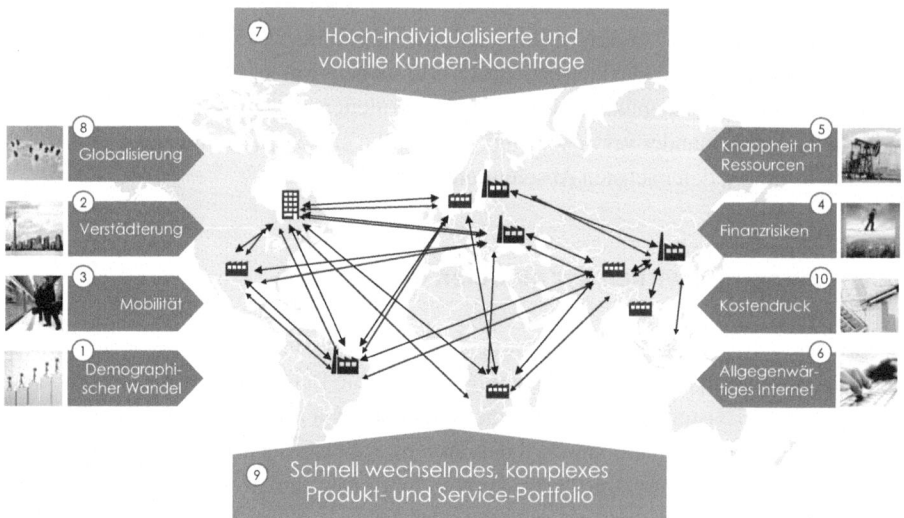

Abb. 2.1 Zusammenwirken globaler Megatrends mit hoher Relevanz für die Value Chain von Unternehmen. (Bölzing 2016, S. 94)

Lebensbedingungen einen ungebrochenen Trend zur Verstädterung (2). Mobilität (3) in einem noch nie dagewesenen Umfang schafft Erreichbarkeiten, wo früher natürliche Grenzen im Weg standen – wenn nicht physisch möglich, so eröffnen Videokonferenzen eine Kommunikation ad hoc und können sogar Teilnehmer aus vielen Ländern interaktiv zusammenführen. Finanzielle Risiken (4) verzögern oder beschleunigen die Weltwirtschaft, aber auch staatliche Interventionen spielen eine große Rolle in der internationalen Wettbewerbsfähigkeit. Die Knappheit an Rohstoffen (5) schafft neue, weltweite Konglomerate, immer wieder neue Preisspekulationen bzw. reale oder künstlich gesteuerte Versorgungsengpässe. Das omnipräsente Internet (6) holt das alles an die Fingerspitzen jedes einzelnen Teilnehmers, weltweit, in allen angeschlossenen Regionen. Dieses offene Netz übersteigt die Fähigkeiten der oftmals in sie integrierten Telekommunikation bei Weitem und hat diese als früher dominanten Megatrend als *friendly take-over* übernommen und eingebunden.

Die lange weltkriegsfreie Zeit hat einen breiten Wohlstand, aber auch ein hohes Maß an Sicherheit in den etablierten Staaten geschaffen – als Folge sind die Ansprüche der Konsumenten (7) extrem gewachsen, aber auch immer vielfältiger und individueller geworden. Viele der großen Unternehmen sehen sich dieser Vielfalt aber nicht nur in einer Region gegenüber, sondern bearbeiten eine weltweite Nachfrage (8) gegen weltweite und auch lokale Wettbewerber und die damit exponentiell gestiegene Vielfalt an Produkten und Services (9).

Auch Industriekunden werden immer anspruchsvoller, um in diesem Geflecht sowohl ihre Kostenposition zu verbessern (10) als auch die extrem beschleunigten Lieferketten betreiben und beherrschen zu können. Gleichzeitig wächst aber auch die Polarisierung zwischen extrem weit entwickelten und sehr einfach operierenden Unternehmen.

In diesem „Hexenkessel" der sich gegenseitig verstärkenden Megatrends wirken neue Produktideen und sich daraus entwickelnde Konsumententrends wie hochwirksame Katalysatoren. Unternehmen versuchen, mit ihren Standorten und Lieferkonzepten mitzuhalten. Der Hype von heute ist der nicht mehr verkaufbare Lagerbestand von morgen.

Beispiel: Solarindustrie – lange Zeit ein Wachstumsgarant, aktuell ein Sorgenkind und das weltweit. Im Kern ist dies das Ergebnis des massiven Aufbaus von (Über-)Kapazitäten, die auf eine gewisse Marktsättigung gestoßen sind. Das initiale Wachstum war stark stimuliert durch staatliche Förderung in vielen Ländern, um der Technologie zum Durchbruch zu verhelfen. Durch die erzielbaren attraktiven Margen entlang der gesamten Wertschöpfungskette fand dies schnell das Interesse vieler Unternehmen in Europa, Nordamerika und dann auch in Asien. Die Kapazitäten wuchsen dadurch rasant an, die Produktivität in der Herstellung nahm zu und Herstellkosten sanken. Die Nachfrage wuchs dann aber langsamer, da die installierte Basis bereits hoch war (Marktsättigung), staatliche Förderungen reduziert wurden und letztlich trotz steigendem Volumen die für viele Planungen maßgebliche Steigerungsrate deutlich zurückging. Auf der Suche nach Auslastung sanken Absatzpreise und damit auch Margen. Diese somit eigentlich künstlich geschaffene Marktschwäche (durch Überangebot und Überproduktion verursachte Bestände und nicht so schnell wachsende Nachfrage) bedroht auch deren gesamte

Zulieferindustrie, die sich auf die Fortdauer der aggressiven Wachstumsszenarien eingestellt hatte und die sie finanzierenden Kreditinstitute. Als Folge gibt es Krisen in vielen Regionen und Industriebereichen und strauchelnde Banken. Und schon kommt die ganze Kette der privaten und institutionellen Investoren für solare Energieerzeugung ins Trudeln.

Beispiel: Elektromobilität und Tesla – nach langer Zeit schleppender Nachfrage zog der Absatz an. Beim Umzug in ein größeres Produktionswerk wurden nicht ausreichend Absicherungsmechanismen eingesetzt, es kam zu signifikanten Verzögerungen, Produktionsausfall und damit letztlich zu Umsatzausfall und wartenden Kunden. Und dies, nachdem man gerade erfolgreich die globale Nachfrage in wichtigen Abnehmerländern erschlossen hatte und Regierungen sich zunehmend zu einer Förderung der Elektromobilität verpflichtet hatten. Die dadurch erkannte Abhängigkeit vom Pionier-Unternehmen führte dann zur Forcierung vieler Initiativen der bestehenden Hersteller, oftmals durch Impulse aus der Politik in den jeweiligen Heimatländern, aktuell insbesondere in China. In der Folge entstanden viele neue Wettbewerber und neue Modelle, die für die Kunden eine neue Vielfalt schaffen werden. Gleichzeitig wurde in den Internetforen der Unfall eines Tesla mit selbststeuerndem Fahrassistenten zunehmend intensiv diskutiert und die zahlreichen damit erzielten Erfolge sehr schnell diskreditiert. Dieses singuläre Ereignis wurde weder im statistischen Gesamtkontext (Anzahl Fahrkilometer pro Unfall) noch in seinen wahren Ursachen erörtert, sondern lediglich populistisch und sensationshungrig ausgebeutet. Die Vielzahl tödlicher Unfälle konventioneller Autos im gleichen Zeitraum wurde nicht betrachtet. Dass dieser Unfall letztlich durch den Fahrer selbst verschuldet war, der einige Sicherungsmechanismen außer Kraft gesetzt hatte (zu hohe Geschwindigkeit, Anschauen eines Films, fehlende Reaktions- und Korrekturbereitschaft), wurde nur noch beiläufig erwähnt. Die Folge waren aber erkennbare Rückgänge im Bestellverhalten und der Markenattraktivität durch das Zusammenwirken mehrerer Megatrends (Mobilität, Globalisierung, Umwelt, Verstädterung, Informationsgeschwindigkeit und globale Reichweite durch Internet).

Aufgrund dieser länder- und industrieübergreifenden Ausbreitung von Trendbeben trifft die bereits bekannte Mengenvolatilität zunehmend auf eine strukturelle Volatilität und verstärkt sich in den Auswirkungen mit ihr. Das ist nicht mehr *konventionell* beherrschbar mit den auf Effizienz getrimmten Lieferketten der letzten Dekade. Es erfordert neue, agilere Konzept, um mit der Sofortgesellschaft umgehen zu können und auch innerhalb der sie umgebenden Rahmenbedingungen erfolgreich agieren zu können.

2.2.3 Verhaltensbasierte Treiber

Im vorigen Kapitel haben wir schon intensiver betrachtet, wie stark das menschliche Verhalten Gefallen an der Geschwindigkeit, Transparenz und der zeitlich unbegrenzten Möglichkeit zur Kommunikation findet. Alle drei Trends wirken in beide Richtungen – man selbst kann alles anschauen und andere Menschen erreichen, aber andererseits ist man auch selbst ständig erreichbar und wird beobachtet:

- Wo die Einführung des E-Mail-Verkehrs vor einigen Jahren noch die Möglichkeiten des Homeoffices, der schnellen Abstimmung und Entscheidungsfindung und der gezielten sowie breiten Einbindung von Personen geschaffen haben, so steht heute die Überflutung und der hohe Zeitaufwand im Bearbeiten von E-Mails im Vordergrund – bis hin zur Diskussion der Einschränkung der Nutzungszeiten für berufliche Mails.
- Mobiltelefone waren ein wichtiger Meilenstein auf dem Weg in die schnelle Erreichbarkeit und zeitlich unbegrenzte Sprachkommunikation. Entkoppelt vom Zwang der Anschlussleitung des Festnetzes gaben sie Raum für freie geografische Entfaltung und die Möglichkeit, jederzeit mit jeder gewünschten anderen Person direkt zu sprechen (sofern diese erreichbar war). Heute ist es eher schon die Bürde der unbegrenzten Erreichbarkeit, der man sich in Urlauben oder in der Freizeit mühsam entziehen muss. Häufig wird das jedoch eher zu einem Entzug als zu einem Genug.
- Und das geliebte Auto als Quelle der persönlichen Mobilität: Wo es ursprünglich die Möglichkeit der Fortbewegung schaffte, in einem gewissen Zeitrahmen alleine oder mit anderen Personen ein anderes Ziel zu erreichen, so ist es durch die hohe Verkehrsdichte mittlerweile erforderlich, nicht mehr das Fahren (welches zur gehemmten Fortbewegung wird) in den Vordergrund zu stellen, sondern die alternative Nutzbarkeit des Aufenthalts in der Fahrgastzelle (welch schönes Wort der Abschottung!) in den Mittelpunkt zu stellen und die darin verbrachte Zeit insgesamt zu nutzen – bis zur totalen Medienvernetzung im Rahmen der technischen und sicherheitsrelevanten Möglichkeiten.

Aber woran liegt es, dass die zunächst aufkommende Begeisterung über die mögliche Erreichbarkeit, über die zeitlich unbegrenzte Kommunikation und Information, über die Schnelligkeit der erzielbaren Vernetzung irgendwann zu einer Art Abhängigkeit führt? Und sich wie bei jeder Abhängigkeit Genuss und Verdruss zu einem schwierigen Mix fügen?

Nun, die Antwort liegt wieder im *Chimp-Verhalten*. Schnelligkeit und Erreichbarkeit schaffen (vermeintliche) Sicherheit. Das ist angenehm und bequem. Man kann mit anderen Personen kommunizieren, wird über gute und schlechte Nachrichten schnell informiert und ist eingebunden in soziale Umgebungen. Das findet der Chimp angenehm, lehnt sich zurück und lässt den rationalen Mensch-Denker agieren.

Doch kurz darauf übernimmt wieder der Chimp den Staffelstab und fragt sich: Wo ist denn das schnelle Update? Wo bleibt der graue oder blaue Haken im Messenger? Wo sind denn die wichtigen Entscheidungen, in die ich eingebunden sein möchte? Läuft da etwas ohne mich? Bin ich nicht mehr beliebt? Oder nicht mehr wichtig?

Und schon kommt der Chimp rasend schnell aus seiner Lauerhaltung und dominiert das Denken. Nicht vorhandene Information und Kommunikation führt zum schmerzhaften Entzug, zu wachsenden Ängsten und zu völlig neuen Stresszuständen: Megastress durch Nicht-Stress.

Dann wird doch schnell mal das Smartphone eingeschaltet, im E-Mail-Postfach geschaut, die wichtigsten Apps werden gecheckt und schon ist man wieder mittendrin im Normalbetrieb. Entspannung durch Abschalten ist in der Sofortgesellschaft zunehmend ein Relikt aus vergangener Zeit. Abschalten, das zu Stress führt, bietet keine Erholung – weder im Urlaub noch in der Freizeit – und wird somit vermieden. Der Effekt ist im Anstieg der sogenannten Zivilisationskrankheiten messbar und ablesbar. Hierfür sind wir nicht „gebaut".

Diese ständige Erreichbarkeit ist somit attraktiv, vor allem, da sie auf dem Zwei-Wege-Prinzip beruht: Erreichbar sein und erreichen können – sofort, bei Bedarf und gleich.

Im Bereich der Kommunikation und Information hat in den letzten Jahren somit eine massive Leistungsgewöhnung stattgefunden, sodass diese ständige Erreichbarkeit völlig normal erscheint, sozial akzeptiert ist und ständig praktiziert wird. Sie ist der Standard.

Durch die extreme Leistungssteigerung der Transportlogistik und vor allem auch der Prozesse und IT-Systeme in Auftragsmanagement und Lieferung, hat sich aber auch für die physische Verfügbarkeit ein neuer Standard etabliert. Auch hier ist *sofort* zu einem möglichen und immer intensiver etablierten Standard geworden. Wobei man diskrete Stufen unterscheiden kann:

- Digitaler Download – alles ist nur eine Frage von Sekunden;
- 3-D-Druck – bei Verfügbarkeit der entsprechenden Ausgabemedien, eine Sache von Minuten, maximal Stunden;
- Direktlieferung – das schnellste Transportmedium für die erforderliche Strecke und Beförderungsart; hier sind wir je nach Distanz im Bereich von Stunden oder auch darunter;
- Netzwerk-Lieferungen – je nach Art des Netzwerks und der Entfernung können diese noch am gleichen Tag erfolgen, in der Regel aber spätestens am nächsten Tag.

Alles, was länger dauert, passt eigentlich nicht mehr in den Rahmen der Sofortgesellschaft. Vielleicht heute noch, aber nicht mehr lange. Die Standards werden sich verschieben und die Leistungsgewöhnung der Menschen wird die logistischen Systeme fordern und Systeme schaffen, die die Gesellschaft wunschgerecht bedienten kann.

Ein eindrucksvolles Beispiel ist die Veränderung in China. Ein Land, das traditionell der Inbegriff von Dienen und Geduld ist. Der typische Chinese verbringt bis zu 50 % seiner aktiven Tageszeit mit Warten – sei es während des Transports (Warten auf das Ankommen) oder einfach das Warten darauf, dass der richtige Zeitpunkt gekommen ist (Warten auf das Drankommen). Die chinesische Sitzhocke ist ein hieraus entwickeltes gesellschaftliches Phänomen, das man allenthalben dort beobachten kann.

Aber – gilt das heute wirklich noch? Wenn man aufmerksam hinschaut, sieht man, wie sich eine Nation, eine Gesellschaft, im Laufe von zehn Jahren transformiert hat. Eigentlich sogar mutiert ist. Von einem Volk des Wartens zu einem Volk des Kommunizierens und Agierens. Mobile Datenkommunikation ist das Zaubermittel, verbunden mit Hochgeschwindigkeit in einer zunehmenden Zahl von Lebensbereichen (nun ja, das langsame Internet in China ist nicht technisch bedingt, sondern eine Folge der zentralen

Steuerung und der damit verbundenen Mechanismen). Kein Land hat eine so hohe Durchdringung von Smartphones mit großen Displays. WeChat hat das Land verändert, durch Kommunikation, aber auch vielen Möglichkeiten zur Transaktion. Und jeden Tag gibt es neue Apps, neue Services, die großen Zuspruch im bevölkerungsreichsten Land der Erde schaffen. Ein Nebeneffekt der Größe ist, dass selbst eine prozentual kleine Community pro App dort oft schon größer ist als eine ganze Nation in anderen Bereichen dieser Erde.

In den großen Städten entsteht ein neuer Typus Chinese (oder war dieser schon immer da, kommt aber jetzt erst wieder hervor?). Ungeduld ist das neue Zauberwort, sofort und gleich. Ein Taxi? Schnell auf WeChat bestellt und schon kommt es um die Ecke. Ein nettes Abendessen im Restaurant? Schnell gecheckt und schon ist alles arrangiert und sogar personalisiert. Essen nach Hause bestellen? Per App bestellt und genau nach Plan schnellstens geliefert, auf wenige Minuten genau. Ein Land transformiert zur Sofortgesellschaft und dies mit einer so hohen Geschwindigkeit, dass man demnächst nicht mehr nach Kalifornien gehen wird, um neueste Trends zu sehen und zu erleben, sondern nach Shanghai, Hongkong, Guangzhou oder Chengdu. Denn nicht nur in den bekannten großen Städten tobt die Beschleunigung, sondern auch in den abgelegeneren Provinzen. Während man in Europa noch auf der Suche nach den richtigen Vorschriften ist, wird in vielen Bereichen Chinas die Belieferung per Drohne schon fleißig praktiziert, weil es geografische Herausforderungen gibt, wo sich Lieferungen im Hinblick auf die gewünschten Zeitanforderungen gar nicht anders realisieren lassen. Wo Autos mehrere Stunden brauchen würden, schafft eine Drohne die Zustellung in 20 min (siehe hierzu auch Deuber 2016).

Fazit: Der tief im Verhalten des Menschen verwurzelte Wunsch nach *Besser, Schneller, Mehr* treibt die Sofortgesellschaft. Und diese treibt damit die hierin agierenden Unternehmen und deren Supply Chains zu immer neuen Spitzenleistungen. Aufgrund des globalen Wettkampfes um immer neue, bessere, schnellere, bequemere Services gilt es jeden Tag aufs Neue, besser zu werden: „A new Morning has broken, Blackbird has spoken."

Dies aber ist das Lied, das die Amsel tatsächlich singt: Denn im Kern ist die Supply Chain das Herzstück des Geschäftssystems, ohne Lieferung kein Umsatz. Die *Leistungsfähigkeit der Lieferfähigkeit* entscheidet über Akzeptanz oder Ablehnung des mit viel Aufwand geschaffenen Leistungsangebots. Während das Marketing den Wunsch wecken muss, dass der Verbraucher glaubt, dieses Produkt sei besser als andere, er wird damit glücklicher als mit anderen Produkten und sein Leben wird besser mit diesem Service – erst wenn es dann von der Supply Chain realisiert wird und beim Kunden verfügbar ist, ist der Kreis geschlossen, der Umsatz gemacht, ein zufriedener Kunde erzeugt und damit auch eine Community beflügelt worden.

Die Mechanismen von Sofortgesellschaft und leistungsfähigster Supply Chain verzahnen sich somit zum Motor des Unternehmenserfolgs.

2.2.4   Technologische Treiber

Was wäre die Sofortgesellschaft ohne die sie ermöglichenden technologischen Mittel? Sie wäre nicht existent. Erst die Leistungsfähigkeit der technischen (End-)Geräte und der Übertragungstechnik der Daten schafft die Voraussetzungen für die ständige Erreichbarkeit, die ständige Kommunikation und die ständige Information.

Hier spielt alles zusammen:

- Die Leistungsfähigkeit der stationären Computer, die eine unglaubliche Vielzahl von Transaktionen in kürzester Zeit abwickeln können und somit für Analyse und Steuerung aller Geschäftsabläufe die erforderliche Geschwindigkeit und Präzision erzeugen.
- Die Leistungsfähigkeit der mobilen Endgeräte, seien es Smartphones, Smartpads oder Laptops und Co. Diese werden zu Leitständen der Mobilität, zu Kommandozentralen der Sofortgesellschaft. Auf diesen kleinen „Helferlein" ist die ganze Welt nur einen Fingertipp entfernt. Hier liegt die wahre Weltveränderung, die Steve Jobs und Apple mit dem iPhone geschaffen haben: Das Gerät schafft die Möglichkeit der unglaublich leichten Nutzung von Programmen, die das Leben erleichtern, bereichern oder zumindest die Möglichkeit dazu schaffen.
- Damit eigentlich untrennbar verbunden, aber doch als eigenen Punkt aufgeführt: Die vielen Applikationen, mit denen das heutige Leben unterstützt werden kann. Eine schier unglaubliche Vielfalt an *Apps,* mit denen man kommunizieren, spielen, Geschäftsabläufe abwickeln kann und vieles mehr.
- Die leitungsgebundene und mobile Übertragungstechnik: Satelliten, Glasfaser und sonstige Techniken zur Schaffung von Leitungsbündeln einerseits und andererseits das Überziehen des Erdballs mit Antennen und Datenstationen für die mobile Datenübertragung. Dies wird noch ergänzt durch individuelle Hausanschlüsse, durch die die Konsumenten mit 100 MBit/sec oder schneller ihren Datenverkehr abwickeln können (auch wenn niemand dies als Datenverkehr empfindet, sondern nur als anonyme Technik im Hintergrund). Dies sind Leistungen, die vor 20 Jahren noch nicht einmal Großunternehmen zur Verfügung standen.

Und jeden Tag wird auf der ganzen Welt daran gearbeitet, diese Techniken noch schneller, noch besser, noch leistungsfähiger zu machen. Der aktuelle Stand wird zur Zeitaufnahme. Was heute unglaublich und neu erscheint, ist in kurzer Zeit zum Standard geworden.

Ich nutze in Seminaren immer wieder die Möglichkeit der Reflexion über die „Welt von früher" – ohne Fax, ohne E-Mail, ohne Mobiltelefon, ohne Smartphone, ohne DVD, ohne Internet, ohne Facebook, ohne WhatsApp, ohne Instagram, ohne Snapchat – die Intervalle, in der neue Lösungen aufkommen, die die Welt verändern, verkürzen sich. Und man kann sich nach kurzer Zeit kaum vorstellen, wie es vorher ohne gegangen ist.

Dies ist das Phänomen der Leistungsgewöhnung. Das heute Neue und Ungewöhnliche wird, wenn es einen Vorteil oder Nutzen bringt, sehr schnell zum Standard. Und auf einen Standard baut der nächste schon wieder auf.

Somit wird auch deutlich, wie schnell Stillstand zum Rückschritt wird. Während früher Bücher zur Unternehmensstrategie darum gefochten haben, welche Strategie erfolgreicher ist: Technologischer Treiber und Pionier, oder Technologischer Folger, so ist dies heute eine ganz andere Situation. Die Pioniere verändern die Welt und sind damit erfolgreich. Wenn sie Glück haben, währt der Erfolg eine ganze Weile. Aber schon kommt der nächste Pionier und macht etwas ganz anderes und treibt die nächste Welle. Und, wenn dieser Glück hat, ist er eine Zeit lang damit erfolgreich. Bis der nächste Pionier kommt.

Dies bedeutet also, dass Pioniere ihre Pioniergewinne abschöpfen können: Erfolg auf Zeit.

Und die vielen Folger müssen sich schnell orientieren, was der nächste bahnbrechende Trend ist, an dem man in geeigneter Form teilnehmen muss.

Somit teilt sich die Welt in Pioniere und in Folger. Und letztlich gibt es leider auch eine dritte Gruppe von Unternehmen, die nicht mehr folgt oder nicht mehr folgen kann. Die von Schumpeter beschriebenen Gesetzmäßigkeiten vom zerstörerischen und gleichzeitig schaffenden Unternehmertum (Schumpeter 1912) sind heute um ein Vielfaches relevanter als zur Zeit ihrer ersten Aufschreibung.

Fazit: In der Sofortgesellschaft verschmelzen Übertragungstechnologien (inkl. der Endgeräte) mit Software-Applikationen und den damit verbundenen Services zu einer Einheit, die die Sofortgesellschaft antreibt, vor sich hertreibt, aber auch von dieser immer wieder eingeholt wird. Die Beschleunigung auf der technologischen Enabler-Seite führt im Rahmen der Leistungsgewöhnung zur Beschleunigung der Gesellschaft, die dann wieder neue, höhere Geschwindigkeit und Bequemlichkeit fordert.

2.2.5 Logistische Treiber

Der leistungsfähigen Logistik kommt im E-Commerce der Sofortgesellschaft eine überragende Rolle zu. Zwar ist die initiale Erreichbarkeit des Kunden das zentrale Phänomen – er muss auf die Webseite, auf die Services, auf die Produkte kommen und sich dort auch bequem zum Kaufabschluss navigieren und leiten lassen. Aber alles dies ist vergebene Mühe, wenn das Produkt nicht in der gewünschten (oder auch erforderlichen) Geschwindigkeit beim Warenempfänger verfügbar ist. Denn nur der gelieferte Umsatz ist der getätigte Umsatz – wenn da nicht die Retouren wären. In beide Richtungen ist somit eine Hochleistungslogistik erforderlich, um gewinnbringend in der Sofortgesellschaft agieren zu können. Hochleistung heißt hier nicht notwendigerweise immer die schnellste Logistik, im Bedarfsfall aber schon. Hochleistung heißt zunächst einmal, verschiedene Liefergeschwindigkeiten anbieten zu können, diese kostengünstig, effektiv und effizient abzuwickeln und dieses Zeitversprechen dann auch wirklich einzuhalten oder gar zu übertreffen. Denn nur dann, wenn die Ware schnell genug durch das Logistiksystem zum richtigen Kunden fließt, kann sich Kundenzufriedenheit entfalten und entwickeln.

In diesem Abschnitt geht es um die erforderliche Konfiguration der unglaublichen Vielfalt an Transportlösungen, nicht um eine vollständige Darlegung aller Logistikformen. Diese sind einerseits in vielen einschlägigen Lehrbüchern umfassend beschreiben; die ständig neu entstehenden innovativen Lösungen andererseits sind in den verschiedenen Logistik- und SCM-Magazinen nachzulesen.

Im Kern ist es ähnlich wie bei den technologischen Treibern: die hohe Leistungsfähigkeit der heutigen Logistik ist das Ergebnis vieler Jahre an Investitionen in immer neue, besser verknüpfte Netzwerke und die darin ablaufende Transport- und Steuerungstechnik. Auch hier ist es nicht die reine Evolution, durch die es möglich wurde, immer schnellere Lieferprozesse zu realisieren, sondern eine Vielzahl an Revolutionen, sowohl technischer als auch organisatorischer und ablauforganisatorischer Art. Auch die Leistungsfähigkeit der IT spielt eine große Rolle, mit immer weiter gestiegenen Möglichkeiten der Sendungserkennung, Adresserkennung, Einsatz von Barcode- und RFID-Techniken und viele weitere Innovationen in der Abwicklung. Einen großen Anteil trägt auch die Erhöhung der Lieferfrequenzen zwischen den Netzknoten; die Anzahl dieser Knoten hat sich tendenziell deutlich erhöht. Die Multiplikation dieser beiden Effekte (höhere Frequenz mal höhere Anzahl der Knoten) lässt sich täglich (und nächtlich) auf den Autobahnen bewundern, wenn der sogenannte *Nachtsprung* abläuft. Die rechte Fahrspur ist dann oft durchgängig mit LKW belegt, nur die linke Fahrspur bleibt für den PKW-Verkehr.

Während es beim Download digitaler Produkte lediglich eine Frage der kurzen Geduld ist (abhängig von der Übertragungsgeschwindigkeit der Anschlussleitung und der Belastung der dazwischen liegenden Server), ist die Grenze beim physischen Transport weiterhin einfach die Zeitspanne für das Zurücklegen der Strecken. Hierfür gibt es verschiedene Möglichkeiten, unter anderem das direkt fahrende Fahrzeug, Flugzeug und Helikopter, Bahn, Schiff und zunehmend auch der Einsatz von Drohnen bei leichtgewichtigen Sendungen. Neben der Zeit unterscheiden sich natürlich auch die Frachtkosten bzw. Frachtraten; tendenziell gilt: je schneller, desto teurer. Das war früher so und ist vielfach heute auch noch so. Allerdings ist die Luftfracht durch deutlich angestiegene Kapazitäten, aber auch den Wettbewerb der Anbieter, im Zeitablauf durchaus günstiger geworden, sodass diese in vielen Fällen auch preislich eine attraktive Lösung sein kann. Vor allem, wenn man den hohen Zeitverlust der anderen, traditionell billigeren Transportmedien in Betracht zieht.

Letztlich ist es heute möglich, fast jeden Winkel dieser Erde mit einer Warensendung zu erreichen und dies auch noch in sehr kurzer Zeit. Es ist nur eine Frage der Notwendigkeit (ohne Bedarf gibt es kein Leistungsprofil dazu) und des Orchestrierens der erforderlichen Transportmodi bei Beachtung der zulässigen Kostenimplikationen. Alles ist machbar – ausschlaggebend ist nur noch die Selektion der Transport- und Umschlagslösungen, die zum Geschäftszweck und den Geschäftszielen passend vorgenommen werden muss. Hierbei ist natürlich der Bereich der überregionalen Netze zu trennen von dem Zustellbereich. Während ersterer signifikante Investitionen in den Aufbau und Betrieb des Netzwerks erfordert und damit auch eine hohe kritische Mindestmasse, damit gewinnbringend abgewickelt werden kann, ist die Feindistribution eher ein Feld der spontanen Kreativität und damit wieder genau passend zum Wesen der Sofortgesellschaft.

„Die letzte Meile in Eile" – sei es der Fahrradkurier für die verstopfte Innenstadtzone, der per UBER oder WeChat gebuchte spontane Kurzstrecken-Transportservice oder die Zustellung per Drohne; die Kreativität der Beteiligten in den neuen Geschäftsmodellen macht alles möglich, wenn erforderlich, ergänzt um die Leistungen der Transportdienstleister. Nichts geht mehr ohne ein spezifisches, differenziertes, genau passendes Logistikkonzept.

Diese individuell geknüpften Logistikservices werden zu Spitzenleistungen gebracht durch Einsatz einer zielgerichteten Selektion aus einer fast schon unüberschaubaren Vielzahl möglicher Computerprogramme für Optimierungen in Planung und Abwicklung von Logistik, Beschaffung, Produktion, Lagerwirtschaft und vielen anderen Bereichen der Auftrags- und Transportkette. Diese sind letztlich untrennbar mit den hoch entwickelten Beförderungsleistungen verknüpft, sind aber ein eigenes Optimierungsthema für Auswahl, Betrieb und Weiterentwicklung der geeigneten Software-Lösungen. Dabei geht es sowohl um die Optimierung der einzelnen Tätigkeiten und Abläufe als auch zunehmend gezielt um das Eliminieren von Pufferzeiten und Totzeiten in der gesamten Kette. Erreicht wird dies durch eine bessere Synchronisation von zwei benachbarten Prozessen, vor allem aber durch die durchgängige Synchronisation von Ereignissen in der gesamten Kette. Die Sicht auf ein damit gesteuertes *End-to-End* wird somit immer länger.

Auch in diesem Themenfeld sind die heute verfügbaren Programme das Ergebnis einer Vielzahl an Jahren der Entwicklung und Weiterentwicklung sowie innovativer, bahnbrechender Ideen. Viele der heute als Standard in Software-Paketen enthaltenen Funktionalitäten waren zu Beginn einmal bahnbrechend und innovativ. Dann wurden sie populär und schließlich im Laufe der Zeit zum Mindest-Leistungsangebot. Jeden Tag überraschen bestehende wie auch neue Lösungsanbieter mit neuen, kreativen Planungs-, Abwicklungs- und Analyseinstrumenten, die immer neue Lösungen zu den vielen Herausforderungen aus Geschwindigkeit, Transparenz und Kosteneffektivität anbieten.

Ein Themengebiet, das eine Schnittmenge aus digitalem Download und physischem Produkt bildet, ist der 3-D-Druck. Er ist eigentlich keine logistische Transport-Lösung im traditionellen Verständnis. Aber er ist eine logistische Lösung, um ein gewünschtes Produkt am gewünschten Ort verfügbar zu machen und somit auch eine der logistischen Triebkräfte der Sofortgesellschaft. Dies ist natürlich nicht interessant für die Zustellung in der letzten Meile, da diese auch in der absehbaren Zukunft deutliche Zeit- und Kostenvorteile haben wird. Aber je schneller die 3-D-Drucker arbeiten, je kostengünstiger das Verfahren wird, je mehr Geräte in der Fläche verfügbar sind und je mehr verschiedene Produkte damit erzeugbar sind, wird die kritische Entfernung für den wirtschaftlichen Einsatz schmelzen – und damit traditionelle Logistik-Lösungen herausfordern.

Fazit: Die logistischen Triebkräfte sind das Ergebnis ständiger Weiterentwicklungen, um das Leistungsniveau der Transportleistungen ständig zu erhöhen. Dies passt zu den Wünschen und Anforderungen der Sofortgesellschaft, der durch die damit verbundene

Leistungsgewöhnung die Geduld verloren geht. Im Sinne von *Lean Management* werden Prozessketten immer schneller, befreiter von Pufferzeiten und effizienter in der Abwicklung. Aber jedes Geschäftsmodell erfordert seine eigene kreative Konfiguration der dazu passenden Logistiksysteme. Individualität durch Kreativität, Effektivität und Effizienz durch *Leverage* auf der Leistungsfähigkeit der Logistik-Dienstleister.

2.2.6 Neue Geschäftsmodelle

Jeden Tag erscheint ein neues Unternehmen mit neuen Services. Sei es für die Konsumenten, für die Produzenten oder für die vielfältigen Dienstleister in der Wertschöpfungskette. Die Sofortgesellschaft greift diese schnell auf, prüft sie auf Einfachheit, Bequemlichkeit, Zweckmäßigkeit, auf Veränderung von bisher Dagewesenem oder auf das Schaffen von ganz neuen Leistungen. Wenn diese Wünsche erfüllt werden, ist die Chance groß, dass sich dieser Service *viral* entwickelt, das heißt mithilfe der offenen und schnellen Kommunikation in den Web-enabled Foren bekannt gemacht wird und nachgefragt wird. Die Geschäftsidee wird zum Shooting Star – wie oben schon beschrieben, aber auch oft zum kurz, schön und intensiv brennenden Feuerwerk, da die nächste Rakete, der nächste Service bereits gezündet wurde und den gerade etablierten ablöst, ersetzt und überrollt. Auch das Phänomen, dass ständig etwas Neues entsteht, wird für die Akteure in der Sofortgesellschaft schnell zum Normalzustand – es bietet die Abwechslung, ständig etwas Neues zu entdecken, und immer wieder neue Themen, die man im persönlichen Gespräch oder im Smartphone-Chat besprechen kann. Reden ist Silber, Chatten ist Gold in der Sofortgesellschaft. Das treibt natürlich auch den Wusch in dieser Ausprägung der Sofortgesellschaft nach Mehr, nach Neuem und vor allem nach immer „soforter" Verfügbarem, Erlernbarem, Anwendbarem. Nicht die betrachtende Sensationslust alleine treibt diese Gesellschaft, sondern viel mehr noch die Kommunikation und Entdeckerfreude, der (gepostete oder gechattete) Hinweis, an *coolen Sites* teilzunehmen oder besser noch, wieder eine neue *megacoole Sache* entdeckt zu haben und sich damit als Teil des Trendsettings zu fühlen.

Somit haben wir auch hier wieder einen Selbstbeschleunigungseffekt, der die Sofortgesellschaft auszeichnet. Die Freude daran, neue Geschäftsmodelle zu entwickeln und zu etablieren, trifft auf eine Umgebung, die Freude daran hat, immer wieder neue Geschäftsmodelle zu nutzen. Sei es für ökonomische, transaktionale, kommunikative Gründe oder *just for fun*, alles ist erlaubt. Alles wird auf *Coolheit* geprüft oder einfach nur auf Zweckmäßigkeit und Komfort (früher nannte man das Bequemlichkeit). Auch dazu kommen Anbieter aus allen Ecken dieser Welt und bieten ihre neuen Lösungen und Geschäftsmodelle überall dort an, wo sie per Internet potenzielle Nutzer erreichen. Das ist kein Selbstläufer, sondern erfordert eine gezielte Ansprache, das Wecken der Aufmerksamkeit der Zielgruppe entweder in internetbasierten Werbemedien (daher das starke Werbewachstum von Google, Facebook und Co), oder auch in traditionellen Werbeansprachen von Fernsehen, Funk, Print, Billboards und anderen Werbeträgern.

Interessanterweise trifft das nicht nur auf den Consumer-Bereich zu oder auf die heranwachsenden Generationen. Das gleiche Prinzip ist in den Erwachsenengenerationen zu beobachten und auch im unternehmerischen Umfeld des *Business-to-Business*. Nur sind dort die entsprechenden Geschäftsmodelle anderer Natur und so vielfältig, dass es hier gar nicht den Raum gibt, diese alle zu beschreiben oder zu klassifizieren. Allen ist gemeinsam, dass internetbasierte Kontakte und dazugehörige Transaktionen die traditionellen Anbahnungen der Geschäfte ablösen. Weil sie bequemer, weitreichender, mit mehr Auswahl, mit mehr Beurteilungen anderer ausgestattet sind und von daher eine viel größere Vielfalt als im traditionellen Rahmen ermöglichen. Und im Zweifelsfall auch die Anonymität wahren, bis man diese aufheben möchte. *Reverse Auctions* beispielsweise, mit verdeckten Teilnehmern, sind ein beliebtes Mittel in der *Versteigerung* von Auftragsvergaben, um nicht nur die Anonymität auszunutzen, sondern auch an eine Vielzahl anderer menschlicher Verhaltenstriebe zu adressieren, die für das Erzielen eines möglichst niedrigen Vergabepreises *im letzten Moment* erforderlich sind.

Der damit verbundene *digitale Darwinismus* ist ein neues, jeden Tag intensiver werdendes Phänomen. Neue Geschäftsmodelle in Absatz und Kommunikation verändern die Möglichkeiten, wie Kunden kaufen. Die Customer Journey im digitalen Erlebnisumfeld tritt in den Mittelpunkt. Mit welchen „Zauberworten" wird der Kunde eingefangen und zum Stöbern und Weiterklicken geleitet; mit welchen optischen Reizen wird er eingefangen und in den Rausch der Sinne versetzt, um sich dann mit Freude dem Kauferlebnis hinzugeben. Das ist mit traditionellen Geschäftsmodellen nicht mehr darstellbar und daher werden diese zunehmend weniger attraktiv und sterben langsam aber sicher aus. Viele Dinge, viele Handelsformen haben keinen Platz mehr in der digital getriebenen, erlebnisorientierten Sofortgesellschaft. Wer braucht noch den klassischen *Herrenausstatter* in seinem kleinen Laden mit sorgfältig ausgewähltem, erlesenem Sortiment – vor allem, wenn dieser nur zu Zeiten geöffnet ist, wenn man sich in der eigenen Berufswelt austobt. Da ist es doch viel einfacher und eleganter, im geeigneten Onlineshop zum selbst gewählten Zeitpunkt die neuesten Designs zu betrachten, die gewünschten Artikel vorzuselektieren und dann den prall gefüllten Warenkorb (quasi die *Longlist*) noch einmal kritisch zu durchleuchten und die besten und attraktivsten Artikel auszuwählen. Zum Schluss muss nur noch die individuelle Ärmellänge, Kragen- und Manschettenform angeklickt werden und schon kommen die Hemden und Anzüge individuell gefertigt nach Hause. Ein bisschen Vorfreude durch das Warten darf ausnahmsweise Mal sein, denn das schöne alte Weihnachtsgefühl ist ja auch sehr emotional und erlebenswert. Und das *Sofort* hat sich ja bereits im Kaufprozess ausgetobt, wo mit einem flinken Fingerklick, Fingerzeig, Fingerwisch oder Sprachbefehl der Auswahlprozess in der verfügbaren Vielfalt gesteuert und abgewickelt wurde.

Aber, trotz der neuen Onlinewelt, es gibt ihn auch, den Dualismus. Im Lager der Konsumenten lassen sich die zwei großen Trendbereiche ausmachen: Genuss durch Geschwindigkeit (das ist einer der Treiber der Sofortgesellschaft) und Genuss durch Genießen. Richtig, auch die Entschleunigung wird weiterhin gerne zelebriert. Wenn man sich dafür Zeit nehmen möchte, zu einem Zeitpunkt der eigenen Wahl. In der überwiegenden

Mehrzahl der Fälle dominiert die Bequemlichkeit des schnellen Vollzugs des Gedankens, der Idee, des flüchtigen Bedürfnisses, um per Smartphone oder Laptop schnell im E-Commerce zuzuschlagen. Um dann doch, wenn der richtige Zeitpunkt, die richtige Stimmung und der richtige Anlass da ist, einmal mit Freunden (selten alleine) der schönen Welt der Lichter, des Prunks und vor allem des Anfassens zu verfallen. Daher ist es weiterhin und auch in Zukunft, für viele Unternehmen interessant, eine duale Hybrid-Strategie zu verfolgen, in der mit großer Energie das E-Commerce-Geschäftsfeld vorangetrieben wird und gleichzeitig der stationäre Handel mit den erforderlichen Erlebniswelten, nicht nur einfachen Abholwelten. Der Kunde will in der Regel zum Einkaufen nicht in ein Lager, sondern dorthin, wo er vieles Sehen, Anfassen, Probieren bzw. Anprobieren kann. Dies gilt auch beispielsweise im von Aldi, Lidl und Co dominierten lebensmittelbasierten Einzelhandel, wo die Verbraucher zunehmend die Erlebniswelten schätzen und dort einkaufen. Ansonsten wäre der große Markterfolg von Alnatura, Denn's und anderen wachsenden Alternativketten nicht erklärbar. Billig sind diese nicht, aber sie versprechen spezielle Qualitäten in speziellem Ambiente und erschließen so der hierfür affinen Kundschaft (die stetig wächst) eine geeignete und attraktive Kauflandschaft. Auch REWE folgt diesem Trend und eröffnet zunehmend hochwertige Filialen mit „anspruchsvollem Ambiente und anspruchsvollem Sortiment".

Fazit: Kreativität, unternehmerischer Schöpferwille und Sensationslust der Verbraucher sind intensive und nachhaltige Triebkräfte in der Sofortgesellschaft. Genuss durch Geschwindigkeit, Genuss durch Bequemlichkeit und auch Genuss durch Hingabe an den Genuss sind Motive, die sich in den als attraktiv angesehenen Geschäftsmodellen spiegeln und wiederfinden müssen. Hieraus ergeben sich sehr differenzierte und individuelle Anforderungen an die Supply Chains, die sich an der Vielfalt der Geschäftsinitiativen, der Geschäftsmodelle, der Geschwindigkeiten und der Nachschubsteuerung orientieren und diese maßgeblich unterstützen müssen. Denn auch hier gilt: Nur die zugestellte Ware in den Händen des Empfängers ist (schon fast) Umsatzware.

2.2.7 Innovationsbeschleunigung

Es ist eine Folge des zunehmenden Wettbewerbs, der Beschleunigung von Geschäftsprozessen, aber auch der Ungeduld und des schnell erlöschenden Feuers der Begeisterung, die den Wunsch nach ständig neuen Produkten vorantreibt. Während beispielsweise früher die Neumodell-Zyklen bei Automobilen bei zehn und mehr Jahren lagen, dann auf sieben bis acht Jahre absanken, so sind es heute drei bis fünf Jahre. Wenn nicht ein fundamental anderes Auto, dann zumindest ein signifikanter Facelift. Das beschleunigt die Art und die Prozesse, wie die dafür erforderlichen Innovations- und Produktentwicklungsprozesse durchgeführt und gesteuert werden. Zudem werden auch, aufgrund der zunehmenden Anzahl an Produktlinien und Service-Offerings, immer mehr Entwicklungsprozesse gleichzeitig abgewickelt. Neben dem gezielten, schnellen und agilen Produktentwicklungsprozess (PEP) ist daher auch die konsequente Steuerung des

Projektportfolios einer der Haupthebel, diese Innovationsintensität zu beherrschen und letztlich auch immer weiter zu beschleunigen. In den Märkten der Consumer-Electronics sind die Zyklen derzeit oft ein bis zwei Jahre und tendenziell sogar noch kürzer, da die Modelle der verschiedenen Baureihen in versetzten Rastern gebracht werden, wodurch in jedem Quartal eine Flut an neuen Produkten vorgestellt werden kann. Diese Intensität der neuen Features, die in immer kürzeren Abständen auf die Nutzer hereinbrechen, führt andererseits zunehmend zur Überforderung dieser Nutzer und potenziellen Käufer. Was ist eigentlich wirklich der Unterschied zum gerade abgelösten Modell, das es jetzt 40 % billiger gibt? Was soll ich nun kaufen? Oder nehme ich nicht einfach das billigste, das mir meine erforderlichen Funktionen (die ich kenne) erbringt?

Dieses *Immer-Schneller, Immer-Besser, Immer-Vielfältiger* neuer Produkte und deren Features führt somit auch zu einer massiven Leistungsgewöhnung in der Sofortgesellschaft; in der Konsequenz sogar letztlich zu einem Leistungsüberdruss. Entweder es gelingt wirklich, ganz neue Features zu entwickeln und diese in ansprechender und überzeugender Weise zu vermarkten – dann kann der Hersteller auch einen attraktiven Preis erzielen, der die wichtigen Gewinnmargen ermöglicht. Oder es sind zwar neue Funktionen, die mit viel Aufwand entwickelt und realisiert wurden, aber doch nicht wirklich zu durchsetzbaren Preisaufschlägen (meist jedoch schon nach kurzer Zeit zu Preisabschlägen) führen.

Somit ist es für die Supply Chain extrem wichtig, gerade in diesen Feldern kosteneffektive Verfügbarkeits-Lösungen zu realisieren. Aber dies alleine reicht nicht. Es ist eine ganz zentrale Aufgabe der Supply Chain, mit der überbordenden Vielfalt der Produkte zurecht zu kommen. Differenzierte Nachschub- und Versorgungsstrategien sind erforderlich, für jedes Modell, für jeden Absatzmarkt, für jede Kundengruppe. Hier liegt die zweite der drei großen Herausforderungen. Und die dritte große Herausforderung ist es, die Kette „sauber" zu halten – die Einsteuerung von Komponenten, Materialien, Halbfertigprodukten und Fertigware passend zum Markteinführungszeitpunkt ist die dritte ganz große Leistung, die Unternehmen erfolgreich macht. Hier trifft sich das extrem wichtige Zusammenspiel der Entwicklung von marktgerechten (oder marktformenden) Produkten, die synchronisierte Einsteuerung der Produkte in die Kette zu den verabredeten (ggf. frühzeitig angepassten) Zeitpunkten und den erforderlichen Mengen- und Zeitdispositionen von Komponenten für Alt-, Auslauf- und Anlaufprodukte.

Es ist nun das besondere Phänomen in der Sofortgesellschaft, dass alle diese drei Hauptherausforderungen in exzellenter Weise zu bewältigen sind. *Shortfalls* in nur einem dieser drei Punkte bedeutet, dass die gesamte Wertschöpfungskette ins Wanken kommt und schnell gesamtheitlich versagt. Produkte kommen nicht rechtzeitig in den Markt, die Komponenten fehlen, dafür sind nicht mehr erforderliche Produkte und Komponenten im Überfluss vorhanden und müssen mittels drastischer Preisabschläge abverkauft werden. Wenn dann die Logistik noch teuer und mühselig abgewickelt wird und die Ware zu spät ankommt (oder in die falschen Kanäle gedrückt wird), dann ist ein finanzielles Desaster mit hohen Abschreibungen und hohen Mehrkosten die Folge. Das kann schnell zum Ausscheiden aus den kurzlebigen Märkten in der Sofortgesellschaft führen.

Fazit: Die extreme Beschleunigung der Produktentwicklungsprozesse und die Vielfalt der durchgeführten Entwicklungsprozesse für viele verschiedene Produkte und Märkte führen zu extrem gesteigerten Anforderungen an die Synchronisation und Differenzierung in der Supply Chain. Die Sofortgesellschaft fordert eine immer weiter gesteigerte Geschwindigkeit, in der die Unternehmen den Marktteilnehmern neue, bessere und billigere Produkte zur Verfügung stellen. Gleichzeitig führt dieser immer intensivere und extensivere Wettkampf um noch attraktivere Funktionalitäten und Features zu einer Überforderung der Konsumenten, die daher zu einer weiteren Steigerung der Volatilität und Unberechenbarkeit der Absatzmengen führen. Hierauf muss sich die Supply Chain mit geeigneten Methoden einstellen, sowohl für die Steigerung der Reaktionsfähigkeit als auch der Erhöhung der Agilität von Supply Chain und des gesamten Geschäftssystems.

2.2.8 Komplexität und Intransparenz

Es ist letztlich eine Folge der immer schnelleren Produktzyklen in immer breiteren Sortimenten für immer mehr unterschiedliche Märkte: Die als Komplexität empfundene Vielfalt steigt exponentiell an und damit nimmt auch die Intransparenz immer weiter zu. Es ist einfach die Multiplikation der Komplexitätsfaktoren, wodurch die Komplexität nicht linear, nicht quadratisch, sondern mehrfach exponentiell ansteigt: Anzahl an Produkten $\times$ Anzahl an Grundvarianten $\times$ Anzahl an Ländervarianten $\times$ Anzahl an Absatzkanälen $\times$ Anzahl an Produktionsstandorten je Variante $\times$ … Das führt zu einer enormen Vielfalt, die nicht mehr durchschaubar ist und daher von uns Menschen als Komplexität empfunden wird.

Wenn ein Unternehmen nun immer mehr in die Effizienzfalle tappt und daher versucht, mit immer weniger Personal diese immer vielfältigeren Steuerungsaufgaben wahrzunehmen, ist *Failure* bereits vorprogrammiert. Diese ständig steigende Komplexität erfordert immer differenziertere Versorgungsstrategien, immer leistungsfähigere IT-Lösungen für Planung, Ausführung und Analyse. Vor allem aber auch Personal, das sich die Analysen anschaut, Trends erkennt, passende Entscheidungen trifft und die erforderliche Kommunikation der gesamten Kette umsetzt. Warum mehr Personal, wenn es doch mehr Computerprogramme gibt, die eigentlich alles automatisch ausführen könnten?

Ganz einfach: Die Computerprogramme können nur helfen, Situationen besser zu erkennen, diese zu analysieren und daraus Vorschläge ableiten. Würde man versuchen, ein Programm zu entwickeln, das alle erforderlichen Ausprägungen entlang der gesamten Kette analysiert, plant und kontrolliert, würde dies mit heutigen Maßstäben eine extrem gewaltige Lösung erfordern, die sich dann doch nicht mehr beherrschen lässt, da man zu viele der Steuerungsparameter und Variablen entlang der gesamten Kette ständig aktualisieren müsste. Noch ist die *Fuzzy Logic* des geschulten menschlichen Denkens besser als die Computersysteme in der Lage, gesamtheitliche Zusammenhänge zu überblicken und angemessene Entscheidungen zu treffen. An dieser Stelle ist eine gesteuerte

Symbiose gefragt, zusammengeführt aus dem geschickten und richtigen Zusammenspiel der computergesteuerten Analyse und Steuerung komplexer Zusammenhänge in schneller Weise mit den menschlichen Fähigkeiten der gesamtheitlichen Beurteilung.

Fazit: Die Vielfalt der Ausprägungen, gepaart mit der Vernetzung von Aktivitäten und der Interdependenz von Entscheidungen führt dazu, dass Menschen nicht mehr in der Lage sind, dies mit ihren eigenen Möglichkeiten richtig zu beherrschen. Nur durch intensiven Einsatz von IT-Systemen und der geschickten Setzung von *Alerts* (Warnhinweisen bei Abweichungen) ist es möglich, die komplizierten und komplexen Supply Chains von heute überhaupt zu beherrschen und zu steuern. Da aber Unternehmensmanagement die Schaffung und Nutzung der geeigneten Mechanismen und Strukturen zur gezielten Steuerung dieser Abläufe bedeutet, kommt diesem in der Umgebung der Sofortgesellschaft eine extrem hohe Bedeutung zu; es erfordert eine spezielle Ausprägung, wie sich Unternehmen organisieren und mit IT-Werkzeugen ausstatten. Dies wird nun in den folgenden Kapiteln vertieft.

Erfolgsmanagement durch Führungsexzellenz

3.1 Dynamik in der Unternehmensführung für die Sofortgesellschaft

Die Sofortgesellschaft ist maßgeblich online getrieben, sie erfordert schnelle Reaktionen der anbietenden Unternehmen, bringt aber auch neue Möglichkeiten zur Differenzierung in einem sich ständig weiter entwickelnden Markt mit sich. Diese hohe Marktdynamik erfordert eine viel höhere Dynamik in der Unternehmensführung, als sie in vielen traditionell geführten Unternehmen vorzufinden ist. In den hoch-dynamischen Märkten der Sofortgesellschaft überschlagen sich bestehende und neu aufkommende Anbieter förmlich darin, neue Angebote zu schaffen und im Markt zu etablieren. Die hierzu gehörige Start-up-Szene ist weltweit riesig und letztlich unüberschaubar. Im Kern geht es dabei immer um ein Aufbrechen bestehender Märkte und Schaffen von veränderten oder neuen Möglichkeiten für die Nutzer. Dies kann in produktgetriebenen Geschäften typischerweise sein durch

- neue Leistungsangebote zu bekannten Inhalten (z. B. Onlineverkauf und Direktlieferung statt stationärem Verkauf, Abschluss von Service- und Leistungsverträgen, Übermittlung von Unterlagen per App und Scan statt Brief),
- neue Inhalte (z. B. interaktive Beratungsleistungen, Bewertungen, spezielle Benutzer-Reviews, Exklusivprodukte für den Onlinekanal, neue Möglichkeiten für Kunden und Käufer, um zueinander zu finden oder auch neue Möglichkeiten der Bildbearbeitung),
- überlegene logistische Leistungsfähigkeit (z. B. gestufte oder auch absolute Schnelligkeit, wählbare individualisiertere Lieferzeitfenster, individuell wählbarer Zustell- und Anliefermodus).

Idealerweise wird natürlich eine Verknüpfung dieser drei Faktoren angestrebt. Dann wird nämlich aus dem Wettbewerbsvorteil durch Neuerung, der auf Neugier und initiale

© Springer Fachmedien Wiesbaden GmbH, ein Teil von Springer Nature 2018
D. Bölzing, *Überleben und Wachsen in der Sofortgesellschaft*,
https://doi.org/10.1007/978-3-658-15111-9_3

Begeisterung der Verbraucher trifft, eine Wettbewerbsüberlegenheit (zumindest zeit-weise, da schnell schon das nächste, bessere Angebot in den Markt gebracht wird), da dies an alle vier Grundbedürfnisse der Sofortgesellschaft adressiert ist:

- an den spontan verfügbaren Zugang zum Verkaufskanal (Erreichbarkeitsoptimierung),
- an das spielhafte Erjagen des optimalen Objektes durch Stöbern in der möglichen Auswahl (Spaßoptimierung),
- an die sofort verfügbare Informationen über die Eignung und Qualität der angebotenen Leistungen und des Anbieters zur Absicherung der Kaufentscheidung (Risikominimierung),
- an die schnelle Verfügbarkeit des Produktes oder der Dienstleistung für die Benutzung (Habhaftigkeitsoptimierung).

Die dahinter liegende, aktuell stattfindende digitale Transformation führt somit zu einer Vielzahl von Änderungen in bisherigen Kunden- und Lieferantenbeziehungen. Zwei davon sind von besonderer Bedeutung – wenn man sich diese Mechanismen aus dem Blickwinkel der gesamten Wertschöpfungskette betrachtet (vom Rohstoff über die Pro-duktion bis hin zur finalen Logistik zum Verbraucher) – und sind letztlich auch wichtige Stellhebel der Value-Chain-Exzellenz:

- Die Verknüpfung in der Kette ändert sich von der *Connectivity,* bei der einzelne Teil-nehmer der Kette miteinander verbunden sind, hin zur *Interconnectivity,* bei der bei Bedarf jeder Teilnehmer mit einem anderen kommunizieren kann. Die klassischen bilateralen Informationssysteme und Informationsflüsse werden infolge von cloud-basierten Mechanismen hin zu **bedarfslateralen Informationsträgern,** zu situations-lateralen Verknüpfungen oder auch situationsgebundenen Abrufen von Inhalten. Dies betrifft den Auftrags- und Lieferprozess, aber auch den daraus ableitbaren Themen-kreis des Demand-Managements, da sich aus den Transaktionen, aber auch den getätigten Informationsabrufen Profile erstellen lassen, welche Teilnehmer typischer-weise zu welchem Zeitpunkt im Bedarfsprozess welche Informationen abrufen. Dies führt wiederum zu völlig neuen Architekturen der Informationssysteme und deren Vernetzbarkeit.
- Das Schaffen von onlinebasierten Absatzkanälen lässt völlig neue Produktions-systeme entstehen. Klassischerweise wird mit dem Begriff des Produktionssystems eine Fertigung, also eine Herstellung von Produkten, verbunden. Im Rahmen der Sofortgesellschaft ist aber das Erzeugen der Verfügbarkeit, vor allem das industriell reproduzierbare, ständig abrufbare Sicherstellen der Erzeugung der schnellen Ver-fügbarkeit zu betrachten wie ein Produktionssystem. Das Revolutionäre an diesem Verfügbarkeit schaffenden Produktionssystem ist die schnelle und unmittelbare Verfüg-barkeit beim Verbraucher, hergestellt für den jeweils anfallenden Bestellzweck und dies in einem Zeitraster, bei dem keine Zeit für Korrekturen bleibt. Diese Sicherstellung der absoluten, von hoher Geschwindigkeit geprägten Herstellung der Verfügbarkeit,

erfordert eine Reihe von Maßnahmen, um dieses Produktionssystem zu erzeugen und zu betreiben. Dies kann dann nicht mehr einfach nur einem Logistikdienstleister für die Abwicklung übertragen werden, sondern erfordert eine aufwendige Orchestrierung, wie dies zu erreichen ist, und sowohl ein übergreifendes Qualitätsmanagement als auch Verbesserungsmanagement, um sämtliche Abläufe immer besser an die Bedürfnisse (bzw. die Bedürfnisvielfalt) der Nutzer anzupassen; und diese immer wieder mit neuen positiven Überraschungen noch stärker an sich zu binden.

Die damit vorliegende Konvergenz von onlinebasiertem Geschäftsmodell und bedürfnis-orientiertem Geschäftsmanagement führt zu neuen, übergreifend denkenden und agierenden Managementanforderungen. Ohne diese ist Value-Chain-Exzellenz und damit auch Unternehmensexzellenz nicht mehr nachhaltig erreichbar.

Interkonnektivität und schnelles Erzeugen der Verfügbarkeit beim Verbraucher sind darin Grundmerkmale für das Erfolgsmanagement in der Sofortgesellschaft. Dies eröffnet neue Potenziale, erfordert aber auch eine speziell darauf ausgerichtete Leitung und Lenkung des Unternehmens, da es mit zahlreichen spezifischen Entscheidungs-mustern für Strategien, Geschäftsprioritäten und Investitionsverhalten einhergeht. Der *Mindset des Managements* ist hier von zentraler Bedeutung: Wie können Potenziale erkannt werden? Vor allem aber: Wie können sie schnell, effizient, wirksam und nach-haltig umgesetzt werden?

Hierzu wird nun in diesem Kapitel betrachtet, welche Veränderungen in den oftmals noch traditionell geprägten Führungsstrukturen von Unternehmen erforderlich sind. Ent-sprechend dem für das Erzielen von Wettbewerbsvorteilen hohen Anspruch an Exzellenz in der Value Chain ist dies ebenso in der Führungsexzellenz auszuprägen.

3.2   Abkehr vom traditionellen Machtdenken

In den meisten Unternehmen, die wir heute beobachten können, gibt es eine bewährte, traditionelle Machtverteilung. Der Vertrieb kontrolliert den Kunden und hat damit das Gefühl, das Unternehmen zu steuern und die wichtigste Funktion zu sein. Die *Opera-tions* streben danach, die vom Vertrieb übermittelten Kundenbedürfnisse zu erfüllen, wissen sich aber im klaren Kostendruck von der Finanzseite. Und die Finanzseite kon-trolliert alle: durch Restriktionen, Budgetvorgaben und Controlling von Zielerreichung sowie Analyse der Abweichungen auf ihre Ursachen.

Dieses Unternehmensmodell baut darauf auf, dass sich vieles im Jahres- oder Quartals-rhythmus steuern lässt. Die Aufgaben sind verteilt, die „Fronten" sind klar abgesteckt und die erforderlichen Abstimmungen werden in den üblichen Gremien bearbeitet.

Das trifft aber auf die heutige Wirtschaftsrealität nicht mehr zu! Die Prozesse sind optimiert, Puffer eliminiert und das Absatzverhalten wird immer spontaner und unberechenbarer. Die Vielfalt der Kundenanforderungen ist überwältigend und die Anzahl der Produkte führt zu einer nie gekannten Komplexität in allen Abläufen.

Treffen nun Veränderungen (z. B. Streiks, spontane Modetrends, Qualitätsprobleme, Nachfragespitzen etc.) auf dieses bereits intrinsisch vorgespannte System, so sind die Anpassungsmöglichkeiten sehr eingeschränkt. Werden dafür dann noch Handlungsmuster aus der Vergangenheit bemüht, sind Fehlentscheidungen und Fehlsteuerungen vorprogrammiert (siehe auch Abschn. 1.9 zur Ausbildung der Führungskräfte).

Eine wachsende Zahl erfolgreicher Unternehmen sind zunehmend anders organisiert. In einem ersten Schritt haben diese Unternehmen eine neue Symbiose aus Supply Chain und Finanzwelt geschaffen. Und in einem zweiten Schritt formen diese beiden, gemeinsam mit dem Vertrieb, dynamisch das Unternehmen der Zukunft.

Hierzu ändern sich die Rollen. Während früher die einzelnen Bereiche autark ihre abgeleiteten Aufgaben wahrgenommen haben, so liegt der Schlüssel zum Erfolg heute in der engen Kooperation, ja sogar der gegenseitigen kreativen Stimulation aufgrund der eigenen Fähigkeiten und dem Erkennen der erfolgsverstärkenden Hebelpunkte aus den Fähigkeiten der anderen Bereiche.

In der Supply Chain unterscheiden wir drei verschiedene Gestaltungsebenen:

- den organisatorischen Führungsrahmen, gegeben durch Organisation, Integration in übergreifende Abstimmungsprozesse und leistungsgerechtes Reporting,
- die operative Ausführungsebene, in der die Auftrags- und Lieferprozesse stattfinden und die zahlreiche Synchronisationspunkte aufweist,
- die taktische Gestaltungsebene, in der die Rahmenbedingungen für die operative Ausführung festgelegt werden (insbesondere Forecasting und Planung, Bestandssteuerung, Logistiksteuerung).

Diese drei Gestaltungsebenen zielen direkt hin auf verschiedene Gestaltungsbereiche der kommerziellen Welt, die auf den Ebenen Planung, Ausführung mit den damit verbundenen Mittelflüssen und finanziellen Treibern von den Supply-Chain-Aktivitäten direkt beeinflusst werden.

Trotz formal unterschiedlicher Ziele der beiden Bereiche bedingen sich diese gegenseitig (Abb. 3.1): Ohne reale Materialflüsse, Warenströme und Services kein Finanzfluss. Die Steuerung der Supply Chain führt zu Budgets und Plänen, die von der Finanzseite abgebildet und nachgehalten werden. Und die Höhe von Beständen und Logistikkosten hat unmittelbare Auswirkungen auf GuV und Bilanz.

Gemeinsame Ziele sind wichtige Sachverhalte zum Erzielen von Transparenz und Geschwindigkeit von Informationen für die Steuerung von Waren- wie auch von Finanzflüssen und damit den finanziellen Ergebnissen. Beim physischen Warenfluss ist aber die Synchronisation dieser Flüsse von wesentlicher Bedeutung; dieser Aspekt fehlt typischerweise in der Finanzsicht bzw. ist dort anders ausgeprägt und mehr in der Synchronisation von Zahlungszielen, Cash Flow und anderen Finanzströmen zu finden. Der synchronisierte Auftrags- und Warenfluss ist daher als zentraler *Enabler* der Kette auszuprägen und mit der Finanzsicht abzustimmen. Ansonsten hemmen rein finanziell getriebene Ziele die Funktionsfähigkeit der Supply Chain.

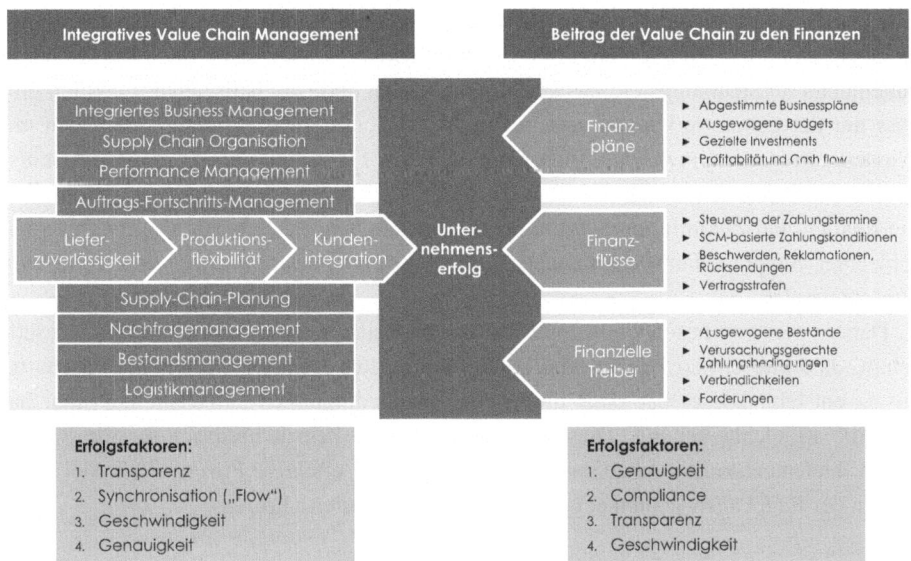

Abb. 3.1 Wichtige Handlungsfelder und Fokusthemen in Value Chain und Finanzmanagement

Im Hinblick auf die ablauforientierte Unternehmenssicht sind also Finanzseite und Supply Chain durchaus sehr ähnlich und auch in ähnlicher Weise aufgestellt. Und doch gibt es einen massiven Unterschied, der die Gräben zwischen diesen beiden Funktionsbereichen aufgerissen hat und in vielen Unternehmen weiterhin die Fluten massiv teilt. Die Supply Chain sieht als ihr wesentliches Ziel die Optimierung der Güterversorgung an die Kunden. Dabei hat sie zahlreiche Unwägbarkeiten und Unzulänglichkeiten in der gesamten Lieferkette zu kompensieren – und dies typischerweise mit den erforderlichen Puffern zur Absicherung der Lieferfähigkeit: Zeit, Kapazitäten und Bestände. Diese sind aber (wiederum typischerweise) aus Finanz- und Controllersicht unangemessen, da man hier eher den minimalen Mitteleinsatz für das Erzielen des maximalen Gewinnes anstrebt (die leicht durchscheinende Polemik bitte ich zu entschuldigen, dies dient mehr der Hervorhebung des immanenten Zielkonfliktes):

- Kapazitäten sind teuer – *CapEx* soll aus Sicht des Finanzbereichs ja möglichst vermieden werden und wenn, dann nur bei sehr schnellem *Return on Investment*. Somit aus Finanzsicht keine gute Idee.
- Bestände sind teuer – *OpEx* müssen ja immer durch genutzte Kapazitäten, Zinskosten für gebundenes Kapital und möglicherweise auch Abschreibungen auf Bestände teuer erkauft werden. Somit aus Finanzsicht auch keine gute Idee.
- Zeit – das ist aus Sicht des Controllings die ideale Steuerungsgröße: keine Kapazitäten, keine Bestände, keine Abschreibungen – aber bitte pünktlich zahlen.

Und andererseits, in der Sofortgesellschaft gibt es alles, nur keine Zeit mehr. Somit ist auch hier ein massiver Konflikt unausweichlich. Daher steht die Supply Chain zunehmend im Spannungsfeld zwischen Finanzzielen und Geschäftszielen. Letztlich gilt, dass nur der gelieferte Umsatz zum richtigen Zeitpunkt einen zufriedenen Kunden mit Wiederkaufpotenzial erzeugt – auch wenn sich aus Finanzsicht ein Umsatz rein statistisch aus der Kundenanzahl und Umsätzen der Vergangenheit planen lässt, so ist doch die Realität und Zukunft geprägt von den bisherigen Kauferlebnissen. Somit kann – bei schlechter Supply-Chain-Performance – der geplante Umsatz schnell zum verpatzten Umsatz werden.

Daher ist es von besonderem Interesse in den Rahmenbedingungen der Sofortgesellschaft, dass hier ein aus markt- und kundenzentriertem Denken abgeleiteter Geschäftsansatz entsteht. Dieser hat zwar finanzielle Randbedingungen einzuhalten, Primat hat aber die Kundenbedienung. Dies bedeutet allerdings keinen Freibrief für die Supply Chain, hier nun „kräftig zuzulangen" – effiziente und effektive Prozesse mit viel *Flow* sind in der Regel auch schlanke, kostenseitig hochoptimierte Prozesse.

3.3   Evolution von Machtkonstellationen in der Value Chain

Wenn man sich dies nun in einem rückblickenden Zeitraffer anschaut, dann haben in der Value Chain eines Unternehmens, mehr noch in der Supply Chain, im Lauf der Zeit unterschiedliche Gestaltungsprinzipien jeweils einen dominanten Einfluss auf die Themengebiete gehabt, die typische Optimierungsbereiche aufweisen (Abb. 3.2).

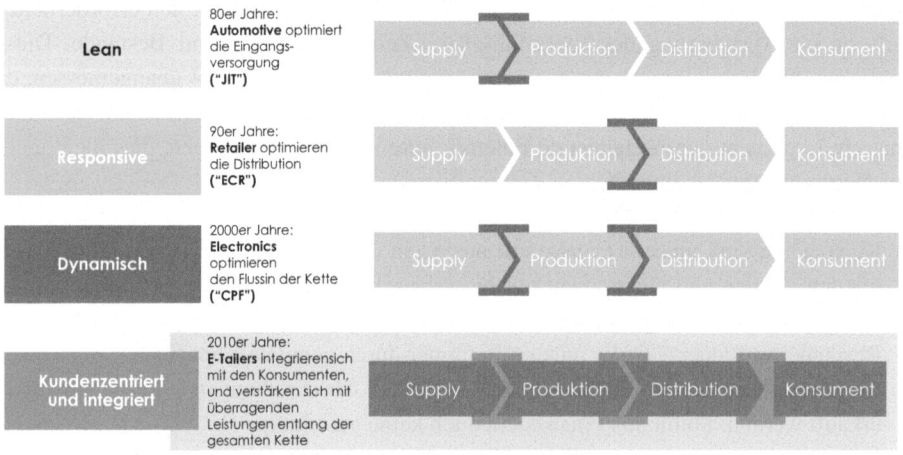

Abb. 3.2 Dekadenbasiertes Evolutionsmodell von Supply Chain Leading Practices hin zur Voll-Integration von Wertschöpfungsketten

Ausgangspunkt des Supply-Chain-Denkens war die Optimierung der Eingangsver-
sorgung in der Automobilindustrie zur Beherrschung vielfältiger Zulieferprozesse für
die Fließmontage der Fertigprodukte. Die Komplexität der Produkte erforderte hier
ganz neue Wege; *Kanban, Just in Time* und *Just in Sequence* wurden zu Synonymen dieser Themen. Dies wurde parallel dazu durch das Schaffen „schlanker" Arbeitssysteme
ergänzt; die Prinzipien des *Lean Manufacturing* passten zu dieser Grundidee und verstärkten diese – Vermeidung unnötiger Verrichtungen und Synchronisation durch einfache Steuerungsprinzipien. Diese Themen haben in der Tat „die Welt verändert"
(Womack et al. 1990).

Zunehmende Gestaltungsmöglichkeiten der Informationstechnik führten dann
zu neuen Ideen – Informationen, die an einer Stelle entstehen, können quasi sofort an
ganz anderen Stellen verwendet werden. Die Notwendigkeit, geringe Regalbestände
mit hoher Verfügbarkeit zu kombinieren, hat hierfür den Impuls gegeben, den Fokus
zunehmend auf die Absatzseite zu verlagern. Der Impuls war, Abverkaufszahlen in
Realtime für die Nachschubplanung einzusetzen; nicht nur für den Händler intern, sondern auch in der Übergabe der Information an die jeweiligen Hersteller. Diese konnten
dann, entsprechend des Verlaufs und anderer Kenngrößen, die nächste Lieferung auslösen. Im *Direct Replenishment* des Retail und in der *Efficient Consumer Response*
haben sich dadurch wichtige neue Trends zur Steuerung der Kette ergeben. Diese sind
in der Vergangenheit aber vielfach an den machtpolitischen Interessen der Einkäufer der
Handelsunternehmen gescheitert, die ihren Wissensvorsprung nutzten, um weitere Preiszugeständnisse durchzusetzen.

Die schnellen Produktlebenszyklen der Hightech- und Consumer-Electronics-Welt
erforderten dann eine übergreifende Synchronisation, um die kurzen Produktlebenszyklen
mit geringen Pipelinebeständen zu ermöglichen. Gleichzeitig ist der Verfall der Preise
für die elektronischen Bauteile sowie für die eigenen Produkte ein wesentlicher Treiber
geworden. Der Kampf um den Kunden mit immer neuen Produktfeatures führte parallel
dazu zu einem intensiven Preiswettbewerb innerhalb der jeweils bestehenden Produkte,
um den Kaufvorgang des einzelnen Kunden für sich zu entscheiden. Hierdurch war dann
nicht mehr die Kapitalbindung das treibende Kriterium für die reduzierten Lagerbestände,
sondern der Wertverlust zwischen Einkaufs- und Verkaufszeitpunkt. Das Leitthema hier
wurde *Collaborative Planning, Forecasting and Replenishment,* der Informationsaustausch der Absatzplanungszahlen zwischen Hersteller und Lieferanten, die schnelle
Kommunikation und Bestätigung von Bedarfsmengen in spezifischen IT-Tools und Colla-
boration Platforms und die gemeinsame Optimierung der Lieferprozesse.

Aber erst der direkte Zugang zum Konsumenten hat Supply-Chain-Welten geschaffen,
die von einer ganz neuen Transparenz der Kundenbedarfe ausgehen und entsprechende
flexible Lieferketten entstehen ließen.

Die Möglichkeiten der Internetwelt, einen Kunden in seinem Such- und Kaufverhalten zu beobachten, gibt völlig neue Impulse für die Sortiments- und Preisgestaltung,
aber auch dafür, die dazugehörigen Lieferservices auszuloten, zu gestalten und dem
Kunden entsprechend seiner individuellen Bedarfsstruktur anzubieten (oft mit dem dafür

erforderlichen Mehrpreis). Ein ganz neuer Themenkreis, die *Customer Journey,* hat sich hierzu entwickelt und berücksichtigt die Informationsreise des Kunden bis hin zum Kaufabschluss und seiner Nachbetreuung.

Die Schaffung von Metaebenen, wie z. B. Preisportalen, aber auch von Marktplätzen, wie im Gebraucht-Pkw-Handel, und die Diskussion von Produkten, Händlern und Lieferanten in sozialen Netzwerken haben eine völlig neue Transparenz der Anbieter, der Angebotssituation sowie der Bewertung von Verkäufern, Produkt, Logistikservice und den spezifischen Anwendungseigenschaften von Produkten gebracht. Dies verschärft einerseits den Wettbewerb, bietet aber auch Raum für Differenzierung und Weiterentwicklung der eigenen Services, wenn man diese Informationen gezielt auswertet.

Dies gilt vor allem im *B2C-Bereich, Business-to-Consumer,* dem Geschäft mit Privatkunden. Aber auch im *B2B, der Business-to-Business-Welt* der Geschäftskunden, lassen sich genau diese Mechanismen einsetzen, natürlich in abgewandelter Version.

Die Orte der Informationsgewinnung haben sich verlagert – vom individuellen Kaufgespräch, im Outlet oder im Direktvertrieb, hin zur Überblicksinformation im Internet. Das beschleunigt diese Phase der Informationsgewinnung ungemein und schafft eine außerordentliche Markttransparenz. Die anschließende Online- oder telefonische Kauftransaktion kann, muss aber nicht, schneller Abschluss dieser Kette sein.

Parallel dazu haben Logistikdienstleister mittlerweile die *Raum-Zeit-Distanz* weitgehend aufgelöst; rein technisch ist es in vielen Fällen möglich, am nächsten Tag, oft sogar am gleichen Tag zu liefern. Der Kunde wählt und die Aufgabe des Anbieters ist es, durch das geeignete Geflecht seiner Dienstleister mit seinen Lager- und Herstellprozesse diese Möglichkeiten anzubieten und auch belastbar zu realisieren. Hierzu gehört auch die effektive und effiziente Gestaltung von Retourenprozessen, die sowohl für den Kunden als auch für das Unternehmen intern erfolgskritisch sind, doch eine Dimension darstellen, die es gut zu beherrschen gilt. Die *sozialen Foren* geben hier ein Ausmaß der logistischen und qualitativen Lieferantenbewertung, das weit über die traditionellen Möglichkeiten des eigenen Unternehmens hinausgeht.

Beide Effekte zusammen haben eine ungemein intensive Gewöhnung an Geschwindigkeit, Schnelligkeit und auch Zuverlässigkeit mit sich gebracht, die die Erfahrungswelt der 90er-Jahre und auch des letzten Jahrzehnts völlig in den Schatten stellt.

Neben dieser Geschwindigkeitsdimension ist auch die Überlegenheit in der Orchestrierung der Partner getreten. Erfolgreiche Unternehmen nutzen die Leistungsstärke ihrer Partner, um die Überlegenheit ihrer Kette zu verstärken bzw. diese täglich reproduzierbar zu realisieren.

Dies bringt eine Neudefinition der Kriterien im Outsourcing mit sich: Wer nur nach dem Kriterium *niedrigster Preis* seine Leistungen an Dritte vergibt, wird in diesem Umfeld mittelfristig Probleme haben. Ein angemessener Preis für deutliche Leistungsvorteile ist das erfolgskritische Element. Was kann ein anderer besser, schneller, zuverlässiger und vielleicht dadurch auch noch kostengünstiger als man selbst?

Diese Entwicklung steht im Zentrum des *agilen Unternehmens,* das sich über eine schnelle Anpassungsfähigkeit an sich verändernde Marktanforderungen definiert und dies vielfach auch durch ein Netzwerk an leistungsfähigen Partnern ermöglicht.

Hierzu gehört auch die neu entstandene Bedeutung der Kernkompetenz, die fremd-vergebenen Leistungen beurteilen, steuern und in ihrer Qualität sichern zu können. Diese Fähigkeit ist in vielen Unternehmen verloren gegangen, die sich mehr auf den Kosten-aspekt des Outsourcings und Partnerings verlagert haben.

Apple zeigt eindrucksvoll, wie tief dies gehen kann. Die Fertigung der Produkte ist an strategische Partner verlagert. Um aber sicherzustellen, dass die von diesen verwendeten Maschinen den hohen Anforderungen von Apple nachhaltig und dauerhaft genügen kön-nen, ist Apple im Zertifizierungsprozess der Lieferanten für kritische Bauteile dieser Anlagen voll involviert.

Auch wenn dies auf den ersten Blick vielen pedantisch oder *overengineered* erscheint, so ist dies doch das nötige Maß an Zuwendung, um gemeinsam mit dem Fertigungs-partner an den Anforderungen für Höchstleistungstechnologie zu arbeiten und gleich-zeitig die technologische Kompetenz in der eigenen Organisation so hoch zu halten, dass man auch die nächste Maschinengeneration mitgestalten kann.

An der Schnittstelle zum Kunden/Konsumenten greift ein anderes, neues Prinzip: die Realisierung einer sehr hohen Komplexität der Kundenbeobachtung, Kundenanalyse und Kundenbestellprozessbegleitung, die aber aus Sicht des Kunden nicht sichtbar ist. Aus Sicht des Kunden muss alles einfach, überzeugend und unaufdringlich sein. Er darf gar nicht merken, wie aufwendig er in seinem Kauffindungs- und Entscheidungsprozess begleitet und gesteuert wird.

Somit gelten in dieser neuen, vollintegrierten und schnellen Welt eine Vielzahl neuer Spielregeln, die sich nicht unmittelbar erschließen, letztlich aber über Erfolg und Miss-erfolg entscheiden.

Ein Rückblick auf typische Gestaltungsschwerpunkte in der Organisation von Unter-nehmen zeigt interessante Parallelen zur Entwicklung der Trendsetter-Themen in der Supply Chain (Abb. 3.3).

Kostenmanagement (das meistens als Kostensenkung auftaucht) ist immer ein aktuel-les Thema. In den 90er-Jahren gab es zunächst die Euphorie um die Öffnung der (damit erst entstehenden) Ostmärkte. Bald danach waren diese aber erschlossen und der Wett-bewerb setzte auf höherem Volumenniveau ein, meist intensiver als zuvor. Da man ja den Vertrieb gerade ausgeweitet hatte, musste man in der Produktion ansetzen. Hier sind zwei markante Themen für den Fokus des Vorstands festzumachen: einerseits die Frage nach Kapazitäten, um die Mengen herzustellen, andererseits die Senkung der (Produkt- und damit der Produktions-)Kosten, wenn es mal nicht so gut lief und man im Preiswett-bewerb starke Zugeständnisse machen musste.

Trotz Sicht auf die Gesamtkette von Lieferant bis Kunde gab es somit in dieser Zeit einen starken Fokus auf die Produktion – was auch mit dem *Lean Manufacturing* korrelierte.

Nach der Jahrtausendwende war man mal wieder in der Krise … Die gro-ßen Umstellungen in IT-Hard- und -Software hatten Ende der 90er-Jahre für viel Zusatzgeschäft in vielen Industrie- und Servicebereichen geführt. Die Senkung der Produktionskosten reichte nicht mehr aus (und hatte auch eine gewisse Grenze erreicht); viele Maßnahmen der Vorjahre waren über Kredite finanziert worden und die finanzielle

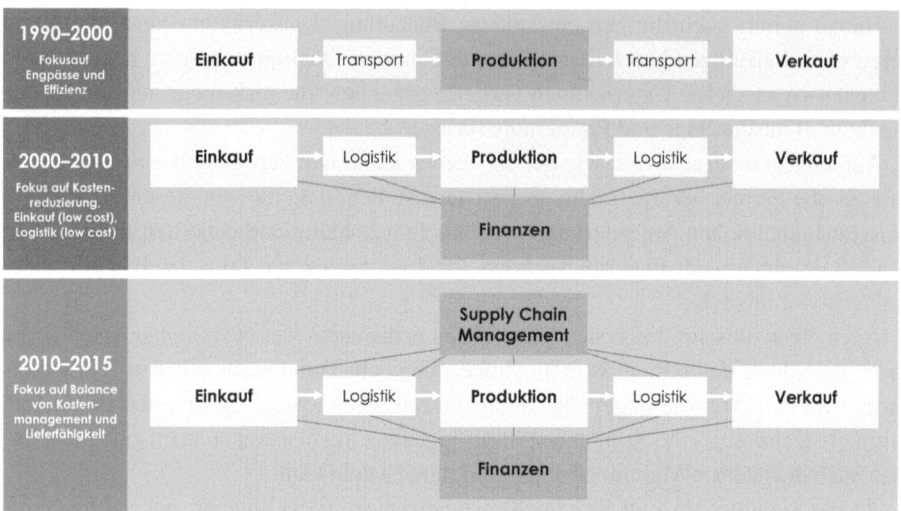

Abb. 3.3 Ausprägung der integrativen Rolle des Supply-Chain-Managements in der Value Chain von Industrieunternehmen 1990–2015

Performance stimmte nicht mehr. Dadurch erstarkte die Finanzfunktion und hat viele Impulse in die Wertschöpfungskette gegeben, an welchen Stellen man noch ansetzen kann, um die Kosten weiter zu senken. Low Cost Leadership, Low Cost Country Sourcing, Low Cost Logistics, Low Cost Administration, … viele Bereiche konnten noch weiter gedrückt werden – aber leider oft auf Kosten der Qualität und vor allem der Reaktionsfähigkeit.

Kostenerfolge konnten erzielt werden – oftmals signifikant und damit auch sehr attraktiv. Aber nach ersten finanziellen Erfolgen in GuV und Bilanz zeigten sich operative Schwächen: Low Cost Service Provider brauchen eine hohe Effizienz und am besten keine Sonderfälle oder Abweichungen vom Standard. Low Cost Countries können zwar billig produzieren, aber bis der Container eingetroffen ist, hat sich der Bedarf vielleicht schon wieder verändert. Und oft kommt die Ware auch nicht in dem Zustand an, in dem sie benötigt wird. Während dies bei Mode und Bekleidung noch in Saisons geplant werden kann, ist es für mechanische Fertigungen schon schwieriger. Daher war die Übertragung des *Low-Cost-Country*-Modells nicht immer von operativem Erfolg gekrönt – und dadurch waren oft auch die finanziellen Vorteile verschwunden oder gar über Pönalen überkompensiert.

Das Modell zeigt auch optisch durchaus eine gewisse „Unwucht"; diese wurde aber aufgrund der finanziellen Erfolge zunächst nicht erkannt. Erst mit immer höherer Dynamik der Absatzmärkte wurde dies deutlich.

In diesem Zeitraum haben sich interessanterweise die Welten der Supply Chain und der Finanzen voneinander wegentwickelt. Der Interessendissenz hat hier seinen stärksten Ursprung – viele auch heute noch vorhandene Spannungsfälle rühren aus dieser Epoche der immer weiter auseinanderdriftenden, stark widersprüchlichen Ziele. Während die Supply Chain versuchte, sich auf die zunehmende Volatilität der Märkte vorzubereiten, indem sie schnelle Strukturen, Puffer und leistungsfähige Dienstleister etablieren wollte, machte die Finanzseite hier Vorgaben, die dem völlig zuwiderliefen. Die Dimension der Geschwindigkeit ist in Controllingzahlen noch heute selten zu finden, treibt aber die Kennzahlen der Supply Chain. Die Qualität der Liefertreue in der Logistik treibt zwar die Kundenzufriedenheit und damit auch den Umsatz (Folgeumsatz und Preiswürdigkeit), ist in der finanziell getriebenen Zahlenwelt jedoch nicht präsent. Sie zeigt sich nur mittelbar in nachlassenden Umsätzen, auf die der Controller dann oft mit weiteren Kostensenkungen reagiert, statt sich gemeinsam mit der Supply-Chain-Funktion mit den Enablern für eine bessere Performance zu beschäftigen.

Dies ist inzwischen völlig anders bei den erfolgreichen Unternehmen zu beobachten. Bereits seit etwa 2005 haben sich viele Firmen hin zu einer besser balancierten Unternehmensstruktur entwickelt. Die „Spitzenreiter" haben dies natürlich schon viel früher vollzogen, aber als Trend kam diese Entwicklung erst vor etwa zehn Jahren breiter auf – ein Trend, der immer noch dabei ist, sich zu etablieren.

3.4   Ein neues Machtdreieck wird zum Treiber von Innovation und Erfolg

Dieser neue Trend der Balance hieß *Sales, Operations and Financial Planning.* Nicht nur Sales und Operations, Nachfrage und Lieferkapazitäten (und oft auch Bestände), sondern auch die Einbindung der Finanzfunktion in diese übergreifende Geschäftsplanung. Schnelle Lieferketten brauchen schnelle, gemeinsame Entscheidungen und eine Finanzierung der Lieferkette sowie der Enabler. Moderne Unternehmen zeigen heute diese ausgewogene Balance der Finanzorientierung mit den Erfordernissen der Supply Chain. Die damit verbundene Erkenntnis ist, dass der Finanzchef letztlich nur die Zahlen zusammenzählen kann, die die Supply Chain erfolgreich geliefert hat. In dem Dreieck *Cash, Cost, Service* steckt letztlich die Energie, übergreifende und reaktionsstarke Supply Chains auszuprägen, die sowohl den Umsatz und die Profitabilität als auch die Optimierung der Bilanzstrukturen berücksichtigen.

Diesen Trend können wir über die Jahre hinweg in unseren Studien nachweisen; die Funktion der Supply Chain hat sich immer höher etabliert und ist bei erfolgreichen Unternehmen mittlerweile eine klare Vorstandsaufgabe. Bis heute ist dies ein wichtiger Leittrend, zu dem vielen Unternehmen noch aufschließen müssen. Aber es gibt bereits eine neue Bewegung mit noch viel größerer Bedeutung (Abb. 3.4).

Hinter der neuen Welle steckt eigentlich eine ganz einfache Beobachtung: Was treibt den (finanziellen) Erfolg eines Unternehmens an? Unternehmen wie Aldi, Amazon, Apple, McDonald's und Lidl zeigen das jeden Tag auf eindrucksvolle Weise. Eigentlich ist die Antwort banal: **der Umsatz.**

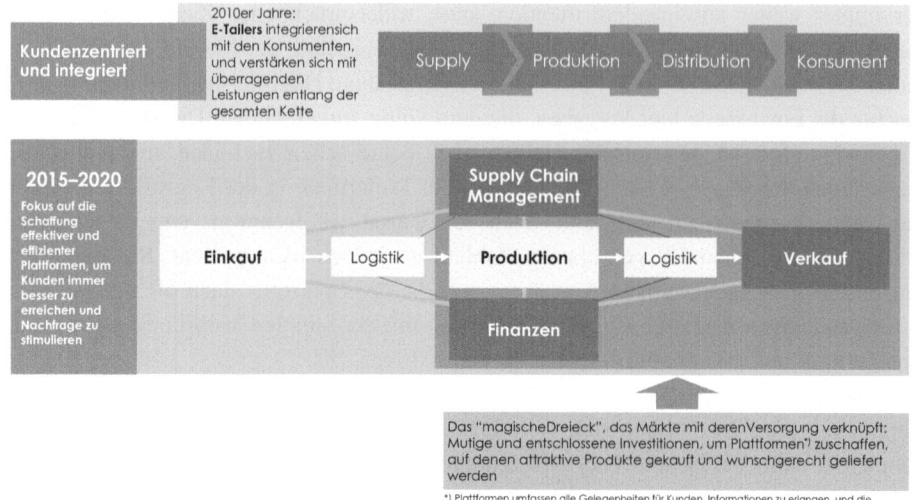

Abb. 3.4 Wirkkräfte für das Schaffen eines neuen, dynamischen Führungssystems in Unternehmen

Große Mengen zu attraktiven Preisen. Attraktiv für das Unternehmen, attraktiv für den Kunden.

Beide Seiten haben natürlich eine etwas andere Sicht darauf, was die relevante Definition dieser Attraktivität ist. Für den Hersteller und Händler sind dies eher hohe Preise, die eine gute Marge abwerfen. Dass das auch anders geht, nämlich hohe Gewinne aus geringen Einzelmargen und hohen Stückzahlen zu realisieren, zeigen Aldi und Lidl nachhaltig, jeden Tag. Dahinter steckt natürlich eine ausgefeilte, überlegene Supply Chain: hier ist nichts dem Zufall überlassen. Jede gelieferte Palette ist genau abgestimmt auf die Verkaufspositionierung. Produkte werden als Gattung verkauft und der Mix der Geschmackssorten von Müsliriegeln, Schokolade, Säften, Nüssen etc. ist genau abgestimmt auf das typische Abverkaufsverhalten. So kann man Vollpaletten bestellen, disponieren, produzieren und die Vielfalt findet im Abverkaufsprozess statt. Das ist effiziente und effektive Supply Chain durch *Mass Customization* auf höchstem Niveau.

Aus Sicht des Kunden ist hingegen oft ein eher niedriger Preis wichtig. Den versucht er im Rahmen seiner individuellen *Customer Journey* zu entdecken und zu realisieren. Dahinter steckt aber im Kern die Preiswürdigkeit des Produktes: Ist die grundsätzliche Preisposition angemessen? Dies führt zum Kaufwunsch, der dann an dem Ort (Absatzkanal) realisiert wird, der den günstigsten Preis anbietet, erreichbar ist und das Produkt im geeigneten Zeitrahmen in einer angestrebten Weise verfügbar machen kann.

Ein Beispiel hierzu ist Zalando. Als Händler schafft Zalando den Zugang zu einer fast beliebigen Auswahl an modischen Produkten und Accessoires. Der Kunde kann sich damit seine Kaufwelt selbst einrichten. Die damit aber untrennbar verbundene Kernkompetenz ist das Retourenmanagement – und somit eine Supply-Chain-Aufgabe, die zu finanzieren ist.

Dies bedeutet aber im Kern, dass eine neue Machtkonstellation im Unternehmen entsteht, die das Unternehmen sowohl nachhaltig verändert als auch nach vorn treibt. Es geht darum, Marktplätze für die Zukunft zu schaffen. Marktplätze, auf denen Kunden gerne und gut einkaufen, Zusatzinformationen bekommen und die vor allem zu ihren individuellen Bedürfnissen passen. Diese Absatzwege sind vielfältig und müssen nicht nur online stattfinden. Infrage kommen stationäre oder mobile Outlets, TV-Kanäle, aber auch ein Direktvertrieb mit individueller Beratung (z. B. Vorwerk), letztlich *Multichannel* oder besser noch *Omnichannel* – wichtig ist, dass Kundengruppen diesen Weg jeweils für sich als geeignet entdecken und nutzen. Und dass über Experimente getestet wird, ob sich nicht neue, andere Wege nutzen lassen.

Dies spiegelt sich in dem von uns als hochaktueller „Trend im Verborgenen" erkannten **Organisationsgespann aus Vertrieb, Supply Chain und Finanzen.** Dieses „magische Dreigestirn" ist gefordert, neue Produkte zu kreieren, Käufergruppen zu stimulieren, immer wieder neue Absatzwege zu definieren, die passende Logistik dazu zu konfigurieren und die dafür erforderlichen Investitionen zu finanzieren.

Market Maker und Market Creator bedeutet, neue Absatzplattformen zu schaffen und zu hoher Transaktionsintensität zu führen. Dies kostet Aufwand – und birgt Risiken. Letztlich sind dies aber die eigentlichen unternehmerischen Wagnisse: Chancen erkennen, Zugänge schaffen, Transaktionen ermöglichen und den Kunden über Service einfangen.

Und hierin liegt der eigentliche Charme dieses neuen organisatorischen Paradigmas: Jede Funktion für sich kann nur einen Aspekt des Unternehmens gestalten und optimieren. Kostenmanagement schafft keine neuen Potenziale. Neue Ideen alleine bringen keinen zufriedenen Kunden. Und eine gut funktionierende Supply Chain ohne Bedarf ist auch nicht wirklich erforderlich.

Erst das Zusammenspiel dieser drei Funktionen entfesselt neue Energien im Unternehmen – und im Markt. Gemeinsame Kreativität des Machbaren und des noch zu Schaffenden: Was könnte der Markt wollen? Wie möchten Kunden versorgt werden? Wie werden sie künftig einkaufen? Und wie können wir das finanzieren?

Dadurch wird die Finanzfunktion in zwei Richtungen mehr als in der Vergangenheit gefordert; einerseits durch schnelles Reporting zur Situation des Unternehmens (nicht nur in finanzieller Sicht), andererseits als **interner Venture Capital Provider.** Geld einsparen an geeigneter Stelle, um damit neue Ideen zu finanzieren – diese Umverteilung als Teambeitrag ist eine neue Qualität in der Rolle des Finanzleiters (CFO), die damit zu einem der drei gemeinsamen Treiber des Unternehmenserfolgs wird.

Aus Interessenskonflikt wird Interessenkongruenz. Aus funktionalem Fokus wird kraftschöpfende Synergie. Aber nicht einfach nur durch operativen Abgleich, sondern auf höchstem strategischen Niveau. Der CFO ist gefordert als Finanzgeber, der auch Ideen zur Absatzfinanzierung für die Kunden einbringen kann, soll und auch will. Der Market-Manager im Vertrieb ist gefordert als Entdecker der Kundenwünsche und -sehnsüchte, der aber auch den Weg des Kunden zum Produkt, und umgekehrt, erdenken möchte. Denn keiner versteht seine Kunden besser als er und kann dann durch Motivation der gesamten Vertriebsmannschaft die neuen Ideen gekonnt in Szene setzen. Und die

Supply Chain ist gefordert, immer neue Wege des Produktes zum Kunden zu erarbeiten, immer wieder in hoher Kreativität neue Lösungsbündel aus eigenen Logistikleistungen und denen der vielen Logistik- und Produktionspartner zu knüpfen. Und natürlich auch die vielfältigen Instrumente zur Absatzsteuerung und Liefer-/Produktions-/Beschaffungsplanung zu identifizieren, implementieren und zu Höchstleistung zu bringen.

Das ist Power Management pur!
Dies setzt ungeahnte Potenziale frei, da sich die Energien der drei Kernfunktionen des Unternehmens bündeln, statt sich in langen Diskussionen über Unzulänglichkeiten zu erschöpfen. Dadurch können sie auch die Technology-Chain sowie alle anderen wichtigen Funktionen des Unternehmens steuern, dorthin maßgebliche Impulse geben und somit das gesamte System Value Chain zu Höchstleistungen beflügeln. Dazu gehört natürlich in der Umsetzung der Ideen und freigesetzten Energie noch mehr; die für die Steuerung des Gesamtsystems erforderlichen Mechanismen werden in den folgenden Kapiteln dargelegt.

Durchgängigkeit, Geschwindigkeit, Präzision und Transparenz sind somit die zentralen Merkmale für die Supply Chain in der Sofortgesellschaft. Durch die große Vielfalt ist das aber überhaupt nicht mehr mit einem *One-size-fits-all*-Ansatz darstellbar und auch nicht durch das Etablieren von zwei bis drei verschiedenen Supply-Chain-Typen. Die Komplexität und *Sophistication* der heutigen Märkte erfordert einen viel differenzierteren Ansatz, der eines intensiven Einsatzes von Segmentierungstechniken bedarf. Für die verschiedenen Segmente gilt es dann, die darauf optimal passende Supply Chain auszurichten. Dies bedeutet nicht, für jedes Segment eine eigene Supply Chain zu haben, sondern die Vielfalt der Segmente auf ein Bündel von leistungsfähigen, aber stark unterschiedlichen Lösungen zu lenken. Die Segmentierung der Supply Chain auf die individuellen Anforderungen der unterschiedlichen Marktplattformen und die darin agierenden Kundensegmente mit unterschiedlicher Bedürfnisstruktur wird zu einem erfolgskritischen Baustein.

Hier trifft sich dann wieder die intensive Zusammenarbeit aus Markt und Supply Chain, um die vielfältigen Kunden- und Produktkombinationen aus Vertriebs- und Marktsicht mit den Möglichkeiten überlegener Supply Chains zusammenzubringen.

Alle Funktionsglieder in den Operations einer Supply Chain sind wichtig und müssen hochperformant sein. Dies betrifft zunächst den Einkauf, der die Güterversorgung über die erforderlichen Lieferanten und deren Weiterentwicklung absichern muss. Die Logistik muss fehlerfrei, schnell und flexibel agieren und das erforderliche physische Netzwerk bereitstellen. Die Produktentwicklung muss daran arbeiten, dass die Produkte attraktiv, fehlerfrei und einfach zu produzieren sind – und alle Informationen zeitgerecht zur Verfügung stehen. Gemeinsam mit Produktion und Supply Chain ist ein reibungsloser Produktanlauf, später aber auch ein effektiver Produktauslauf, zu steuern.

Funktionale, horizontale und vertikale Exzellenz treffen und vereinen sich mit dem alleinigen Zweck, überlegene Value Chains und überlegene Supply Chains zu gestalten, zu betreiben und jeden Tag aufs Neue Kundenerfolge zu erringen, in einem Wettbewerb, der

alle Vorstellungskräfte der Vergangenheit übersteigt. Hierzu müssen auch die Gestaltungskräfte im Unternehmen die bisherigen Mauern übersteigen und auf einem neuen, viel
höheren Plateau in neuer Weise zusammenarbeiten.

Letztlich treffen sich in dieser neuen Machtkonstellation alle Treiber des Unternehmenserfolgs: Markt, Realisierung und Finanzierung. Und hinter der sich daraus
ergebenden internen Dynamik, als Reaktion auf die Volatilität der Marktumgebung,
steckt als neues Leitthema die Agilität – die Fähigkeit des Unternehmens, sich schnell
auf solche neuen Herausforderungen einstellen und aufstellen zu können. Dies ist ein
zentrales Leitthema für das Management in den nächsten Jahren.

Erfolgsmanagement durch Value-Chain-Exzellenz

4

4.1 Schwinden der Zeit – Entdeckung der Schnelligkeit

Wodurch können sich Unternehmen in dieser Sofortgesellschaft behaupten, durchsetzen und neue Geschäftschancen erschließen? Natürlich gibt es eine Vielzahl an Möglichkeiten, dieses zu tun. Zu vielfältig sind die Facetten und Möglichkeiten erfolgreichen Unternehmertums und erfolgreicher Unternehmensführung. Dazu ist das Feld zu breit, zu vielschichtig, zu international. Doch es gibt einige Kernthemen, die sich aus unseren Analysen im Zusammenhang mit der Sofortgesellschaft ergeben. In diesen Kernthemen haben sich bereits erfolgreiche Unternehmen hervorgetan – doch viele mehr tun sich sehr schwer mit den erforderlichen Veränderungen. Diesen gilt es in den folgenden Kapiteln eine Hilfestellung zur Absicherung bzw. Wiederherstellung ihrer Wettbewerbsfähigkeit zu geben.

Das entscheidende Merkmal, der entscheidende Effekt aus der Sofortgesellschaft ist der Verlust der Zeit als Puffer-Dimension. Diese einstmals starke Dimension verschwimmt in der Leistungsgewöhnung. Und gleichzeitig wächst die Vielfalt als neue starke Dimension heran.

Wo es früher noch viel Zeit für Trend- und Marktforschung gab, entwickeln sich die Trends inzwischen schneller als die Forscher forschen können. Märkte verändern sich schneller als die Signale der Vertriebsorganisation zur Zentrale durchschlagen. Und Supply Chains können nicht mehr in Tagen und Wochen denken, wenn der Verbraucher das Produkt sofort haben will. Es genügen ein paar Klicks (und zunehmend einfache Fingerwische) und im internationalen Kontext hat der Konsument eine unglaublichen Produktvielfalt auf seinem Display und kann Produkte, Hersteller und Lieferant frei nach seiner spontan stattfindenden Meinungsbildung bestellen – und auch wieder zurücksenden.

Der Verlust der Zeit bedeutet somit, dass sie ersetzt wird durch eine neue Gestaltungsgröße, die genau zum *Sofort und Gleich* der heutigen Gesellschaft passt: der Schnelligkeit.

© Springer Fachmedien Wiesbaden GmbH, ein Teil von Springer Nature 2018
D. Bölzing, *Überleben und Wachsen in der Sofortgesellschaft*,
https://doi.org/10.1007/978-3-658-15111-9_4

Unter Beobachtung des nationalen und internationalen Wirtschaftsgeschehens und der gesellschaftlichen Veränderungen treten, aufbauend auf der in den vorigen Kapiteln beschriebenen Analyse, drei wesentliche Handlungsfelder hervor, um mit dieser Schnelligkeit neue Geschäftschancen zu schaffen bzw. bestehende abzusichern:

- Schnelligkeit in den Operations durch Kollaboration, Synchronisation und durchgängiges Schaffen von Flow-Prinzipien,
- Schnelligkeit in der Anpassungsfähigkeit an neue Anforderungen durch agile Organisationsformen, agile Prozesse und agiles Denken,
- Schnelligkeit in der Unternehmensführung durch schnelles Aufspüren und Erschließen von Geschäftsmöglichkeiten, schnelle Entscheidungen und schnelle, zielgerichtete Umsetzung durch neue Formen der Zusammenarbeit an der Unternehmensspitze.

Interessanterweise sind die Mechanismen und Praktiken, die hierfür erforderlich sind, in allen drei Feldern in unterschiedlicher Weise erforderlich, aber immer hochwirksam. Viele der *Leading Practices* aus schnellen Operations helfen auch bei schneller Anpassungsfähigkeit und sind ebenfalls hilfreich für die schnelle Umsetzung neuer Geschäftsideen. Dies ist somit nicht überschneidungsfrei, auch wenn dies für viele Manager wünschenswert wäre. Die Multidimensionalität in der Sofortgesellschaft erfordert auch ein multidimensionales Denken. Die Sofortgesellschaft und ihre Enabler wirken somit nicht mehr in einem uns vertrauten Universum, sondern letztlich in einem vielschichtig ausgeprägten *Multiversum* (zum Begriff siehe Marvel's Dr. Strange). Daraus ergeben sich auch die dynamischen Effekte der viralen Verbreitung von Informationen, Trends und Hypes – sie finden nicht einfach nur in der uns vertrauten Umgebung statt, sondern setzen eine vitale Kettenreaktion in unterschiedlichen Medien und Denkweisen der Beteiligten frei, die sich nicht mehr in unserem linear geprägten Denken beschreiben lässt. Und das Grundmerkmal der Ausbreitung in diesem Multiversum ist die immanente, hohe Geschwindigkeit.

Schnelligkeit in den Operations bedeutet beispielsweise antizipierende Absatz- und Produktionsplanung, um die richtigen Produkte in den erforderlichen Mengen (sowohl Absatzmengen als auch Mindestmengen für die Produktion) herzustellen. Diese antizipierende Absatzplanung liefert aber auch die erforderlichen Informationen, um über grundsätzliche Veränderungsprozesse, z. B. Kapazitäts- oder Produktionsveränderungen nachzudenken, oder Neuproduktanläufe anders zu skalieren als ursprünglich geplant. Und bei einer anderen Sicht auf die gleichen, bzw. sogar die selben Daten, kann ein kreativer Kopf ganz neue Impulse finden, um daraus ein neues Leistungsangebot, neue Produkte, neue Absatzkanäle oder andere innovative Ansätze abzuleiten.

Schnelle und richtige Entscheidungen benötigen relevante, richtige und aktuelle Informationen, diese müssen verfügbar sein und es braucht auch die Fähigkeiten, damit umzugehen. Gute Planung der Operations benötigt gute Systeme, die richtig eingestellten Steuerparameter und richtige Daten. Ansonsten wird ein nicht wirklich zutreffendes

Ergebnis mit hoher Geschwindigkeit berechnet – es führt aber nicht zum richtigen Impuls, zur richtigen Entscheidung.

Die Informationen müssen somit schnell an den erforderlichen Stellen verfügbar sein und dort auch als solche erkannt, verarbeitet und interpretiert werden. Daher ist die Transparenz ein zentral wichtiger Wegbegleiter der Schnelligkeit (Prozesse, Status von Aufträge, Kosten etc.). Aber auch die Kenntnis der Zusammenhänge, wie verschiedene Lastzustände aufeinander einwirken und sich teilweise gegenseitig verstärken oder auch gegenseitig behindern können. Hierzu wird in Kap. 5 die Methodik der Supply-Chain-Mechanik vorgestellt, die einen analytischen Ansatz bietet, diese Zusammenhänge herauszuarbeiten und die Ergebnisse für die Prozessoptimierung oder auch Neugestaltung einzusetzen. Und letztlich ist es die Geschwindigkeit in den Prozessen, der *Flow*, der diese erfolgreich macht – dieser ist auch ein Ergebnis von konsequenter Synchronisation und intensiver, zielgerichteter Zusammenarbeit (Kollaboration) zwischen allen erforderlichen Unternehmensfunktionen.

Mit dieser Sichtweise kann man hieraus auch die erforderlichen vier Gestaltungsfelder ableiten: Mindset, Strukturen, Prozesse und Transparenz durch Big Data. Dies sind letztlich die Felder, an denen man konkret ansetzen kann, um die richtigen Voraussetzungen für Hochgeschwindigkeits-Supply-Chains und die sie umgebenden, umhüllenden und ermöglichenden High-Speed-Value-Chains zu schaffen. Wobei uns das Thema *Mindset* ja schon in vielen unterschiedlichen Facetten begegnet ist und auch weiterhin als ein unterschwelliges Leitthema auftauchen wird, das den anderen Gestaltungsfeldern die erforderliche Ausrichtung und Prioritäten gibt.

4.2 Erfolg durch Synchronisation und Kollaboration

Die gut funktionierende Supply Chain hat eine fundamentale Bedeutung für den wirtschaftlichen Erfolg eines Unternehmens. Aber – die Supply Chain wird leider immer noch häufig als eine rein ausführende Aufgabe wahrgenommen, oft nicht einmal unter einer funktionalen Leitung zusammengefasst, sondern die jeweiligen Tätigkeiten werden in unterschiedlichen Abteilungen ausgeführt, die nicht unter einer integrativen Leitung stehen.

Sie ist aber aufs Extremste mit dem gesamten Geschäftssystem verwoben und steuert letztlich im Zusammenspiel mit allen anderen, direkt oder indirekt erforderlichen Funktionen, die Lieferung der Produkte, der damit verbundenen Kosten, der Zufriedenheit der Kunden, deren Wiederkaufrate und somit den Unternehmenserfolg. Die einzelnen Aufgabenbereiche in der Supply Chain sind in ihrem Zusammenspiel das Herzstück der Umsatzrealisierung. Dieses ist eingebunden in eine Reihe unmittelbar damit verbundener Unternehmensfunktionen, die aber oft nach anderen Zielgrößen und über eine andere Führungsstruktur angesteuert werden.

Die Supply Chain benötigt den Vertrieb und seine Distributionskanäle zur Marktansprache und Auftragsgewinnung, die Produktentwicklung und das Engineering für attraktive (neue) Produkte, die Abwicklung von Cash Management, Finanzierung und

Unternehmensreporting in Controlling und Finanzen, eine leistungsfähige IT-System-landschaft, die alle Prozesse und Aktivitäten unterstützt und einen guten Einkauf mit leistungsfähigen Lieferanten. Erst dieses gesamtheitliche Zusammenspiel gibt der Supply Chain eine Bestimmung – ohne Produkte, Kunden und Aufträge braucht man keine Supply Chain.

Sie ist aber auch der Ort, wo alles konkret wird und synchronisiert zusammentreffen muss. Leistungsfähigkeit in der Supply Chain setzt dieses Zusammenspiel in Perfektion voraus – wenn es nicht funktioniert, gibt es eine Vielzahl von Problemen, die man dann als Minderleistung messen kann.

Die vom Autor seit 2007 vorgenommenen Marktstudien zum Themenkreis *Überlegene Supply Chains,* die diesem Buch zugrunde liegen (z. B. J&M Research 2011, 2013) haben deutlich gezeigt, dass im Zeitalter der digitalen Transformation, der zehn Megatrends und der damit aufs Engste verbundenen Sofortgesellschaft, der Unternehmenserfolg ganz klar mit dem Grad der internen und externen Integration korreliert. Dies ließ sich in den operativen Maßgrößen von Liefertreue, Kapitalbindung und Unternehmensprofitabilität nachweisen. Die als *Supply Chain Champions* identifizierten Unternehmen sind die Spitzenreiter in diesen Kenngrößen, aber auch zumeist im nachhaltigen Umsatzwachstum (im 5-Jahres-Horizont). Erreicht wird dies vor allem durch die intensive Integration und Kollaboration in der Wertschöpfungskette. Die erforderlichen Mechanismen hierfür werden in Abschn. 4.5 zu den Erfolgsdimensionen der Value-Chain-Exzellenz beschrieben.

Im Zusammenhang mit der digitalen Transformation bedenklich war hingegen, dass bei den untersuchten Unternehmen (Stand 2015) die Mehrzahl noch immer im Stadium der funktionalen Silos beheimatet war (ca. 60 % der Unternehmen). Eine kleinere Gruppe hat bereits die interne Integration und Zusammenarbeit gemeistert (ca. 30 %). Nur 10 % sind dem Kreis der durchgängig integrierten Unternehmen zuzurechnen – aber nur dies ist die Basis, um im *digitalen Zeitalter* bestehen zu können! (Abb. 4.1).

Diese Integration und Kollaboration ist aber nicht das Ergebnis einer kurzfristigen Initiative oder eines Projektes, sondern das Resultat eines darauf ausgerichteten *Mindsets,* der über viele Jahre hinweg die erforderlichen Maßnahmen treibt, vor allem aber diese Art der engen und abgestimmten Zusammenarbeit im gesamten Unternehmen will und jeden Tag aufs Neue durchsetzt. Es ist das Ergebnis einer langen Kontinuität der Management-Schwerpunkte, die erforderlichen Investitionen in dafür erforderliches Personal, IT-Systeme und auch eine Vielfalt darauf gerichteter Projekte zu lenken.

Dies wird zum Teil getrieben durch die oben beschriebenen Trends, die die *Leading Practices* prägenden Industrien und deren jeweilige Bedeutung für die Weiterentwicklung des Supply Chain Managements. Lean, Efficient Consumer Response, End-to-End-Supply-Chain, Customer Integration sind wichtige Schwerpunktthemen im Laufe der Zeit, die die Ausgestaltung der nun bei den Champions hoch entwickelten Supply-Chain-Landschaft geprägt haben und weiterhin prägen. Manchmal wird dies durch die Einbettung in die umgebenden Unternehmen und die jeweilige Industrielandschaft aus Lieferanten und Kunden getrieben, manches Mal sind Unternehmen

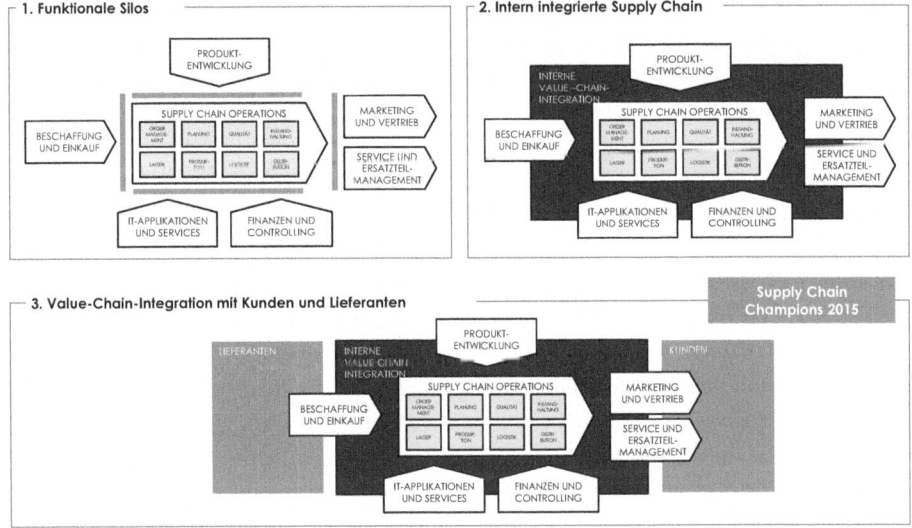

Abb. 4.1 Stufen der Integration und Kollaboration in der Versorgungs- und Wertschöpfungskette

als isolierte Pioniere in ihrer Branche unterwegs, weil sie den Mehrwert für ihr Unternehmen aus diesen Praktiken erkannt haben.

Somit hat jedes Unternehmen seinen eigenen Einstiegspunkt für die weitere Optimierung der Supply Chain und der sie umgebenden Value Chain. Um dies systematisch betrachten zu können und in praktikabler Weise anwenden zu können, habe ich im Laufe der Jahre ein Maturity-System entwickelt, das dies entsprechend aufgreift.

4.3 Reifegrade treiben die individuelle Value-Chain-Strategie

Das hier vorgestellte *Maturity-Model* für die Supply-Chain-Reifegrade wurde zunächst mit drei Stufen entwickelt; insbesondere, um Unternehmen der *Stufe 0* eine Orientierung für die Zukunft zu geben. Dies wurde im Laufe der Jahre durch Beobachtungen in Projekten, Konferenzen und Publikationen weiterentwickelt zum aktuell 7-stufigen Modell für produzierende und verteilende Unternehmen. Die darin eingefangenen Muster sind branchenübergreifend und zeigen grundlegende Überlegungen zur Organisationsgestaltung auf (siehe auch Bölzing 2016).

Der wesentliche Leitgedanke dieses strategischen Reifegradmodells ist, die Ausrichtung des gesamten Unternehmens auf die Erfolgsprinzipien der Supply Chain zu beurteilen. Je mehr ein Unternehmen den Auftrags- und Güterfluss als umfassendes Gestaltungsprinzip verankert hat, desto höher sind der Reifegrad und auch die operative Leistungsfähigkeit. Hierin spielen Integration und Kundenzentrierung eine maßgebliche Rolle.

Zum einen erhöht das Flussprinzip den Durchsatz pro Zeiteinheit und damit den Umsatz (bei gegebenem Mitteleinsatz). Zum anderen reduziert das Flussprinzip die Blindleistung in der Organisation, da man sich auf die Wirksamkeit der Hauptkette fokussiert. Beides sind in gewisser Weise Grundprinzipien des *Lean Management* – nun angewendet auf das Gesamtunternehmen und die darin agierende Lieferkette.

Diese Mechanismen greifen an beide Grundhebel der GuV – Umsatz und Kosten. Dieser eigentlich simple Sachverhalt wird aber immer noch bei vielen Unternehmen nicht erkannt.

Warum ist dieses Evolutionsmodell (Abb. 4.2) nun so wichtig für das Ableiten der eigenen Weiterentwicklung? Viele Unternehmen machen den Fehler, dass sie aus Konferenzen und Publikationen für sie attraktive *Best Practices* ableiten, diese implementieren wollen – und sich damit an falschen, nicht passenden Vorbildern orientieren. Dies führt oft zu einem „Stückwerk" und nicht funktionierenden Prozessen, Systemen und Methoden. Mitarbeiter sind überfordert oder wichtige Grundlagen nicht vorhanden und müssen mit großem Aufwand nachgestellt werden. Und bis diese vorhanden sind, werden sie nicht mehr gebraucht, weil etwas Neues aufzubauen ist.

Die wichtige Erkenntnis ist, dass ein Unternehmen sich in dieser Maturity immer nur einen Level weiterentwickeln kann. Die Methoden des übernächsten Levels kann man in ihrer Tragweite, Relevanz und den erforderlichen Voraussetzungen nicht wirklich einschätzen, da man ja in einer ganz anderen Problemwelt verhaftet ist.

Mit anderen Worten: Ein Unternehmen aus dem *Level 0* wird ein integriertes Supply-Chain-Planungssystem überhaupt nicht betreiben können, da das erforderliche interne

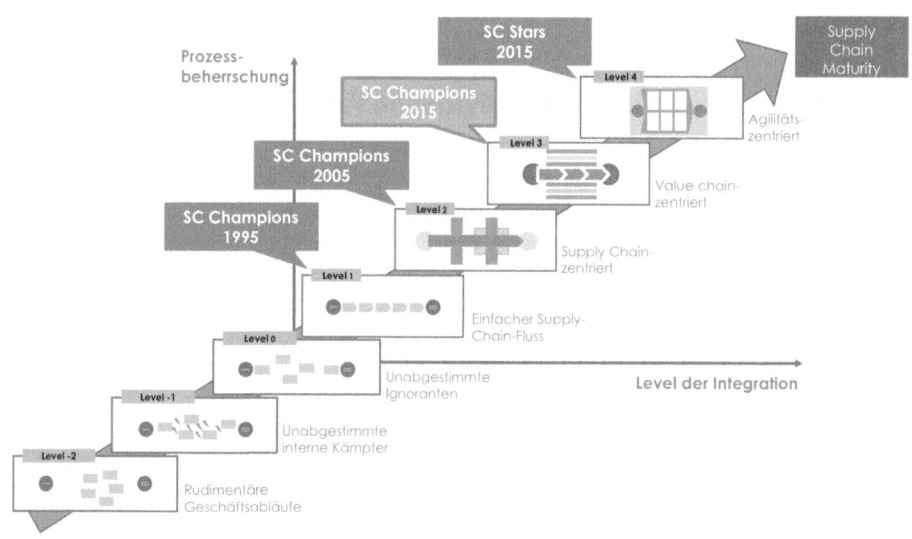

Abb. 4.2 Evolutionäre Ausprägung von Reifegraden von Unternehmen und deren Supply Chain als zentraler Enabler auf dem Weg zur digitalen Transformation

Zusammenspiel noch nicht vorliegt und auch die verschiedenen Datenmodelle und Datenwelten nicht zueinander passen.

Unternehmen auf dem *Level 0* sind als *Silos* organisiert, die nebeneinanderher agieren und die funktionalen Aufgaben gemäß ihren eigenen, intern orientierten Zielen erbringen. Dabei entsteht kein wirklicher Fluss, weder für operative Aufträge, die von Abteilung zu Abteilung geschoben werden, noch für neue Produkte. Der Einkauf übersetzt *niedrige Kosten* in *niedrigen Preis,* kauft dementsprechend ein und hat damit seine Ziele erreicht. Erst unter einer Gesamtsicht der *Total Cost of Ownership* wird dann sichtbar, dass er oft vermeidbare Folgekosten in nachgelagerten Bereichen auslöst, die die von ihm erreichten Preisvorteile überkompensieren.

Wenn sich die Leiter der Silos auch noch darüber definieren, dass sie den anderen zeigen wollen, wie wichtig sie sind, dann sind machtpolitisch induzierte Hemmnisse in den operativen Prozessen oft an der Tagesordnung *(Level 1).* Dabei wird wichtige Energie in internen Kämpfen vernichtet und gleichzeitig die Performance der Kette bereits in der Basis verhindert – ein doppelt negativer Effekt. Diese Art der Unternehmenssteuerung, die früher in margenstarken Industrien (z. B. Pharma, Chemie) entstanden ist, ist durchaus verbreitet.

Eine „Steigerung" hierzu kann oft in den *Emerging Markets* beobachtet werden *(Level 2).* Hier sind die Grundprinzipien der Unternehmensprozesse oft noch gar nicht etabliert, oder die Rahmenbedingungen sind völlig anders als in den weiter entwickelten Staaten. Die Steuerungsprinzipien der Supply Chain können dann letztlich gar nicht greifen, weil das Unternehmen ganz anders funktioniert. Aufgrund der hohen Bedeutung dieser Märkte ist es aber wichtig, diese Mechanismen zu erkennen und das Liefernetzwerk demgemäß aufzubauen.

Die gute Nachricht: Es ist heute gar nicht so schwer, eine einigermaßen funktionierende Supply Chain zu betreiben. Es erfordert nur eine Zusammenarbeit der beteiligten Unternehmensbereiche und ein darauf ausgelegtes ERP-System mit den entsprechenden Funktionalitäten des Auftragsmanagements. Herausforderung ist oft die Integration der Produktionssteuerung, aber hier lassen sich klare Übergabepunkte definieren.

Damit ist man im *Level 1* dann immerhin schon mal auf dem Stand, mit dem man 1995 noch ein Supply-Chain-Champion war.

Anspruchsvoller, aber auch wirksamer ist eine weitere Entwicklungsstufe, die eine höhere „innere Reife" im Unternehmen erfordert, um sich dem Supply-Chain-Gedanken als Ordnungsprinzip unterzuordnen *(Level 2).* Dabei steht der Auftragsfluss der operativen Aufträge im Mittelpunkt; dieser ist eng synchronisiert mit dem Zufluss an neuen Produkten und den erforderlichen Daten und Einsteuerungen. Ramp-ups erfolgen koordiniert und effektiv.

Die Grundidee dieses Unternehmensmodells ist, dass sich alle beteiligten Unternehmensfunktionen als Dienstleister für den Auftragsfluss verstehen. Der Vertrieb kümmert sich um den *Pull,* aber auch darum, dass alle Beteiligten mit allen erforderlichen Informationen rechtzeitig und präzise versorgt werden. Der Einkauf sichert den Zufluss der Materialien und Services durch eng eingebundene und stetig in ihrer Leistungsfähig-keit weiterentwickelte Lieferanten ab. Die Produktion stellt die Produkte zum erforder-lichen Zeitpunkt in der gewünschten Spezifikation und Qualität bereit. Das Controlling versorgt alle schnell und vorausschauend mit den erforderlichen Kennzahlen. Engi-neering und Produktentwicklung stimmen sich für neue Produkte eng mit Vertrieb und Marketing ab, aber auch mit allen anderen Funktionsbereichen, damit diese die Voraus-setzungen für die künftige Herstellung und den Vertrieb der Produkte schaffen können. Die IT-Systeme im Unternehmen sind vollständig integriert und ein durchgängiges Datenmanagement unterstützt die Wirksamkeit von Systemen und Transaktionen.

Klingt wie eine ideale Unternehmenswelt? Bei vielen Unternehmen ist dies heute schon Realität, aber vor zehn Jahren war es noch bahnbrechend und erforderlich für die Qualifikation als vorbildhafter Supply-Chain-Champion.

Aber es geht natürlich noch besser. Unterstützt durch neue Informationssysteme, die organisatorische Öffnung nach außen und die organisatorische Aufstellung nach innen hin, hat sich ein Unternehmensmodell etabliert, das übergreifend die Verantwortungen so glie-dert, dass die Wertschöpfungskette optimal funktionieren kann *(Level 3)*. Im Mittelpunkt steht die Lieferkette vom Lieferanten bis zum Kunden, unterstützt durch interne Flexibili-tätstreiber in der Produktion. Diese sind erforderlich, da die Produktvielfalt immer größer geworden ist, die Produkte aber zu immer spezielleren Kunden geliefert werden. Damit sind bereits die drei Grundhebel positioniert: enge Zusammenarbeit mit Lieferanten zur Absicherung der effizienten Versorgung, enge Zusammenarbeit mit wichtigen Kunden für die Abstimmung von Planung und Lieferungen und interne Flexibilität in der Produktion. Die Organisation ist mehr vernetzt und erfordert dynamischere Methoden.

Diese grundsätzlich bereits optimal funktionierende Kette muss natürlich taktisch und operativ gesteuert werden und benötigt eine gesamtheitliche Sicht für die Weiter-entwicklung.

Die taktische und operative Steuerung basiert auf einer übergreifenden Steuerung von Forecasts im Rahmen eines integrierten Demand-Managements, das durch ein übergreifendes Bestandsmanagement und eine hieraus abgeleitete, mit dem Auftrags-management gekoppelte, hochperformante Logistiksteuerung unterstützt wird. Zent-raler Aspekt hierbei ist das *Übergreifend,* sodass die einzelnen Aktivitäten aufeinander abgestimmt sind und die Informationen nicht einfach nur „durchgereicht" werden.

Die strategische und taktische Weiterentwicklung basiert auf einem übergreifenden Performance-Management, das sich nicht nur mit der Gewinnung hochwirksamer Kenn-zahlen und dem zugehörigen Reporting befasst, sondern auch die dazu gehörenden Ver-besserungsmaßnahmen erkennt, entwickelt, ausgestaltet und umsetzt. Dieses findet im Rahmen einer übergreifenden Supply-Chain-Organisation statt, die das Zusammenspiel aller bisher beschriebenen Gestaltungselemente überwacht und weiter perfektioniert – oder an geänderte Rahmenbedingungen anpasst. Hierzu gibt es dann wieder den Rahmen aus einem integrierten Geschäftsmanagement – die gemeinsame Geschäftsplanung des erweiterten *Sales & Operations Planning.* Hier werden alle wichtigen Unternehmens-funktionen systematisch und regelmäßig (in kurzen Abständen, z. B. monatlich) in

den Planungs- und Gestaltungsprozess eingebunden. Neben den behandelten und ver-
abschiedeten Mengen- und Finanzszenarien ist dies auch das Forum, um über Engpässe,
Performance-Probleme oder andere Sondereinflüsse zu sprechen und diese geordnet und
ausgewogen einer Entscheidung zuzuführen.

Dieses Unternehmensmodell galt vor einigen Jahren noch als Vision, ist aber mittlerweile in der Praxis durchaus oft in Grundzügen vorzufinden. Allerdings unterscheiden
sich die realisierten Strukturen häufig noch in der Konsequenz der Umsetzung, in der
Vollständigkeit der Prozesse und Architekturen oder in der Ausgewogenheit auf inter-
nationaler Ebene. Dieses Modell ist aus unserer Sicht das aktuelle Referenzmodell für
die Supply-Chain-Champions. Hier können viele *Leading Practices* im Betriebsalltag
beobachtet werden und finden sich auf Konferenzen, Tagungen und in Zeitschriften.
Aber – nicht alle Unternehmen sind heute schon bereit für diese Methoden.

Hintergrund ist, dass auf diesem Reifegrad für das Erzielen einer hohen Leistungsfähigkeit eine Reihe von Techniken und Systemen eingesetzt werden, die erst die
Geschwindigkeit in den Geschäftsprozessen, in der Ausrichtung auf Kunden und Lieferanten, die Beherrschung interner Prozesse und das Verschaffen der erforderlichen
Reaktionsfähigkeit ermöglichen. Abb. 4.3 zeigt hierzu 12 Handlungsfelder auf, in denen
führende Unternehmen Leistungsvorteile erzielen, in dem sie diese Techniken einsetzen.

Interessant ist, dass diese Techniken einerseits besonders gut die Leistungsfähigkeit,
Synchronisation, Koordination und Schnelligkeit in der Supply Chain adressieren und
hohe Leistungsniveaus ermöglichen. Andererseits basieren viele dieser Systeme und
Techniken auf „Fundamenten", auf denen diese Systeme erst aufbauen. Dies betrifft
beispielsweise die Datenqualität, aber auch die Verfügbarkeit vieler Informationen aus
betrieblichen und logistischen Prozessen. Und natürlich auch eine gewisse Basispräzision

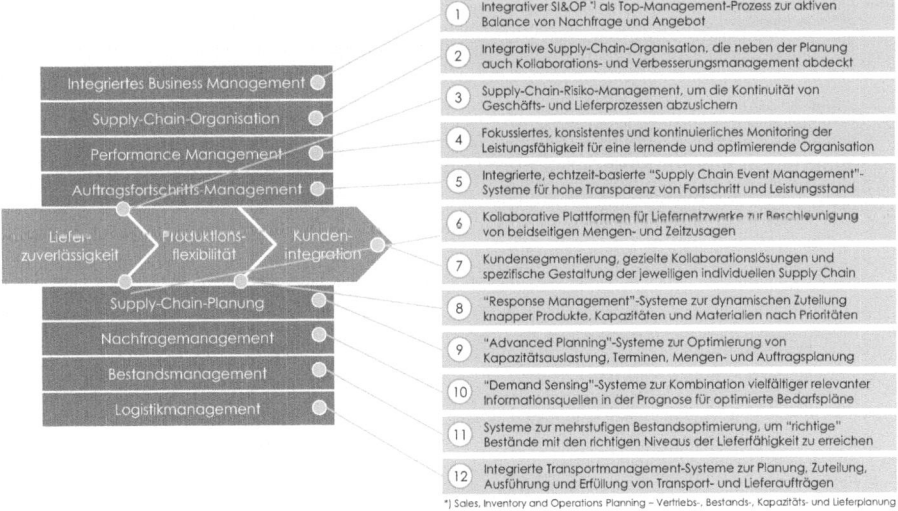

Abb. 4.3   Referenz-Methoden für hohe Leistungsfähigkeit der Supply Chain auf Reifegrad 3

in den Geschäftsprozessen, die aufgrund dieser fundamentalen Techniken und Systemlandschaft erzielt wurde. Hier liegt in der Regel ein besonderes Hemmnis für viele Unternehmen – diese Basistechniken sind noch nicht vorhanden, nicht entsprechend den enormen Anforderungen der Sofortgesellschaft konfiguriert und ausgeprägt, oder nicht in der erforderlichen Präzision gehandhabt. Somit gilt es zunächst, diese Basis in der richtigen Leistungsfähigkeit zu etablieren, bevor man an die wirklichen Hochgeschwindigkeitsinstrumente herangehen kann.

Im Kontext des Reifegrad-Modells ist hierbei in der Rückschau ersichtlich, dass viele Firmen in der Vergangenheit zu Supply Chain Champions gekürt wurden, weil sie damals diese Techniken eingeführt haben. Zu diesem Zeitpunkt waren diese Sachverhalte neu, innovativ und brachten einen erheblichen Leistungsvorsprung. Mittlerweile sind diese aber zu Standards geworden, die nicht mehr positiv differenzieren, sondern eher „Hygiene-Faktoren" darstellen. Wenn sie nicht oder nicht richtig eingesetzt werden, liegt dann eher eine negative Differenzierung vor, da man oft nicht die erforderlichen Informationen verarbeiten, bereitstellen oder die Prozesse nicht in der erforderlichen Präzision oder Schnelligkeit steuern kann. Abb. 4.4 zeigt eine Auswahl der besonders wichtigen Basistechniken, die in der Vergangenheit zur Auszeichnung als Champion gereicht haben, heute aber die Voraussetzung für weiterführende, anspruchsvollere Lösungen sind.

Hiermit wird die operative Leistungsfähigkeit stark gefördert und man ist auch bereits in der Lage, viele Anforderungen der Agilität zu unterstützen. Hebel hierzu befinden sich einerseits in der engen und weitreichenden Zusammenarbeit mit Kunden und Lieferanten und andererseits in den gemeinsamen Managementprozessen zur Entscheidungsfindung, darüber hinaus auch in den durchgängigen Datenarchitekturen und PLM-Systemen.

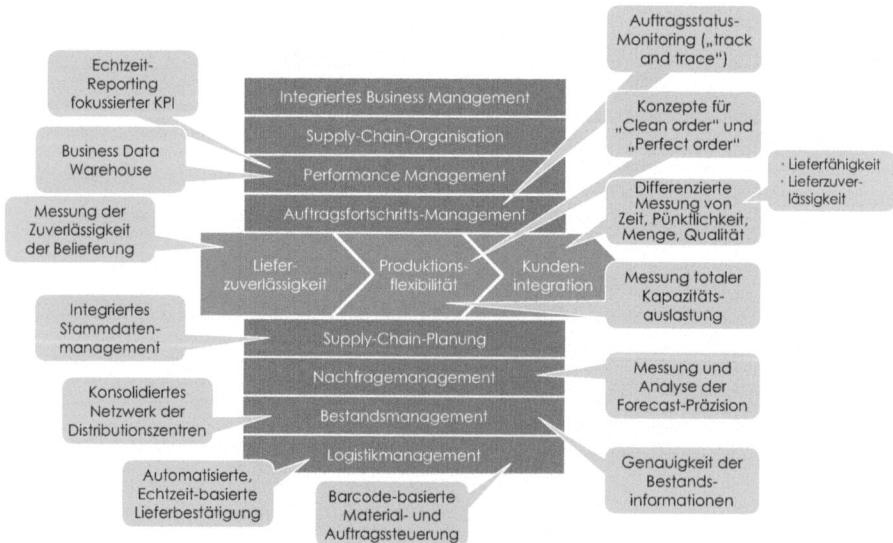

Abb. 4.4 Basistechniken in der Supply Chain Steuerung – Fundamente für Weiterentwicklung

4.4 Supply-Chain-Stars als visionäre Referenz

Die derzeitige „Krönung" der Supply-Chain-Maturity ist allerdings bei den Supply-Chain-Stars zu beobachten. Das sind weltweit sehr wenige Unternehmen, die die Leistungsfähigkeit ihrer Lieferkette in den Mittelpunkt ihres unternehmerischen Handelns gestellt haben. Diese Unternehmen haben sich, unter anderem aus den Möglichkeiten der digitalen Transformation an einem neuen, konsequenten Kundenverständnis ausgerichtet *(Level 4)*.

Der entscheidende Übergang liegt darin begründet, dass ein solches Unternehmen den Value-Chain- zentrierten Ansatz vollständig beherrscht und dann den Schritt findet, diese Prozesse selektiv so stark und extrem auszuprägen, dass ein neues Supply-Chain-, aber auch Value-Chain-Modell entsteht. Diese Unternehmen sind einerseits fokussiert auf Mikro-Märkte bis hin zu „Marktgröße 1" eines einzelnen Individuums, daraus abgeleiteten Möglichkeiten der Kundenorientierung und zudem konsequent auf eine Reihe von Agilitäts-Mechanismen ausgerichtet, sodass sie in einigen Bereichen eher als virtuelles Unternehmen organisiert sind (siehe Abb. 4.5).

Jeder Kunde, jeder Konsument ist ein eigener Marktplatz. Hier gilt es, alle zur Verfügung stehenden Mechanismen zu nutzen, diesen Kunden optimal zu versorgen. Mit Informationen, mit Kaufanreizen, mit überlegenem Lieferservice und auch mit einer von ihm als angenehm empfundenen Nachversorgung. Die feine Grenze zwischen *aufmerksam* und *aufdringlich* wird hier immer wieder ausgelotet, um möglichst keinen Platz für Wettbewerber zu lassen.

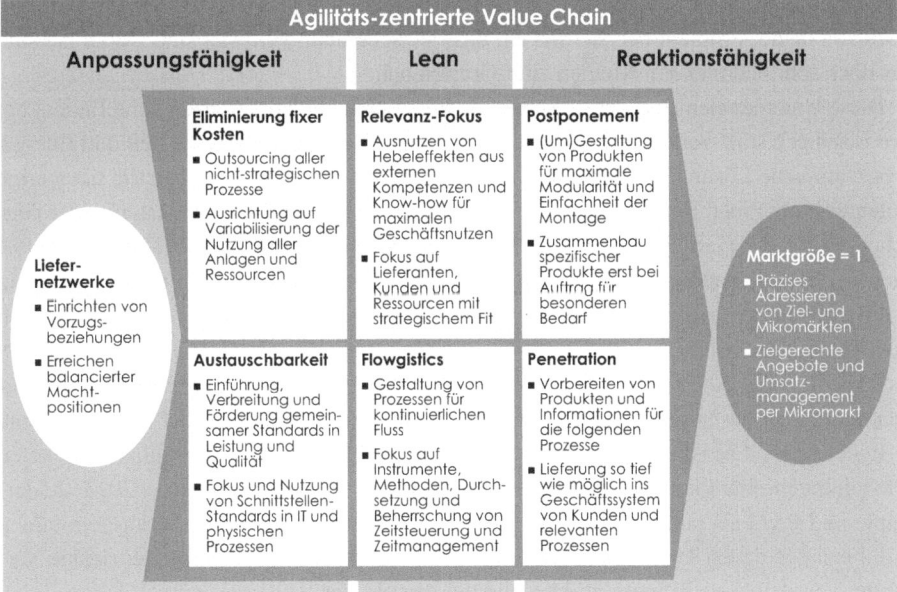

Abb. 4.5 Referenzmodell für Reifegrad-Stufe 4

Maximales Eindringen in die Kundenprozesse (oftmals sehr subliminal) und möglichst späte Konfiguration des finalen Produkts (oder auch nur seiner finalen Verpackung) sind weitere Grundsätze der modularen Agilität. Das schafft Verbundenheit und den Eindruck der Individualität und der Wertschätzung. Die digitalen Nomaden von heute tolerieren die Systemsprache – aber sie wollen individuell angesprochen werden: Name statt Nummer.

In den internen Prozessen sind es modulare Strukturen, durchgängige, aber modulare IT-Systeme, ein gezieltes Outsourcing von Aktivitäten an Spezialisten, die dies besser können, eine maximale Flexibilisierung von Kostenstrukturen und die Fähigkeit, dies alles zu steuern. Dies sind die internen Erfolgsmuster.

Auf der Beschaffungsseite gibt es standardisierte Schnittstellen, systematische Arbeit und ein Hineingehen in die Zulieferkette für die als gemeinsam betrachteten Herausforderungen und den Aufbau von Liefernetzwerken, um weltweite Lieferverbunde darstellen zu können. Diese Liefernetzwerke sind je nach Anforderungen anonym oder auch hochgradig individualisiert und betreut – je nachdem, was die Wirksamkeit der Lieferkette maximal unterstützt.

Diese Gestaltungsmuster führen in gewisser Weise zu einem virtuellen Unternehmensmodell, da oft gar nicht mehr richtig zu erkennen ist, wo ein Unternehmen endet und das nächste beginnt. Die Unternehmen sind miteinander und mit ihren Kunden verwoben. Das *Web* erhält eine völlig neue Bedeutung; Internet verschmilzt mit Cloud und Geschäftsaktivitäten. Die Marke des Gestalters des jeweiligen Unternehmensmodells treibt die Kette und die Akzeptanz bei den (End-)Kunden wird bestimmt durch das hochperformante Funktionieren der gesamten Kette, nicht mehr des Einzelnen.

Klingt nach Science-Fiction? Nein, das ist jeden Tag Realität. Bei Apple, Amazon, McDonald's, Aldi, Lidl und einigen anderen Unternehmen. Das sind die (Supply-Chain-) Stars von heute. Problem bei Sternen ist, dass sie scheinbar weit weg sind – aber sie sind uns doch sehr nah und den Kunden zum Greifen nah.

Diese Unternehmen sind jedoch selten als Referenten auf Konferenzen vorzufinden, um ihre Lösungen stolz vorzustellen und darüber zu berichten. Sie nutzen die Zeit und Energie lieber, um neue Lösungen zu ersinnen. Und schotten diese natürlich gegen die neugierige Außenwelt ab. Einen Einblick in solche Unternehmen kann man aber im Rahmen der jährlichen Studie von Gartner zu den *Top 25 SCM* gewinnen (z. B. Gartner 2015, 2016, 2017). Hier werden internationale Unternehmen von einem breit angelegten Gremium untersucht und daraus die wesentlichen Trends abgeleitet. Zusätzlich gibt es Kurzprofile zu den hoch bewerteten Unternehmen. Als Supply-Chain-Stars- sind hier die *Top 5* anzusehen, ggf. auch die *Top 10*. Alle weiteren Unternehmen in dieser Analyse sind herausragend, aber eher dem Lager der Supply-Chain-Champions zuzuordnen. Die Luft an der Spitze ist dünn.

In der (Abb. 4.6) ist die Bewertung aus 2013 zu sehen, die im Unterschied zu neueren Darstellungen eine klarere Sicht auf die Spitzenreiter gibt. Gartner hat in 2014 (leider) Apple und P&G als langjährige Top-Unternehmen aus der Bewertung herausgenommen und ihnen den neuen Titel *Supply-Chain-Masters* gegeben. Dadurch wird der riesige Vorsprung von Apple nicht mehr so klar sichtbar wie in der hier verwendeten Darstellung. 2017 wurde dann auch Amazon als steiler Aufsteiger nach wenigen Jahren in den Top 25

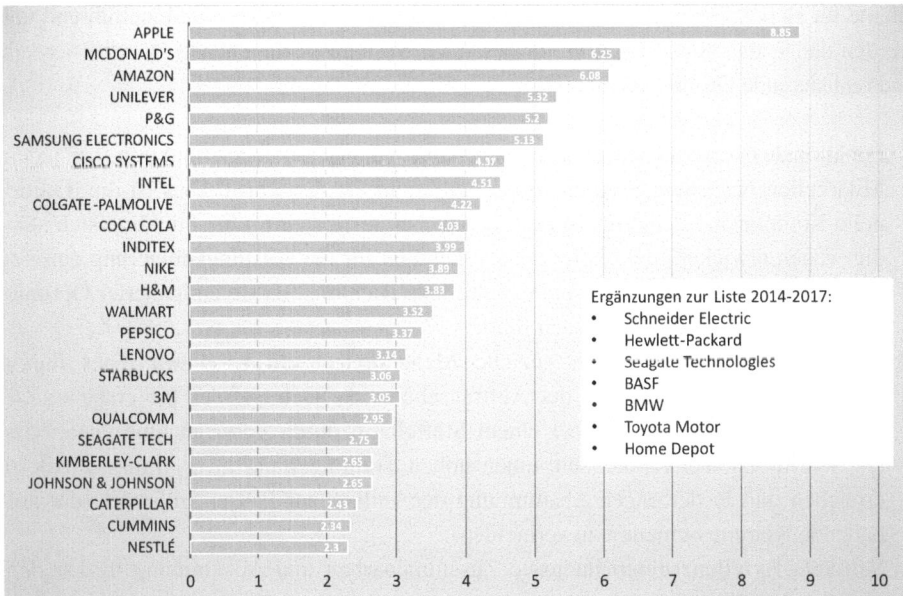

Abb. 4.6   Übersicht über Vorbilder in überragender Gestaltung von Supply-Chain-Praktiken

in diese „Spitzengruppe" der Supply Chain Masters aufgenommen und somit dem Normal-Ranking entzogen (Gartner 2017).

Vor allem die ersten 13 hier dargestellten Unternehmen haben sich sehr stark profiliert, da sie die Überlegenheit ihrer Supply Chain als Motor ihres Unternehmenserfolgs entdeckt und zielstrebig umgesetzt haben. Diese überlegene Supply Chain wird aber nur erreicht, wenn sie in ein Gesamtkonzept der Value-Chain-Exzellenz eingebettet wird. Ansonsten kann die Logistik zwar im Moment gut funktionieren, wird sich aber nicht dauerhaft und erfolgreich an die ständigen Herausforderungen aus Veränderungen in Ansprüchen und auch Lösungen anpassen können. Was wir hierzu nun betrachten wollen, sind die dahinter liegenden Gestaltungskräfte, die diese Unternehmensmodelle treiben. Diese werden aufgrund ihrer fundamentalen Bedeutung für den Supply-Chain-Erfolg, vor allem aber den Erfolg der gesamten Value Chain, als Erfolgsdimensionen bezeichnet.

4.5   Systemische Anwendung der Erfolgsdimensionen

Eine genaue Betrachtung der erfolgreichen Unternehmen liefert die Erkenntnis, dass ganz bestimmte Techniken eingesetzt werden, um die Spitzenleistungen zu erzeugen und diese auch abzusichern. Dabei stellt man fest, dass konsequent drei verschiedene Stoßrichtungen verfolgt werden, um erfolgreiche Supply Chains dauerhaft zu betreiben. Diese drei als maßgebliche *Erfolgsdimensionen* anzusehenden Richtungen sind allerdings nicht alleine für sich, sondern nur im gemeinsamen Kontext wirkungsvoll und zielführend und werden daher als *systemisch,* d. h. im gesamten Systemzusammenhang zu adressierende und realisierende Größen, betrachtet:

- Funktionale Exzellenz durch Spitzenleistungen innerhalb jeder Funktion, bei jedem Mitarbeiter, bei jedem Systemeinsatz, bei jedem Prozessschritt. Dies ist die traditionelle Komponente der Prozessoptimierung, bei der jede einzelne Funktion sich ständig weiterentwickelt und immer neue Techniken für die Leistungssteigerung einsetzt. Für sich alleine ist diese aber eine gefährliche Richtung, da sie zu isolierter Optimierung führen kann bzw. meist auch führt.
- Horizontale Exzellenz durch gezielte Maßnahmen zum Erreichen eines durchgängigen Flows; sowohl auf der Auftragsebene als auch auf der Lieferebene. Ziel ist es letztlich, ähnlich wie bei einem Staffellauf, durch Vorwegnahme den nächsten Schritt schon vorzubereiten, einen hohen Trainingsstand in der Flusstechnik zu erreichen und in der engen Abstimmung der Teilnehmer Pause, Stillstand oder aufhaltende Klärungsschleifen zu vermeiden.
- Vertikale Exzellenz durch intensive Zusammenarbeit und Abstimmung in den *definierenden* Funktionen, d. h. immer dann, wenn sich etwas im Durchlauf ändert. Dies kann durch neue Produkte, neue Fertigungstechniken oder auch andere Maßnahmen sehr schnell eine Störung hervorrufen, wenn nicht alles synchronisiert und in enger Zusammenarbeit durchgeführt wird. Hier arbeiten Funktionsbereiche eng zusammen, die in traditionellen Organisationen eher eine Weitergabe von Informationen betreiben und dies nicht als eine gemeinsame Aufgabe betrachten.

Illustrativ kann man sich das sehr deutlich in dem Value-Chain-Modell veranschaulichen, in dem die horizontale und die vertikale Exzellenz in ihrem Wirkzusammenhang deutlich hervortreten und damit der funktionalen Exzellenz einen Platz, eine Heimat, einen Zielzusammenhang geben (Abb. 4.7).

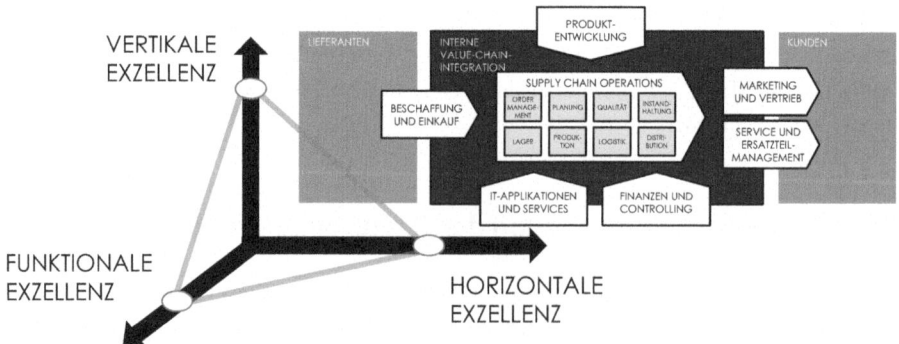

Abb. 4.7 Prägende Exzellenzen in erfolgreichem Value-Chain-Management: Funktionale, horizontale und vertikale Exzellenzen wirken zusammen, um ein Unternehmen zu erfolgreichem SCM zu führen

4.5.1 Funktionale Exzellenz

Spitzenleistungen in der funktional geprägten Abteilung – das wünscht sich der Abteilungsleiter, da er so brillieren kann. Denn dann wird sich seine Abteilung durch hervorragende Arbeitsergebnisse seiner Mitarbeiter hervortun wenn zusätzlich noch seine persönlichen Leistungsziele darauf abgestellt sind, wird er diese intensiv verfolgen und seine Mannschaft darauf hin entwickeln und antreiben. Dies ist in gewisser Weise auch im Sinne des Gesamtunternehmens. Aber nur dann, wenn dieser Fokus auf funktionale Leistungsfähigkeit nicht gegen die Ziele und Zielerreichung in anderen Bereichen des Unternehmens verstößt. Das ist jedoch leider häufig der Fall. Nicht übergreifend abgestimmte Zielsysteme sind in den Unternehmen immer noch an der Tagesordnung.

Was nützt es, wenn der Einkauf stetig seine Einstandspreise verbessern (=reduzieren) kann und dann die eingekauften Materialien in der Produktion Probleme verursachen? Oder der billigste ausgewählte Lieferant auf einmal nicht die Mengen oder Qualitäten liefern kann? Oder gar aufgrund von Materialfehlern in der billig eingekauften Komponente das Endprodukt ausfällt und Produkthaftungsregelungen greifen? Immerhin wurde das funktionale Ziel *Reduzieren der Einkaufskosten* ja erreicht – nur leider nicht im Einklang mit dem Gesamtkontext, zufriedene Kunden durch überlegene Produkte zu produzieren.

Denn dies ist das eigentliche Ziel eines Unternehmens in der Sofortgesellschaft: Zufriedene Kunden produzieren. Jeden Tag aufs Neue, denn der Wettbewerb ist hart und die Ablenkung der Kunden durch neue Produkte, alternative Lieferanten oder alternative Bezugswege ist extrem hoch.

Die „Produktion" zufriedener Kunden ist nur durch den Dreiklang von einfacher Erreichbarkeit, überlegenem Produkt und überlegener Liefergeschwindigkeit zu erzielen.

Wenn die funktionale Leistungsfähigkeit aber nur eindimensional auf niedrige Kosten in Einkauf, Produktion und Logistik ausgerichtet ist, wird dies zu einem kurzen Strohfeuer und die Abstrafung erfolgt öffentlich in den einschlägigen Nutzerforen und Onlinevertriebskanälen.

Der einseitige Fokus auf funktionale Leistungsfähigkeit ist als Gefährdungspotenzial in allen Abteilungen, in allen Funktionsbereichen eines Unternehmens vorzufinden. Hier ein paar illustrative Beispiele:

- Die IT reduziert ihre Ausgaben für Software und Nutzerbetreuung, um verminderte IT-Budgets zu erfüllen.
- Die Produktentwicklung reduziert sowohl die Anzahl der Projekte und gleichzeitig die Anzahl der „lästigen" Abstimmungsmeetings mit anderen Funktionsbereichen als auch die Produkttests, um engere Budgetvorgaben zu erreichen.
- Das Controlling fordert repetitiv und ohne konkrete eigene Vorschläge eine pauschale Reduzierung von Beständen, von Mitarbeitern und die Verwendung preisgünstigerer Materialien, Lieferanten und Dienstleister, um die Kostenziele zu erreichen und Planvorgaben einzuhalten.

- Die Produktion optimiert ihre Losgrößen auf minimale Durchschnittskosten, um möglichst wenig „unproduktive" Umstellungsvorgänge zu haben und vermindert die Anzahl der Mitarbeiter in der Qualitätskontrolle, da man ja nun in gleichmäßigerer Fertigung produziert; dies senkt die Herstellkosten. Damit wird auch die Produktionsplanung einfacher und man kann dort Mitarbeiter abbauen.
- Die Logistik reduziert die Anzahl der täglichen Touren, um größere LKW auf den Routen einzusetzen und diese auch noch besser auslasten zu können. Hierzu werden dann „preisgünstige" Dienstleister eingesetzt, die deutlich niedrigere Frachtraten anbieten (aber möglicherweise im Kleingedruckten eine Vielzahl von Nachbesserungen eingebaut haben). Dies reduziert vordergründig die Aufwendungen für die Transportabwicklung und erfüllt die Vorgaben zur Kostensenkung.
- Der Vertrieb fokussiert auf das Gewinnen möglichst vieler Aufträge von möglichst vielen neuen Kunden, deren Anforderungen aber nicht unbedingt zum Produktionsprogramm passen bzw. Aufträge in immer kleineren Bestellmengen mit „leichten Spezifikationsanpassungen". Dies erhöht den Umsatz und somit die Vertriebsleistung.

Diese Liste ließe sich noch lange fortsetzen; die Anzahl der in Projekten vorgefundenen Möglichkeiten der rein internen Optimierungen ist schier unbegrenzt. Der geneigte Leser kann hierzu vielleicht auch eigene aktuelle Beispiele hinzufügen.

Es eröffnet sich jedoch schnell die Einsicht, dass diese Maßnahmen nicht zielführend, nicht dauerhaft von Vorteil sind. Vielmehr sind diese kontraproduktiv, da sie entweder in anderen Bereichen zu fehlender Flexibilität bzw. höheren Kosten oder zu eingeschränkter Reaktionsfähigkeit führen. Und für das Unternehmen im Regelfall im Gesamtkontext Mehrkosten bedeuten.

Das Ziel der funktionalen Exzellenz ist ein übergreifendes. Die funktionale Leistungsfähigkeit wird nur im Kontext mit dem Gesamtsystem betrachtet. Die zentrale und omnipräsente Fragestellung lautet:

Wie kann meine Abteilung, mein Bereich, zu einer optimalen Entfaltung unserer gesamten Wertschöpfungskette beitragen?

Nur hierdurch lässt sich ein Erfolgsbeitrag jedes einzelnen Funktionsbereichs für das Gesamtunternehmen sicherstellen. Oder, in Abwandlung des oben genannten Leitsatzes, etwas einfacher formuliert:

Wie können wir dazu beitragen, dass unser Unternehmen zufriedene Kunden produziert?
Somit ist die funktionale Exzellenz immer darauf ausgerichtet, sich im Kontext der horizontalen oder auch vertikalen Exzellenz zu entfalten. Was verbessert den Auftragsfluss, was verbessert den Warenfluss, was reduziert unnötig anfallende Kosten in allen Bereichen des Unternehmens, wie können wir mit unseren Lieferanten bessere Konditionen durch bessere Lieferkonzepte und gemeinsame Verbesserungsprojekte erzielen usw.

Mit anderen Worten: Funktionale Leistungsfähigkeit wird nur zur funktionalen Exzellenz, wenn sie damit auch andere Funktionen unterstützt und für diese einen positiven Beitrag bringt. Ansonsten liegt lediglich eine funktionale Stärke vor, aber keine Exzellenz.

Die Betrachtung mithilfe der *Total Cost of Ownership (TCO)* verhilft dazu, die eigene Aktivität im Gesamtkontext aller mit dieser Entscheidung verbundenen Aktivitäten zu betrachten. Das, was man früher mithilfe von *Wertanalysen* kritisch betrachtet und auf Kosteneffizienz durchleuchtet hat, wird im Kontext der durchgängigen Betrachtung der Wertschöpfungskette mit einer *Auswirkungsanalyse* erweitert und fortgeführt (siehe hierzu auch Abschn. 6.5).

Diese systematische Betrachtung des TCO entlang der gesamten Lieferkette ist die Verknüpfung zur horizontalen Exzellenz, zielt aber im gleichen Maße auf den eigenen Wertbeitrag der Entscheidungen und Festlegungen im eigenen Zuständigkeitsbereich ab. Somit ist die Leistungsfähigkeit durch Spitzenleistungen in der Ausführung der eigenen Funktion im Gesamtkontext der Value Chain die entscheidende Leitgröße für das Erreichen funktionaler Exzellenz.

Wie entfaltet sich nun diese funktionale Exzellenz im konkreten Geschehen? Die Vielfalt der möglichen Ausprägungen ist ebenfalls schier unbegrenzt und sehr stark von der individuellen Situation im Unternehmen abhängig (unter anderem vom Reifegrad der Supply Chain, von den konkreten Produkt- und Kundenkonstellationen und den jeweils anliegenden situativen Entscheidungen). Die folgenden Beispiele ausgewählter Funktionsbereiche und Methoden, die eine funktionale Exzellenz ausprägen, sind nicht als umfänglich zu betrachten, sondern dienen der Illustration:

- Die IT-Abteilung ist ständig auf der Suche nach neuen, kreativen Applikationen, die die Unternehmensabläufe sowohl in allen Abteilungen als auch übergreifend vereinfacht oder schlagkräftiger macht. Diese werden den Fachabteilungen in regelmäßigen Meetings (physisch oder über Web-Konferenzen) vorgestellt. Darüber hinaus wird im Rahmen einer Service-Level-Analyse regelmäßig (z. B. jährlich) überprüft, ob die angebotenen Services für die Nutzerbetreuung und -schulung ausreichend sind, weiterentwickelt oder angepasst werden sollten und welche Services nicht mehr erforderlich sind. Hierdurch wird die IT-Funktion zum Coach und zentralen Enabler der Weiterentwicklung der funktionalen Fähigkeiten in den verschiedenen Unternehmensbereichen und zur „Schmiede" für übergreifende Lösungen.
- Die Produktentwicklung (PE) richtet sich im Rahmen der Neuproduktentwicklung (NPI) als „zentraler Hub" für die Integration von Anforderungen und neuen (technischen) Möglichkeiten aus. Hierzu gehören regelmäßige Kreativitätssessions, insbesondere mit Vertrieb, Marketing, Einkauf, Produktion, Qualitätswesen, Industrial Engineering, Forschung und IT. Diese sind unabhängig von Abstimmungen im Zusammenhang mit konkreten Projekten. Sie können jeweils isoliert und auch in strukturierter Form als gemeinsame Sessions mit mehreren beteiligten Funktionsbereichen erfolgen. Bewährt hat sich hier eine duale Strategie, da man in den Einzelsessions ganz spezifische Themen im Detail aufarbeiten kann und in den multifunktionalen Sessions die Anregungsdichte für kreative Schübe am höchsten ist. Wichtig ist, dass die PE sich als Leitfunktion für die Initiierung und Moderation dieser Sessions versteht und dies auch entsprechend vorbereitet. Für die Bearbeitung

konkreter Entwicklungsprojekte gibt es einen integrierten Produkt-Entwicklungs-Prozess (PEP) mit folgenden Bestandteilen:

- gemeinsamen Anforderungs-und Arbeitssessions,
- klaren Übergabe- und Zusammenarbeitspunkten (z. B. mit dem Werkzeugbau und entsprechenden Abnahmetests),
- einem übergreifend integrierenden Ablauf mit anderen Funktionsbereichen mithilfe von synchronisierenden Meilensteinen und
- einem rigorosen (aber auch integrativ mit anderen Funktionsbereichen und der Unternehmensleitung vorgenommenem) Priorisierungsmanagement zur dynamischen Auswahl von vielversprechenden Entwicklungsvorhaben und Ausgrenzung von nicht mehr weiter zu verfolgenden Aktivitäten (siehe hierzu auch weitere kreative Anregungen in Lundin 2009)

- Das Controlling sieht sich als zentrale Koordinationsstelle für relevante Informationen und analysiert diese ständig auf der Suche nach konkreten Anregungen zur Optimierung, die sich aus diesen Informationen gewinnen lassen. Denn keiner durchschaut so gut wie die Controller selbst die komplexen Rechenwerke aus Buchhaltung, Kostenrechnung, industriellem Controlling, Einkaufs-Controlling, Logistik-Controlling, F&E-Controlling, Vertriebs-Controlling etc. Dabei geht es nicht um die Gewinnung immer wieder neuer Kennzahlen oder die Ausarbeitung von Vorgaben, sondern um das Aufzeigen von Sachverhalten, kreativen neuen Einsichten in die Zahlenwelten und vor allem um den Abgleich und Zusammenhang mit dem realen Geschehen in Einkauf, Produktion, Logistik und den Absatzmärkten. Nicht die Abweichung zu Planvorgaben steht im Vordergrund, sondern die Suche nach Erkenntnissen, durch welche Effekte Kosten durch fehlende Flexibilität anfallen bzw. wie man die vorhandenen Informationen noch schneller den Entscheidungsträgern zur Verfügung stellen kann. Hierzu gehört auch die Auswahl leistungsfähiger Analysewerkzeuge und die Schulung des Managements (bzw. deren Support-Funktionen) in der geschickten Anwendung dieser Tools.

- Die Produktion sucht ständig neue technische und organisatorische Möglichkeiten zum Erhöhen von Flexibilität, Qualität und Produktivität. Die Fertigung wird durch Segmentierung systematisch in Bereiche mit hohen und mit niedrigen Losgrößen aufgestellt und kann somit optimal auf die einzelnen Märkte eingehen. Darüber hinaus werden regelmäßig Wertanalysen und *Lean-Studien* durchgeführt, um Bereiche zu identifizieren, in denen es noch unnötige Instabilitäten, Tätigkeiten, Abläufe oder Material- und Mitarbeitereinsätze gibt. Die Produktionsplanung und -steuerung erfolgt im Rahmen integrierter Systeme, durch die eine Abwägung und situative Balance von *dynamischer Umplanung* und *Frozen Periods* erreicht wird. Dies wird ergänzt durch regelmäßige *Fit-Gap-Analysen* der Produktionsanlagen und -abläufe, um herauszuarbeiten, in welchen Fertigungsbereichen es zu einer Weiterentwicklung der Anforderungen aus den Absatzmärkten gekommen ist, die noch nicht in entsprechend neue Produktionsmethoden umgesetzt sind. Hier kommt es auch zu einem regelmäßigen Dialog mit dem Vertrieb, in welche Richtung sich die einzelnen Märkte entwickeln und was dies für die Produktionsgestaltung bedeutet.

- Die Logistik betreibt in regelmäßigen Abständen eine Segmentierungsanalyse von Kunden und Aufträgen, welche Destinationen in hoher, mittlerer und niedriger Frequenz angefahren werden sollten. Hierzu werden auch alternative Lieferkonzepte (Direktlieferungen, Milk-Run, Einsatz von Gebietsspediteuren, Optimierung der Distributions-Hubs, Einsatz von Stückgut- oder Paketdienstleistern etc.) beleuchtet und zu jedem Kunden die bisherige Liefer- und Logistikstrategie und zugehörige Operations hinterfragt. Dies führt zu einer hohen Adaptivität der Logistik an die sich ständig verändernden Anforderungen der Kundenstruktur. Bei der Auswahl der Logistik- und Transportdienstleister werden auch die Fähigkeiten in der Sendungsverfolgung hoch bewertet und durchgesetzt und mit den Anforderungen der Kundengruppen abgeglichen (z. B. hohe oder niedrige Relevanz der Verfolgungsinformation oder auch deren Detaillierungsgrad/Granularität). Zudem werden mit den eingesetzten Transportdienstleistern regelmäßige Workshops (bzw. Webkonferenzen) durchgeführt, um mit diesen Möglichkeiten zur Optimierung zu erörtern oder neue Möglichkeiten aus deren Weiterentwicklung (Regionen, Techniken, Distributionsnetzwerk, Partnerschaften etc.) möglichst schnell in die eigene Logistikstrategie einfließen zu lassen.
- Der Vertrieb initiiert mit großen sowie aus strategischen Gründen wichtigen Kunden regelmäßig Workshops, um mit diesen die aktuelle und künftige Liefersituation zu erörtern und gemeinsam an Ansatzpunkten für die Verbesserung von Absatzplanung und Belieferung zu arbeiten. Die Absatzplanung des Vertriebs wird von der Volumenplanung hin zu einer Mengenstrom- und Ausnahmeplanung entwickelt. Hierzu werden neben der normalen Volumenplanung (wöchentlich, monatlich oder jährlich) auch die bekannten Ausnahmen systematisch erfasst (z. B. Werbemaßnahmen, Änderungen im Produktportfolio, größere Instandhaltungs-/Sanierungsprojekte der Kunden, typische Saisonalitäts-Bedarfsspitzen etc.). Dies erfordert eine höhere Akribie in der Markt- und Kundenbearbeitung und im Vertrieb neue Techniken, um mit den Kunden daran zu arbeiten.

Zusammenfassend betrachtet ist das Hauptanliegen dieses Kapitels die konsequente Anwendung, das Durchdenken der Zusammenhänge und das Ableiten individueller Ideen und Lösungen auf die einleitend formulierte zentrale Fragestellung:

Wie können wir dazu beitragen, dass unser Unternehmen zufriedene Kunden produziert?
Wird dies auf das Gesamtunternehmen angewendet, lassen sich vielfältige Ansatzpunkte finden, wie die Zielsysteme der verschiedenen Abteilungen so konfiguriert werden, dass sie die funktionale Exzellenz im Gesamtkontext zielführend fördern und unterstützen.

4.5.2 Horizontale Exzellenz

Die horizontale Exzellenz ist wohl die Disziplin, die man am ehesten mit dem Begriff des Supply Chain Managements verbindet. Es liegt ja im Begriff der Kette begründet, dass man sich mit dem Zusammenwirken der einzelnen Kettenglieder beschäftigt. Und ähnlich wie eine Kette bricht die Supply Chain im Regelfall auch immer da zusammen, wo das schwächste Kettenglied ist. Daher die hohe Bedeutung der funktionalen Exzellenz, die auf das Erstarken der einzelnen Kettenglieder ausgelegt ist (wohlgemerkt, im Kontext mit den anderen Kettengliedern). Hier findet sich der große Unterschied zu dieser Analogie: Die normale Kette ist im Gegensatz zur Lieferkette statisch – und kennt daher nicht die Wechselwirkungen, die einzelne Kettenglieder aufeinander ausüben.

Das besondere Merkmal der (horizontalen) Lieferkette ist, dass alle Kettenglieder miteinander verbunden sind. Zwar erfolgt der Durchlauf des Materials sequenziell vom Lieferanten hin zum Eingangslager und von den diversen Produktionsschritten hin zum Fertigwarenlager, von dort hin zu weiteren Distributionsstufen, Kunden und ggf. auch Endkunden, aber vorher gab es ja schon einen Informationsfluss, der diese Vorgänge ausgelöst hat (z. B. Aufträge, Rahmenbestellungen, Planungszahlen). Und im Regelfall gibt es auch einen Informationsfluss, der diesen Materialfluss begleitet (z. B. Auftragsbegleitpapiere, Lieferscheine, Rechnungen). Diese liegen zunehmend nicht mehr in physischer Papierform vor, sondern elektronisch; natürlich sind sie aber immer noch gleichbedeutend mit diesen Belegtypen. Auch wenn es weiterhin formale Auflagen gibt, welche Dokumente in Papierform vorzuhalten und auszuführen sind, so sind doch vielfach Vereinbarungen zwischen Vertragsparteien möglich (und auch erforderlich), diese traditionelle Belegabwicklung durch elektronische Formen zu ersetzen. Ein hohes Maß elektronischer Informationsflüsse in diesem Zusammenhang spricht dafür, dass die technischen Voraussetzungen für horizontale Exzellenz vorliegen. Papiergebundene Abwicklung passt nicht mehr zu den Geschwindigkeits- und Genauigkeitsanforderungen (fehlerfreie Prozesse) der heutigen Geschäftsgeschwindigkeit.

In diesem Zusammenhang ist auch die Ausprägung der horizontalen Vernetzung von hoher Bedeutung. Diese liegt sowohl entlang der internen Kette (vom Auftragseingang bis hin zur Lieferung, Abrechnung und Qualitätssicherung) als auch in der externen Kette (von dem zu beliefernden Kunden bis hin zu den Lieferanten). Horizontale Exzellenz bedeutet hier, dass beide externe Seiten intensiv integrativ ausgeprägt und aufgestellt sind und vollständig in die internen Prozesse integriert sind. Hierzu können bilaterale Informationsflüsse eingesetzt werden (z. B. EDI, oder auch interne Portale, über die sich Lieferanten in den Systemfluss einbinden können); es können aber auch multilaterale Informationsflüsse eingesetzt werden, die sich aus der Abwicklung auf B2B-Portalen nutzen lassen. Hierzu können die Systemfunktionalitäten dieser Portale dafür eingesetzt werden, mit beliebigen anderen Teilnehmern einen standardisierten Informationsaustausch zu allen relevanten Transaktionsmerkmalen aufzubauen. Der Intermediär (das Portal) übernimmt in diesem Fall die Rolle der Standardisierungsinstitution, der sich alle Teilnehmer unterwerfen. Und die Zahl der hierbei einsetzbaren Funktionalitäten zur Abwicklung, Steuerung und Analyse der Auftrags- und Lieferprozesse ist der Gradmesser für die Wirksamkeit und Leistungsfähigkeit des jeweiligen Portals. Ein Unternehmen muss im Regelfall alle drei Grundformen anbieten und beherrschen: EDI, interne Portale und externe Portale. Hiermit lassen sich die verschiedenen, angemessenen Lösungen finden, um jeden Kunden in der geeigneten, effektiven und effizienten Weise anzubinden.

Neben der systemgebundenen Vernetzung gibt es in diesen horizontalen Prozessen interessanterweise immer ein weiteres wichtiges Gestaltungselement: Das Zusammenspiel zwischen Automatismen und Entscheidungen. Das Übermitteln eines Auftrags ist ein automatischer Vorgang, der anschließend erst einmal an einer Stelle verweilt, bevor sich ein System oder Mensch mit diesem beschäftigt. An dieser Stelle gilt es dann, eine Entscheidung zu treffen: Wird dieser Auftrag „automatisch" weitergeleitet oder zu anderen Aufträgen im Auftragstopf hinzugefügt oder in eine Klärungsschleife eingesteuert oder gleich abgelehnt? Diese Entscheidungen können von EDV-Systemen und deren Algorithmen, aber auch von Menschen getroffen werden. Je höher die Ähnlichkeit von Situationen ist, die im Laufe eines Tages vorkommen und je eher ein Regelwerk hierzu objektiv abbildbar ist, desto höher ist die Möglichkeit, diesen Entscheidungsablauf zu automatisieren. Letztlich müssen ja die jeweiligen Kombinationen und Wertausprägungen von Variablen definiert werden, damit der Algorithmus diese zweifelsfrei durchlaufen kann und zu einem ein-eindeutigen Ergebnis, der Einstufung in die nächstfolgende Aktion, kommt.

Je mehr unterschiedliche Situationen darin vorkommen können und je seltener diese jeweils auftreten, umso sinnvoller kann es sein, für diese Entscheidungen einen menschlichen Experten einzusetzen, der die Situation individuell überprüft und auf Basis seiner Einschätzung (oder auch seiner Vorgaben) eine Entscheidung über das weitere Vorgehen trifft. Das dauert aber im Regelfall um ein Vielfaches länger als ein Computersystem für die Aufgaben benötigt.

(Nebenbemerkung: Im Rahmen des zunehmenden Einsatzes von Methoden der künstlichen Intelligenz versucht man immer häufiger, Entscheidungsvorgänge von Computersystemen ausführen zu lassen).

Dieses Zusammenwirken von Automatismen (d. h. automatisierten Entscheidungen) und menschlichen Entscheidungen kennzeichnet die horizontale Auftrags- und Lieferkette eines Unternehmens. Auch in den automatisierten Entscheidungen stecken menschliche Entscheidungen, die zu einem früheren Zeitpunkt das Regelwerk definiert haben. Die zu produzierende Menge kann z. B. auf *1* eingestellt sein, aber auch auf eine Losgröße. Diese kann fix vorgegeben sein (hier steckt menschliches Ermessen dahinter) oder dynamisch aufgrund der Auftragsvorschau in die nächsten X Lieferwochen erfolgen.

Das Besondere in der horizontalen Lieferkette ist somit einerseits ein hoher Grad der technischen und organisatorischen Vernetzung zur Steuerung und Abwicklung der Kette und andererseits die Auswirkungen der menschlichen Ermessensentscheidungen. Diese erfolgen im Rahmen von Erfahrungswissen und in der Regel unvollständiger Information. Beides sind klare Voraussetzungen dafür, dass eine falsche Entscheidung getroffen wird: Das Erfahrungswissen kann aufgrund von internen oder externen Veränderungen nicht mehr aktuell (=relevant) sein und wenn dann auch noch wichtige Informationen fehlen, wird es mit großer Wahrscheinlichkeit eine falsche Ableitung der vom System oder menschlichem Entscheidungträger als richtig eingeschätzten Verhaltensweise geben.

Zudem gibt es auch technische Störeinflüsse oder auch logistische Imparitäten (es kann z. B. sehr teuer sein, eine einzelne Lieferung in ein entlegenes Liefergebiet zu senden – durch den Zeitdruck kann aber das Warten auf eine zweite Lieferung zur Bündelung nicht mehr sinnvoll sein).

Hiermit sind wir bei der zentralen Herausforderung der horizontalen Exzellenz: Wie kann man trotz dieser vielen Störmöglichkeiten doch den angestrebten *perfekten Flow* erzielen? Dies erfordert eine spezielle Vorgehensweise, um das Streben nach Perfektion in den richtigen Zusammenhang zur ökonomischen Wirksamkeit und Realisierbarkeit zu bringen. Dies ist ein hochgradig interaktiver Vorgang, der nur durch eine konsequente übergreifende Sichtweise erzeugt werden kann. Die horizontale Exzellenz ist darauf ausgerichtet, diesen Flow zu erzeugen. Gleichzeitig gilt es, ständig die Voraussetzung für diesen Flow zu prüfen, und das System *Lieferkette* an Störeinflüsse und Veränderungen anzupassen.

Die Lösung hierzu liegt in der Verknüpfung einer strategischen mit einer operativen Sichtweise und den entsprechend daraus abgeleiteten Aktionen.

Die strategische Sichtweise stellt diesen perfekten Flow in den Mittelpunkt der Aufmerksamkeit und definiert ihn als Ziel. Operativ wird dann systematisch in allen Bereichen der Kette gemessen, wo es Störungen gibt. Zu jeder Störung ist die Ursache zu ermitteln, wobei dies vielfach mehrstufige Ursache-Wirkungs-Analysen erfordert. Analog zum Vorgehen bei Projekten des Lean Managements wird immer wieder die Frage nach dem Warum gestellt – typischerweise fünfmal: Warum ist die Störung aufgetreten? Warum ist dieser beobachtete Grund der Störung aufgetreten? Warum ist sind diese Ursachen des Grunds aufgetreten, etc. Nach der fünften Bohr-Frage ist man meist an einer tief darunter liegenden Problemursache angekommen und kann nun, quasi rückwärts wieder nach oben gehend, immer wieder die Fragen bearbeiten: Wie können wir dies vermeiden? Bzw.: Was ist zu tun, damit diese Fehlleistung nicht mehr auftritt? Um dann auch die zweite Aufgabenstellung zu bearbeiten: Wie können wir aus diesem Sachverhalt die Quelle für eine Leistungsverbesserung schaffen? Dies verhindert, dass man nur im Abstellen von Fehlern tätig ist, und führt dazu, auch darüber nachzudenken, wie man die Leistungsfähigkeit der Kette erhöhen kann. Welche Aktivitäten können beispielsweise eliminiert werden? Oder automatisiert, zusammengefasst, ganz anders als bisher gemacht werden? Hierin liegt der Turbo-Effekt der Methode, da man damit nicht nur eine vorhandene Störung und deren Ursachen beseitigt, sondern ständig auf der Suche ist nach Chancen, diese operativen Prozesse im Grundsatz leistungsfähiger zu gestalten.

Es ist letztlich eigentlich relativ leicht, dieses Vorgehen anzuwenden. Die Herausforderung liegt darin, dies konsequent immer wieder für jede aufgetretene Störung im Flow der Kette durchzuführen. Und von Zeit zu Zeit die aufgespürten Problemfelder einer übergreifenden Betrachtung zu unterziehen: Welche Muster erkennen wir in den Störungen, in den Ursachen, in den Hintergründen? Was sollte in einem größeren Rahmen überdacht und neu gestaltet werden? Was erfordert eine andere Art zu arbeiten, eine andere Methodik oder Systemunterstützung, um diesen Prozess von Grund auf leistungsfähiger zu gestalten?

Hilfreich sind hierfür auch die Ishekawa-Diagramme (siehe z. B. Kern 2009). Mit deren Hilfe wird untersucht, auf welche Einflussfaktoren bzw. Leistungsfaktoren die Probleme zurückzuführen sind. Typische Themen bzw. Dimensionen dieses *Fishbone*-Ansatzes sind *Mensch, Material, Maschine und Methode,* wobei diese für Zwecke der

Supply Chain ergänzt werden sollte durch die Dimensionen *IT-Systeme* und *Daten*. Die sich hieraus ergebenden bzw. erarbeiteten Handlungsfelder und Aktionen können dann anschließend mithilfe der Gegenüberstellung von *Beitrag zur Steigerung der Leistungsfähigkeit der Value Chain* und *Aufwand zur Realisierung* in vier Felder eingeteilt werden und somit für die Ableitung der am meisten zielführenden Aktionen eingeordnet werden. Damit ist die Basis für ein systematisches Portfolio-Management der erforderlichen Verbesserungen gelegt, dieses kann mithilfe geeigneter Methoden zum Projekt- und Programm-Management der Umsetzung zugeführt werden.

Diese Vorgehensweise ist sowohl auf die internen als auch auf die externen horizontalen Supply-Chain-Prozesse anwendbar. In der Supply Chain gibt es aber noch einen zweiten, typischen Gestaltungsbereich: Neben der transaktionalen Ebene ist hier ja auch die Planungsebene von wichtiger Bedeutung. Die physische Ebene der auftragsgerichteten Informationsflüsse hat in der Regel ein Pendant, welches ihm zeitlich vorausläuft. Dies lässt sich insbesondere für die Prozesse zum Kunden sowie zu Lieferanten systematisch betrachten, in dem diese beiden Dimensionen einander gegenübergestellt werden.

Zu Beginn schaut man sich an, welche Art der Zusammenarbeit (Kollaboration) mit einem Kunden ausgestaltet oder optimiert werden soll. Hintergrund ist natürlich, dass man sich vorher die jeweilige Kundensituation genau betrachtet hat und dass die systematische Messung von Störungen und die entsprechende Störanalyse etabliert und durchgeführt wurde. Auf dieser Basis kann man vielfach die Problemursachen auf zwei Themen zurückführen: die Planungsbereiche und/oder die physischen Lieferprozesse. Durch die Achseneinteilung in niedrig und hoch erhält man vier Felder, in denen die Kunden gemäß dem durch die Analyse vermuteten Verbesserungspotenzial auf ihre Kollaborations-Attraktivität hin eingeordnet werden können (Abb. 4.8):

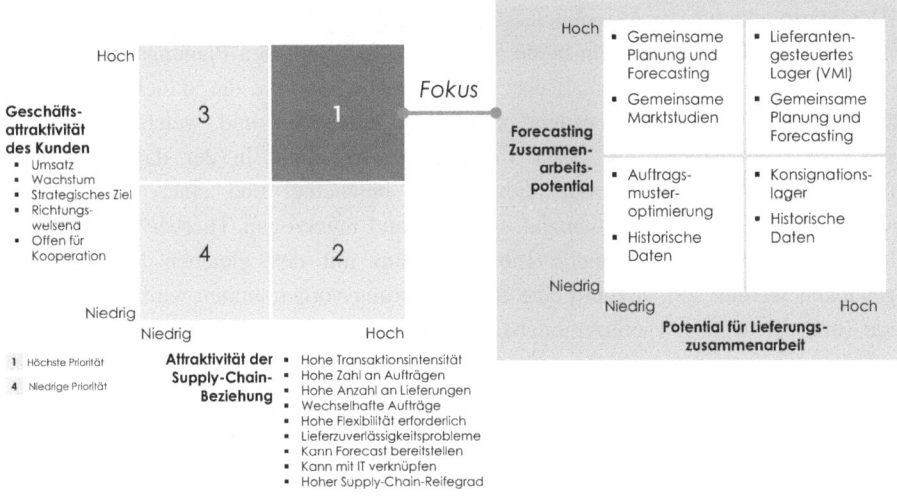

Abb. 4.8 Ableitung von Kooperationspotenzialen zur Beschleunigung der Supply Chain

- Hohe Potenziale durch engere Zusammenarbeit in der Planung (z. B. bei schlechtem eigenen Forecast, starken Schwankungen der Forecast-Qualität oder Abweichungen aus den vom Kunden übermittelten Forecasts), in den Lieferprozessen aber eher Standardlösungen.
- Hohe Potenziale durch engere Zusammenarbeit und gemeinsame Gestaltung der Auftrags- und Lieferprozesse (z. B. bei hohen Kosten der Lieferungen oder häufigen Fehlern in Timing, Vollständigkeit oder Qualität der gelieferten Produkte), aber weniger Potenzial aus gemeinsamer Planung.
- Hohe Potenziale in Planungsthemen und auch in Auftrags- und Lieferprozessen.
- Kunden, bei denen beide Dimensionen momentan niedrig ausgeprägt sind, kann man erst einmal zurückstellen, bis aufgrund der Messmechanismen neue Erkenntnisse vorliegen.

Treten bei einem Kunden verstärkt Probleme in der Produktqualität oder Verpackung der Waren auf, so sind diese eher mit den Methoden der funktionalen oder der vertikalen Exzellenz anzugehen; im Rahmen der Analysen der horizontalen Exzellenz kann aber schon einmal eine Fehler-Ursachen-Ortung vorgenommen werden, um den vertiefenden Analyse- und Handlungsbereich einzugrenzen.

Für die Reihenfolge, in der man die einzelnen Kunden für diese Optimierungen (oder auch gemeinsame Performance-Reviews) angehen sollte, kann man diese in einem Potenzial-Raster eingliedern und hieraus eine Reihenfolge-Priorität ableiten.

Zu jedem der vier Felder gibt es die in der Abbildung gelisteten Normstrategien, welche Instrumente hier besonders zielführend sind. Dies ist naturgemäß nicht vollständig, da die Vielfalt der mit einem Kunden gestaltbaren Prozesswelten sehr groß ist. Hier ist breiter Raum für systematische Analyse und hohe Kreativität in der Erarbeitung der erforderlichen, geeigneten Instrumente für die gemeinsame Optimierung der Lieferkette.

Der Startpunkt für die Aktivitäten ist in jedem Fall ein gemeinsamer Workshop mit dem jeweiligen Kunden, in dem beide Seiten ihre Sicht auf den Planungs- und Lieferprozess darlegen und in systematischer Weise beleuchten, wie die aktuelle Leistungsfähigkeit eingeschätzt wird, welche Probleme auftauchen und welche Arten von Verbesserungspotenzialen bei erster Betrachtung vorliegen. In der dann folgenden gemeinsamen Bewertung werden diese näher beleuchtet und einer gemeinsamen Bewertung zu Verbesserungspotenzial und Aufwand unterzogen. Hierbei wird oft festgelegt, dass nicht das komplette Lieferspektrum mit den gleichen Prozesswelten abgewickelt werden soll, sondern eine Segmentierung vorgenommen wird, welche Produkte (und für welche Lieferregionen) speziell optimiert werden sollen. Ergebnis ist dann eine gemeinsam verabschiedete Aktionsliste, die Maßnahmen in jedem einzelnen Unternehmen auflistet, die in der Regel gemeinsam anzugehende Vorhaben enthält. Dies ist die Basis sowohl für die individuelle als auch für die gemeinsame Budget- und Aktionsplanung. Bewährt haben sich hierbei gemeinsam besetzte SCM-Verbesserungs-Teams, wobei diese manchmal nur aus zwei Personen bestehen, die die erforderlichen Maßnahme als *mitarbeitende Projektleiter* vorantreiben. Natürlich ist auch ein entsprechendes Erfolgscontrolling zu etablieren, um die Wirksamkeit der eingeführten Neuerungen beurteilen zu können und bei Bedarf (d. h. bei Nicht-Erreichen der Ziele) entsprechende korrigierende Maßnahmen zu definieren, einzuleiten und umzusetzen.

In gleicher Weise kann das Unternehmen auch die Lieferantenseite systematisch analysieren. Während die grundsätzliche Vorgehensweise identisch ist, so ändern sich lediglich die Einflussfaktoren und Zieldimensionen innerhalb der Kernbereiche Planung und physische Lieferung.

Bei der Planung spielt die Geschwindigkeit der Informationsübermittlung und der Bestätigung der Planungsänderung eine große Rolle, um schnell eine gemeinsam verbindliche Planungsgrundlage zu schaffen bzw. anzupassen. Hierzu gehören auch Themen zur Mengen- und Zeitflexibilität des Lieferanten, da er nicht alle Mengenanpassungen im gleichen Zeitfenster umsetzen kann (er stellt ja auch Produkte für andere Kunden her). Daher spielt hier die Vereinbarung der gestuften Mengenflexibilitäts-Korridore eine wichtige Rolle: Welche Mehr- oder Mindermengen können im Regelfall mit welchem zeitlichen Vorlauf in Liefermengen umgesetzt werden? Dies ist für jedes Produkt zu definieren.

Für die physischen Lieferprozesse steht das Versorgungsrisiko im Vordergrund: Wie kann man gemeinsam absichern, dass die benötigten Materialien zum erforderlichen Zeitpunkt vorhanden sind? Natürlich soll dies effizient erfolgen und auch hierauf sind die Bemühungen zu lenken. Doch im Kern ist die Verfügbarkeit des Materials zum Aufrechterhalten der eigenen Produktion wichtiger als eine kleine Einsparung im Bestell- oder Lieferprozess. Mithilfe typischer Problemfelder können diese Risikopunkte systematisch analysiert, gemäß Relevanz einsortiert und für die weitere Optimierung durch geeignete Maßnahmen ausgewählt werden.

Bei Produkten und Materialien, die keiner schnellen technischen Änderung unterliegen, lassen sich aus der Verknüpfung von Planungs- und Lieferzusammenarbeit zwei einfache Grundformen ableiten, die hohe Wirksamkeit für die Stabilität und Effizienz der Supply Chain bringen: Konsignationslager und *Vendor-Managed Inventories*. Im ersten Fall macht der Kunde die Bestandsführung selbst, rechnet aber nur die entnommenen Mengen zum Entnahmezeitpunkt ab. Im zweiten Fall steuert der Lieferant die Bestände auf Basis des vom Kunden übermittelten Forecasts; dies wird auch oft im Konsignations-Modus zum Entnahmezeitpunkt abgerechnet. In beiden Fällen kommt dem Kunden eine hohe Verantwortung für das richtige Bedarfsmanagement zu, da letztlich die Verwertbarkeit der Vorschau-Bedarfsplanung die Bestandshöhen steuert.

In der traditionellen, einkaufspotenzialgetriebenen Denkweise werden diese Instrumente noch oft eingesetzt, um Kosten auf eine der beiden Seiten abzuwälzen. Dies ist jedoch nicht partnerschaftlich; und horizontale Exzellenz lebt von Partnerschaft. Gemeinsam Verbesserungen angehen, gemeinsam die damit verbundenen Nutzeneffekte kapitalisieren. Dann ist beiden Seiten geholfen und vor allem lässt sich eine wirklich hochwirksame Prozesswelt schaffen, die insgesamt hohe Geschwindigkeit ermöglicht, finanzielle Vorteile erzielt und zudem reaktionsschnell ausgestaltet werden kann.

Hiermit sind nun die beiden wesentlichen Enabler der horizontalen Exzellenz vorgestellt: Die interne Optimierung des perfekten Flow durch Vernetzung und richtige

Entscheidungen und die externe Optimierung des Flow in der eigenen Güterversorgung sowie in der Lieferung an die Kunden. Horizontale Exzellenz ist durchgängig. Aber diese *Big Picture-Sicht* darf nicht davon ablenken, dass das Erschließen der Potenziale für die damit verbundene Leistungssteigerung ein detailliertes Messinstrumentarium der Prozessleistung und der auftretenden Störungen erfordert, um in akribischer und detaillierter Arbeit immer wieder neu zu prüfen, wo die Lieferkette besser als bisher agieren und arbeiten kann.

Aufgrund der Vielzahl möglicher Messpunkte, Störanlässe und Auswirkungen ist dies nur mithilfe eines detaillierten IT-Systems einfangbar und als *Control Tower* ausgestaltbar. Dies ist auch der Anknüpfungspunkt für das große Themenfeld von Big Data, das übergreifend in Kap. 7 dargestellt wird.

4.5.3 Vertikale Exzellenz

Vertikale Exzellenz entsteht durch intensive, zielgerichtete Zusammenarbeit und Abstimmung in den *definierenden* Funktionen einer Value Chain und der darin betriebenen Supply Chain. Hier tritt am ehesten zutage, warum diese beiden Sichten, Value Chain und Supply Chain, so eng miteinander verknüpft sind.

Eine Supply Chain muss in sich selbst exzellent aufgestellt und sowohl belastbar auf Störeinflüsse als auch reaktionsschnell auf Änderungen sein. Da diese aber nur abwickelt, was in den anderen Funktionen der Value Chain definiert und festgelegt wird, kommt der Qualität von Inhalt und Timing der Übermittlung dieser Informationen extrem hohe Bedeutung zu – und natürlich auch, dass diese Definitionen auf die Anforderungen von Kunden, aber auch auf die Ablaufanforderungen der Supply Chain aufs Engste ausgerichtet sind. Montage- und wartungsgerechte Konstruktion sind da nur zwei kleine Beispiele aus einer Vielzahl der Möglichkeiten, durch die eine Supply Chain zu Spitzenleistungen auflaufen kann, oder im Änderungs- und Datensumpf erstickt.

Diese Exzellenz ist also immer dann besonders gefordert, wenn sich etwas im Durchlauf ändert. Aufgrund der Innovationsgeschwindigkeiten und der erforderlichen Erneuerungen in Produkten und Services im Zusammenhang mit der Sofortgesellschaft ist dies täglich und vielfältig der Fall. Hier können durch neue Produkte, neue Fertigungstechniken, neue Lieferprozesse, neue Distributionsstrukturen, neue Absatzregionen oder andere Maßnahmen sehr schnell kleine oder auch fundamentale Störungen hervorgerufen werden, wenn diese nicht hochgradig synchronisiert und in enger Zusammenarbeit durchgeführt werden.

In hochperformanten Unternehmen arbeiten hierzu Funktionsbereiche eng zusammen, die in traditionellen Organisationen eher eine Weitergabe von Informationen betreiben und dies nicht als eine gemeinsame Aufgabe betrachten. Das kann noch zusätzlich negativ verstärkt werden, wenn diese Funktionsbereiche sehr arbeitsteilig in Silos arbeiten und durch politische Macht- und Ränkespiele zusätzlich noch Behinderungen auftreten.

In der Sofortgesellschaft und den damit verbundenen extrem hohen Anforderungen an Reaktionsfähigkeit und reibungsloser Abwicklung, müssen hier Prozesse fließen. Staustellen behindern den Fluss – z. B. aufwendige Genehmigungsprozeduren, überlastete Führungspositionen und damit verbundene Wartezeiten auf Freigaben, unübersichtliche und mehrfache Genehmigungen und Freigaben oder sehr formale Abstimmungsmeetings. Das alles kosten Zeit und die ist die wichtigste Währung, um in der Sofortgesellschaft die erforderliche Schlagkraft und Geschwindigkeit in den Produkt-, Produktions- und Beschaffungsprozessen zu erhalten und abzusichern.

Die zu synchronisierenden Prozesswelten durchziehen das gesamte Unternehmen. Sie reichen von Vertrieb und Marketing über Produktentwicklung, Beschaffung und Produktion hin zu Rechnungswesen, Controlling und vor allem zur IT. Hier gibt es vielfache Schnittpunkte, in denen diese Abteilungen einen Beitrag dazu leisten, dass die Supply Chain reibungslos, schnell und anpassungsfähig ablaufen kann:

- Der Vertrieb beobachtet Marktveränderungen, ist eng mit seinen Kunden und deren Absatzentwicklung verbunden und hat einen klaren Blick auf Absatzmärkte, wettbewerbsfähige Preise und neue Herausforderungen aufgrund neuer Produkte und neuer Wettbewerber. Hierin liegen zahlreiche Impulse, die von dort an die richtigen Stellen im Unternehmen gegeben werden müssen. Für die Supply Chain sind natürlich Mengeninformationen vordergründig die wesentliche Basis, aber auch Veränderungen in der Nachfragestruktur (Vorlieben für bestimmte Ausstattungsvarianten, Verbundkäufe von Produkten, Promotionen mit Mengeneffekten und Produktneueinführungen mit Hochlauf neuer und nachlassender Nachfrage für alte Produkte sind nur einige Beispiele). Für die generelle Ausrichtung der Supply Chain sind aber auch Informationen wichtig über substituierende/gefährdende Produkte anderer Anbieter, neue Wettbewerber und auch Trends in den Kundengruppen. Hiermit lassen sich erforderliche Anpassungen in der Mengen- und Produktplanung erkennen, bis hin zur Aufstellung der Supply Chain hinsichtlich Fertigungstiefe und möglichen Lieferpartnern und erforderliche sowie schützende Maßnahmen ableiten bzw. erarbeiten.
- Aus dem Marketing sind ebenso alle Informationen relevant, die Veränderungen in den Mengenströmen und im Produktportfolio bedeuten. Neue Verpackungen, neue verkaufsfördernde Absprachen mit Kunden (und zugehörigen Ausstattungs- und Verpackungsvarianten), neue Ausstattungsvarianten sowie die Pipeline neuer Produkte sind hier besonders zu nennen. Und natürlich zählen auch alle Arten von Markt- und Absatzforschung dazu, die hilfreich sind für die Mengenplanungen.
- Der gesamte Bereich der Produktentwicklung ist hochgradig und vielfältig mit der Supply Chain verbunden. Jedes neue Produkt, jede neue Variante, jede technische Änderung bedeutet potenziell eine andere Fertigungs- und Beschaffungssituation für die Supply Chain. Hier ist es also ganz wesentlich, mit den Kernfunktionen der Supply Chain (Beschaffung, Produktion, Warenwirtschaft) die Arten und Inhalte der Zusammenarbeit und der Synchronisationspunkte festzulegen, damit genügend Vorlaufzeit, aber auch die erforderliche Toleranz, für Anpassungen besteht. Hierzu sind

Zeitfenster in gestuften Abschnitten erforderlich, in denen Änderungen jeweils mit einem höheren Aufwand verbunden sind – ebenso wie die verbindliche Festlegung eines *Point-of-no-Return*. Dies ist nicht immer gleichbedeutend mit der von der Supply Chain oft gewünschten *Frozen Period;* diese ist oft ein eher starres Konstrukt mit der fehlenden Dynamik. Die hier vorgestellte gestufte Vorgehensweise ist eher ein Annähern der Bedarfssituation an die zunehmend greifenden Beschränkungen der Produzierbarkeit (und der dahinter liegenden Beschaffbarkeit von Zulieferteilen).

Im Bereich der Produktentwicklung manifestiert sich auch die übergreifende Teamarbeit, um neue Produkte unter den verschiedenen erforderlichen Aspekten und Rahmenbedingungen zu entwickeln. Fertigungs- und montagerechte Konstruktion ist eine Basistechnik, hierzu gehört aber auch noch die Ausrichtung auf spezifische Anforderungen in der Distribution (z. B. modular stapelbare Kartonmaße, Orientierung an Palettenmaßen, Fragen der Stapelbarkeit von Paletten, Stoßsicherheit für den Transport etc.). Zugänglichkeit der Bauteile und Baugruppen für Servicezwecke ist immer dann ein Muss, wenn das Produkt höherpreisig ist und somit der Service für dieses Gerät auch die Reparatur und Wartung beinhaltet. Für *Einweg-Produkte* ohne Servicefähigkeit kann die kompakte Bauweise dominanter sein, daher zielen die gemeinsamen Produkt- und Produktionsbewertungen im Team hierauf weniger ab. Im Rahmen der Beschaffungserwägungen ist auch die Wahl derjenigen Lieferanten anzustreben, die neben einer ansprechenden Kostengestaltung auch eine hohe Anpassungsfähigkeit für Mengenänderungen und für technische Anpassungen bieten. Mehr noch als ein niedriger Einstandspreis ist die hohe Feldtauglichkeit der Bauteile und Komponenten von Bedeutung – an dieser Stelle reicht die Zusicherung der Lieferanten alleine nicht aus (diese ist die Mindestvoraussetzung für die Zulassung des Lieferanten), sondern ist im Rahmen eigener Zuverlässigkeitsstudien gezielt zu überprüfen. Denn letztlich ist es dem Endkunden gleichgültig, aus welchem Grund das erworbene Produkt eines Herstellers nicht mehr funktioniert – defekt ist defekt.

- Auf der positiven Seite der Beschaffung dominiert die kreative Suche des Einkaufs nach neuen Lieferanten, mehr noch aber nach neuen technischen Lösungen und neuen technischen Möglichkeiten. Diese können in den gemeinsamen *Vertical Excellence Meetings* vorgestellt werden und ergänzen so die Recherchen der Produktentwicklung. Der Vorteil liegt darin, dass der Einkauf jederzeit engen Kontakt zu seinen Lieferanten hält, diese gerne neue Möglichkeiten vorstellen und diskutieren und sich nicht nur in Preisverhandlungen aufreiben lassen.

- Aus Controlling und Rechnungswesen sind es zunächst überwiegend Informationen, um den Betrieb der Supply Chain sicherzustellen (somit ist dies eher im Bereich der horizontalen Exzellenz angesiedelt). Für die vertikale Exzellenz liegt ein Schwerpunkt in der Überwachung von Projektbudgets, den Werkzeugen für die Kosten- und Produktkalkulation und den Hinweisen zu möglichen Optimierungen aufgrund der Gesamtsicht des Controllings auf das Unternehmen.

- Die besondere Rolle der IT ist es, neben den leistungsfähigen Systemplattformen (die diese Prozesse durch systemgebundene Abläufe, aber auch durch Daten- und

Informationssysteme unterstützen) auch entsprechende Services anzubieten, um die Nutzer zu schulen und die eigenen Systemangebote ständig weiterzuentwickeln. Eine regelmäßige *Service-Level-Analyse* zu beiden Gestaltungsfeldern gehört in das Grundrepertoire der IT, um dies z. B. im jährlichen Turnus zu ermitteln. Schwerpunkt ist hier die schnelle und gute Reaktion auf Anfragen, die fachlich gute, kreative und leistungsfähige Lösung und vor allem die hohe Verfügbarkeit und Handhabbarkeit der Systeme.

Im Wesentlichen sind die Maßnahmen der vertikalen Exzellenz also eine hohe, intensive und zielgerichtete Zusammenarbeit, um die Arbeit der anderen Funktionsbereiche im Unternehmen zu unterstützen und deren Wirksamkeit deutlich zu verbessern. Die Vielzahl der Möglichkeiten ist durch die oben genannten Beispiele nur veranschaulicht; im Tagesgeschäft lassen sich hierzu im Einzelnen Unternehmen zahlreiche Ansatzpunkte finden, wenn der Blick dafür geschult ist.

4.6   Schnelligkeit durch Value-Chain-Exzellenz

Die Sofortgesellschaft erfordert Schnelligkeit als Geschäftsdisziplin. Die sich hieraus ergebende Mengenvolatilität (Absatzmenge je Produkt und Tag) trifft zusätzlich auf eine strukturelle Volatilität (Verschiebungen im Produktmix und im gesamten Portfolio) und verstärkt sich in den Auswirkungen mit ihr. Das ist nicht mehr konventionell beherrschbar mit den auf Effizienz getrimmten Lieferketten der letzten Dekade. Es erfordert neue, agilere Konzepte.

Die wirklich „guten" Unternehmen haben hierzu eine duale Strategie entwickelt und über Jahre hinweg betrieben, die ihnen nun eine hohe Leistungsfähigkeit ermöglicht: hohe operative Leistungsfähigkeit, gepaart mit Strukturen und Mechanismen, sich schnell an sich ändernde Herausforderungen anzupassen.

Im Bereich der operativen Leistungsfähigkeit werden hohe Lieferzuverlässigkeiten erreicht, die zugehörigen Bestände sind niedrig, aber ausgewogen. Eine intensive Nutzung verschiedener Segmentierungstechniken unterstützt dies. Dadurch können die Abschreibungseffekte aus Preisverfall und geänderten Spezifikationen gering gehalten und schnelle Produktwechsel betrieben werden. Hinzu kommt eine optimierte (nicht minimierte) Kostenbasis. Schließlich wird eine hohe Kundenzufriedenheit und -bindung erreicht – eigentlich der Idealzustand eines Unternehmens. Der aber kommt nicht von selbst, sondern muss jeden Tag aufs Neue reproduziert werden.

Jeden Tag aufs Neue heißt auch: sich Einstellen auf geänderte Anforderungen, nicht nur Beherrschen der täglichen Routinen. Dies ist die zweite Königsdisziplin. Hohe Aufmerksamkeit für relevante Markttrends, schnelle Informationsaufbereitung und Entscheidungsprozesse, aber auch schnelle und gezielte Umsetzungen mit möglichst wenig Umstellungsaufwand sind wesentliche Merkmale. Produkte und Services passen zu den jeweils aktuellen Marktanforderungen und Kundenwünschen. Dies äußert sich eher in mittelfristigen Kennzahlen wie nachhaltigem Wachstum, aber auch kontinuierlicher Profitabilität. Dabei ist vor allem das EBITDA relevant, da diese Unternehmen intensiv in die Zukunft investieren und daher in der Netto-Profitabilität vielleicht nicht so gut aussehen.

Ergebnis: Wer heute in beiden Bereichen nicht gut dasteht, wird mittelfristig deutliche finanzielle Performance-Probleme haben. Die Marktstandards haben sich nach oben verschoben und die Transparenz der Märkte ist sehr hoch.

Ein wesentliches Grundproblem: Es gibt bisher zur Messung der Agilität noch keine direkte Kennzahl. Damit entziehen sich diese Maßnahmen oft einer Steuerung mithilfe der gewohnten Methoden. Für die operative Exzellenz hat sich hingegen eine Vielzahl von Kenngrößen entwickelt; einige davon haben sich übergreifend etabliert (Liefertreue, Bestandsreichweite), andere sind individueller in ihrer Bedeutung (Ausschussquote, Forecast Accuracy, Planbefolgung, Reaktionszeit). Im Regelfall ist es daher leichter, die operative Leistungsfähigkeit zu beurteilen und zu vergleichen.

Für die Agilitätsdimension ist somit derzeit mehr die Nutzungsintensität der Agilitäts-Enabler zu betrachten, in Verbindung mit der Leistungsfähigkeit der Supply Chain. Viele dieser Enabler ermöglichen eine flexiblere Steuerung der Wertschöpfungskette, die auf die Steuerung des Gesamtunternehmens übergreift. Als Ergebnis ist diese natürlich gut abzulesen, da die Instrumente der Agilität eine Absicherung hoher operativer Leistungsfähigkeit über die Zeit verschaffen. Somit sind Umsatzwachstum, Marktanteile, Profitabilität und Liefertreue auf gleichbleibend hohem oder sogar zunehmendem Niveau. Wie einführend beschrieben, wirken oftmals die gleichen Instrumente auf Agilität wie auch auf Operative Exzellenz, nur in unterschiedlicher Weise bzw. in den Ableitungen der erforderlichen Maßnahmen. Aber es gibt auch eigenständige Themen der Agilität, die wir nun beleuchten wollen. Zunächst jedoch ein Blick auf die heutzutage bereits als *klassisch* anzusehenden Hebel der operativen Exzellenz.

4.6.1   Operative Exzellenz

Operative Leistungsfähigkeit in der Supply Chain – das ist das Ergebnis einer Vielzahl von Maßnahmen (Abb. 4.9), die ein Unternehmen ergreifen muss, um heute in dieser Liga mitspielen zu können. Das geht weit über ein gut geknüpftes Logistiknetzwerk und leistungsfähige Planungs- und Transaktionssysteme hinaus – diese sind letztlich nur die Basis-Enabler für die Funktionsfähigkeit. Wenn die physischen oder die IT-technischen Netzwerke nicht reibungslos, effektiv und schlank funktionieren, sind die Voraussetzungen für eine gute Funktionsfähigkeit nicht vorhanden. Lieferketten sind heute schnell, kostenoptimiert und müssen vielfältige Kunden erreichen – da ist wenig Raum für Fehler.

Das Fundament der erforderlichen Erfolgshebel der operativen Exzellenz liegt in der Kundenzentrierung und der intensiven, zielgerichteten Zusammenarbeit mit den Partnern in der Supply Chain (Kunden, Lieferanten, Dienstleister, aber auch der eigene Werkeverbund sowie die beteiligten Lohnfertiger). Die damit verbundenen Mechanismen

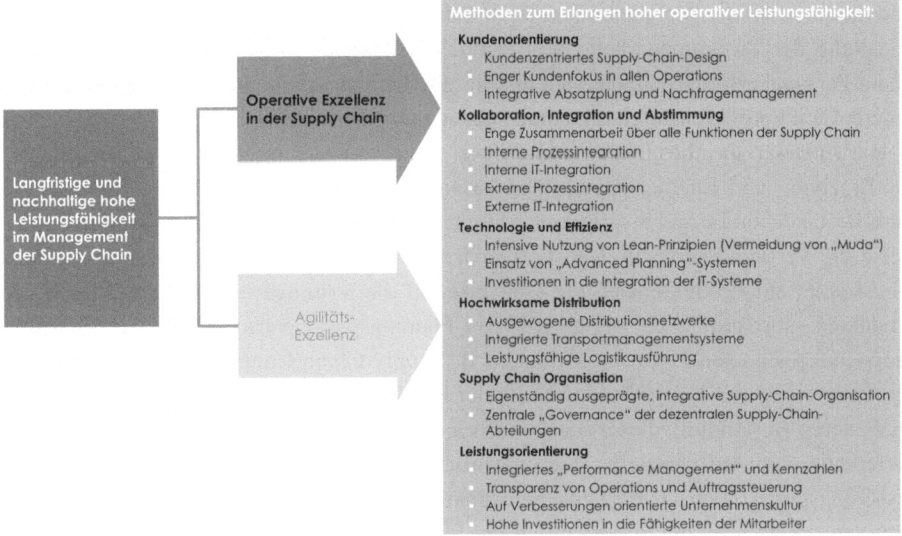

Abb. 4.9 Zentrale Handlungsfelder zum Erzielen operativer Exzellenz in der Supply Chain

sorgen dafür, dass die Kette als Kette funktioniert und alle Optimierungsaktivitäten ein übergeordnetes, gemeinsames und damit auch ausrichtendes Ziel bekommen. Diese Zweckbestimmung *Was können wir tun, um unsere Produkte noch effektiver, effizienter und kundengerechter zum Kunden zu bringen?* beinhaltet auch eine Vielzahl von Maßnahmen der internen Kostenoptimierung, vor allem jedoch der Zeitminimierung. Dieser Sachverhalt wird von vielen Unternehmensleitern und deren Managern immer noch etwas fehlleitend interpretiert. Und gelegentlich auch als Begründung für Kostensenkungsmaßnahmen missbraucht.

Kundenzentrierung ist mehr als Kundenorientierung. Kundenorientiert fühlt sich jedes Unternehmen – aber die Kunden sind eine abstrakte Masse und werden nur bei Störungen zu Einzelfällen.

Kundenzentrierung bedeutet das Eingehen auf jeden einzelnen Kunden und seine Bedürfnissituation. Ein wichtiger Hebel, dies effizient und effektiv zu realisieren, ist eine geschickte Kundensegmentierung. Nicht jeder Kunde kann individuell betreut werden – aber jedes Unternehmen hat Kunden, die sich nach bestimmten Strukturmerkmalen gruppieren lassen und diesen Gruppen können dann darauf abgestimmte Zusammenarbeitsformen angeboten werden. Hier haben sich neue Konzepte für die Segmentierung in der Supply Chain entwickelt. Auf diesem Weg können auch spezifische Absatzplanungen *(Demand-Management)* für die einzelnen Kundengruppen erarbeitet werden, um die jeweiligen Supply Chains besser zu steuern.

Die Zusammenarbeit in der Kette hat typischerweise die beiden Ebenen Prozess und IT; beide können separat etabliert werden, am wirksamsten ist natürlich die Kombination aus beiden. Dies betrifft sowohl die Kunden- als auch die Lieferantenseite (inkl. Produktionspartner und Servicedienstleister). Kernkompetenzen in diesem Themengebiet

sind die Auswahl der geeigneten Partner und das Etablieren der geeigneten Form und Ausgestaltung der Zusammenarbeit. Dies erfordert Aufwand: Es ist spezialisiertes Supply-
Chain-Personal erforderlich, das sich mit diesen Themen befasst und auch die Bereitschaft
anderer Funktionsbereiche, dies zu unterstützen und zu ermöglichen.

Hierzu bedarf es eines detaillierten Reportings über die Supply Chain, in dem ein Mix
aus Ergebnis- und Enabler-Kennzahlen zusammengeführt wird. Sowohl Liefertreue als
auch Bestände sind Ergebnis diverser Aktivitäten und Planungen; Enabler sind beispielsweise die Verfügbarkeit von Transportkapazitäten zum Bedarfszeitpunkt oder die Ausschussquote auf Produktebene, die Hinweise auf die termingerechte Bereitstellung von
Produkten gibt (ggf. auch Anpassung von Planungsparametern). Moderne Reportings
bauen auf geeigneten IT-Lösungen auf, z. B. Supply Chain Control Tower und auch auf
der Auswertung von Ereignissen mithilfe der Big-Data-Technologien.

Weiterer Bestandteil dieser Leistungsorientierung ist die hohe Transparenz in der
Lieferkette zum Auftragsstatus. Sie dient für interne Zwecke, dem Aufspüren von Verbesserungspotenzialen (z. B. wenn Schwankungen oder Abweichungen von Sollwerten
auftreten), nicht aber um zu sehen, wo die Sendung ist oder ob und wann sie ankommt
(das ist durch das Prozessdesign sicherzustellen). Dies ist mehr die externe Sicht des
Kunden, der hieraus Vertrauen schöpft und seine eigene Planung frühzeitig darauf ausrichten bzw. bei Abweichungen rechtzeitig reagieren kann.

Diese konsequente Ausrichtung auf Verbesserung ist ein wichtiges Wesensmerkmal in
Supply Chains. Es gibt immer Veränderungen, Gründe für Abweichungen und Störungen,
teilweise intern verursacht, teilweise extern. Neben einer systematischen Betrachtung,
Analyse und Optimierung der Supply Chain nach Risikoaspekten *(Performance Protec-
tion)* greift hier auch die Überprüfung der Prozessqualität und Prozessleistung, ob diese
noch zu den Kundenanforderungen passen oder ob sich hier vielleicht durch gezielte
Maßnahmen ein Wettbewerbsvorteil aufbauen lässt.

Diese Aufmerksamkeit aller Prozessbeteiligten, aber auch die Durchführung von Verbesserungen und Anpassungsmaßnahmen, erfordern dafür hoch qualifiziertes Personal,
das schnell die Probleme erkennt und ebenso schnell Verbesserungen einleiten kann. Aus
anderen, früheren Untersuchungen (z. B. J&M Research 2011) wissen wir, dass erfolgreiche Unternehmen bis zu 10 % ihrer Personalkosten in solche Aus- und Weiterbil-
dungsmaßnahmen investieren!

Neben den Investitionen in Personal beobachten wir bei diesen Unternehmen auch
eine hohe Investitionsbereitschaft für integrativ eingebundene IT-Systeme, um die
Prozessgeschwindigkeit, Ausführungsqualität oder auch die Vorplanung und Aus-
führungssteuerung immer weiter zu verbessern. Auch hierfür ist das Personal zu schulen.

Durch die Herausforderungen der zunehmend beschleunigten Wirtschaftskreisläufe
tritt eine neue Unternehmenseigenschaft immer mehr in den Vordergrund, die in gewisser
Weise schon immer langfristig erfolgreiche Unternehmen ausgezeichnet hat, nun aber in
systematischer Weise angegangen werden kann: die Agilität, definiert als Anpassungsfähigkeit des Unternehmens an sich verändernde Rahmenbedingungen.

4.6.2 Agilitäts-Exzellenz

Im Hinblick auf die Agilität gibt es insgesamt in der deutschen Industrie großen Nachholbedarf. Die Ausrichtung der letzten Jahre und Jahrzehnte war auf Effizienz und schlanke Lieferketten fokussiert.

Viele der damit verbundenen negativen Effekte lassen sich beobachten, wenn wichtige Transportwege blockiert sind (z. B. der Rheinverkehr durch havarierte Schiffe oder der Flugverkehr infolge von Vulkanasche). Fukushima war ein Extrembeispiel, bei dem beispielsweise die gesamte Zulieferindustrie für japanische Kamerahersteller lahmgelegt wurde – und nur die Hersteller weiter lieferfähig waren, die bewusst eine breitere regionale Streuung der Lieferanten betrieben hatten.

Ähnlich wie bei der operativen Leistungsfähigkeit lassen sich hier Reifegrade in der Ausrichtung auf erhöhte Agilität erkennen, unterschiedliche Entwicklungsstufen der Unternehmen. Diese können aber bisher nur grob in ein Raster eingeteilt werden, da operative Messgrößen fehlen.

In einer bereits 2013 in den USA durchgeführten Studie der Tennessee-University (Global Supply Chain Institute 2013) wurden die wesentlichen systematischen Treiber der Agilität definiert: Aufmerksamkeit, Zugriffsmöglichkeiten, Entscheidungsfreude, Schnelligkeit in der Umsetzung, Flexibilität. Wir haben dies durch die Dimension *Fokus auf die Bedeutung der Supply Chain* ergänzt, da wir beobachtet und dargelegt haben, wie stark die Supply Chain zur Erreichung der strategischen Ziele beiträgt (Abb. 4.10).

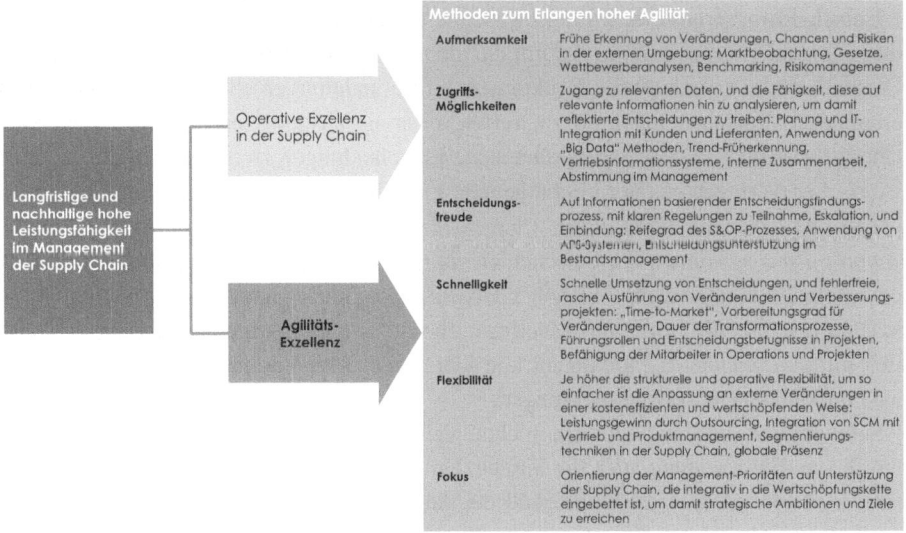

Abb. 4.10 Zentrale Handlungsfelder zum Erzielen von Agilitäts-Exzellenz in der Supply Chain

Wie erwähnt, gibt es derzeit noch keine direkten Kennzahlen, die Agilität zu messen. Die Messung der Agilität ist somit relativ und daher auf das Vorhandensein der notwendigen Enabler und deren „richtige" bzw. geschickte Anwendung hin ausrichtet. Jeder dieser sechs Enabler-Bereiche besteht wiederum aus einer Anzahl dafür erforderlicher *Leading Practices:*

Die **Aufmerksamkeit** beschreibt die Fähigkeit eines Unternehmens, Veränderungen, Bedrohungen und neue Chancen schnell zu erkennen. Es geht letztlich um die Antizipation künftiger Geschehnisse. Je besser ein Unternehmen systematisch relevante Einflussfaktoren auf seine Märkte, aber auch die darauf wirkenden Kräfte beobachtet, desto eher kann es daraus Frühwarnindikatoren ableiten, um Anpassungsbedarf zu prüfen. Für die Supply Chain schließt dies generelle Markttrends, Kundenpräferenzen und -bedürfnisse, Fähigkeiten der Lieferanten, Aktionen der Wettbewerber, ebenso wie Auswirkungen neuer Technologien und gesetzliche Regelungen ein. Die Besonderheit liegt darin, dies bewusst und systematisch zu machen.

Zugriffsmöglichkeiten zielen auf die Fähigkeit, relevante Daten zu erlangen und zu verarbeiten. Dies betrifft einerseits Informationen zu den *Aufmerksamkeitsbereichen* in Form von Marktbeobachtungen und verwertbaren Daten, ist darüber aber auch innerhalb der bestehenden Supply Chain ein wichtiges Element. Die Verfügbarkeit von Informationen entlang der Lieferkette, vom Kunden bis hin zum Lieferanten (und umgekehrt), zu Nachfrage-, Bestands-, Produktions- und Lieferdaten ist eine zentrale Informationsbasis, um Veränderungen schnell und in ihrem Kontext zu erkennen. Eine sich daraus ableitende Gestaltungsanforderung an die Supply Chain ist die Ausrichtung auf eine informationsbasierte anstelle einer bestandsbasierten Supply Chain. Technologisch sind dies auch die Instrumente von Big Data, um Informationen zu Mustern zu gewinnen, die vorher (traditionell) nicht erkennbar waren.

Entscheidungsfreude und Entschlossenheit sind weitere wichtige Merkmale agiler Unternehmen. Hierbei geht es darum, aus den gewonnenen Informationen schnell und systematisch die erforderlichen Reaktionen auf Veränderungen abzuleiten und die damit verbundenen Entscheidungen so zu treffen, dass sie ausgewogen und akzeptiert sind. Dabei geht es auch darum, vorausschauende Entscheidungen zu treffen, für die es keine historischen Vorlagen aus der Vergangenheit gibt; Teamorientierung der Entscheidungsprozesse ist daher ein wesentliches Element. Integrative *Sales, Operations & Financial Planning-Prozesse* führen die Entscheider mit den wichtigen und relevanten Informationen regelmäßig zusammen; von hoher Bedeutung ist dabei natürlich die Vorbereitung, nicht nur die Durchführung des Meetings, ebenso wie die Zusammensetzung der Gremien mit den relevanten Funktionen und klare, definierte Eskalationsroutinen für Engpässe und fundamentale Entscheidungen.

Schnelligkeit bedeutet letztlich nichts weiter als eine effektive Durchsetzung der getroffenen Entscheidung und die rasche Umsetzung der erforderlichen Maßnahmen. Dabei sind sowohl die Geschwindigkeit der Anpassungen als auch die richtige Richtung von Bedeutung – daher kommt hier auch die richtige Entscheidung, die richtige Reaktion auf die eintretende (oder bereits eingetretene) Veränderung wieder ins Spiel. Dies erfordert

darüber hinaus die Ausrichtung auf das Erreichen des Ergebnisses jeder einzelnen Maßnahme und eine fehlerfreie Ausführung. Von daher sind hohe Anforderungen an das
Projektmanagement zu erfüllen, sowohl in der Lenkung der Projekte als auch in den (kom-
plementären) Fähigkeiten der Teammitglieder und deren Befugnissen. Ein weiterer Hebel,
dies zu erreichen, ist die Vorwegnahme künftiger Reaktionen und Veränderungen durch
Szenariotechniken. Je mehr solche Reaktionsmuster durchdacht wurden, desto besser lassen sich im Einsatzfall die passenden Reaktionsbausteine zu dem erforderlichen Aktions-
plan konfigurieren und die erforderlichen Rollen in der Umsetzung sind bereits bekannt.

Flexibilität steht für die Fähigkeit, sowohl die Vorgehensweisen als auch die Strukturen des Unternehmens schnell anzupassen. Die Anpassung der Vorgehensweisen und
Methoden ist vor allem eine Frage des Verhaltens und der Denkmuster im Unternehmen.
Darauf kann positiv Einfluss genommen werden, indem Offenheit, aber auch Training
in Flexibilitätstechniken wichtige Unternehmenswerte sind – und natürlich auch durch
die breite Kompetenz der Mitarbeiter, die nicht nur eine einzelne Aufgabe bewältigen,
sondern sich fachlich fundiert auch auf neue Abwicklungswege einstellen können. Die
somit ausgeprägte strukturelle Flexibilität wird dadurch bestimmt, dass das Unternehmen
in seiner Supply Chain üblicherweise in einem gewissen Technologie- und Kapazitäts-
rahmen operiert, der unter anderem regional ausgeprägt ist. Auch hier sind Maßnahmen
erforderlich, um präventiv auf alternative Szenarien vorbereitet zu sein.

Die Dimension Fokus steht letztlich dafür, mit welchem Elan, mit welchem Stellen-
wert das Management diese Art der Leistungsabsicherung und Leistungssteigerung
verfolgt. Es steht letztlich für den Mindset, mit dem Maßnahmen zur Agilität und Agilitätssteigerung verfolgt werden.

Aus den erarbeiteten Leading Practices, aber auch aus den Erkenntnissen der Per-
formance-Champions, haben wir zwölf wichtige Handlungsbereiche identifiziert, in
denen Unternehmen an der Erhöhung ihrer Agilität arbeiten müssen.

Dies betrifft acht direkte Gestaltungsbereiche, die teilweise auch die Gestaltungswelt
der operativen Leistungsfähigkeit unterstützen, hier jedoch eine modifizierte Ausprägung
erhalten:

- Kunden- und Lieferantenintegration – Quelle für Aufmerksamkeit und Zugang zu
  Informationen;
- Time-to-Market – Schnelligkeit und interne Flexibilität;
- Flexibilitätsstrategien – modulare Flexibilität auf der Basis von Standards;
- Anwendung von Big-Data-Techniken – Zugang zu wertvollen Informationen, Signale
  für die Aufmerksamkeit;
- Sales & Operations Planning – Entscheidungsorientierung und Schnelligkeit in der
  Umsetzung;
- Segmentierung – Impulsgeber für Aufmerksamkeit und Entscheidungsorientierung;
- Advanced Planning Systems – Zugang zu Informationen, Entscheidungsorientierung,
  Schnelligkeit der Umsetzung;
- Bestandsmanagement – Quelle der Lieferflexibilität und Schnelligkeit der Umsetzung.

Hierzu kommen vier organisatorische Handlungsfelder, die quasi den Unterbau für die Wirksamkeit der direkten Maßnahmen bilden:

- Anpassungsfähigkeit – Quelle für richtige und schnelle Entscheidungen, Flexibilität und Schnelligkeit der Umsetzung;
- Entscheidungsbefugnisse – Schnelligkeit in der Umsetzung, flexible Anpassung an neue Situationen;
- Veränderungsbereitschaft – Schnelligkeit in der Umsetzung, Flexibilität auf dem Weg zu Strukturen;
- Prioritäten – Fokus des Managements auf Erfolgshebel und die Hebel zu höherer Agilität.

Diese Aufstellung umreißt die relevanten und aktuellen Handlungsfelder, in denen Unternehmen derzeit an der Erhöhung der Agilität ihrer Supply Chain, aber auch des gesamten Unternehmens arbeiten sollten. Diese werden in Abb. 4.11 näher betrachtet (siehe auch Bölzing 2015a, b, c).

4.6.3　Prozessuale Hebel der agilen Exzellenz

Modulare interne Strukturen sind ein wichtiger Baustein, ebenso wie modulare externe Strukturen: Welche Möglichkeiten können vorbereitet werden, um alternative Technologien, alternative Standorte sowie unterschiedliche Mengen darstellen zu können? Welche Servicepartner sind in der Lage, eigene Lücken zu schließen oder bisher selbst

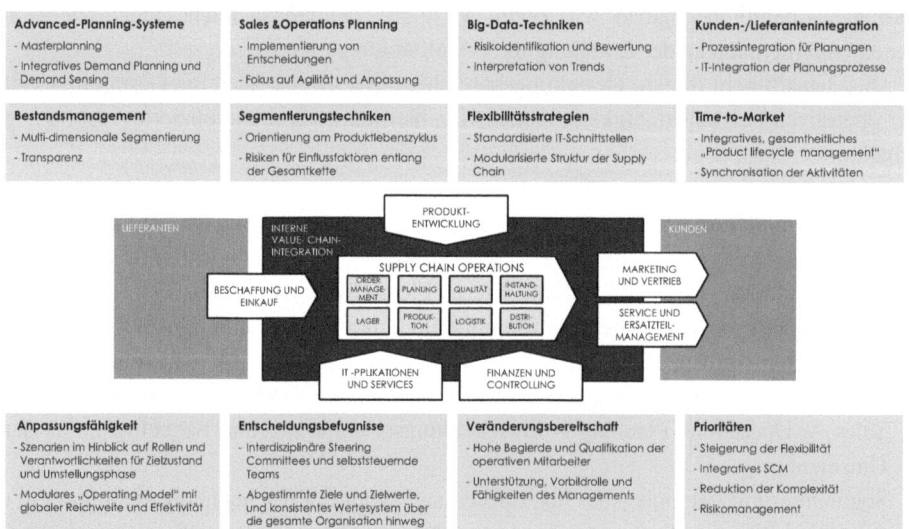

Abb. 4.11 Primäre Handlungsfelder zur Stärkung der Agilität von Unternehmen, ihrer Supply Chain und Value Chain

vorgenommene Wertschöpfungsstufen ganz oder teilweise zu übernehmen und besser zu machen als in einer Hoheit?

Hier treffen sich die Methoden des Risikomanagements mit den strukturellen Überlegungen zur Neuausrichtung, Skalierung und Anpassung der Lieferketten. Ein wesentliches Gestaltungsprinzip hierzu sind lose gekoppelte Wertschöpfungsschritte, die in einem Netzwerk von hoch leistungsfähigen Partnern entstehen. Der Orchestrator des Netzwerks steuert die jeweils für ihn wichtigen Prozesse und sichert die Funktionsfähigkeit seiner Partner durch geeignete Informationskonzepte ab, für die strategische Dimensionierung, die taktische Planung, die operative Ausführung wie auch für die übergreifende, gezielte Kommunikation von identifizierten und erforderlichen Verbesserungspotenzialen. Hierzu zählen auch die vollständige Transparenz hinsichtlich der erforderlichen Stammdaten und des Fortschritts von Auftragsbearbeitung und Lieferung – und letztlich auch die parallel dazu laufenden Finanzströme.

Mit dem **Fokus auf der Bedeutung der Supply Chain** wird die Investitionsneigung zu solchen Maßnahmen ausgedrückt, die die eigene Leistungsfähigkeit, genau wie die der Partner in diesen Lieferketten erhöhen. Somit spielt nicht nur die Eigenoptimierung eine Rolle, sondern auch die Finanzierung von Investitionen der Partner, damit diese die teilweise sehr anspruchsvollen Supply-Chain-Lösungen realisieren können. Dies birgt auch Risiken, wie man am Beispiel Apple, GT Advanced Technologies (GTAT) und dem Saphirglas für die mobilen Produkte 2014 sehen konnte. Die technologisch extrem anspruchsvolle Lösung wurde von Apple mitfinanziert, aber bewusst wurde auf die Formung eines sonst in solchen Fällen üblichen Joint Venture verzichtet. Letztlich konnte GTAT, nach massiver Vorfinanzierung durch Apple, die anspruchsvolle Technik nicht wirklich industrialisieren und somit nicht in der für Apple erforderlichen Weise skalieren (Theguardian 2014). Apple hat daraufhin die Partnerschaft beendet und die Investitionen abgeschrieben. GTAT ging in die Insolvenz, deren Lieferanten mussten hohe Forderungen und Vorleistungen abschreiben, aber Apple musste keine weiteren Zuschüsse geben, die bei einem Joint Venture nötig gewesen wären. Somit hat Apple eine agile Lösung aufgebaut, die zwar ein finanzielles und produktseitiges Risiko birgt, aber im Falle des Fehlschlags keine weiteren Verpflichtungen auslöst, sondern die übrigen Bereiche der Supply Chain schützt.

Ein wesentlicher Treiber für alle Optimierungen in der Supply Chain ist die enge Ausrichtung auf übergreifende Gestaltung und Betrieb der eigenen Lieferkette und die damit einhergehende Kunden- und Lieferantenintegration (Abb. 4.12).

Dies betrifft die operative Ausführung, das damit verbundene Cash-Management sowie die Planung. Während die ersten beiden Aspekte mehr auf die operative Leistungsfähigkeit zielen, richten sich die Abstimmung in der Planung – und die sich daraus ergebende enge Verzahnung von Prozessen und den damit verbundenen IT-Systemen – stark auf die Erlangung höherer Agilität aus.

Die operative Leistungsfähigkeit ist mehr auf die Vorbereitung von Operations und Beschaffung, die Handhabung von Engpässen, überschüssigen Mengen oder nicht ausgelasteten Anlagen ausgerichtet. Dies hilft, sowohl Kosten und Cashflow als auch Service-Levels zu optimieren.

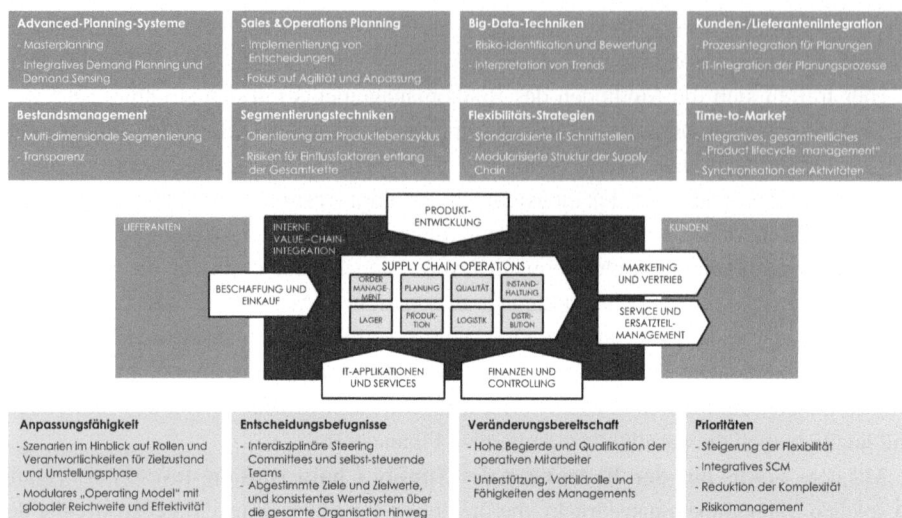

Abb. 4.12 Technologisch getriebene Handlungsfelder zum Schaffen agiler Unternehmensstrukturen

Aus Sicht der Agilität ist es mehr die Suche nach Informationen zu Veränderungen, Chancen und Bedrohungen. Gibt es politische Instabilitäten oder neue Regularien und Vorschriften, die die Kette von Lieferanten und zu Kunden beeinträchtigen? Gibt es technologische oder kapazitative Einflüsse bei Lieferanten oder Kunden, die eine Veränderung bedeuten? Gibt es sozial bedingte Verschiebungen in der Nachfrage, weil ökologische oder ethische Motive stärkeren Einfluss auf Kaufentscheidungen bekommen? Gibt es (neue) Wettbewerber, die andere Wege gehen als bisher, neue Produkte bringen, Vertriebswege testen oder neue Praktiken verwenden?

Durch enge Prozessintegration in der Planung können Kommunikationsplattformen betrieben werden, in denen diese Informationen frühzeitig erörtert werden können. Die dazu gehörige IT-Integration eröffnet die Basis für quantitative Analysen, um die Trends frühzeitig zu erkennen und als Gesprächsgrundlage in der Planungsabstimmung einzubeziehen.

Es kommt zu einer Verschiebung der Schnittstelle der Informationsgewinnung – man sitzt nicht mehr als Empfänger übergebener Informationen da, sondern ist Teil der Absatzplanung der Kunden. Dies gilt gleichermaßen für die Lieferantenseite – die enge Kopplung bedeutet Zugang zu Informationen über Materialverfügbarkeit, technologische und kapazitative Bedrohungen und auch Informationen über Wettbewerber und die eigene Rolle bei Lieferanten und Kunden.

Im Handlungsfeld *Time-to-Market* geht es letztlich um die interne Effektivität und Effizienz von Prozessen. Schwerpunkte sind hier die Einführung neuer Produkte und die damit verbundene Steuerung des Produktlebenszyklus. Wurde sie früher gar nicht als Aufgabenbereich im Supply Chain betrachtet, so ist die Einsteuerung der Produkte heute Überlebensnotwendigkeit, sowohl für die Supply Chain als auch für das

Unternehmen und seine Marktpositionierung. Diese Prozesse sind eng zu synchronisie-ren, mit cross-funktionalen Teams zu besetzen und natürlich mit den geeignete Tools und IT-Lösungen in ihren Aktivitäten zu unterstützen.

Für Flexibilitätsstrategien gibt es eine fast schon unüberschaubare Anzahl von Gestaltungsmöglichkeiten. Der Grund hierfür ist die Vielfalt der Aktivitäten und Aktivi-tätsfelder in einer Lieferkette. Hier muss das Supply-Chain-Management die Kette systematisch durchleuchten und die jeweils relevanten Themenfelder herausarbeiten. Kernthemen sind die Standardisierung von IT-Interfaces (inklusive der erforderlichen Dateninhalte und speziell erforderlicher Funktionalitäten), um schnell und flexibel die Lieferkette neu zu konfigurieren und die modulare Struktur der Supply Chain in allen Bereichen.

Ansatzpunkte können in der regionalen, technologischen oder kapazitativen Struktur der Lieferanten liegen, aber auch in der Frage, welche Lieferanten mit welcher Rolle (und welchen Flexibilitätsszenarien) in die Kette eingebunden sind. Auch der Einsatz neuer, internetbasierter Suchalgorithmen bei der Lieferantenfindung kann hier eine Rolle spielen.

In der Produktion sind es beispielsweise Fragen zur (personellen) Kapazitäts-steuerung, der Ausrichtung künftiger Investitionen auf den darzustellenden Mix aus Klein- und Großmengen, Make-to-Order- wie auch Make-to-Forecast-Strategien. Auch der Einsatz von Lohnfertigern und anderen Dienstleistern ist ein Hebel zur Flexibili-tätssteigerung, muss aber parallel mit den entsprechenden Instrumentarien zum Risiko-management etabliert und gesteuert werden.

In der Distribution dreht es sich um die Frage, wie das Netzwerk gestaffelt wird, an welcher Stelle die kundenspezifischen Produkte gelagert werden, ob *Last-Mile Dis-tribution Centers* eingesetzt werden oder ob auf Outletebene (oder im Servicefahrzeug) gelagert wird. Die Wahl der geeigneten Dienstleister und deren logistischer Netzwerke spielt hier ebenfalls eine große Rolle, nicht nur die reine Kostendimension.

Auch das immer wichtiger werdende *Retourengeschäft* bietet viele Hebel zur Flexibi-lisierung und Professionalisierung, beispielsweise in der Verwendung von spezialisierten Retourendienstleistern. Diese müssen aber die Kundenzielgruppe sehr spezifisch adres-sieren und den Kunden auf dem oftmals letzten transaktionalen Schritt seiner *Customer Experience* das Gefühl vermitteln, dass alles getan wird, um die Abläufe für ihn mög-lichst einfach und effektiv zu gestalten. Das Outsourcing des physischen Retourenma-nagements bedeutet auch, dass die Informationen über die Retourengründe differenziert erfasst und sorgfältig ausgewertet werden, um Verbesserungen einzuleiten und um struk-turelle Veränderungen in Kundengewohnheiten zu identifizieren.

Durch die Anwendung von Big-Data-Techniken bei ausgewählten Themenstellungen in der Supply Chain können schnell und präzise Informationen gewonnen werden, die sich früher einer näheren Betrachtung entzogen haben. In der Supply Chain und an deren Schnittstellen, gibt es eine hohe Vielzahl von Transaktionen, die jeweils typische Eigen-schaften aufweisen können: spezifische Kauf- und Absatzmuster, Fehler, Verzögerungen, Retouren, Reklamationen, Qualitätsprobleme, Auftragsänderungen etc. Dies ist die

Quelle für operative Verbesserungen und für das Erkennen struktureller Verschiebungen, die eine Anpassung der Supply Chain erforderlich machen. Schwerpunkte für Big Data im Hinblick auf die Agilität sind die Identifikation von Risiken (insbesondere deren Früherkennung) und die Interpretation von Trends und deren Bedeutung für die künftige Ausrichtung der eigenen Supply Chain.

Ein leistungsfähiger, integrativ besetzter und durch passende IT-Lösungen unterstützter S&OP-Prozess schafft das Forum für die Erörterung von Veränderungen, deren Beurteilung hinsichtlich notwendiger Anpassungsmaßnahmen und das Einleiten der entsprechenden Umsetzungen. Dies beinhaltet auch das Steuern der Beauftragung dieser Aufgaben durch Benennung von Verantwortlichen, Einbindung der erforderlichen Beteiligten, Priorisierung der Aufgaben im Vergleich zu anderen Vorhaben und Setzung der erforderlichen bzw. zur Verfügung stehenden Zeitleisten. Aufgrund der verstärkten Volatilität der Märkte ist hier ein monatlicher Rhythmus zunehmend erforderlich, auch wenn einige Branchen und Unternehmen noch langsamer getaktet sind, z. B. in zwei- oder dreimonatiger Frequenz.

Beim Einsatz von Segmentierungstechniken kommt aus Sicht der Agilität den Aspekten des Produkt- und Kundenlebenszyklus wie auch der Risiken in der Supply Chain besondere Bedeutung zu. Durch eine derart geschnittene Segmentierung lassen sich Regionen, Märkte, Kunden, Lieferanten, Produkte, Materialien etc. in unterschiedliche Risikoklassen einteilen, denen dann auch typische Reaktionszeiträume zugewiesen werden können. Bereiche mit hohem Risikoprofil erfordern eine erhöhte Aufmerksamkeit sowie eine erhöhte Antizipation und Reaktionsfähigkeit durch vorbereitete Szenarien. Bereiche mit niedrigem Risikoprofil können durch automatisierte Datenanalysen und Musterfrüherkennung abgedeckt werden, die somit Aufmerksamkeit und Kapazität den Bereichen mit höherem Risiko zukommen lassen.

Der Einsatz von Advanced Planning Systems geht über die Anwendung für die Produktionssteuerung deutlich hinaus. Hiermit wird der gesamte Auftragsfluss betrachtet, vom Absatzmarkt über die eigenen Operations bis hin zu den Zulieferungen. Während die konkrete Detailplanung der einzelnen Bereiche eher ein Handlungsfeld für die operative Leistungsfähigkeit ist, spielt für die Agilität die übergreifende Netzwerkplanung, das *Masterplanning,* eine wesentliche Rolle. Hier können Produktionsaufträge den dafür jeweils am besten geeigneten Standorten zugewiesen werden, wobei die Kriterien für *am besten geeignet* dynamisch aus einem Katalog voreingestellter Parameter jeweils entsprechend der Lastsituation gezogen werden können.

Der zweite große Bereich für den Einsatz von Advanced Planning Systems liegt in der Unterstützung eines integrativen Demand-Managements. Integrativ bedeutet hier, dass beispielsweise die Granularität und Genauigkeit der Absatzplanung darauf ausgerichtet ist, welche Vorlaufzeiten für die Erfüllung des darin definierten Bedarfs relevant sind. Hieraus ergibt sich eine gestufte, unterschiedliche Präzision des Forecasts, je nach Beschaffungs- oder Produktionszeitbedarf von Produkten oder Varianten. Diese Art der Forecast-Strukturierung unterstützt die operative Leistungsfähigkeit sowie die Agilität gleichermaßen. Bei der Steuerung der Operations ist dabei die Effektivität der Vorschau von ausschlaggebender Bedeutung, da daraus die erforderlichen Dispositionen abgeleitet werden. Aus Sicht der Agilität ist es mehr die sich daraus ergebende Analysemöglichkeit, bestimmte Trends auf verschiedenen Stufen der Wertschöpfungskette erkennen zu können.

Ergänzt wird dies durch neue Verfahren des *Demand Sensing;* hier werden die Forecast-Signale aus einer Vielzahl von Quellen herangezogen und entsprechend ihrer Relevanz und Zuverlässigkeit gewichtet und zusammengefügt. Daraus entsteht eine völlig neue Qualität des Demand-Signals, das sowohl für die operative Leistungsfähigkeit als auch für die Agilität verwendet werden kann, aber jeweils mit unterschiedlicher Interpretation.

Auch das Bestandsmanagement unterstützt beide Erfolgsbereiche, die Agilität und die operative Leistungsfähigkeit. Wichtiges Gestaltungsmerkmal hierfür ist die Segmentierung von Beständen im Hinblick auf Produkte, Kunden, Absatzkanäle oder andere geeignete Kriterien, aber auch die Typen der Bestände in Form von Zyklus, Sicherheitsoder Spekulations-(Hedging-)Bestand.

Verfahren zur mehrstufigen Bestandsoptimierung ermitteln, auf welcher Stufe der Supply Chain welche Veredelungsmenge an Materialien und Fertigprodukten gelagert werden soll und die zugehörigen Mengen und Sicherheitsbestände. Dies ist operativ effektiv und effizient und hält die Supply Chain frei von unnötigen Beständen. Daher ist dies auch ein wichtiger Hebel zur Anpassung an veränderte Marktanforderungen, zur Einsteuerung neuer Produkte oder zum Abfangen regionaler Verschiebungen.

Hierzu gehört natürlich die Transparenz hinsichtlich der weltweiten Lagersituation, der jeweiligen Bedarfe und Bestände. Auf der Basis dieser Transparenz können dann die richtigen Entscheidungen getroffen werden, wenn diese mit dem Demand-Signal zusammengeführt werden (oder auch mit dem Ein- und Auslauf von Produkten und Kunden).

Insgesamt werden durch diese Methoden der Agilitätssteigerung nicht nur die Beweglichkeit und Anpassungsfähigkeit des Unternehmens erhöht, sondern auch die Qualität der Unternehmenssteuerung und Unternehmensführung auf allen operativen und strategischen Ebenen. Das ist einer der angenehmen „Nebeneffekte", die die Investition in diese Themen auch für eher kostenorientierte Manager attraktiv machen sollten.

4.6.4   Organisatorische Hebel der agilen Exzellenz

Die Schlussfolgerung und die damit verbundene These ist daher für uns, dass es auf die Weitsicht des Managements ankommt, die Themen der Agilität als hochrelevant für das eigene Unternehmen zu erkennen und einzustufen und alsdann aktiv in die Weiterentwicklung des Unternehmens einfließen zu lassen.

Es gibt schon eine bemerkenswerte Anzahl durchschnittlich agiler Unternehmen, die hohe Transparenz und Prozessintegration realisiert haben, die Märkte aufmerksam beobachten und per S&OP-Prozess ihre Entscheidungen systematisch und integrativ treffen.

Die meisten Unternehmen kämpfen aber nach wie vor jeden Tag mit den Herausforderungen der Volatilitäten, nennen dies Tagesgeschäft und empfinden es als normal – leider mit hohen Kosten, die dann im internationalen Wettbewerb zunehmend Probleme hervorrufen.

Dieses Phänomen ist völlig branchenneutral; wir konnten keine spezifische Branche identifizieren, in der es einen höheren Grad an Agilitätsorientierung gibt. Auch Internationalisierung oder Unternehmensgröße haben hier keine Korrelation aufgewiesen.

Ähnlich wie bei der operativen Leistungsfähigkeit lassen sich hier Reifegrade in der Ausrichtung auf erhöhte Agilität erkennen, somit unterschiedliche Entwicklungsstufen der Unternehmen. Wir fanden aber nur wenige Unternehmen, die dieses Prinzip schon als maßgeblich und wichtig erkannt haben, sich dementsprechend konsequent und durchgängig danach aufstellen und ihre gesamte Organisation von der Spitze bis in die Tiefen der Operations darauf ausrichten. In allen diesen Unternehmen war es dem Top Management wichtiger, in diese Fähigkeiten zu investieren und diese zu entwickeln, auch zu Lasten der kurzfristigen Ergebnissituation.

Hiermit ist ein weiterer wichtiger Themenkomplex angesprochen: Die leistungsfähige Supply-Chain-Organisation. Unternehmen mit hoher Supply-Chain-Performance haben durchweg eine spezialisierte Supply-Chain-Funktion geschaffen, die die Operations überwacht und Weiterentwicklung integrativ und fokussiert vorantreibt. Insbesondere für verzweigte Unternehmen hat es sich bewährt, eine zentrale Funktion für die Rahmenthemen und die Steuerung der verschiedenen Verbesserungsprojekte zu betreiben und in den einzelnen Geschäftsbereichen dezentrale, jeweils auf sie spezialisierte, fokussierte Supply-Chain-Abteilungen zu schaffen. Letztlich ist dies auch wieder eine Ausprägung der Segmentierung, um die spezifischen Herausforderungen der einzelnen Geschäfte optimal zu bedienen.

Eine Kernaufgabe für diese Supply-Chain-Organisation ist es, die Leistungsfähigkeit der Lieferkette zu überwachen und zielgerichtete Verbesserungen einzuleiten und umzusetzen. Das muss sie nicht alles selbst machen, da die Themen ja sehr vielfältig und jeweils Experten zur Bearbeitung erforderlich sind. Die SC-Organisation ist der Integrator dieser Aktivitäten, sei es auf zentraler Ebene (übergreifende Aufgaben), sei es dezentral in den Geschäftseinheiten (mit Fokus auf geschäftsspezifischen Anforderungen und Lösungen).

Die Zusammenarbeit in der Kette hat typischerweise die beiden Ebenen Prozess und IT; beide können separat etabliert werden, am wirksamsten ist natürlich die Kombination aus beiden. Dies betrifft sowohl die Kunden- als auch die Lieferantenseite (inkl. Produktionspartner und Service-Dienstleister). Kernkompetenzen in diesem Themengebiet sind die Auswahl der geeigneten Partner und das Etablieren der geeigneten Form und Ausgestaltung der Zusammenarbeit. Dies erfordert Aufwand: Es ist spezialisiertes Supply-Chain-Personal erforderlich, das sich mit diesen Themen befasst und auch die Bereitschaft anderer Funktionsbereiche, dies zu unterstützen und zu ermöglichen.

In Ergänzung zu einer integrativen SCM-Organisation sind vier organisatorische Handlungsfelder auszuprägen, die über das Management in die Organisation eingesteuert werden müssen (Abb. 4.13). Sie bilden das Fundament für die Wirksamkeit vieler konkreter, operativer Maßnahmen.

Der Grundbaustein für alle vorgestellten Maßnahmen ist letztlich die Priorität des Managements, das gesamte Unternehmen durchgängig auf die Ziele der Integration und

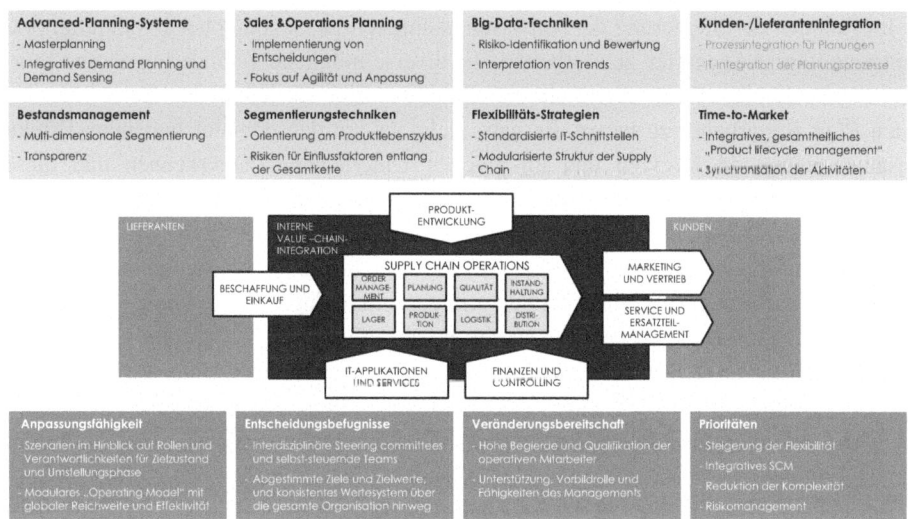

Abb. 4.13 Organisatorisch getriebene Handlungsfelder zum Schaffen agiler Unternehmensstrukturen

des konsequenten Flusses auszurichten. Dabei gilt es auch, die Supply Chain als *Value Center* auszurichten – dies ist der Bereich, in dem sich die Wertschöpfung des Unternehmens konkretisiert, materialisiert und in messbare Umsätze und Kosten umgesetzt wird. In vielen Unternehmen ist die Supply Chain, oder auch Teile davon, als *Cost Center* ausgeprägt, das funktionieren muss. Es wird dementsprechend nach *geringsten Kosten* aufgestellt, mit vielen damit verbundenen Unzulänglichkeiten in dem immer dynamischer und anspruchsvoller werdenden Marktumfeld.

Es ist die zentrale Erkenntnis unserer letzten Studien (EY 2015), dass die Supply Chain ganz klar ein *Value Center* des Unternehmens ist, die Keimzelle für Umsatz und Profitabilität. Die Supply Chain ist mehr als nur die reine Lieferkette, die Supply-Chain-Operations. Damit die Lieferkette funktionieren kann, müssen viele Voraussetzungen erfüllt sein. Viele Unternehmensfunktionen müssen *in-time, in-quality, in-spec, in-sync* mit der Supply Chain sein. Daher ist Supply-Chain-Management heute nicht mehr eine Funktion im Unternehmen, die einfach nur „funktionieren" muss. Es ist vielmehr eine Aufgabe der Unternehmensleitung und Unternehmenslenkung, die Potenziale überlegener Lieferketten für das aktuelle Geschäft, das Wachstum und das Erschließen neuer Markt-, Kunden- und Geschäftssegmente zu heben.

Die hierbei anzuwendenden Prioritäten richten sich auf Investitionen in Flexibilität (nicht nur Effizienz), auf die Integration der Informations-, Waren- und Finanzflüsse und der dahinter liegenden Entscheidungen (statt rein funktionaler Exzellenz), auf das gezielte Steuern der Komplexität, Vermeidung unnötiger Komplexitäten (statt ungesteuerter, opportunistischer Vielfalt) und die systematische Betrachtung und Vermeidung/Pufferung von Risiken in der gesamten Wertschöpfungskette.

Im Rahmen der Steigerung der Anpassungsfähigkeit ist es von hoher Bedeutung, präventiv vielfältige Szenarien zu erarbeiten, die diverse mögliche Veränderungen und Störeinflüsse betrachten. Es ist aber nicht unbedingt das Ziel, für jede erdenkliche Situation einen *Plan B* erarbeitet zu haben. Es geht vielmehr um den dahinter liegenden Effekt, Zusammenhänge in Märkten und im eigenen Unternehmen zu erkennen und diese Erkenntnisse auf konkrete Herausforderungen anzuwenden – in gewisser Weise eine *Schulung in der Anpassung.*

Da Organisationen aber vielgliedrige Gebilde sind, die konkret gesteuert werden müssen, kommt dabei dem Aspekt der Rollen und Verantwortungen für solche Umstellungen eine hohe Priorität zu. Dies betrifft sowohl die auszuführende Umstellung (als Projekt) als auch den zu erreichenden Zielzustand (künftige Operations). Unterstützt wird die Anpassungsfähigkeit auch hier durch eine modulare Struktur von Geschäftssystem, Supply Chain und dem jeweiligen Operating Model für bestimmte Märkte, Regionen oder Kundengruppen.

Entscheidungsbefugnisse treiben schnelle Entscheidungen voran – und fördern auch die schnelle Umsetzung. Das Sales & Operations Planning ist ja in seiner Grunddefinition bereits interdisziplinär und trifft in dieser Rolle abgestimmte Entscheidungen. Aber auch die sich daraus ergebenden Umstellungsprojekte erfordern eine interdisziplinäre Lenkung, da es in Supply Chains extrem viele Wechselwirkungen gibt: Sie sind eng vernetzt, eine Vielzahl von Transaktionen finden ständig und gleichzeitig statt, enge Kundenliefertermine sind einzuhalten, die Kette ist sehr kostensensibel und die Nachfrage kann sehr dynamisch sein.

Neben der interdisziplinären Lenkung ist eine hohe Autonomie der Arbeitsgruppen wichtig, damit diese schnell agieren und die Aktivitäten vorantreiben können. Häufige Abstimmungsprozesse mit dem Management würden dies verlangsamen. Hierfür ist es erforderlich, dass diese Arbeitsgruppen klare Mandate und Ziele erhalten, vor allem aber dass die Mitglieder dieser Arbeitsgruppen in der Lage sind, für die anstehenden Herausforderungen umsichtig und inhaltsbasiert die richtigen Lösungen zu erarbeiten. Das erfordert eine hohe Qualifikation, die wiederum eine hohe Investition in die Fähigkeiten der Mitarbeiter voraussetzt.

Damit Entscheidungen auch wirksam umgesetzt werden können, müssen sie von allen erforderlichen Beteiligten akzeptiert, als notwendig und sinnvoll anerkannt werden. Daher müssen die verschiedenen Funktionsbereiche und deren Management über ein konsistentes Zielsystem gesteuert werden, damit alle an einem Strang ziehen. Das dahinter liegende Wertesystem des Unternehmens muss dies unterstützen, damit eine innere Führung erfolgen kann, in der die einzelnen Teilnehmer die Entscheidungen treffen, die für das Unternehmen richtig, sinnvoll und wichtig sind.

Die hohe Qualifikation ist eine wesentliche Voraussetzung für die Veränderungsbereitschaft der Mitarbeiter. Informierte und gut ausgebildete Mitarbeiter haben weniger Angst, neue Lösungen zu erarbeiten und die sich daraus auch für sie persönlich ergebenden Veränderungen als positiv zu betrachten. Ein herausforderndes, positives Arbeitsumfeld fördert zusätzlich auch den Wunsch und die Bereitschaft, Änderungen und Anpassungen zu betreiben, da es dem Ansporn folgt, neue, wichtige Dinge zu erarbeiten.

Dies verbindet sich auch mit der Rolle des Topmanagements, das nicht nur die inhaltlichen Fähigkeiten aufweisen muss, um die erforderlichen Veränderungen zu erkennen, zu gestalten, zu beauftragen und durchzusetzen. Es hat auch viel mit vorbildhaftem Verhalten zu tun; ein *Walk-the-Talk* ist hier eine wichtige Basis für überzeugende und motivierende Führung und damit der Treiber für hohe Akzeptanz der Entscheidungen und für schnelle Umsetzungserfolge.

Diese Steuerung kann nicht mehr aus einer einzelnen, funktionalen Sicht erfolgen, sondern erfordert die bewusste und kreative Lenkung durch das Topmanagement – und die schon dargelegte zukunftsweisende Integration von Vertrieb, Finanzen und Supply Chain.

4.7 Organisationsmodelle für die Value-Chain-Exzellenz

4.7.1 Gestaltung der Organisation passend zum Reifegrad

Als wir in mehreren Jahren wiederholt die organisatorische Einbettung der Supply Chain in die Unternehmensorganisation erforscht haben, zeigte sich immer wieder ein differenziertes Bild. Über alle teilnehmenden Unternehmen der Studien hinweg gab es kein einheitliches Konzept. Dies betraf die in der Supply Chain zusammengefassten Unternehmenseinheiten, aber vor allem die hierarchische Einordnung der Supply-Chain-Leitung. Bei den ersten Studien 2007–2010 war die Supply-Chain-Leitung vielfach auf der dritten oder gar vierten Ebene vorzufinden, nur in wenigen Unternehmen auf der zweiten Führungsebene und nur sehr selten auf der Vorstandsebene.

Dies hat sich in den letzten Jahren geändert; in der letzten Studie 2014 war die Supply Chain bereits bei rund 16 % der Unternehmen in der Vorstandsebene ausgeprägt und zu 56 % auf der zweiten Managementebene. In der dritten (die dominante Einordnung 2010) oder gar vierten Managementebene war sie nur noch bei 23 % der Unternehmen vorzufinden.

Was sich damit auch deutlich verändert hat, ist die *funktionale Reichweite*. Wo wir 2010 noch eine Verteilung der Supply-Chain-Aufgaben über viele Funktionen vorfanden und in einer Supply-Chain-leitungsähnlichen Funktion nur Themen zur Mengen- und Absatzplanung, gelegentlich auch der Logistik (Warenwirtschaft, Lager, Transport) ausfindig machten, so sind es derzeit weitaus stärker unter einer Leitung zusammengefasste Abteilungen. Das Spektrum reicht hier von ehemals vertrieblichen Themen, wie Absatzplanung und Order Management, herstellungsnahen Aufgaben, wie Produktion und Qualitätswesen, bis hin zur Integration der Beschaffung in die Supply Chain.

Zusätzlich ist es auch mehr und mehr zu beobachten, dass Unternehmen gezielt bestimmte Aufgaben zentral ausprägen und andere Aufgaben eher dezentral eingliedern.

Dies erhöht die Schlagkraft auf operativer Eben und gleichzeitig die Ausbildung übergreifend harmonisierter Strukturen über das Unternehmen hinweg (dies betrifft sowohl Divisional/BU-geprägte Strukturen als auch die Organisationen innerhalb von einzelnen Unternehmen). Beispielsweise ist die Prozessverantwortung für die SC-Prozesse, die inhaltliche Verantwortung für die IT-Systeme im SCM-Umfeld und die übergreifende SC-Planung eine typische Zentralaufgabe geworden. Das Supply-Chain-Controlling ist dann eher dezentral aufgestellt, wenngleich auch hier eine zentrale Lenkung hilfreich ist (z. B. im Rahmen der Prozessdefinition und der damit verbundenen Kenngrößen zur Prozesserfolgssteuerung).

Dezentral, somit innerhalb der jeweiligen operativen Einheiten, sind dann die entsprechenden operativen Aufgaben zu Order-Management, Auftragssteuerung, Warenwirtschaft, Lager und Transport eingeordnet. Auch Projekte zur Verbesserung der Kunden-Kollaboration oder Lieferanten-Kollaboration sind eher dezentral aufgehängt, da die Kunden ja den operativen Einheiten zugerechnet werden können.

Wobei sich hier auch organisatorische Zentraleinheiten ergeben können, wenn z. B. die Lager-und Transport-Logistik für alle BUs zusammengefasst wird, wenn sich entsprechende Synergien und vor allem Leistungssteigerungen in der Auftragsabwicklung, beim Lieferservice und in der besseren Bedienung der Kunden ergeben. Hier sollte man nicht nach reinen Kosteneinsparungen schauen, sondern mehr danach, wie weit eine solche Zentralfunktion in der Lage ist, die Geschäftsstrategien der einzelnen operative Geschäftseinheiten maßgeblich zu unterstützen und erfolgreich in der Umsetzung voranzutreiben.

Interessanterweise war aber allen Studien über die Jahre hinweg gemeinsam, dass es kein Organisationsmodell gab, mit dem alle teilnehmenden Unternehmen zufrieden waren. Ganz im Gegenteil, selbst wenn die Supply-Chain-Organisation in derselben Weise aufgestellt war, gab es keine einheitliche Sicht; weder positive noch negative Aspekte waren durchgängig vorzufinden. Das gleiche Konstrukt wurde bei einem Unternehmen als sehr hilfreich, beim anderen als hemmend und verbesserungswürdig eingeschätzt. Während einige Unternehmen sehr große Leistungssteigerungen auf das jeweilige Organisationsmodell zurückführten, sprachen andere beim gleichen Modell von deutlichem Verbesserungsbedarf.

Die Aufklärung dieser Widersprüche liegt in der Erkenntnis, dass die jeweils passende Ausprägung der Supply-Chain-Organisation entscheidend davon abhängt, auf welchem Reifegrad sich das Unternehmen befindet. Wird aus Überlegungen zur Attraktivität von *Best Practices* ein Organisationsmodell beim Unternehmen eingeführt, das nicht zum Reifegrad passt, ist die Folge ein signifikanter Energieverlust. Dies kann negativer Verlust sein, wenn zum Beispiel die internen Friktionen so stark zunehmen, dass sich die handelnden Personen gegenseitig behindern oder nicht richtig zusammenarbeiten. Es kann aber auch ein neutraler Verlust sein, wenn man nicht die richtige Weise der Führung und der Zusammenarbeit ausgestalten kann und somit eine bereits mögliche Leistungsfähigkeit der Supply Chain organisationsbedingt nicht erreicht werden kann. Management-Energie und vor allem viel Energie auf den operativen Ebenen geht verloren, wenn man versucht, Organisations- und Prozesswelten zu schaffen, in denen sich die Intentionen und Direktiven des Managements nicht entfalten können.

In jedem Fall gilt es, diesen Energieverlust zu vermeiden und durch die Wahl der passenden Organisationsform die wahren Potenziale des Unternehmens zu erschließen und durch die passenden Maßnahmen die Evolution der Leistungsfähigkeit von Supply Chain, Value Chain und gesamtem Unternehmen gezielt und wirksam voranzutreiben. Entsprechend des Reifegrades gilt es, eine passende Koordination auszugestalten, Ideen durchzusetzen und neue Arbeitsweisen voranzutreiben. Wenn das Umfeld des Unternehmens hierfür eher Hindernisse in Form funktionaler Barrieren hat und jeder Integrationsvorschlag ständig hinterfragt wird (mit dem Ziel, diesen letztlich zu verhindern), dann verpufft viel Energie. Andererseits, wenn es eine hohe Bereitschaft zur Zusammenarbeit gibt, aber alle Maßnahmen mühselig in breiten Arbeitskreisen diskutiert und erarbeitet werden, wäre eine stärkere zentrale Lenkung schlagkräftiger, da hier Entscheidungen als Gesamtgestaltung getroffen und anschließend umgesetzt werden. Insgesamt gilt es, eine deutlich höhere Flexibilität zu erreichen, um die wechselvollen Herausforderungen aus Märkten und internen Abläufen zu ermöglichen (siehe auch Dell 2012).

Hierzu werden nun wichtige Eckpunkte vorgestellt, die im Rahmen der jeweiligen Struktur zum jeweiligen Reifegrad beachtet und ausgewählt werden sollten. Hierbei gilt besondere Aufmerksamkeit der Frage der organisatorischen Reichweite der Supply-Chain-Funktion und den wichtigen Erfolgsvoraussetzungen.

4.7.2 Organisationsmodelle für die Level 1 und 2

Der *Maturity Level 2* ist gekennzeichnet durch das gezielte Erzeugen des Flussprinzips im Unternehmen. Es steht für den Übergang der rein funktionalen Organisation hin zu einer prozessorientierten Organisation.

Im Level 1 ist bereits eine geordnete Weitergabe von Auftragsdaten festzustellen; die einzelnen beteiligten Organisationseinheiten arbeiten koordiniert und abgestimmt an dem Durchlauf von Auftrag und zu liefernden Produkten. Somit agieren sie bereits als synchronisierte Kette; der Auftragsstatus ist jeweils bekannt und das Unternehmen ist intern wie extern auskunftsfähig zu Lieferterminen, Auftragsstatus und bestehenden Abweichungen oder Problemen. Es wird in gemeinsamen, crossfunktionalen Teams an Verbesserungen gearbeitet und es besteht eine hohe Kosten- und Performance-Transparenz durch entsprechende Kennzahlen und Reporting-Systeme.

Insgesamt ist die Unternehmensorganisation jedoch sowohl im Level 1 als auch im Level 2 idealerweise funktional aufgestellt in den klassischen Funktionen Vertrieb, Entwicklung/Technik, Einkauf, Produktion, Distribution. Dies hängt damit zusammen, dass auf diesen Levels erst einmal die funktionale Exzellenz aufgebaut, gestärkt und im Zusammenhang mit den Flussprinzipien der Supply Chain ausgeprägt werden muss. Diese funktional geprägte Organisation baut sich dann die erforderliche horizontale und vertikale Exzellenz in flexiblen Arbeitsstrukturen (z. B. kundenbezogene Projekte, Verbesserungsprojekte) auf.

Das ist interessanterweise auch ein gutes Organisationskonzept in Zeiten raschen Wachstums, da sich die Funktionsbereiche mit Fokus auf die funktionale Exzellenz intensiv auf die ständige Weiterentwicklung der Kapazität konzentrieren können und die jeweiligen funktionalen Rahmenbedingungen und interne Fähigkeiten entwickeln können. Die Supply Chain ist hier oft eine Stabsfunktion mit koordinierender Rolle im Hintergrund; die operativen Leistungseinheiten der Supply Chain (z. B. Transport, Lager, Wareneingang) sind oft unter einer Funktion Logistik zusammengefasst, die aber nicht die Hoheit über die eigentliche Supply Chain hat.

Der nun auf Level 2 hinzukommende Unterschied ist das Verständnis der einzelnen Funktionsbereiche hinsichtlich ihrer Rolle und Bedeutung für die Supply Chain – der Wandel von der Funktion hin zum Dienstleister der Kette. Die Produktion wird zum Dienstleister der Supply Chain – und ist nicht länger nur auf die eigenen Kosten- und Leistungsziele ausgerichtet. Produktentwicklung und Engineering sind nicht mehr nur die Quelle neuer Produkte, sondern sehen sich darüber hinaus auch als Dienstleister, termingerecht die sich aus Kundenaufträgen ableitenden Anpassungen und Produktions-/ Einkaufsvorgaben zu realisieren. Der Vertrieb ist nicht nur die Quelle neuer Aufträge für das Unternehmen, sondern auch der Hüter der Herstellbarkeit und Machbarkeit der Anfragen und auch der Richtigkeit der im Auftrag enthaltenen Informationen – und letztlich auch die Quelle der Prognosedaten, um die Supply Chain bereits heute auf die Nachfrage von morgen einstellen und ausrichten zu können.

Alle Funktionsbereiche ordnen sich somit im Level 2 dem Supply-Chain-Prinzip unter.

Die Folge ist, dass in diesen Unternehmen eine recht mächtige Funktion *Supply Chain* entsteht, die einerseits die operativen Einheiten des Auftrags- und Warenflusses beinhaltet (z. B. auch den Auftragseingang/Order Centers, Produktionsplanung, Warehousing, Distribution). Zum anderen aber nutzt diese zentrale Funktion ihre Macht, um die großen anderen Funktionsbereiche ständig auf das gemeinsame Ziel des synchronisierten, reibungslosen und schnellen Flusses in der Supply Chain hinzuweisen.

Auf Level 2 hat diese Funktion noch keine Weisungsbefugnis für die anderen Funktionsbereiche, sondern muss die Unterstützung der anderen „einwerben". Dies erfordert hohes diplomatisches Geschick, aber auch eine klare und gemeinsame Vision aller Unternehmensfunktionen, warum man dies tut. Zudem erfordert es die klare Unterstützung durch die Unternehmensleitung, die das Supply-Chain-Prinzip als Erfolgsmotor und Erfolgsgarant für das Unternehmen entdeckt, verstanden und verinnerlicht hat. Somit wird im Rahmen der jährlichen Geschäftsplanungs-Meetings auch ein starker Fokus darauf gelegt, diese Supply-Chain-getriebene Geschäftsvision voranzutreiben und ständig weiterzuentwickeln. Integration in der Supply Chain beginnt mit der Integration der handelnden Manager und deren gemeinsamem Verständnis für die erforderlichen Maßnahmen, die sich aus der Vision und Strategie ableiten.

Die Detailausprägung der Supply-Chain-Funktion ist im Level 2 sehr individuell, da dies sowohl vom Unternehmenstyp, der vertikalen und horizontalen Integration, der Industrie als auch den speziellen Bedürfnissen zu einem bestimmten Zeitpunkt abhängt. Dies kann sehr schnell aus folgenden Faktoren abgeleitet werden: Das übergeordnete Ziel ist das Erzeugen des Flusses und die Synchronisation der handelnden Einheiten. Hierzu wird ein strategisches Value-Chain-Mapping durchgeführt, in dem der Durchfluss von Aufträgen und Lieferungen skizziert wird. In diesen *Fluss* werden dann die jeweils erforderlichen „Zuarbeiten" gemäß dem Grundmodell von Level 2 eingetragen. Die Abgrenzung ist immer darin zu sehen, welche Einheit ein „fertiges Gewerk" erstellen muss (z. B. produziert die Fertigung ein Produkt in einem gewissen Fertigstellungsgrad, oder die Produktentwicklung/Engineering definieren die Stückliste, Arbeitspläne und Qualitätsvorgaben; der Vertrieb erzeugt einen fertig definierten Kundenauftrag oder auch einen fertigen Absatzplan für die nächsten zwölf Monate, der Einkauf erzeugt einen lieferfähigen Lieferanten mit entsprechenden Vereinbarungen etc.). Dies sind dann die „Dienstleister".

Andererseits gelten alle anderen Funktionen typischerweise als „Macher des Flusses" – dies betrifft operative Einheiten wie Transport und Lager, aber auch die planenden Funktionen des Flusses; insbesondere Produktions-Rahmenplanung, Logistikplanung, Bestandsplanung etc. Diese sollten somit in die zentrale Funktion *SCM* integriert werden. Da hier aber auch noch, je nach Situation des jeweiligen Unternehmens, andere Stellen hinzukommen, ist das eine individuelle Ausprägung. So kann es auch durchaus sinnvoll sein, einen Bereich der Qualitätssicherung in die SCM aufzunehmen, wenn dies für die Verbesserung des Flussprinzips (im Wareneingang, bei Lieferanten, in bestimmten Abschnitten der Fertigung, im Warenausgang etc.) sinnvoll ist.

Was auf jeden Fall in dieser Funktion auszuprägen ist, sind die Aufgaben des Performance-Managements. Dies besteht einerseits aus der Leistungsmessung und -beurteilung der Supply Chain und der zuliefernden Dienstleister und andererseits aus Teams zur Durchführung von Optimierungsmaßnahmen (intern, bei Lieferanten, bei Kunden). Da nur die Supply-Chain-Organisation dies übergreifend bearbeiten kann, ist dort der richtige Platz dafür.

Eine interessante Variation zu der Fragestellung, wie man eine eher in *Säulen* ausgeprägte Organisation in einen Kooperationsmodus bekommt, ist die Betrachtung der regionalen Organisationsaufstellung. Dies ist in gewisser Weise vergleichbar mit der Situation funktionaler Silos. Viele Unternehmen sind international tätig, mit voll ausgeprägten Geschäftstätigkeiten in allen Zielländern. Hier ist oft zu beobachten, dass die einzelnen Landesgesellschaften an ihrem Landesergebnis gemessen werden, sprich der lokalen Profitabilität. Aber vielfach gibt es Querbeziehungen auf der Produktionsebene, z. B. gibt es ein „Aushelfen" mit Kapazitäten zwischen den Werken und somit zwischen den Ländern. In einem konkreten Projekt haben wir hierzu nun beobachtet, dass es immer wieder starke Bedenken des jeweiligen oberen Landesmanagements gab, einem anderen Land mit Kapazität bzw. Herstellung der Produkte auszuhelfen. Auch wenn es eine übergeordnete Supply-Chain-Koordination gab, die per Masterplanung die europaweite Nachfrage in gewissem Rahmen auf die einzelnen Länder verteilt hat, gab es doch immer wieder Widerstände, diesen „zentralen Wünschen" nachzukommen. Es wurde dann doch die Produktion für die eigenen Märkte bevorzugt, selbst wenn die damit verbundenen Produkte oft rein lokale „Deckungsbeitragsgeschäfte" waren und dafür die mit attraktiveren Margen versehenen Produkte der „Schwester-Länder" nicht gefertigt wurden.

Nach einigen Recherchen hat sich herausgestellt, dass aufgrund interner Regularien dem produzierenden Werk in diesem Fall keine Marge zugerechnet wurde, sondern lediglich die Herstellkosten erstattet wurden. Dies war einerseits attraktiv, weil man sich damit viele Probleme aus der Bildung von Transferpreisen ersparte. Andererseits hatte die dann produzierende Einheit somit keine Kapazität für eigene *margenbildende* Produkte, jedoch den gesamten Logistikaufwand in Auftragsabwicklung, Lagerhaltung, Versand, Reklamationen etc., ohne hierfür eine Kostenerstattung zu erhalten. Somit konnten diese Länder kein wirkliches Supply-Chain-Netzwerk ausbilden, da sie aufgrund dieses Management-Hemmnisses nicht wirklich kooperierten.

Die Lösung war dann letztlich recht einfach – die Grundorganisation mit integrierter Sales- und Produktionsverantwortung war ja eine gute Konstellation, da das Land nicht nur über Vertriebsziele, sondern auch mit der dazu gehörenden Machbarkeit und Kosten der Produktion geführt wurde. Allein die fehlende Margenabbildung für das „Fremdgeschäft" machte es nicht attraktiv. Hierzu wurde nun ein spezielles Abrechnungssystem eingeführt und allen Produktionsaufträgen für ein anderes Land wurde eine Marge gemäß der Durchschnittsmarge des produzierenden Landes gutgeschrieben. So wurden die Vorbehalte aufgelöst und gleichzeitig war es für das jeweils produzierende Land attraktiv, auch eigene Produkte mit höheren Margen zu pushen, da sich damit die Landesprofitabilität erhöht hat. Aber es fiel leichter, Produkte mit schlechteren Margen aufzugeben, da man sich ja Aufträge mit der (höheren) eigenen Durchschnittsmarge hereinholen konnte.

Durch diesen eigentlich kleinen Kunstgriff wurde eine dysfunktionale Situation (Agieren als Landes-Silos) in einen europaweiten Supply-Chain-Verbund umgewandelt und die Profitabilität des gesamten Unternehmens signifikant erhöht. Aufgrund der Maturity der Supply Chain war es ausreichend, eine übergreifende Koordination der Supply Chain zu haben, ohne ausgeprägte zentrale Machtposition. Eine solche zentrale hoch aufgehängte SC-Position hätte sich immer wieder gegen Widerstände die entsprechenden Entscheidungen per Dekret durchsetzen müssen – und gleichzeitig hätte sie auch die Organisation überfordert, da die lokale Steuerung der Supply Chain sehr unterschiedliche Sachverhalte zu beachten und steuern hatte. Dies passte somit zueinander und die Ergänzung durch einen Mechanismus, der eine Selbststeuerung entlang der Kette ermöglichte, war nun auch operativ wirksam.

4.7.3 Organisationsmodell für Maturity Level 3

Im Level 3 sieht man deutlich die Weiterentwicklung: Das durchgängige Flussprinzip und die entsprechende Zuarbeit der *internen Dienstleister* ist realisiert; nun steht die übergreifende Optimierung des Zusammenspiels im Vordergrund. Hierzu ist die operative Supply Chain in drei Kernabschnitte gegliedert; diese sind ausgerichtet auf die Ziele

- Versorgungssicherheit der Zulieferungen,
- Flexibilität von Produktion und Warenbereitstellung (Lieferfähigkeit),
- Integration mit Kunden hinsichtlich Planung und physischer Lieferprozesse.

In diesem Gerüst der integrierten und synchronisierten Leistungs- und Lieferprozesse agieren die einzelnen Funktionsbereiche als Dienstleister. Wie bereits dargestellt, gibt es hierzu die übergreifenden Führungsebenen, die das Ziel der Transparenz, Leistungssteuerung und Leistungsverbesserung im Fokus haben. Und auf den operativ-taktischen Ebenen darunter ist die Nachfragesteuerung, übergreifendes Bestandsmanagement und die Logistikabwicklung ausgestaltet mit den entsprechenden steuernden Prozessen in den operativen Einheiten.

Dies will natürlich übergreifend koordiniert werden. Aufgrund der in diesem Modell ausgeprägten Führungsebenen, führt es dazu, dass die Supply Chain auf Vorstandsebene geführt wird. Im Regelfall ist unter dem hierfür zuständigen Vorstand (COO) eine starke, integrierte und übergreifende Funktion *Supply Chain* auf der zweiten Führungsebene ausgeprägt. Hierdurch wird die übergreifende Geschäftsintegration gefördert, gesteuert und operativ umgesetzt; gleichzeitig ist aber auch der entsprechende Machthebel da, um die Belange der Supply Chain in allen operativen Unternehmenseinheiten durchzusetzen.

Aufgrund dieser großen Reichweite, vom Absatzmarkt bis hin zu den Beschaffungsmärkten und der erforderlichen Durchsetzung der durchgängigen Strukturen, ist es die Verankerung in der Vorstandsebene, die der Supply-Chain-Funktion die erforderliche Rückendeckung verleiht. Während diese Funktion im Level 2 noch eher ein starker Koordinator ist, ohne Weisungsbefugnis, wird dies nun aufgewertet um die Weisungsbefugnis, welcher Forecast maßgeblich ist, welche Maßnahmen mit Kunden und eigener Organisation zur Verbesserung der Supply-Chain-Steuerung durchgeführt werden und an welchen Stellen die Beschaffungsquellen im Hinblick auf die Versorgungssicherheit und Flexibilität hin zu optimieren sind (ergänzend zu der Kostensicht).

Die Supply Chain wird somit zum Steuerungsinstrument für das Unternehmen und damit auch zum zentralen Erfolgsinstrument. Eine Einschränkung: Die Supply Chain kann selbst hier nicht die Verantwortung für attraktive Produkte übernehmen. Dies sind weiterhin Aufgaben mit primärer Verantwortung in Entwicklung, Produktmanagement und Vertrieb. Die Supply Chain kann sich aber voll auf alle Maßnahmen konzentrieren, diese Produkte in bestmöglicher Weise, kundengerecht und individuell am erforderlichen Ort der weiteren Verwendung zur Verfügung zu stellen – und aufgrund der machtpolitischen Verankerung dies auch entsprechend durchsetzen.

Hier wird der Unterschied zum Level 2 ersichtlich: Im Level 2 befindet sich das Unternehmen in gewisser Weise im Übergang; in der Transition von der funktionalen Zusammenarbeit hin zur Ausgestaltung des Flussprinzips. Da die Manager die richtige Art des Zusammenspiels in der Wertschöpfungskette noch nicht wirklich kennen, ist dies aus der Rolle des Gleichberechtigten zu entwickeln. Auf dieser Stufe bereits eine machtbezogene Durchsetzung zu verankern, birgt ein großes Risiko in sich, dass wichtige Grundsachverhalte übersehen werden und dann eine nicht passende Ausprägung der Supply-Chain-Prozesse „durchgedrückt" wird.

Dies bedeutet ein ausgeprägtes inhaltliches Lernen von Managern und Organisation und auch die behutsame Ausgestaltung und Ausprägung der erforderlichen koordinierenden Mechanismen. Details der Prozesse, Reporting-Instrumente, Analyse-Tools und die erforderlichen IT-Systeme müssen im Rahmen des Levels 2 für die operativen Prozesse entwickelt werden. Auf Level 3 werden sie in Bezug auf ihre Funktionsfähigkeit in der übergreifenden Steuerung anhand der drei Kernprozesse *Versorgung, Herstellung und Vertrieb* weiterentwickelt.

Es zeigt auf, dass der Reifegrad des Unternehmens letztlich auch zum Reifegrad der Manager und Prozessverantwortlichen passen muss – in gewisser Weise ist jeder Level ein Lernabschnitt auf dem Weg zur hochintegrierten, modularen und zunehmend virtuellen Supply Chain des Levels 4.

4.7.4   Organisationsmodell für Maturity Level 4

Auf dieser Ebene tritt nun ein neues Muster hinzu: die digitale Führerschaft. Der Unternehmensverbund definiert sich nicht mehr nur über die eigenen Funktionseinheiten, sondern wird zum flexiblen Amalgam einzelner Spitzenleistungen. Die Kernkompetenzen des *Selbsttuns* wird ergänzt durch die Kernkompetenz *Steuern des Verbundes.*

Hierin wird der COO, oft auch der CEO, zum steuernden Akteur der Supply Chain und der gesamten Value Chain. Es geht um die Ausgestaltung der Absatz- und Lieferseite hin zum *Kundengröße 1,* jeder Kunde ist ein spezifisch adressiertes Individuum. Das sind im *B2B-Geschäft* die einzelnen Funktions- und Unternehmensbereiche der Kunden mit ihrem Bedarfs- und Bestellverhalten; im *B2C-Bereich* ist dies tatsächlich der einzelne Konsument.

Wie kann ich mich möglichst tief in sein Denken, seine Bedürfnisse, seine Prozesse hinein bewegen, um diese möglichst optimal zu bedienen – und mich bei Bedarf auch schnell auf neue Anforderungen und Trends anzupassen? Welche Partner benötige ich hierfür, welche Produktionsumgebung ist der jeweils erforderliche optimale Mix? Welche Lieferanten und Dienstleister an welcher Stelle dieser Welt brauche ich für die Erfüllung des jeweiligen einzelnen Auftrags?

Individualisierung ersetzt Standardlösungen. Beweglichkeit ersetzt starre Strukturen. Und dennoch erfordert es gewisse Standards, um diese flexiblen Verknüpfungen im Bedarfsfall zu aktivieren und Lieferleistungen schnell, effektiv und zielgerecht abrufen zu können.

Hier wird die Supply Chain zum durchgängigen Gestalter der Value Chain und des Unternehmens. Im Vordergrund steht das ständige Knüpfen neuer wichtiger Kontakte zu potenziellen Partnern künftiger Liefer- und Leistungsbeziehungen. Das ist dann in der Tat „Chefsache" und auf diesem Level wird die Supply Chain strategisch geprägt von COO und CEO.

Operativ wird dieses Gebilde von einer starken Funktion *Value-Chain-Management* gesteuert, die aufs Engste mit dem Vorstand zusammenarbeitet und starke übergreifende Abteilungen steuert, die – ähnlich wie bei Level 3 – das Zusammenspiel in der Kette im Fokus hat und neben dem Monitoring der Performance auch die ständige Weiterentwicklung vorantreibt.

Das erfordert natürlich, dass der Level 3 vollständig beherrscht wird. Wenn es dort noch „ruckelt", dann sind die dynamischen Strukturen und temporären Partnerschaften zwar schön und hilfreich, aber die operative Exzellenz in verknüpften Strukturen muss reibungslos funktionieren – in jedem einzelnen Auftrag, ohne Ausnahme. Dies erfordert eine hohe Maturität und weiterhin das ständige Streben nach Perfektion, nach Weiterentwicklung, nach noch besseren Lösungen als bisher. Ein rigoros auf Höchstleistung ausgerichtetes Messsystem der Supply-Chain-Performance ist die Basis dafür – und die Ergebnisse werden täglich vom Top Management beurteilt und bewertet sowie mindestens wöchentlich in der Vorstandsrunde auf Handlungsbedarf hin besprochen. Das stetige Streben nach Verbesserung bedeutet auch, dass man – falls mal kein Indikator auf Probleme hinweist – darüber diskutiert, warum es keine Probleme gab und wie und wo man die Leistungsfähigkeit von Value Chain und Supply Chain weiter verbessern kann.

Dieser Level 4 ist nach aktuellem Erkenntnisstand die derzeitige „Krönung" im Supply-Chain-Management. Bei entsprechendem Hinschauen ist er bei einigen der Supply-Chain-Stars zu beobachten; insbesondere Amazon und Apple zeigen diese Strukturen sehr deutlich auf und sind auch organisatorisch entsprechend den obigen Darlegungen aufgestellt.

Aber es bleibt weiterhin spannend – und wir sind uns sicher, dass wir in wenigen Jahren die Eckpunkte eines Level 5 werden erkennen können. Bis dahin ist für die Mehrzahl der Unternehmen jedoch noch genug auf Level 1 bis 3 zu tun. Warum wir uns da so sicher sind? Nun, zum einen zeigen die empirischen Untersuchungen klar auf, dass die meisten Unternehmen noch im Level 1 oder 2 vorzufinden sind und bereits Level 3 ein „Stretch-Goal" ist. Zum anderen hatten wir lange Zeit ein dreistufiges Modell der Supply-Chain-Integration, wie weiter vorne dargestellt: In den 80er-Jahren lag der Fokus auf Supply und Lean mit Führungsrolle im Automobilbau, in den 90er-Jahren war das Aufkommen von ECR und dem damit verbundenen Primat der Consumer Goods zu beobachten und in den 2000ern das Entwickeln der übergreifend integrierten Supply Chain der High-Tech-Industrie. 2008 wussten wir schon, dass es bald eine neue Stufe geben würde, wir konnten sie damals nur noch nicht sehen – das heißt, wir konnten sie zwar schon sehen, aber noch nicht wirklich erkennen. Und auf einmal waren sie da, die E-Tailers. Angeführt von Amazon, rollte eine neue Welle, die den Kunden vollständig und individuell in die eigenen Prozesse integrieren konnte. Aber nur die E-Tailer, die auch die dazu gehörende Lieferkette durchgängig im Griff hatten und die richtigen Instrumente auf der Kundenseite ausprägen konnten, sind nun die Spitzenreiter – in der Supply-Chain-Maturität, aber auch in Reputation, Wachstum und Profitabilität.

4.8   Die 4-S-Methode zur Organisationsgestaltung

An dieser Stelle sei eine Prognose gewagt: Möglicherweise wird die nächste Stufe nicht so sehr eine Frage der Aufbau-Organisation sein, sondern eher eine Frage, wie die Organisation funktioniert. Insbesondere die Level 3 und 4 sind ja maßgeblich auch darauf ausgerichtet, eine hohe Agilität des Unternehmens zu ermöglichen. Und diese Agilität wird, wie bereits dargelegt, zunehmend eine zentrale Eigenschaft und Erfolgsdimension von Unternehmen sein.

Je mehr wir uns im VUCA-Kontext bewegen, je mehr unsere Welt durch die *Aktionen der Nadelstiche* in einen inneren Unruhestand gerät und je mehr neue technische Möglichkeiten auf die immer stärker ausgeprägte Erwartungshaltung der Sofortgesellschaft trifft, desto mehr ist diese Agilität der treibende Erfolgsfaktor. Dies ist gepaart mit der Beobachtung, dass die durchschnittliche Leistungsfähigkeit der Supply Chains im Markt ein hohes Niveau erreicht hat, gleichzeitig aber auch die Anfälligkeit auf Störungen zugenommen hat (Beispiel Produktionsstopp bei BMW durch Probleme eines Zulieferers von Bosch für die Lenkgetriebe, viele Beispiele von Lieferverzögerungen bei Inbetriebnahme neuer Logistikzentren etc.).

Dies hat uns zu der Beobachtung gebracht, dass künftig vier wichtige Erfolgsdimensionen der Organisation als Leitmotive auszugestalten sind. In gewisser Weise knüpft dies an die *7-S* von Waterman und Peters (1982) an, in denen *harte* und *weiche* Erfolgsfaktoren der Organisation identifiziert und beschrieben wurden. Diese sind auch weiterhin gültig, haben aber nun einen neuen Kontext, eine neue Ausprägung erhalten.

Daher nennen wir dies die *4-S-Methode* des Organisationsdesigns, die die Welt der Agilität prägen:

- Sensing,
- Structures,
- Skills,
- Systems.

Sensing Alle Methoden, die in geeigneter Weise neue und wichtige Informationen schnell zugänglich machen und die richtigen Entscheidungen treffen lassen, bringen entscheidende Vorteile für die Geschwindigkeit der Anpassung.

Structures Flexible (oftmals projektbasierte) interne und externe Strukturen ermöglichen eine schnelle Umsetzung der geänderten Abläufe.

Skills Spezielle, hochentwickelte Fähigkeiten der Mitarbeiter führen dazu, dass man nicht mehr mit großen Automatisierungslösungen operiert, sondern gezielt die Flexibilität der motivierten und darauf ausgebildeten Mitarbeiter einsetzt, um schnellen Anpassungen durchzuführen.

Systems Ein gezielt entwickeltes Portfolio an leistungsfähigen und modularen IT-Systemen ermöglicht einerseits schnelle Analysen, schnelle und gezielte Informationsweitergabe, andererseits aber auch schnelle Anpassung der IT-Umgebung an geänderte Abläufe und Erfordernisse.

Die in diesem Umfeld stattfindenden Prozesse sind dann nur noch temporäre Ausprägungen, um die erforderlichen Abwicklungen durchführen zu können – somit also nicht mehr starre Prozesswelten, sondern dynamische Konstellationen, die auf die jeweiligen Bedürfnisse, Anforderungen und Situationen eingehen können. Und diese basieren auf den *4-S* als darunter liegenden Enablern.

Erfolgsmanagement durch Supply-Chain-Mechaniken

5

5.1 Entdecken der wirkenden Zusammenhänge

Die Sofortgesellschaft hat eine inhärente hohe Dynamik. Dies betrifft sowohl die sich spontan ändernden Präferenzen von Konsumenten und Kunden als auch die wirkenden Mechanismen der Kaufentscheidungen aufgrund neuer Medien und letztlich ein globales Wettbewerberumfeld bei den Kaufvorbereitungen. Traditionelle Kundenbeziehungen sind zu fragilen Präferenzstrukturen mit zunehmend austauschbaren Lieferanten geworden und die Macht von Marken entwickelt sich in dualer Weise hin zu starken Marken aufgrund von Lifestyle- und Produktinduzierten Präferenzen und andererseits Marken mit dem Potenzial der schnellen Verfügbarkeit des gewünschten Produkts.

Dies braucht eine neue Sichtweise darauf, wie man Lieferketten aufbaut und vor allem, wie diese gesteuert werden. Hierzu hat der Autor eine Methodik entwickelt, die ähnlich funktioniert wie die Mechanik in der Physik. Es gelten grundlegende Zusammenhänge, die die Statik ausprägen und darüber gibt es die Ebenen der Kinematik (die Art, wie sich etwas bewegt) und die Ebenen der Kinetik und der Dynamik (wie verhält sich das System unter Geschwindigkeit bzw. unter wechselnden Belastungen). Mithilfe dieser Methodik lassen sich eine Vielzahl von „Fehlstellungen" im Unternehmen und in der Wertschöpfungskette erkennen, die Ursachen dafür identifizieren und neue Strukturen schaffen. Muskeln können an der richtigen Stelle entwickelt werden und Fett kann in unnötigen Zonen abgebaut werden – es sei denn, es wird als Energiereserve für bestimmte Lastsituationen benötigt.

Dieses Herausarbeiten der mechanischen Zusammenhänge ist sowohl im Unternehmen selbst, in einzelnen Prozessschritten als auch in übergreifenden Wertschöpfungsketten anwendbar. Es führt immer zu einer signifikanten Leistungssteigerung, weil man so die maßgeblichen Eigenschaften und Steuerungsgrößen in jedem einzelnen Leistungsabschnitt herausarbeiten und gestalten kann.

© Springer Fachmedien Wiesbaden GmbH, ein Teil von Springer Nature 2018
D. Bölzing, *Überleben und Wachsen in der Sofortgesellschaft*,
https://doi.org/10.1007/978-3-658-15111-9_5

Hierzu gibt es nun zwei wirkende Steuerungsprinzipien, die sowohl zur Steuerung funktionaler Aktivitäten, Prioritäten und Entscheidungen als auch zur Synchronisation in der Kette angewendet werden – und diese entscheiden über Erfolg oder Misserfolg im Kontext der Sofortgesellschaft. Das interessante hieran ist, dass es in den meisten Supply Chains einen Übergangspunkt gibt, in dem man von der vorrangigen Steuerung nach einem der Prinzipien auf das andere Prinzip umschalten muss. Dies ist geschieht jedoch nicht an einem Übergabepunkt in der Kette, sondern innerhalb eines entscheidenden Abschnitts der Kette gibt es die Transition der Dualität, den Übergang von einem in das andere Prinzip:

- Das Minutenprinzip – wofür wird eine Minute der Kapazität eingesetzt und welcher Mehrwert ergibt sich daraus?
- Das Verfügbarkeitsprinzip – welche Rolle spielt die Pünktlichkeit und die Verfügbarkeit des richtigen Produkts bzw. der richtigen Leistung für die Ausführungsleistung des folgenden Schrittes?

Beide Prinzipien sind nicht exklusiv voneinander zu betrachten; sie sind immer dual ausgeprägt. Der entscheidende Punkt ist, welches Prinzip zu welchem Zeitpunkt das dominante für die Steuerung ist und wie sich der Fokus und die Prioritäten in bestmöglicher Weise für die jeweilige Phase erreichen lassen.

Der Grundgedanke der Supply-Chain-Mechanik ist, dass die Supply Chain aus diskreten Abschnitten besteht. Diese Abschnitte lassen sich auf verschiedenen Ebenen betrachten, je nachdem, welcher Fokus hilfreich ist. Dies ist beispielsweise auch in der SCOR-Methodik ausgeprägt, die für die Beschreibung von SC-Prozessen verschiedene Ebenen unterscheidet und jede Ebene weist einen höheren Detaillierungsgrad auf als die darüber liegende Ebene. Was der SCOR-Methodik jedoch fehlt, ist die absolute Sicht auf die dahinterliegenden Wirkzusammenhänge.

Neben der Existenz der diskreten Abschnitte gibt es für jeden Abschnitt relevante Haupt-Steuerungsgrößen. Zwar will man in der Supply Chain auch den Gesamtfluss steuern, das erfordert jedoch eine übergeordnete Steuerungs- und Kennzahlen-Ebene. Zunächst einmal ist es so, dass jeder einzelne Abschnitt seine eigenen internen Gesetzmäßigkeiten hat und diese daher auch entsprechend gezielt „gemanagt" werden müssen. Die sich daraus ergebenden Ebenen für die Steuerung wurden ja bereits im Zusammenhang mit den Maturity-Modellen und den zugehörigen Organisationsmodellen erörtert.

In dieser Methodik kommt dann ein weiterer Sachverhalt zum Tragen, der sowohl die analytische Seite als auch die daraus abgeleitete Gestaltung von künftigen Supply Chains betrifft. Wichtige Grunderkenntnis ist, dass sich 5 Grundbausteine identifizieren lassen, mit deren Hilfe man die Anforderungen und auch die künftige Ausrichtung einer Supply Chain (d. h. nicht der des gesamten Unternehmens, sondern einer der vielen erforderlichen Supply Chains, die ein Unternehmen für die einzelnen Märkte und Absatzsituationen aufbauen muss) gestalten kann. Diese werden auch in den verschiedenen Bereichen des Buches immer wieder thematisiert. Abb. 5.1 fasst diese 5 Grundbausteine

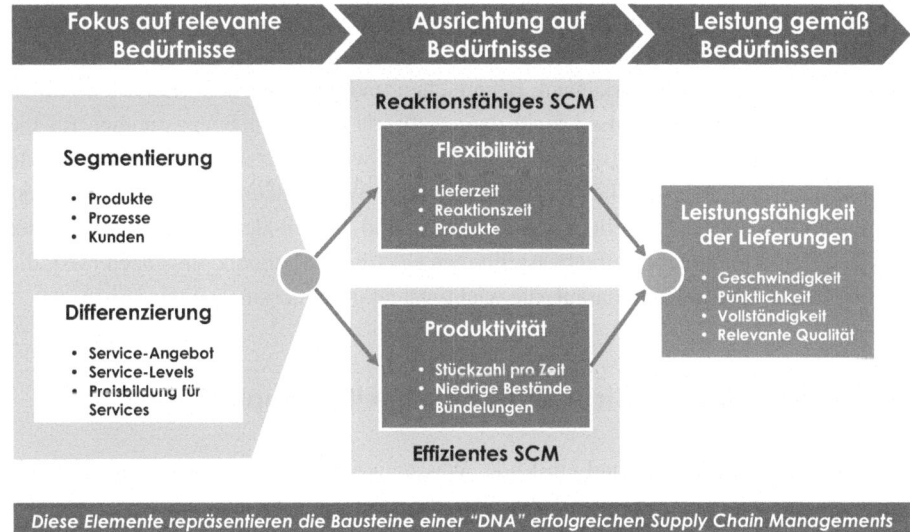

Abb. 5.1 Grundbausteine („DNA") in Supply Chain Analyse, Gestaltung und Betrieb

zusammen, die aufgrund ihrer Tragweite, aber auch Variabilität in der Festlegung der jeweiligen Lösungsausprägung den Charakter einer „DNA" von Supply Chains haben. Ähnlich wie die menschliche DNA aus 4 Grundbausteinen besteht, die dann beliebig viele Ausprägungen erzeugen, so sind es in Gestaltung und Betrieb der Supply Chain 5 Elemente, die fundamental zusammenwirken: Die Analysen und Maßnahmen zur Segmentierung, die daraus abgeleiteten Maßnahmen zur differenzierten Behandlung der Segmente, und dann die Ausrichtung auf eher Flexibilitäts-fördernde Lösungsbausteine, oder auf eher Effizienz-fördernde Lösungsbausteine. Flexibilität bedeutet das schnelle Reagieren auf die jeweils vorliegende Situation; hierzu braucht man diverse Mechanismen, Informationssysteme und Puffer, um dies zu ermöglichen. Effizienz adressiert vorrangig niedrige Kosten, die sich im Betrieb der Supply Chain ergeben; hierdurch wird auf alle Arten von Reaktionsreserven verzichtet, die man für die Flexibilität benötigen würde. Es werden dann auch entsprechende IT-Systeme in der Abwicklung eingesetzt, die die Behandlung von Ausnahmen nicht unterstützen und sehr fokussiert auf die Grunderfordernisse ausgerichtet sind. Hierdurch wird die erforderliche Effizienz erzwungen und durchgesetzt.

Maßgabe für diverse Einzelmaßnahmen ist der fünfte Baustein, die erforderliche Leistungsfähigkeit im Lieferprozess. Für jeden Kunden, für jede Anwendungssituation, für jede Liefersituation kann es unterschiedliche Anforderungen geben. Diese werden im Rahmen der Segmentierung ermittelt, im Kontext der Differenzierung operationalisiert, und dann als Maßgröße für die künftige jeweilige Leistungsfähigkeit der entwickelten Lösung definiert.

In den folgenden Abschnitten gehen wir nun darauf ein, in welcher Weise man diese einzelnen Abschnitte betrachten kann und wie sich daraus die gegenseitige Wechselwirkung der Prozessschritte erkennen, beherrschen und gestalten lässt. Zunächst einmal wird die maßgebliche End-to-End-Sicht dargestellt, da diese den Bezugsrahmen für die einzelnen darunterliegenden Abschnitte setzt. Danach werden verschiedene Einzelaspekte betrachtet und mit einem Fallbeispiel wird die hohe Wirksamkeit dieser Methodik veranschaulicht. Die hier dargestellten Anwendungen sind nur ein kleiner Ausschnitt aus der Vielfalt, wie und für welche Aufgabenstellungen sich diese Methodik anwenden lässt; die vorgenommene Auswahl zielt darauf, die wichtigsten Grundmerkmale aufzuzeigen.

5.2   Die End-to-End-Sicht als Basis schneller Supply Chains

Jede Kette hat einen Anfang und ein Ende. Was man allerdings als Anfang und was als Ende betrachtet, ist oft eine Frage des Standpunkts, der Beobachtungsstelle und der Richtung des Blicks. Zweifellos ist die Stimulans der Kette durch Kundenaufträge ein Startpunkt für die Aktivitäten in der Supply Chain, denn sonst benötigt man ja keine Versorgung: kein Bedarf, keine Lieferung. Was nutzt die schönste und schnellste Supply Chain, wenn niemand die Produkte will?

Andererseits ist die Quelle des gelieferten Produkts letztlich irgendwo auf der Rohmaterialstufe, im Primärsektor der Rohstoffgewinnung. Hier liegen oft Engpässe, die dazu führen, dass der Rest der Kette nicht in Aktion tritt.

Als erster Schritt der End-to-End-Betrachtung einer Supply Chain ist es also angebracht, zunächst einmal die gesamte Kette vom Rohstoff bis hin zum Konsumenten zu betrachten (Abb. 5.2). Wobei der Konsument dann noch einmal zerfällt in den Käufer und in den Anwender. In dieser Kette gibt es eine beliebig komplizierte Ansammlung von Lieferanten-/Kundensituationen. Jedes Glied der Kette ist auf der Eingangsseite ein Kunde und auf der Ausgangsseite ein Lieferant. Und an jedem dieser Punkte kann es zu beliebig intensiven Reibereien, Synchronisationsfehlern und machtpolitisch beeinflussten Situationen kommen. Daher ist eine sorgfältige Betrachtung dieser Kette der wichtige

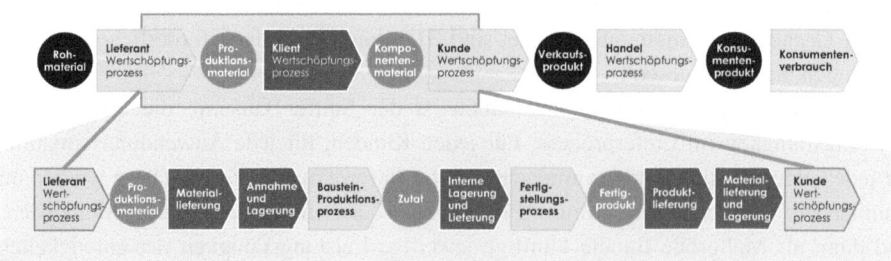

Abb. 5.2 Supply-Chain-Mapping einer End-to-End-Wertschöpfungskette

und erste Schritt, wie sich das Unternehmen, welches diese Analyse durchführt, seinen eigenen Handlungs- und Einflussraum abstecken kann. Dies kann in einem weiteren Schritt damit verbunden werden, die wesentlichen eigenen, internen Prozessschritte darzustellen und hierbei den Produktfortschritt bzw. die Transformation über verschiedene diskrete Veredelungsstufen zu visualisieren.

Auf der nächsten Betrachtungsebene wird das Unternehmen in seinem unmittelbaren Kontext betrachtet, vor allem aber wird der Blick auf die für die Gestaltung der Supply Chain im Rahmen der Sofortgesellschaft so wichtige Kundensequenz von Konsumenten und Nutzer gelenkt. Hierin liegt auch die Anwendung der von Michael Porter so schön beschriebenen Wettbewerbskräfte (Porter 1988), die im Rahmen der Value Chain und Supply Chain reduziert werden können zu den machtpolitischen und liefertechnischen Einflussfaktoren (Abb. 5.3). Letztlich ist es ja immer das vertikale Spannungsfeld zwischen Wettbewerbern und neuen Lösungen, das im Rahmen der Sofortgesellschaft zu so starker neuer Relevanz gekommen ist. Weltweite Wettbewerber mit neuen Zugangsmöglichkeiten zu den bisher „geschützten" Kunden schaffen neue Rahmenbedingungen: Sie unterbieten sich gegenseitig in immer niedrigeren Preisen und überbieten sich ständig weiter durch neue Möglichkeiten der Produkte. Darin die richtige Kette zur Steuerung der Marktversorgung, aber auch der eigenen Versorgung zu gestalten, wird zu einem immer dynamischeren Umfeld. Umso wichtiger sind diese quasi *statischen* Modelle, die die Grundzusammenhänge herausarbeiten lassen.

Und besonders relevant ist die Sicht auf die Kette der Kunden bis hin zu den Konsumenten und Nutzern. Hier gibt es diverse Entscheidungspunkte und auch im Rahmen der Kundenkette die diversen Qualifikationsstufen – der Kunde als Wächter über den eigenen

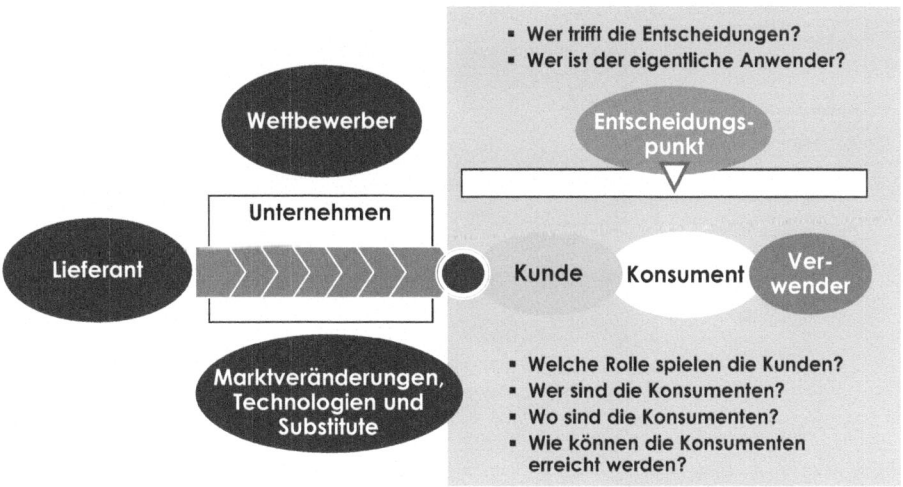

Abb. 5.3 Gesamtheitliche Darstellung der Wertschöpfungs- und Absatzkette eines Unternehmens im Kontext wesentlicher Wettbewerbs- und absatzprägender Elemente

Marktzugang. Die hiermit darstellbaren Zusammenhänge sind ein wichtiger Teil der Supply-Chain-Mechanik.

Auf der nächsten Betrachtungsebene erschließt sich das Unternehmen in seinem Inneren. Die eigenen Prozessketten werden systematisch in ihrem Auftragsdurchlauf skizziert; auch hier stellt sich wieder die Frage: Was ist Anfang, was ist Ende? Letztlich geht es jedoch nur darum, die Sequenz der Aktionen darzustellen. In der Kette zwischen Auftragseingang und Lieferung ermöglich dies eine Visualisierung, in welchem Aktionsfeld das Unternehmen zu einem bestimmten Zeitpunkt hohen Handlungsbedarf hat (Nachholbedarf, Optimierungsbedarf, Schaffen von Wettbewerbsvorteilen). Das hängt einerseits vom Reifegrad, andererseits von der internen Balance der Leistungsfähigkeit ab. Zudem lassen sich in verschiedenen Industrien typische Optimierungsfelder finden (Abb. 5.4). In allen Industrien ist die Transparenz, die Visibilität der jeweiligen Situationen in einem End-to-End-Kontext zum Standard geworden. Das Kennen des Auftrags- und Lieferstatus führt zum Erkennen von erforderlichen korrektiven Aktionen. Die Abbildung vermittelt, dass es bestimmte Schwerpunktprozesse in der internen Kette gibt, die einen großen Hebel auf die Leistungsfähigkeit der Gesamtkette haben.

Für Baustoffe scheint oft die Rohstoffabsicherung und die interne Verarbeitung ein Schwerpunktthema der Managementaufmerksamkeit zu sein. Diese sind häufig sehr kosten- und vertragsintensiv, aber oftmals auch gut beherrscht und gut organisiert. Viel wichtiger ist jedoch die schnelle Auftragsbearbeitung, um die operativen Prozessfähigkeiten je nach Auftragssituation abrufen zu können, sowie die Gestaltung agiler Lieferstrukturen, um die große Varianz der Nachfrage hinsichtlich der jeweils an dem Tag erforderlichen Produkte liefern zu können. Dies wird besonders wichtig, da es aufgrund

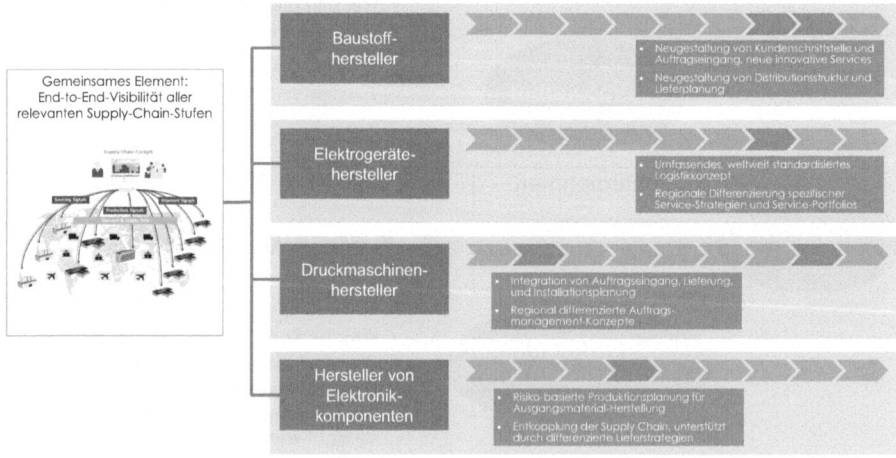

Abb. 5.4 Hot-spots-orientierte Handlungsfelder in der End-to-End-Wertschöpfungskette verschiedener Industrien

der niedrigen Wertdichte der Produkte oftmals nur regional eng umgrenzten Liefernetze sind, da sonst die Transportkosten im Vergleich zum Produktwert zu hoch werden.

Ein Hersteller von elektrischen Antrieben hat eine ähnliche Herausforderung; hier ist auch die schnelle Auftragsbearbeitung wichtig, da man Produkte mit hoher Vielfalt anbietet und vielfach auch lagerhaltig vorhält. Da hier aber die Wertdichte höher ist, können stärker gebundelte Logistiknetze eingesetzt werden, die jedoch auf die sehr unterschiedlichen Reifegrade der Supply Chain (mit dem zugehörigen Mix der logistischen Serviceleistungen) in den verschiedenen Abnehmerindustrien und auch Ländern eingehen können müssen.

Ein Hersteller von komplexen Maschinen hat eine ganz andere Problemstellung: Hier ist es neben der grundsätzlichen Frage von Kapazität und Lieferzeit insbesondere die jeweilige Ausprägung der technischen Konfiguration, die ganz spezielle Herausforderungen mit sich bringt. Davon hängen die erforderlichen Maschinenmodule und deren Bauteile, die hierfür erforderlichen Zulieferer mit den jeweiligen Lieferzeiten und auch die erforderliche eigene Montagekapazität ab. Wie viele *Long Lead Time Items* sind von der jeweiligen Kundenbestellung betroffen? Wie hat sich die Liefersituation entwickelt? Sind Elektronik und Mechanik in gleicher Weise betroffen, oder ist die Lage hier differenziert zu betrachten? Und wie ist die Situation bei den verfügbaren Teams für die Installation in der Zielregion – sind dort bereits viele ähnliche Montagen anhängig, oder gibt es nur wenige Restriktionen? Und wie ist die aktuelle Möglichkeit, Waren in das Zielland zu versenden; gibt es dort Einschränkungen oder sind spezifische, langdauernde Zoll- und Einfuhrverfahren zu beachten? Daher ist das Auftragsmanagement an dieser Stelle der zentrale Optimierungsbereich – vor allem aber als „Spinne im Netz", um bei der Auftragsannahme und -klärung bereits alle relevanten Fragestellungen und Verfügbarkeitsprüfungen durchzuführen. Der Fertigungsbereich, der im Regelfall die große Managementaufmerksamkeit bekommt (personal-, investitions- und maschinenintensiv; stark innovativ und qualitätsseitig geprägt), ist hingegen weitgehend beherrscht und wird nach anderen Zielgrößen gesteuert.

Wiederum eine andere Situation hat ein Hersteller von elektronischen Bauteilen. Neben den Fragen zu Verfügbarkeit und Nachfrageplanung ist hier das Phänomen der fehlerbehafteten Produktionsprozesse vielfach ein Sachverhalt, der die Leistungsfähigkeit der gesamten Kette am stärksten beeinflusst. Bei solchen Hightech-, High-End-Bauteilen ist oft die Materialwissenschaft im Grenzbereich tätig und das Erzielen der erforderlichen Produktqualität ist vielfach nicht deterministisch, sondern hat eine gewisse Streuung. Beleuchtungs-LED werden z. B. vielfach aufgrund der sich ergebenden Licht-Temperatur (und damit Farbnuance) nachsortiert und die Verteilung der verschiedenen Farbnuancen ist nicht gleichförmig über die Zeit. Halbleiter-Wafer (die Ausgangs-Materialien der Chip-Herstellung) neigen aufgrund unterschiedlicher Zugaben (zum Erhöhen der Leitfähigkeit bzw. Beweglichkeit der Elektronen) dazu, dass es unterschiedliche Ausbeutemengen gibt. Und wie es solchen Varianzen innewohnt, ist eine Ausschussquote von z. B. 15 % ja nicht linear über den Tag oder die Woche zu erzielen, sondern sie ist der Mittelwert aus einer Reihe von hochergiebigen Produktionslosen und einigen mit geringer Ausbeute. Daher ist hier der wesentliche Hebel zum Beherrschen der Supply Chain die Segmentierung der Produkte in Risikoklassen hinsichtlich der Ausbeute und die Erarbeitung unterschiedlicher Strategien zur Mengensteuerung.

Aus diesen Beispielen wird ersichtlich, dass es nicht nur in unterschiedlichen Industrien unterschiedliche Schwerpunkte zur Optimierung und besseren Beherrschung der Supply Chain gibt, sondern auch der Reifegrad und die Stabilität der vorliegenden Prozesse, die erforderlichen Handlungsfelder sehr stark bestimmt.

Mittels der Erarbeitung der unternehmensindividuellen Supply-Chain-Mechanik kann dies nachvollziehbar analysiert und gezielte Maßnahmen abgeleitet und erarbeitet werden.

Ein weiterer Anwendungsfall ist die Ableitung der richtigen Leistungsmessung in der Supply Chain (Abb. 5.5): An welchen Stellen sind die Messpunkte zu legen, wie wird gemessen, wie schnell werden die Signalwerte übermittelt und wie schnell wird auf Abweichungen reagiert?

Ein Chemie-Unternehmen hatte für sich den Eindruck, dass man recht terminzuverlässig liefert. Dennoch gab es immer wieder Beanstandungen seitens der Kunden, die vom Vertrieb aufgenommen und bearbeitet wurden. Die Fertigung meldete jedoch hierzu immer wieder *aus unseren Daten heraus gut geliefert*. Dies hat sich im Lauf der Zeit so eingebürgert und die sich beklagenden Kunden erhielten vom Vertrieb eine kleine Rückvergütung als Kompensation und man hoffte darauf, dass die Anzahl der Reklamationen zurückgeht. Ging sie aber nicht.

Die Aufstellung der Supply-Chain-Mechanik zeigte dann recht schnell auf, wo das Problem lag. Die Zuständigkeit für die Auswahl der Transportdienstleister lag beim Einkauf.

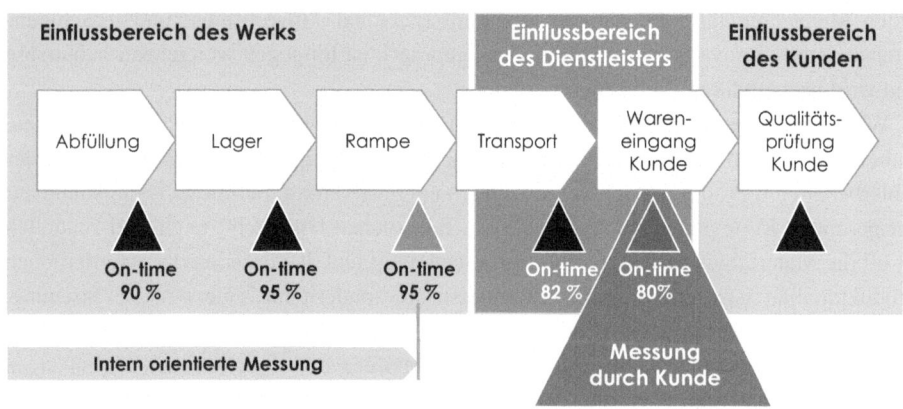

Abb. 5.5 Messpunkte der Supply-Chain-Leistungsfähigkeit in einer End-to-End-Wertschöpfungskette, am Beispiel der Liefertreue (Menge, Pünktlichkeit)

Und dieser suchte natürlich nach allen Möglichkeiten, die Transportkosten gering zu halten. Daher wurden Transportdienstleister ausgewählt, die niedrige Tarife anboten. Dies hing aber auch oft damit zusammen, dass bestimmte Zielregionen im Ausland nur einmal pro Woche oder gar nur alle zwei Wochen angefahren wurden.

Im Ergebnis wurde klar, dass der Vertrieb den Auftrag rechtzeitig an das Werk übermittelt hat, dass die Produktion den Auftrag termingerecht bearbeitet und die Ware für den Transport bereitgestellt hat. Und dies war der Zeitpunkt für die Messung *termingerecht*. Dass nun die Ware oft viel später abgeholt wurde, fiel nur dadurch auf, dass manchmal die Bestände höher waren als geplant. Hierauf hat man schon reagiert und eine schnellere Abholung organisiert. Wenn rechtzeitig abgeholt wurde, stand die Ware dann oftmals in den Verteilstrukturen der Transportdienstleister herum und wurde erst viele Tage später zugestellt – und war dann aus Sicht des Kunden verspätet. Da die Transportdienstleister aus Kostengründen keine eigene Zustellnachricht an den Versender übermittelten und dieser dies nicht in den eigenen Systemen nachhielt, gab es auch keine Datenbasis, dies nachzuvollziehen bzw. die Terminleiste genau zu beobachten und zu optimieren. Ein geradezu klassischer Fall einer *Fehlstellung* im Organismus des Unternehmens – obwohl eigentlich alle beteiligten Funktionsbereiche der Meinung waren, das Bestmögliche für das Unternehmen und die Supply Chain getan zu haben.

Die Maßnahmen waren dann aus der Supply-Chain-Mechanik direkt abzuleiten, vielfältig aber fokussiert:

- Neuer verbindlicher Messpunkt für die *On-time-Delivery*,
- Überarbeitung des Toleranzfensters (-1 Tag/$+0$ Tage),
- Hinwendung der Transportdienstleister zur Realtime-Sendungsverfolgung und Datenübermittlung,
- Austausch der Dienstleister, wenn dies nicht möglich war,
- Beobachten multipler Zeitpunkte in der Auftragskette (Auftragsannahme, Wunschliefertermin, bestätigter Soll-Liefertermin, Produktionsbeginn, Bereitstellung der Fertigware, Abholung der Ware, Eintreffen der Sendung beim Kunden, Qualitätszustand von Ware und Verpackung beim Kunden, Reklamationen),
- Schaffen der Fähigkeit zur Verarbeitung der Daten in den eigenen Systemen und der ergänzenden analytischen Instrumente,
- Neuordnung der Verantwortlichkeit für den Einkauf der Transportdienstleitungen in einer neu geschaffenen Funktion *SCM* (und auch Zuordnung der Logistikprozesse),
- Schaffen einer Stelle *Performance Controlling und Performance Improvement.*

Dieses reale Beispiel tritt auch heute noch in vielen Unternehmen auf. Daher ist die Frage *Wie zufrieden sind Sie mit der Leistungsfähigkeit Ihrer Supply Chain?* auch immer zu ergänzen durch die Nachfrage: *Wie und wo messen Sie diese denn?*

Das Beispiel zeigt, dass viele Unternehmen noch lange nicht in der Sofortgesellschaft angekommen sind, da sie hinter einem scheinbaren Puffer der Abschirmung sitzen – bis zu dem Zeitpunkt, wo der Kunde keinen geeigneten Ansprechpartner, keine Abhilfe für seine Probleme, keine gemeinsame Projektarbeit zur Erarbeitung einer optimierten Lieferung bekommt. Und dann – wenn dies technisch möglich ist – zu einem anderen Lieferanten wechselt und sich das eigene Unternehmen schleichend zum Sanierungsfall entwickelt.

Dies lässt sich mithilfe der Betrachtung der übergeordneten Mechanik der Supply Chain verhindern. Die nachfolgende Abbildung (Abb. 5.6) zeigt eine sogenannte *Issue-Map*, d. h. anhand der Abschnitte und Mechanismen in der Produktions-, Auftrags- und Lieferkette können einzelne Themen als Handlungsfelder identifiziert werden und dann entsprechend der dort vorliegenden Problemfelder näher beleuchtet werden. Ursache-Wirkungs-Beziehungen, typische Ansatzpunkte für Verbesserungen und erforderliche Lösungsansätze können so systematisch erarbeitet werden.

Mit diesen Beispielen ist nun die grundsätzliche Anwendung der Methodik dargelegt; Schwerpunkt ist zunächst die Sicht in groben Prozessabschnitten. Diese übergeordnete Sicht ist extrem wichtig, um eine Leistungssteigerung der eigenen Supply Chain zielgerichtet und wirksam vornehmen zu können. Dies werden wir immer wieder aufgreifen. Wie die Beispiele zeigen, lassen sich bereits daraus für den geübten Betrachter sehr viele operative Detailmaßnahmen ableiten, die allesamt eine hohe Effektivität mit sich bringen.

Das wesentliche Ziel dieser Maßnahmen ist, möglichst wenig „Muda" zu erzeugen – verschwendungsfreie, hochwirksame Prozesswelten ohne Blindleistung zu schaffen. Durch die Methodik der Supply-Chain-Mechanik lässt sich dies sehr effektiv durchführen. Und vor allem lassen sich damit alle wesentlichen Beschleunigungshebel im Unternehmen identifizieren, damit man in der Sofortgesellschaft überleben und vor allem auch wachsen kann. Denn wenn der Markt nicht mehr wächst, wächst man selbst

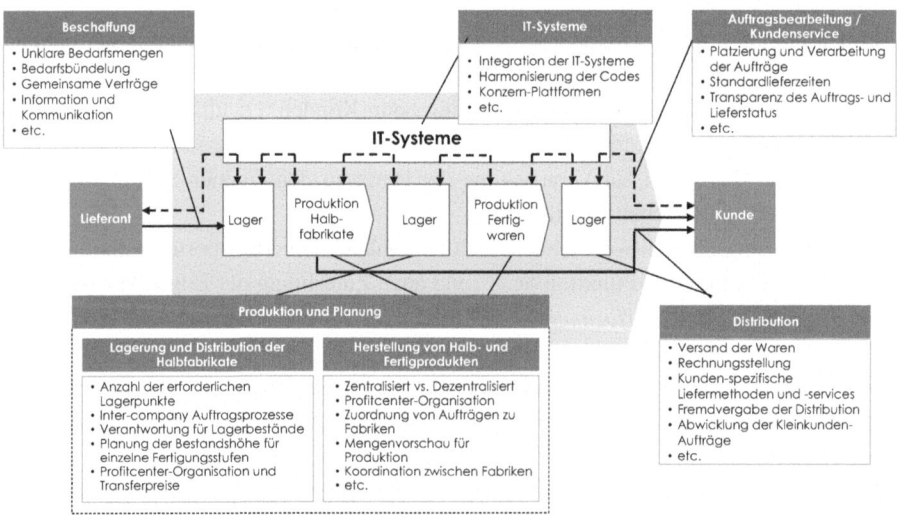

Abb. 5.6 Kern-Fragestellungen bei der Gestaltung und Optimierung einer internen Supply Chain

über die Verdrängung anderer – und mit den sich aus der Supply-Chain-Mechanik ergebenden Optimierungen wird eine hohe Beschleunigung erzielbar.

Die Methodik setzt sich nahtlos fort auf die mehr operativen Teilgliederungen interner Prozessketten. Dies wird im Folgenden an verschiedenen Sichtweisen dargelegt.

5.3 Systematisches Management der Risiken entlang des Flows

Die meisten vordergründigen Betrachtungen einer Lieferkette sind ausgerichtet darauf, immer schnellere Prozesselemente zu erarbeiten, auszugestalten und zu implementieren. Dies ist auch eine wichtige und erforderliche Sicht, aber nicht ausreichend. Dadurch kann man zwar einzelne Schritte beschleunigen, aber letztlich kann sich unter Betriebslast genau der Effekt einstellen, der aus dem Fahren auf der Autobahn bekannt ist: Hohes Fahrzeugaufkommen führt zu einem dynamischen Stau, d. h. alle Fahrzeuge bewegen sich, aber langsam und in gedrängtem Abstand und zwischendurch gibt es immer wieder einmal kurze Abschnitte, in denen schneller gefahren wird – bis man wieder auf ein langsames Stück aufläuft. Dieses „Pumpen" eines Staus ist ein typisches und ausgeprägtes Verhalten eines Systems, das ungesteuert und ohne hinreichende Informationen an die einzelnen Teilnehmer abläuft. Würden alle Autofahrer zum gleichen Zeitpunkt wissen, dass eine Geschwindigkeit von 45 km/h zu einem gleichmäßigen Durchfluss für die nächsten 30 km führt, könnte sich jeder darauf einstellen. Da dies aber nicht der Fall ist, bewegt sich jeder einzelne Teilnehmer innerhalb seiner Sicht- und Reaktionsreichweite, richtet seine jeweilige Geschwindigkeit im Rahmen einer individuellen Entscheidungsfindung gemäß seiner Präferenzstruktur aus und die Gesamtlast wird mit unter 20 km/h durchgesetzt. Gleichzeitig sind die Gründe nicht bekannt, warum es überhaupt zu einer Verzögerung kommt – ist es ein Unfall, sind Fahrspuren gesperrt, auf welcher Spur ist diese Sperrung, gibt es eine Vollsperrung – soll man abfahren, oder durchhalten? Sind auch die Umgehungsstrecken überlastet und wie teile ich mir den mitgebrachten Getränkevorrat ein, um den Körper richtig zu versorgen? Sind alle Risiken bekannt, können bessere Entscheidungen getroffen werden; zusammen mit den Risikoinformationen sowie der angemessenen Durchsatzgeschwindigkeit für alle Teilnehmer kann ein optimierter Flow entstehen.

Genau diese Sachverhalte treffen auf eine Supply Chain zu. Es sind nicht die einzelnen schnellen Abschnitte, die den Erfolg ausmachen (ob das Auto 120 oder 250 km/h Spitzengeschwindigkeit fährt, ist nicht mehr relevant, wenn alle nur die 20 km/h realisieren können). Diese sind jedoch Voraussetzung dafür, was als maximale Durchschnittsgeschwindigkeit erreicht werden kann. Entscheidend ist es, die Risiken in einer Kette zu kennen, an jeder einzelnen Stelle, und deren Auswirkungen auf die Flussgeschwindigkeit – sowohl die des jeweils einzelnen Abschnitts oder der Aktivität als auch die des damit verbundenen Gesamtsystems.

Dreht man nun die Perspektive um und steuert nicht mehr die Geschwindigkeit der einzelnen Kettenglieder oder Abschnitte (weil man diese bereits auf *autonomes geregeltes Fahren* umgestellt hat), sondern fokussiert sich nur noch auf die Risiken, beobachtet sich abzeichnende Eintrittswahrscheinlichkeiten dieser Risiken und leitet frühzeitig korrektive Maßnahmen ein, entsteht ein viel wirksameres Steuerungsverhalten für die Gesamtkette. Und werden diese dann in entsprechend unterstützende Instrumente übersetzt und umgesetzt, wird die Gesamtkette bzw. die Vielzahl der von einem Unternehmen zu steuernden Ketten, zu einem effektiv, effizient, schnell und verlustarm operierenden Präzisionsinstrument.

Aus Sicht der Supply-Chain-Mechanik ist die operative Kette eines Produktionsunternehmens dadurch geprägt, dass es einzelne Phasenabschnitte gibt, die in sich jeweils andere dominante Schwerpunkte für die Ablaufsteuerung aufweisen: die Versorgungssicht, die Herstellungssicht und die Absatzsicht. Jede hat in ihr typische, dominant ausgeprägte Risiken:

- Die Versorgung steht primär unter dem Risiko der fehlenden Verfügbarkeit. Dies kann sowohl das physische Nicht-Vorhandensein bedeuten, d. h. die Ware kommt nicht an (gar nicht oder fehlende Mengen). Aber selbst wenn sie ankommt, kann sie möglicherweise nicht so, wie geplant, verwendet werden. Entweder sie ist qualitativ nicht entsprechend der Anforderungen, oder es ist ein falsches Produkt geliefert worden. Im Rahmen der hohen Dynamik von Versorgungsketten in der Sofortgesellschaft ein nicht akzeptables Phänomen, das daher mithilfe von Beständen abgesichert werden muss. Selbst wenn ein Alternativ-Lieferant einspringen kann, gibt es hier möglicherweise einen Zeitversatz; auch dies ist abzusichern.
- Die Produktion steht primär unter dem Risiko des Produktionsausfalls. Dies kann sowohl die Menge betreffen als auch die Qualität und Verwendbarkeit der hergestellten Produkte. Beide Risiken können sich natürlich auch gegenseitig verstärken; falls es keine Mengenelastizität auf der Beschaffungsseite gibt und die Produktion die eingesetzten Materialien nicht in wirksame Produkte umsetzen kann, entfällt auch die normalerweise mögliche Ersatzproduktion. Dies kann auf jeder Stufe der Produktionskette auftreten; hierzu sind daher geeignete Puffer an den richtigen Stellen auszuprägen. Gelegentlich gibt es auch den speziellen Effekt zu beobachten, dass es nicht nur eine Unterschreitung der Menge gibt, sondern auch ein Übermengenrisiko. Dies kann ungewollt immer dann entstehen, wenn der Produktionsprozess nicht vollständig beherrscht wird und man bei einem Produktionslos lieber eine etwas höhere Menge produziert, um die Ausbeute an Gutmenge sicherzustellen. Falls es aber doch einmal gut läuft oder die Bediener den Prozess nicht rechtzeitig beenden, kann dies zu ungewollten und ungeplanten Überbeständen führen. Das ist insbesondere ein Problem, wenn dieses Produkt ein kundenspezifisches Einzelprodukt ist oder unter schnellem Verderbs-/Verfallsrisiko steht. Die systematische Betrachtung der diversen Produktionsrisiken ist daher die Basis für eine gezielte Bestandssteuerung.

- Die Absatzseite steht primär unter dem Risiko, dass die geplanten Mengen je Produkt nicht eintreten; d. h. dass die Absatzprognose nicht eintrifft. Kleine Abweichungen sind indes nicht problematisch, erst bei Überschreiten eines individuell unterschiedlichen Grenzwerts führt dies zu störenden Konsequenzen. Das kann sowohl Untermengen als auch Übermengen betreffen; beides ist tendenziell problematisch. Werden zu hohe Mengen erwartet und dann weniger abgesetzt, steigt das Risiko des Warenverderbs. Dies kann sowohl ein tatsächlicher Verderb sein (z. B. Ablauf von Verwendbarkeits-Zeiträumen); im Zusammenhang mit der Sofortgesellschaft und den immer mehr beschleunigten Innovationszyklen bedeutet dies aber auch oft, dass Produkte in der Kundenattraktivität und -akzeptanz veralten und nur noch mit Preisabschlägen (wenn überhaupt) verkäuflich sind. Damit ist die dafür erforderlich gewesene Produktionskapazität verschwendet worden; man hätte sie ja auch für benötigte, attraktive Produkte einsetzen können (hier greift nun erstmalig das Denken in Minuten: Wofür hätte man die Fertigungsminuten alternativ und besser einsetzen können?). Aber auch Untermengen sind unangenehm; einerseits bedeuten diese ein Nicht-Realisieren von Umsatz-Chancen; andererseits – und das ist in der Sofortgesellschaft viel schlimmer – bedeuten sie Unzufriedenheit von Kunden und lösen bei diesen das Suchen nach Alternativlieferanten und Alternativprodukten aus. Der mühselig gewonnene Kunde oder Konsument wird ungewollt wechselhaft; er wird letztlich in diese Rolle gezwungen, weil er ja in der Umgebung der Sofortgesellschaft keine Zeit, keine Geduld, keine Bereitschaft mehr zum Warten hat.

Diese Systematik der Risiken in der Lieferkette führt nun dazu, dass man gezielte Instrumente entwickeln kann, um mit diesen Risiken besser umzugehen. Diese vielfältigen Risiken werden in den folgenden Kapiteln immer wieder aufgegriffen und entsprechend charakterisiert sowie Lösungsvorschläge dargestellt.

Mit einem Beispiel sollen zunächst die im Hintergrund wirkenden Mechanismen und die dafür erforderliche Grundcharakteristik der Lösungsfindung aufgezeigt werden: Das Wesentliche hierin ist die Erkenntnis, dass ein Risiko selten alleine kommt und selten isoliert auftritt. Aufgrund der Komplexität der heutigen Geschäftsabläufe gibt es immer wieder Wechselwirkungen und der Kern der hier vorgestellten Methoden zum besseren Management der Risiken besteht darin, an jeder erforderlichen Stelle die wichtigsten Risikoeinflüsse zu erkennen.

In der dreigeteilten einfachen Kette *Versorgung, Produktion und Absatz* kommt es in der Produktion zum Zusammentreffen (und Zusammenwirken) von zwei zentralen Einflussfaktoren:

- Welche Menge soll produziert werden? Hierfür wird im Regelfall eine Planung zugrunde gelegt, die künftige Absatzmengen prognostiziert (außer in einer reinen Make-to-Order-Umgebung, aber auch dort gibt es vorgelagerte Abschnitte, die mit Prognosemengen gelenkt werden). Diese Prognosen unterliegen dem Risiko, dass sie falsch sein können. Im Regelfall sind sie falsch; es ist nur die Frage, wie falsch sie sind, d. h. wie weit weicht der Planwert von dem später eintretenden Ist-Wert ab. Dieses Abweichungsrisiko lässt sich statistisch ermitteln, in dem man Plan- und Ist-Werte über eine Zeitreihe betrachtet; idealerweise unterschiedlich für einzelne Produktgruppen oder ähnliche Cluster.

- Ist das erforderliche Material für die Produktion vorhanden? Es ist im Regelfall bereits zu einem früheren Zeitpunkt bestellt worden; nun trifft dieser Lagerbestand auf eine Reihe von Risiken: Ist das Material noch verwendbar? Ist die erforderliche Menge vorhanden? Gab es Störungen im Transport, sodass dieses Material erst verspätet eintrifft? Ist die Qualität des dann eintreffenden Materials, oder die des vorhandenen Materials, innerhalb der erforderlichen Spezifikationen und Toleranzen?

Für beide Risiken wird nun betrachtet, welche Einflussfaktoren auf die Einzelrisiken wirken; wodurch wird die Fähigkeit zur richtigen Bedarfsprognose eingeschränkt und was beeinträchtigt die operative Verfügbarkeit des Materials?

Schließlich werden die beiden Stränge zusammengeführt und Probleme auf ihre Verbund-Wirkung hin betrachtet: Ist die Unterdeckung durch einen Planungsfehler entstanden (zu niedrige Prognose, daher zu wenig bestellt) oder durch einen Abwicklungsfehler (Bestellung nicht verschickt, Lieferant hat späteren Zeitpunkt oder geringere Menge bestätigt, Probleme auf der Strecke etc.) verursacht? Oder vielleicht auch durch das Zusammenwirken dieser beiden Stränge (zu spät bestellt und daher auch überproportional verspäteter Versand beim Lieferanten)?

Diese Themen bedeuten letztlich alle Risiken für die Lieferfähigkeit der Endprodukte; Risiken für die gesamte Supply Chain. Um diese Situation besser zu beherrschen, werden diese beiden Einflussfaktoren in eine gemeinsame Portfolio-Darstellung überführt, in der das Prognoserisiko und das Verfügbarkeitsrisiko in ihrem Zusammenwirken betrachtet werden können. Hiermit kann die Produktionssituation besser beherrscht werden, da die Teileversorgung differenzierter, systematischer und zielgerichteter erfolgen kann; jedes Material wird in dieses Raster einklassifiziert, gemäß dem Ausmaß des jeweiligen Risikos, unter dem das Teil für eine sichere Verfügbarkeit steht:

- Wie stark wird die bestellte oder gelagerte Menge von der Genauigkeit der Prognose bestimmt und wie hoch ist die Wahrscheinlichkeit, dass diese Prognose falsch ist (bzw. wie hoch ist die Abweichung)?
- Wie stark wird die benötigte oder gelagerte Menge davon beeinflusst, dass das Teil nicht da ist oder nicht verwendet werden kann? Dies kann noch dadurch verfeinert werden, dass man betrachtet, wie hoch das Eintreff- und wie hoch das Qualitätsrisiko ist.

Hierdurch entsteht nun eine Einordnung jedes Materials, Bauteils bzw. jeder Komponente in eines der vier Felder (Abb. 5.7). Somit hat man die diffuse Gesamtsituation der Versorgungsprobleme der Produktion zerlegt in vier Handlungsfelder, die man nun systematisch angehen kann. Dies wirkt sich unter anderem auf die Höhe der erforderlichen Bestände aus, ermöglicht aber den viel weiter gefassten, systematischen Blick

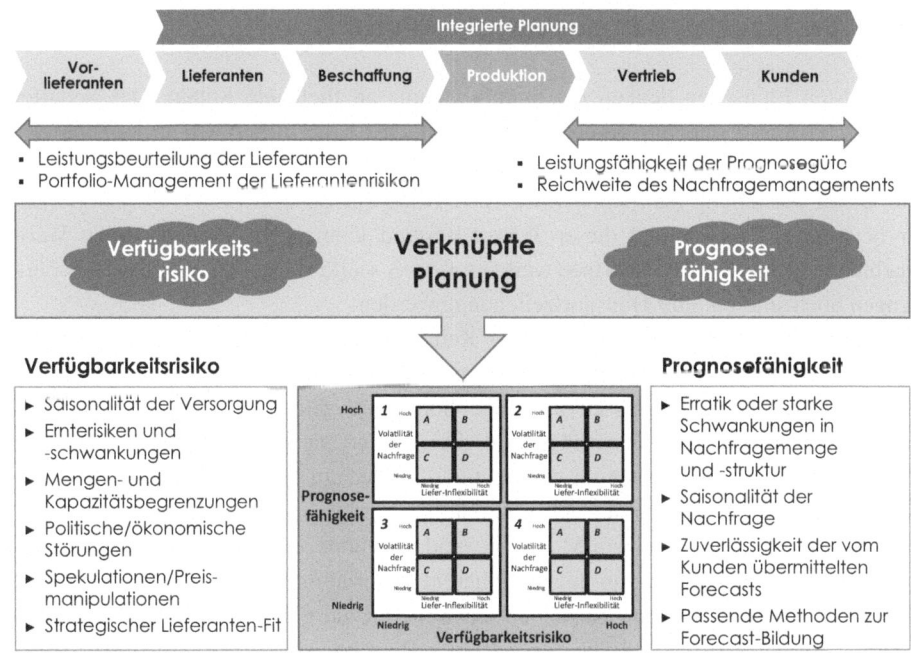

Abb. 5.7 Integrative Risikoeinflüsse aus Absatzprognosen und Verfügbarkeits-Risiken

auf die erforderliche Vielfalt der Maßnahmen, da diese auch innerhalb der vier Boxen unterschiedlich ausfallen können. In dem hier abgebildeten Projektbeispiel hat es sich angeboten, innerhalb der jeweiligen Box noch einmal systematisch zu betrachten, in welchem Umfang die hohe (oder niedrige) Volatilität der Bedarfsmenge (oder auch der Bedarfszeitpunkte) zusammenwirkt mit einer hohen oder niedrigen Flexibilität des Lieferanten, zu einem beliebigen Zeitpunkt eine höhere oder niedrigere Menge zu liefern als ursprünglich angefragt. Erst auf diesem mehr operativen Level konnten mithilfe der detaillierteren Analyse die erforderlichen Maßnahmen aus einem Maßnahmenkatalog ausgewählt, angepasst und eingeführt werden.

Ergebnis dieser systematischen Maßnahme zur Analyse der wirkenden Risiken und deren Zusammenspiel, war eine deutlich geringere Umplanung in der Produktion aufgrund fehlender Materialien, deutlich reduzierte Gesamtbestände (obwohl einige Positionen auch erhöht wurden), niedrigere Beschaffungskosten und weniger Aufwand im Einkauf (somit konnte mehr Einkäufer-Kapazität auf Aufgaben des strategischen Einkaufs umgelenkt werden) und insgesamt eine deutlich gesteigerte Verfügbarkeit der Endprodukte – die dann wiederum zu einer Absenkung von Fertigwarenbeständen geführt hat.

Aus der Aufzählung der vielen Punkte, an denen die Verbesserung angesetzt hat, ist die hohe Wirksamkeit dieser Art des Risikomanagements erkennbar, das sich aus der Methodik der Supply-Chain-Mechanik ergibt.

5.4   Bestände als Kettenglieder und Puffer

Die meisten Menschen denken bei Supply Chains an fließende Ketten. Das Schaffen schneller Prozesse steht im Vordergrund. Und doch ist die Supply Chain letztlich eine vernetzte Folge von Stillständen – von Beständen! Selbst die Ware, die im Transportfahrzeug in der Zustellung zum Kunden ist, ist letztlich ein Bestand. Der Wert gehört einer der beteiligten Parteien und dieser Transit-Bestand kann auch durchaus große Werte annehmen, wenn das Transportnetzwerk groß und vielfältig genug ist, die Transportmengen hoch sind und die Transportzeiten lang werden.

Bestände sind wertvolle Glieder in der Kette. In gewisser Weise sind sie die Bandscheiben des Organismus Supply Chain, da sie Kräfte abfangen, unterschiedliche Dynamiken und Richtungen zulassen und eine hohe Beweglichkeit trotz Spezialisierung einzelner Funktionseinheiten ermöglichen. Damit sind sie ein wichtiger *Enabler* für schnelle Prozesse – innehalten an der richtigen Stelle, um den bestmöglichen dynamischen und zielgerichteten Sprung auszuführen.

Aus Sicht der Supply-Chain-Mechanik sind Bestände einer der drei wesentlichen Puffer in der Supply Chain, um mit der inhärenten Variabilität umgehen zu können (die anderen beiden sind Zeit und Kapazität; siehe hierzu die umfassenden Darlegungen in „Factory Physics" (Hopp und Spearman 1995)). Bestände sind somit in gewisser Weise ein guter, ein positiv zu sehender Sachverhalt. Das Negativ-Image kommt eher daher, dass diese Bestände oft nicht an der richtigen Stelle sind und die Bestandshöhen nicht passen (aus Sicht des Controlling tendenziell zu hoch, aus Sicht einzelner „Angstsichten" tendenziell zu niedrig). Mithilfe der Supply-Chain-Mechanik und einigen damit verbundenen Instrumenten wird dies aber zu einem wertvollen, wichtigen und erfolgswirksamen positiven Element der Supply Chain.

Unter dem Blickwinkel der Supply-Chain-Mechanik und der Notwendigkeit, systematisch die darin wirkenden Risiken in den Vordergrund der Betrachtung zu stellen, wird eine Supply Chain zu einer Kette von Bestandspunkten mit darin befindlichen Beständen (Abb. 5.8). Diese gilt es, gezielt als Entkopplungspunkte in der Kette einzusetzen und die Bestandshöhen darin wirkungsvoll zu steuern, entsprechend den jeweiligen spezifischen Schlüsselmerkmalen. Dabei liegt der Fokus zunächst auf den operativen Beständen, d. h. diejenigen, die sich aus dem laufenden Geschäft ergeben (z. B. Sicherheitsbestand, Umlaufbestand, Transitbestand). Aus Sicht der Supply Chain und der damit inhärenten Suche nach Versorgungssicherheit spielen auch strategische Bestände eine große Rolle; sei es als Spekulationsbestand (zur Absicherung einer günstigen Preisposition), sei es aus der Schutzfunktion des Vorratsbestandes (Schutz vor Missernte, Schutz vor Lieferantenausfall, Schutz vor spekulativer Rohstoffverknappung, Schutz vor Risiken, z. B. Blockaden auf der Transportstrecke etc.). Während der operative Bestand eine Abwägung von Reichweiten, Nachfüllfrequenzen, Nachfüllmengen und Warenverderb ist, sind die aus strategischen Motiven gebildeten Lagermengen eher aus Reichweite im Risikofall oder Warenverderb abzuleiten.

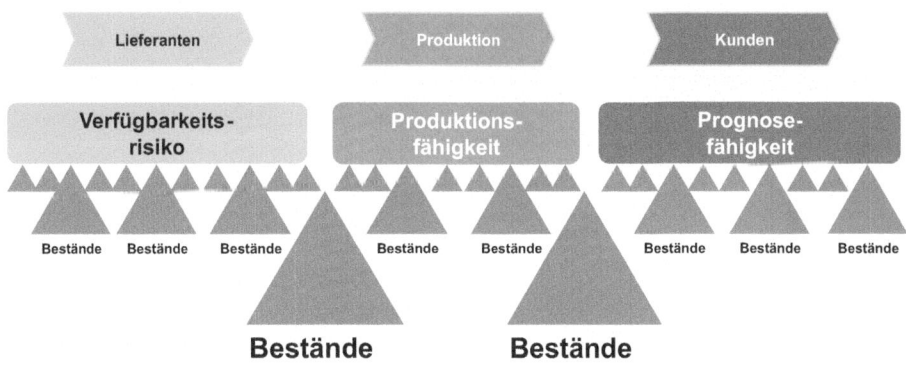

Abb. 5.8   Die End-to-End-Supply-Chain als Kette von Beständen

Für ein produzierendes Unternehmen gibt es hier nun einzelne Phasenabschnitte, die in sich jeweils spezifische dominante Motive für die Bestandssteuerung anwenden. Aus der übergeordneten Sicht lassen sich in diesem Zusammenhang drei typische Zonen bestimmen: die Versorgungssicht, die Herstellungssicht und die Absatzsicht. Hier können nun alternative Versorgungsstrategien erarbeitet werden, die aus der Supply-Chain-Mechanik, der Betrachtung der speziellen Risiken sowie einigen ergänzenden Methoden abgeleitet werden. Diese führen dazu, dass durch den gezielten Einsatz von Beständen an den erforderlichen Positionen die dazugehörigen Steuerungsparameter erarbeitet werden und damit auch die Kriterien für die Mengenbestückung und angemessenen Dispositionsverfahren gewählt werden können. Allein aus dieser kurzen Aufzählung ist ersichtlich, dass dies ein durchaus komplexer Vorgang ist, denn hier stehen viele Methoden und Verfahren zur Verfügung, die alle sehr unterschiedlich geeignet sind. Moderne IT-Systeme erlauben die Auswahl aus einer Vielzahl von Methoden für die Berechnungen – aber nur dann, wenn die Mechanik der Supply Chain und des jeweiligen Bestandsortes genau durchdrungen ist, kann dies zielgerichtet, wirksam und effektiv ausgewählt und festgelegt werden. Hierzu soll die nachfolgende Darstellung einen Überblick geben (Abb. 5.9). Aus den Möglichkeiten der linken Seite sind geeignete Themen auszuwählen und können dann im Rahmen eines Projektes gezielt vertieft werden. Eine der Grundbetrachtungen bei fast allen Projekten ist die Aufschlüsselung von Absatz- oder Verbrauchsmengen mit der Absatz- oder Verbrauchshäufigkeit (-frequenz). Diese Methoden sind nicht neu, bieten aber immer wieder neue Möglichkeiten der Anwendung.

Die Sicht aus der Supply-Chain-Mechanik heraus führt aber auch zu einer anderen, sehr wirksamen Betrachtung. Was treibt eigentlich die Bestände in die Höhe?

Nach meiner Beobachtung sind es im Kern immer zwei Gründe. Auf der einen Seite treffen Menschen Entscheidungen. Und auf der anderen Seite gibt es technische Gründe, warum gewisse Mengen entstehen und dann zu Beständen führen (Abb. 5.10).

Menschen treffen Entscheidungen – nach Vorgaben, nach Erfahrungen, nach Intuition *(geronnene Erfahrung),* oder spontan. Oder weil ein IT-System gewisse Vorschläge macht,

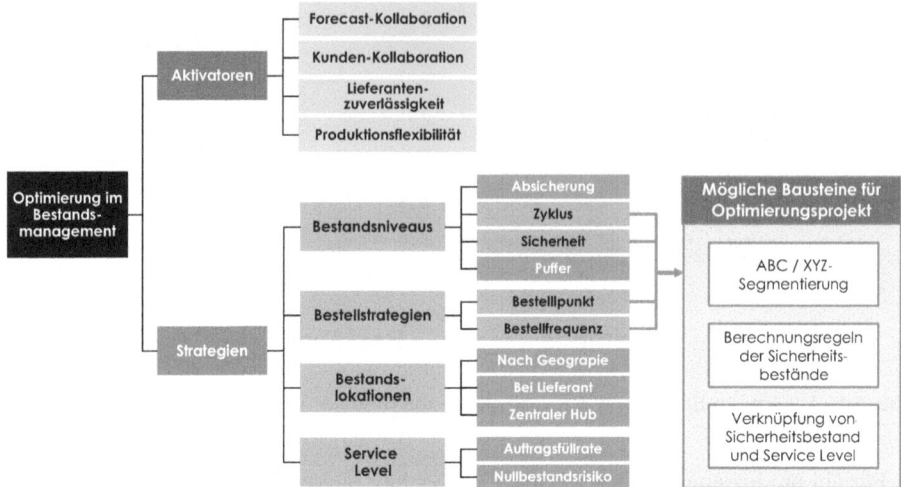

Abb. 5.9 Handlungsfelder zur Optimierung des Bestandmanagements

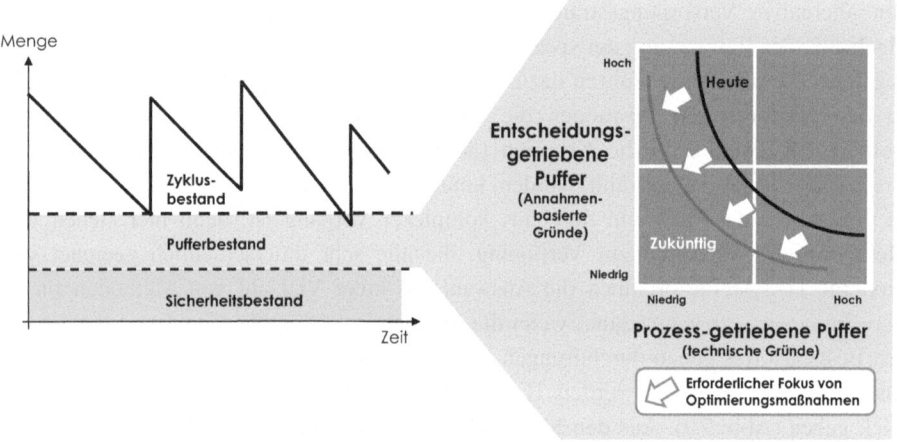

Abb. 5.10 Einflussfaktoren auf die Festlegung von Sicherheits- und Pufferbeständen

die übernommen oder angepasst werden. Wie kommen diese Entscheidungen zustande? In der Regel sind hier interessante Ängste am Werk. Die Angst vor dem Stock-out trifft auf die Angst vor Überbeständen – *Supply meets Controlling*. Und je nachdem, wie die Organisation hierzu gesteuert wird, dominiert die eine oder die andere Seite. In der Regel mit den entsprechenden Konsequenzen.

In beiden Fällen werden menschliche Entscheidungen auf Basis der vorhandenen Informationen getroffen. Sowohl die Qualität dieser Informationen als auch die Fähigkeit, diese geeignet zu verarbeiten, beeinflusst die Angemessenheit und Wirksamkeit der

Bestände. In den meisten Fällen liegen unvollständige oder auch falsche Informationen vor – viele Bedarfsprognosen beruhen auf Annahmen und Beobachtungen, die willkürlich oder zufällig in Monats- oder Wochenscheiben gequetscht werden. Von daher sind die meisten Planungsergebnisse nicht zutreffend – aber es ist besser, ein brauchbares Planungsergebnis, und damit eine Mengenprognose zu haben, als gar keines.

Sehr oft ist zu beobachten, dass jeder Vertriebsmitarbeiter mit großem Aufwand und großer Akribie seine Planzahlen in Tabellen und Systeme einträgt; diese werden verdichtet und mithilfe des Gesetzes vom statistischen Fehlerausgleich (viele Datenfehler gleichen sich aus, wenn nur die Anzahl der Elemente hoch genug ist) werden diese dann als Eingangsgröße der Bedarfsplanung und Geschäftsplanung herangezogen. Dies ist auch vertretbar, da es ja besser ist, eine zutreffende Planung zu haben, als gar keine. Es sollte aber immer im Hintergrund ein statistisches Verfahren mitlaufen, das aus den Bedarfen der Vergangenheit eine Prognose des künftigen Bedarfs errechnet. Hier muss man mit dem geeigneten Verfahren experimentieren; dies kann je Produkt oder Produktgruppe unterschiedlich sein. Aus unseren Erfahrungen sind diese statistischen Prognosen in über 80 % des Volumens bzw. der Artikel besser als die Prognosen der Vertriebsmitarbeiter. Was sich aber aus den mühsam und akribisch vom Vertrieb eingetragenen Werten absaugen lässt, sind die Sondereinflüsse, die für die Folgeperioden zu berücksichtigen sind. Hierzu sollte auch eine Eingabe-, zumindest eine Kommunikationsmöglichkeit vorhanden sein: Wie entwickelt sich die Konjunktur in der speziellen Branche oder in dem speziellen Anwendungssegment? Welche größeren Sondereffekte ergeben sich aus spezifischen Promotions, generellen Werbemaßnahmen, Produktneueinführungen und neuen Kunden/Märkten? Wo verschieben sich Anwendungen und Produkte hin zu neuen Anforderungen und Applikationen? Dies ist im Rahmen eines Demand-Management-Prozesses entsprechend einzufangen und die Auswirkungen mit den statistischen Prognosen abzugleichen.

Auf der anderen Seite stehen technische Gründe; Herstellprozesse sind in technisch/logische Abschnitte gegliedert, die unabhängig voneinander funktionieren und unterschiedlich angesteuert werden wollen. Jeder Abschnitt hat seine eigene zugrunde liegenden Gesetzmäßigkeiten, z. B. Mindestmengen, Maximalmengen oder Prozesszeiten. In der Halbleiter- wie auch in der Carbon-Herstellung gibt es einzelne Fertigungsabschnitte, die eine Reifezeit von Wochen oder gar Monaten haben. Dies sind Bestände, die in den Anlagen oder in den Lagern liegen, um zu reifen. Ebenso verhält es sich mit manchen Eingangsmaterialien; z. B. werden die Glasscherben aus dem Recycling, die dann in die Glaserzeugung einfließen, einem wochenlangen Kompostierungsprozess unterzogen, damit die organischen Bestandteile zerfallen und später abgespült werden können.

Menschliche Entscheidungen und technischen Notwendigkeiten treffen sich aber auch gelegentlich – z. B. wird die Mindestproduktionsmenge oder die Mindestbestellmenge eines Produktes meist nach gewissen Überlegungen festgelegt. In der Chemie-Industrie ist z. B. nur ein voller Behälter ein guter Behälter, da der Chemie-Ingenieur aufgrund von Überlegungen der *Fixkosten-Verdünnung* zum Ergebnis gelangt, dass die

Durchschnittskosten nur dann minimal sind, wenn der Behälter vollständig gefüllt ist für die anliegende Charge. Aus seiner begrenzten Sicht auf die von ihm verantworteten Produktionskosten fast richtig – aber mit Sicherheit meist eine falsche Annahme, wenn man die gesamte Kette betrachtet.

In unseren Projekten haben wir in vielen Fällen gesehen, dass die Durchschnittskosten-Kurve heutzutage sehr lange sehr flach verläuft und dann hin zu kleinsten Mengen stark ansteigt. Dies bedeutet, dass es einen sehr großen Toleranzbereich gibt, in dem man die Mengen verringern kann, ohne dass die Durchschnittskosten spürbar ansteigen! Und das bisschen, das man vielleicht beim maximalen Ausreizen gewinnt, geht in den folgenden Prozessen in der Regel unter.

Natürlich gibt es gewisse diskrete Stufen, die beachtet werden sollen – welche Produktionszeiten geben eine sinnvolle Versandeinheit, wie viel passt auf eine Palette, wie viele Paletten ergeben einen halben oder ganzen Truck, wie viel braucht der Kunde wirklich? Und schon sind wir wieder bei der Sicht auf die gesamte Kette, um Produktionsmengen, Verbrauchsmengen und Lagermengen integrativ aufeinander abzugleichen.

Somit gilt es, für eine Optimierung der Bestände die Mechanik der gesamten Kette herauszuarbeiten, aber auch die Mechanik der Entscheidungen zu verstehen, die an den einzelnen Bestandspositionen angewendet werden – und welche zukünftig verwendet werden sollten, um eine bessere Gesamtsituation zu erzeugen. Es geht auch darum, die Wechselwirkungen zu verstehen und besser zu beherrschen: Entscheidungen treiben Bestände, Bestände treiben Entscheidungen. Sind diese beiden Betrachtungen kongruent, liegt die Voraussetzung für eine hohe Lieferfähigkeit vor. Passen diese beiden nicht zueinander, kommt es zu Verwerfungen, Mehrkosten und Umsatzausfällen.

Aus der Perspektive der Supply-Chain-Mechanik hat sich mit der *Mehrstufigen Bestandsoptimierung* ein sehr attraktives Verfahren entwickelt *(Multi-Echelon Inventory Optimization)*. Dies zunächst im akademischen Operations Research entwickelte Verfahren ist mittlerweile über eine Vielzahl spezialisierter IT-Applikationen für die Anwendung im Industriebetrieb verfügbar geworden. Hierbei werden die vielen Querbeziehungen zwischen bestellungsauslösenden und liefernden Prozessen miteinander in Beziehung gesetzt und zwar für jedes Produkt, seine Vorprodukte und Materialien und die einzelnen Herstell- und Lieferabschnitte sowie deren Prozess-Restriktionen (z. B. Mindestmengen, Prozesszeiten, Durchlaufzeiten, Ausbeute, Haltbarkeiten). Dies ist „von Hand" oder „im Kopf" gar nicht mehr beherrschbar, da es eine überschäumende Menge an Elementen und Beziehungen gibt, die der Mensch nicht mehr durchschauen kann (siehe hierzu auch Kap. 6).

Bei der Konfiguration dieser Systeme werden die einzelnen Leistungs- und Lieferketten je Produkt beschrieben, was eine durchaus mühselige und zeitraubende Arbeit ist, mit vielen auftretenden Klärungsbedarfen. Die Belohnung dafür ist aber eine ganz neue Art der Beherrschung der Lieferkette! In all meinen Projekten zu diesem Themenfeld waren die Ergebnisse der vorgeschlagenen Sicherheits- und der operativen Bestände oftmals kontra-intuitiv, also entgegen der bisher üblichen Annahmen, führten aber letztlich zu einer deutlichen Optimierung der Bestandshöhe im Gesamtsystem. Und dies ist das zentrale Ziel: nicht die Optimierung (oftmals übersetzt als Minimierung) eines einzelnen Bestandspunktes, sondern die Verteilung von Mengen an Materialien, Zwischenprodukten und Fertigprodukten auf die einzelnen Abschnitte der Lieferkette – zudem an den Punkten angesiedelt, die aus Sicht der Supply-Chain-Mechanik die höchste Wirksamkeit entfalten lassen.

Hier soll ja nun keine umfassende Abhandlung zu den diversen einzelnen operativen Methoden des Bestandsmanagements erfolgen; das Ziel dieses Abschnittes ist es, eine neue Sicht auf die Produktions- und Lieferkette zu fördern. Das Aufdecken der Wirkungszusammenhänge, Abhängigkeiten und der einzelnen Risiken in den Abschnitten (und auch der Gesamtkette) ist ein zentraler Beitrag der Supply-Chain-Mechanik, das Gerüst der *Bestandsketten* richtig zu knüpfen. In den Anwendungsbeispielen in Abschn. 5.5 wird dazu auch aufgezeigt, dass Bestände ganz unterschiedliche dynamische Eigenschaften haben können; z. B. das Entkoppeln von langsamen und schnellen Abschnitten der Lieferkette und das Abwägen zwischen Umschlagsgeschwindigkeit und Marktversorgung.

Zunächst soll aber eine spezielle Anwendung der Supply-Chain-Mechanik vorgestellt werden, die sowohl das Design einer Liefer- und Produktionskette als auch das Management von Nachfrage und Versorgungskette unterstützt.

5.5   Kundenzentrierte Gestaltung mit der Desire-to-Use-Methodik

Kernüberlegung der *Desire-to-Use-Betrachtung* ist die Art, wie die Nachfrage auf das Versorgungssystem „prallt". Vergleichbar mit dem Prinzip der Selbstidentität der Chaos-Theorie gibt es in jedem Abschnitt der Kette lokale Muster und übergeordnete Muster. Diese gilt es zu erkennen und miteinander gezielt zu verknüpfen. Jede Kette ist da anders gestrickt, aber es gibt Grundmuster:

- Was nicht im Regal ist, kann nicht spontan gekauft werden (somit wird ein alternatives Produkt, oft vom Wettbewerber, gekauft).
- Was nicht im Lager steht, kann nicht versandt werden (sondern muss nachbestellt werden, was die Lieferzeit beträchtlich verlängern kann).
- Was nicht bestellt wurde, kann nicht geliefert werden (denn woher soll der Lieferant wissen, dass es benötigt wird – auch eine automatisch ausgelöste Nachschubbestellung ist ja eine Bestellung).
- Was nicht produziert wurde, kann nicht in die Lieferkette eingesteuert werden (selbst wenn aktuell noch genügend Bestand für die gerade anliegende Lieferung da ist, wird die nächste ins Leere laufen).
- Wenn einzelne erforderliche Produktions- oder Verpackungsmaterialien nicht da sind, kann nicht produziert oder fertiggestellt werden (auch wenn alle anderen Materialien vorhanden sind, somit kommt es zu Zeitverzug).

- Wenn die erforderlichen Konstruktionszeichnungen, Stücklisten und Arbeitspläne nicht fertiggestellt sind, können die disponierenden und produzierenden Prozesse nicht wirklich beginnen (auch wenn man gelegentlich eine *produktionsbegleitende Konstruktion* im Maschinen- und Anlagenbau vorfindet, so führt es doch immer zu Verzug und Fehlleistungen bzw. Nacharbeit).
- Wenn der Transportdienstleister zu viele Aufträge und Mengen abwickeln muss und seine Beförderungskapazität nicht mehr ausreicht, kommt es zu Lieferverzögerungen (und nicht immer findet man eine Alternative, mit Ausnahme im Kurier- und Paketsegment [KPS]).

Diese kausalen Ketteneffekte könnte man hier nun fast beliebig fortsetzen. Sie sollen aber nur der Illustration dienen, wie die *Desire-to-Use*-Methodik funktioniert: Hier wird der ultimative, relevante Nachfragepunkt betrachtet (z. B. die eingehende Bestellung eines Kunden oder der erste Kontakt eines Vertriebsmitarbeiters mit dem möglichen Kunden einer Maschine, was zu einem ersten Angebot führt). Und dagegen wird gespiegelt, wann dieser Kundenbedarf final befriedigt ist (Menge, Qualität, Funktionsfähigkeit, Betriebsfähigkeit etc.).

Hier gibt es spezifische Unterschiede zwischen Industrien. Im Maschinen- und Anlagenbau ist diese Kette eingliedrig, da sie von der ersten Angebotsabgabe über die Bestellung bis zur Installation und Inbetriebnahme geht. In händlerbasierten Ketten (z. B. Konsumgüter, Industrieausrüstung, Handwerkerbedarf etc.) ist diese Kette zweistufig, da ein Wirkungskreis auf der Ebene des Händlers vorliegt und ein anderer in den Nachschubprozessen des Händlers. Und in der Chemie gibt es oft die Herstellung von Grundprodukten in großen Mengen und anschließender Veredelung in kleineren Mengeneinheiten und Gebindegrößen.

Dies klingt zunächst trivial und wohlbekannt, ist aber in den folgenden Betrachtungen eine wichtige Grundsystematik.

5.5.1 Die D2U-Erfolgshebel beim Auftragsfertiger

Um die Anwendung der Methodik zu veranschaulichen, betrachten wir die Situation eines Auftragsfertigers näher, am Beispiel Maschinenbau/Druckmaschinen (Abb. 5.11). Hier liegen viele rationale Kaufentscheidungsfaktoren vor, daher ist dies anschaulicher als die komplexe, marketing- und emotionsgetriebene Welt der Konsumgüter.

Der Auftragsfertiger hat auf den ersten Blick eine einfache transaktionale Kette, die einen recht klaren Durchlauf hat: Ein Kunde möchte eine maßgeschneiderte Maschine oder Anlage, dies durchläuft die verschiedenen Stufen von Auftragsabwicklung, Herstellung, Lieferung und Installation. Die Zahlung ist hier vereinfachend an den Abschluss der Kette gesetzt, aber de facto gibt es hier meist mehrere Zahlungspunkte, die je nach Unternehmen und Auftragsart unterschiedlich ausfallen können (z. B. vorausgeleistete Anzahlungen, Zahlungen je nach Auftrags- und Lieferfortschritt, bis hin zur Einhaltung

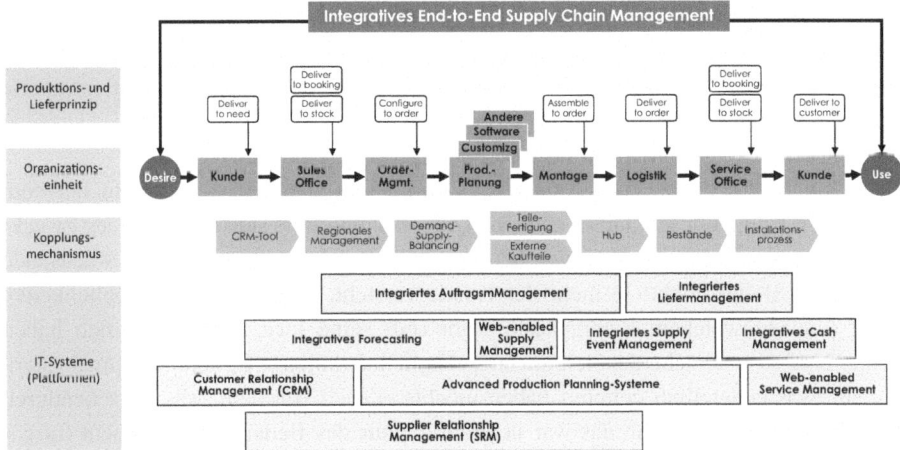

Abb. 5.11 Gestaltungsfelder für IT-Applikationen in der End-to-End-Supply-Chain eines Maschinenbau-Unternehmens (Auftragsfertiger)

eines Restbetrages durch den Kunden zur Absicherung von Garantieansprüchen). Diese Zahlungspunkte sind für die Supply Chain natürlich sehr relevant, weil zu jedem Zahlungspunkt auch ein Verzugs-, Genehmigungs- oder Ausfallrisiko eintreten kann, das den weiteren Abarbeitungsprozess zum Stillstand bringt.

Im der mittleren Zone, der internen Auftragsabwicklung, Herstellung und Montage, wird es dann komplizierter, da der Auftrag die verschiedenen Gewerke ansteuern muss, die für die Anlage erforderlich sind. Heutzutage entfällt ein großer Teil des Herstell- und Konfigurationsaufwands auf die steuernden Software-Komponenten; sowohl für einzelne Baugruppen als auch für die gesamte Maschine oder gar Anlage. Und überall können Kapazitätsengpässe lauern, die die zeitgerechte Fertigstellung beeinträchtigen. Daher kommt dem *Demand-Supply-Balancing* in dieser Prozesskette eine zentrale Bedeutung zu: Wie viele Maschinen pro Monat (bzw. je Planungs-Zeiteinheit) von welchem Maschinentyp können bearbeitet und fertiggestellt werden? Die Durchlaufzeit beträgt zumeist mehrere Wochen, manchmal Monate (abhängig sowohl von erforderlichen Beschaffungsprozessen als auch der Vielfalt der erforderlichen Komponenten und Baugruppen). Diese Kapazitätsprüfung muss alle relevanten Herstell-, Liefer- und Installationsprozesse integrativ umfassen; jeder kann zum zeitbestimmenden Engpass werden. Oftmals liegt der Fokus auf der internen Herstellung; vernachlässigt werden Engpässe bei Lieferanten, vor allem aber in der Installation beim Kunden. Hier werden oft unendliche Elastizitäten unterstellt, die sich dann als nicht zutreffend herausstellen und zu massiven Improvisationen und Problemen führen können. Daher ist es ein wichtiges Ergebnis einer solchen Aufnahme der gesamten Lieferkette, dass man alle Glieder der Kette mit ihren potenziellen *Last-Problemen* in einer solchen Gesamtsicht *End-to-End* transparent macht.

5.5.1.1 Management der Risiken in der Lieferkette

Das größere Problem jedoch in dieser Lieferkette ist die *latente Unbestimmtheit.* Was bedeutet das? Hier setzt nun die *Desire-to-Use-Sicht* ein, die eine signifikant erweiterte *End-to-End-Sicht* auf die Lieferkette ist: der Abgleich zwischen initialem Bedarf und final geliefertem Gut und dies im Kontext der zugehörigen Zeitstrecke.

Eine solche Maschine oder Anlage soll immer ein spezifisches Problem bei dem bestellenden Kunden lösen. Dies kann eine Universalmaschine sein oder eine eng zweckgebundene Anlage. Aber ähnlich wie bei einem IT-Projekt, gibt es hier eine wachsende und reifende Bedarfssicht: Je mehr der Kunde versteht, welche Lösungsmöglichkeiten es gibt (und zu welchem Preis), desto mehr reift seine Idee, was er wirklich haben möchte. Und so unterscheidet sich das ursprünglich diskutierte Lastenheft oftmals stark von dem, was er letztlich geliefert haben möchte – auch von dem, was zwischendurch einmal bestellt wurde. Denn das war ja ebenfalls nur das Bedarfsbild zu einem formalen Zeitpunkt. Neben den reifenden Einsichten, was machbar ist, kann sich natürlich auch die vorgesehene Aufgabenstellung für die Maschine/Anlage wandeln; es kommt ein neuer Auftrag hinein, der auch mithilfe des neuen Gerätschaft gefertigt werden soll, aber von den bisherigen Fähigkeiten abweicht. Dieses Phänomen des *Änderungsrisikos* ist ein Grundmerkmal von Auftragsfertigern, insbesondere im Maschinen- und Anlagenbau. Unabhängig davon, wie sich der Hersteller diese (nachträglichen) Änderungen vergüten lässt, bedeutet jede Änderung einen disruptiven Eingriff in die interne Lieferkette und die externen Zulieferketten. Dies will in der Supply Chain beherrscht werden und erfordert eine Reihe von darauf ausgerichteten internen Maßnahmen, Prozessen, ebenso wie den Einsatz geeigneter IT-Systeme. Letztlich ist dann der Gradmesser für den Erfolg der Lieferkette die Abnahme der installierten Anlage, die fehlerfrei die Ergebnisse erzeugt, die der Kunde haben möchte. Hier lauern natürlich auch noch einmal spezielle Ausprägungen des *Funktionsfähigkeitsrisikos,* die zu gewissen *Nachlauf-Effekten* führen können, die die Lieferkette zusätzlich belasten bzw. instabil machen.

Das eigentliche Problem ist jedoch ein ganz anderes: Meist hat ja die herzustellende Maschine Bauteile mit längeren Vorlaufzeiten. Dies können Gussgestelle sein, aber auch spezielle Kugellager oder andere *Langläufer.* Die Beschaffungszeiten hierfür übersteigen oft die vom Kunden akzeptierten Lieferzeiten für die Maschine (da man ja im Wettbewerb mit anderen Lieferanten steht) und müssen somit mithilfe einer Vorausplanung bestellt und beschafft werden. Diese Vorausplanung kann oft aber nur aus den Bedarfsprognosen des Vertriebs abgeleitet werden, der hierzu eine entsprechende Vorschauplanung auf Basis seiner Angebote, anstehenden Aufträge und auch erster Vertriebsgespräche erstellt. Die Vielstufigkeit in dieser Angebotsfindungsphase des Kunden führt zum zweiten großen Risiko, dem *Eintrittsrisiko.* Hier treffen sich interessanterweise die zwei bisher diskutierten Ströme: Der Kunde ändert in der Regel die Konfiguration bis hin zum Maschinentyp und gleichzeitig steigt das Risiko, das man bei der Vergabeentscheidung Zweiter wird. Im Erfolgsfall liegt somit zum Zeitpunkt der finalen Bestellung möglicherweise eine ganz andere technische Lösungssituation vor, als sie über lange Zeit angenommen war (und Erstere war natürlich die Basis für die Vorschauplanung).

Die Kunst liegt nun darin, diese beiden Risiken systematisch zu beobachten, auszuwerten, die angemessenen und erforderlichen Maßnahmen abzuleiten und umzusetzen. Das gestaltet sich für jedes Unternehmen hochgradig individuell, da sich jedes Unternehmen in einem spezifischen Kontext dieser Risiken, aber auch seiner Situation im Markt sowie seiner supply-chain-technischen Leistungsfähigkeit zu einem bestimmten Zeitpunkt befindet. Dieser Gesamtkontext treibt die jeweils erforderlichen und die angemessenen Lösungen voran. In einigen Projekten hat sich gezeigt, dass auch aus dem Funktionsrisiko eine nicht zu unterschätzende Beeinflussung kommen kann; dieses sollte natürlich zuerst adressiert werden, um die Stabilität der Lieferkette herzustellen und abzusichern.

In den meisten Fällen kann man drei wesentliche Handlungsfelder identifizieren, die jeweils in viele Stufen der Auftragsabwicklungsprozesse eingreifen bzw. diese beeinflussen: Forecast, interne Auftragsabwicklung und Transparenz des Auftrags- und Lieferstatus (Abb. 5.12).

Während bei den meisten Auftragsfertigern der Fokus auf der internen Auftragsabwicklung liegt und viel Aufwand in die Optimierung gesteckt wird, werden die anderen beiden Themen oft etwas vernachlässigt. Interessanterweise liegen hier aber, wie oben dargelegt, die Risiken für die Instabilität der gesamten internen Prozesswelten; daher finden wir oft – trotz aller Anstrengungen der internen Optimierung – dennoch hohe Ineffizienzen in diesen Lieferketten. Die Supply-Chain-Mechanik mit der Desire-to-Use-Sicht vermittelt hier nun die Basis für eine nachhaltige, wirksame und zielgerichtete Optimierung des Geschäftssystems.

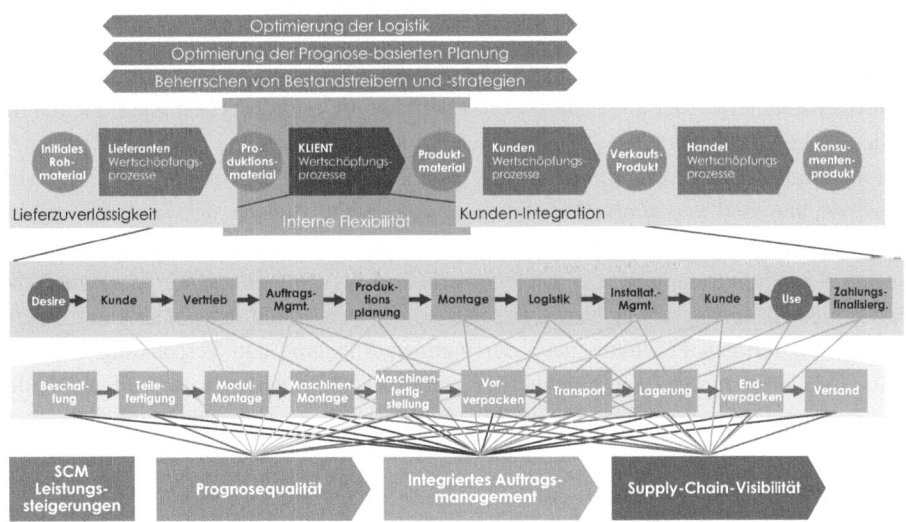

Abb. 5.12 Handlungsfelder zur übergreifenden Optimierung der End-to-End-Supply-Chain eines Maschinenbau-Unternehmens (Auftragsfertiger)

Das Erzeugen der Visibilität und Transparenz ist mithilfe von entsprechenden Lösungen recht einfach erzielbar; an dieser Stelle ist dann eher die Frage nach den richtigen Messpunkten und vor allem nach der zielgerichteten Auswertung der Daten und der Ableitung der richtigen korrektiven Maßnahmen der kritische Punkt.

Demgegenüber wird der Bereich des Eintritts- und des Änderungsrisikos oft vernachlässigt, da man dies als geschäftsimmanent und somit unabänderlich betrachtet. Interessant ist jedoch, wie oft die entsprechenden Änderungen und somit Irritationen der Lieferkette selbstinduziert sind, d. h. innerhalb der eigenen Einflusssphäre entstehen.

Das Änderungsrisiko hat oft damit zu tun, dass vom Vertrieb im Rahmen des Angebotsprozesses wichtige potenzielle Störeinflüsse nicht intensiv genug analysiert und betrachtet werden und stattdessen das Erzielen des Vertragsabschlusses das Handeln dominiert. Hier setzt die Methode der *Clean Order* gezielt an, die in Abschn. 5.7 näher erläutert wird, da sie eine potenziell große Tragweite hat: Alle Aufträge für einen bestimmten Zeitraum werden daraufhin untersucht, welche Änderungen wann, und vor allem warum, erfolgt sind. Hier ist wichtig, das *Warum* nicht vom Vertriebsmitarbeiter zu erfragen, sondern tiefer gehende Nachforschungen anzustellen. Denn aus Darlegung des Vertriebs sind ja alle Änderungen vom Kunden veranlasst.

Aus diesen Erkenntnissen kann man erste Schlussfolgerungen ziehen, welche Art korrektiver Maßnahmen erforderlich ist.

5.5.1.2 Management der Planungsqualität

Das Eintrittsrisiko in Form der Forecast-Steuerung ist weniger trivial adressierbar; hier bewegt man sich im Bereich der nur lose gesteuerten Verknüpfung statistischer, technischer, wettbewerbsbedingter und konjunktureller Störeinflüsse. Daher soll hier ein entsprechendes Lösungsmodell kurz skizziert werden (Abb. 5.13).

Zunächst einmal lässt sich die Supply-Chain-Mechanik des Prognoseprozesses im Zusammenhang mit dem *Desire-to-Use* in vier Prozesswelten und vier Verknüpfungselementen darstellen: Der abstrakte Forecast trifft auf die erforderlichen Vorlaufzeiten für Zulieferungen und konkrete Aufträge treffen auf kapazitätsbedingte Liefermöglichkeiten (die natürlich letztlich auch von der Verfügbarkeit der Zukaufteile abhängen). Diese vier Prozesswelten sind verknüpft über die Planungsqualität, mit der der Forecast in Aufträge überführt werden kann, der Auftragsbeständigkeit (Qualität) der Aufträge, die dann zu den Bestellungen passen, der Lieferzuverlässigkeit von Lieferanten (aber auch die rechtzeitige Auslösung der richtigen Beschaffungsaufträge) und der pünktlichen Bereitstellung des fertigen Produktes nach der internen Abnahme und Verpackung des Produkts. Dies führt zu einer Lieferqualität (Termin und Vollständigkeit der Lieferung), die vom Kunden dazu benutzt wird, ggf. die Liefertermine in der Bestellung künstlich enger zu setzen, um Druck auf den Lieferanten zu machen und um andererseits Puffer für die Belieferung einzubauen.

In diesem Kontext ist nun der Sachverhalt sehr spezifisch, dass eine Planung ja immer eine Mengenzahl in eine angenommene Zeiteinheit presst: Eine Maschine wird einem Liefermonat zugeordnet, aus dem sich dann der erwartete Bestelleingang ableitet.

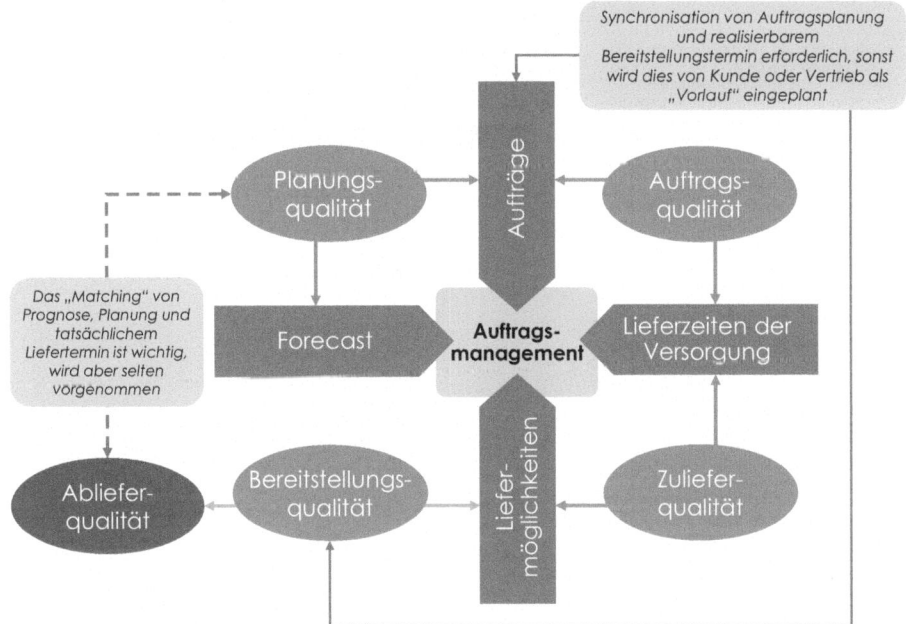

Abb. 5.13 Systemische Modellierung der Einflussfaktoren auf die Leistungsfähigkeit und Liefer-fähigkeit eines Auftragsfertigers

Wenn aber nun die Maschine in der ersten Woche des Folgemonats geliefert wird, liegt rein statistisch bereits ein Planungsfehler vor, selbst wenn es sich um den ersten Tag des Folgemonats handelt. Von daher ist die Analyse der entsprechenden Zahlen mit der geforderten Umsicht vorzunehmen. Um nun diese Mechanik und die daraus abgeleitete Methodik anwenden zu können, ist es angeraten, eine Übersicht der internen sowie der externen Einflussfaktoren anzufertigen, die diese Mengen- und Zeiteinordnung beeinflussen kann. Dies hilft, um eine Basis für die Beurteilung der Ergebnisqualität im Kontext der möglichen Störungen und deren Eintrittswahrscheinlichkeit und somit deren Relevanz zu erzeugen. Dies verschafft den Überblick, wie belastbar die einzelne Zahl je Produkttyp und Monat ist (Abb. 5.14).

Wichtiger ist dann, wie dieser Forecast-Prozess aufgesetzt und eingebettet wird. Hierbei sind wieder die diversen Querbeziehungen zu beachten, die die fünf Hauptelemente verknüpfen. Ein wesentlicher Einflussfaktor auf die Prognosedaten sind die Managementvorgaben. Je ambitionierter diese ausfallen, desto höher kann das Risiko sein, dass überzogene oder nichtzutreffende Prognosen erstellt werden, um diesen Vorgaben gerecht zu werden. Auf der anderen Seite steht die Lieferzuverlässigkeit, aus der der Vertrieb ableitet, mit wie viel *Voreilung* er seine gewünschten Maschinen bzw. Produkte aus dem Produktionssystem haben möchte. Letztere hat dann Auswirkungen auf die Qualität (Granularität und Eintrittswahrscheinlichkeit) des Forecasts, oft in Verbindung mit unzureichenden Methoden, die Prognosezahlen zutreffend zu ermitteln

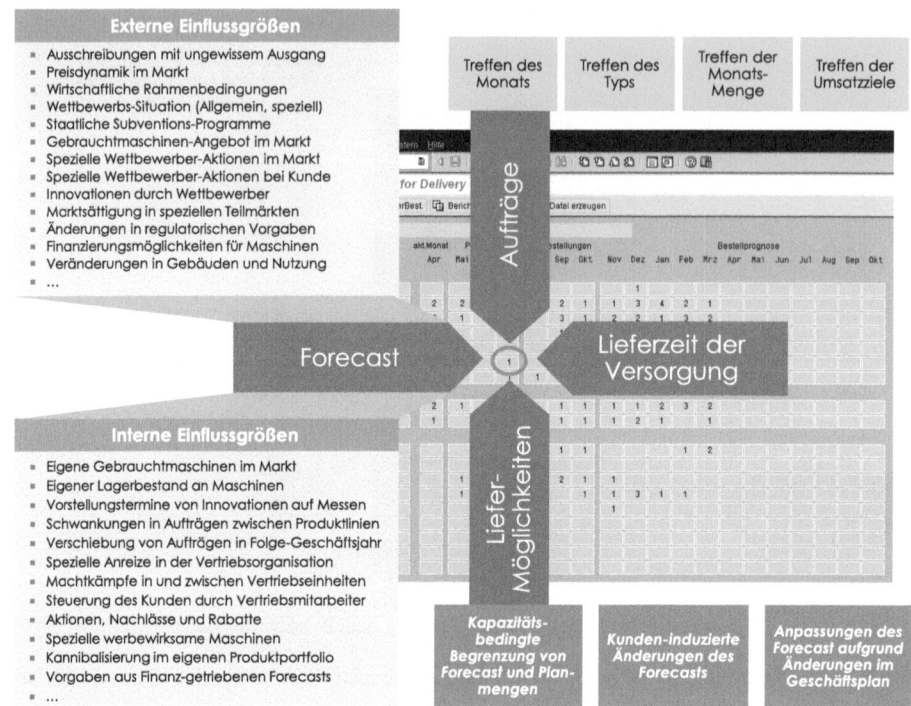

Abb. 5.14 Zusammenwirken von Einflussfaktoren auf die Gestaltung und Interpretation der Absatzprognose eines Auftragsfertigers (Maschinenbau)

oder zu dokumentieren. Und selbst wenn dann mit großen Mühen eine hervorragende Systematik für die Verwendung des Forecasts in der internen Planung geschaffen wurde (inklusive dem Einsatz von Advanced Planning Systems etc.), wird diese nie in der Lage sein, eine zutreffende Planungsqualität für die Steuerung der internen Abläufe zu erzeugen. Und letztlich ist das passende Tool als Plattform für den Datenaustausch, Zahlenverarbeitung, aber auch als Medium für zusätzliche Markt-, Kunden-, Auftragsfortschritts- und Lieferinformationen auszugestalten (Abb. 5.15).

Den wichtigen Effekt der Voreilung trifft man übrigens sehr häufig in Allokationssituationen an: Immer dann, wenn die Nachfrage die Produktionsmöglichkeiten übersteigt, kommt es zu Verzerrungen. Wir können mithilfe der Supply-Chain-Mechanik der dann anzutreffenden typischen Verhaltensweisen zwei Zustände vorfinden, die natürlich auch gemeinsam vorkommen können, die Mengen-Voreilung und die Zeit-Voreilung:

- Bei der Mengen-Voreilung werden vom Vertrieb größere Mengen in die Nachfrageplanung eingestellt, als man tatsächlich im Markt absetzen kann. Hierdurch wird vom jeweiligen Vertrieb für sein Vertriebsgebiet (z. B. Land) abgesichert, dass er nach der allgemeinen Kürzung der Mengen zumindest das Volumen zugeteilt bekommt, das er für seine Marktversorgung und die Erreichung seiner Umsatzziele benötigt. Das Geschäftssystem wird also übersteuert; das hieraus resultieren Problem ist, dass das

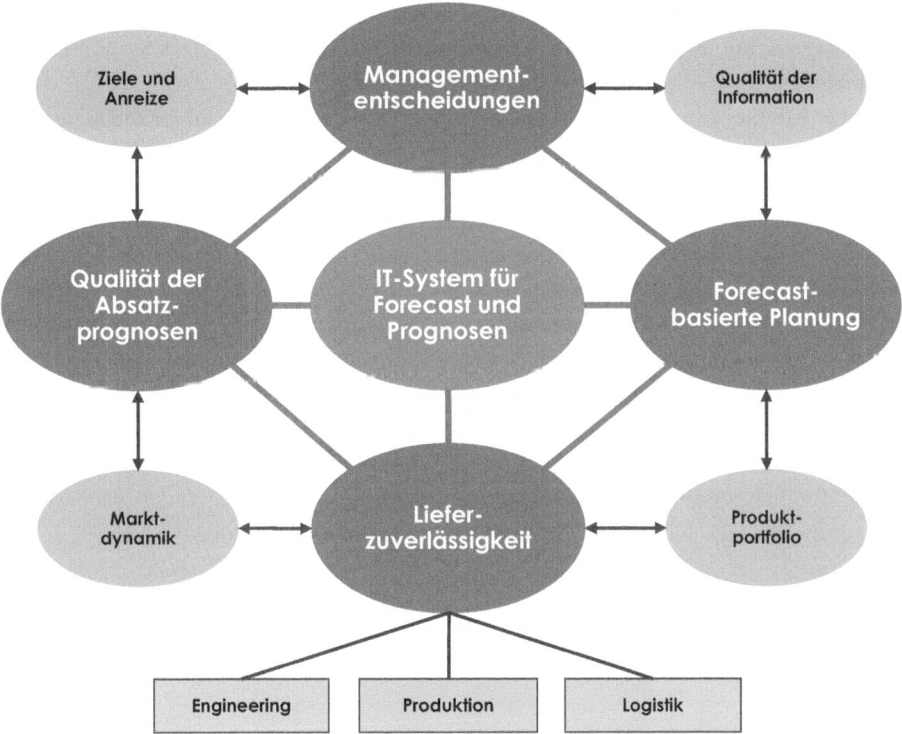

Abb. 5.15 Handlungsfelder zur Optimierung des Zusammenspiels im integrativen Forecast-Prozess eines Auftragsfertigers

zentrale Management dann nicht weiß, in welchem Maße eine Kapazitätsausweitung sinnvoll und angemessen ist. In einigen Fällen wird durch diese Mengen-Voreilung das doppelte Marktvolumen als adressierbar suggeriert; wenn nun das Management entsprechende Investitionsentscheidungen trifft, um die Kapazitäten zu verdoppeln, kommt es zu einer signifikanten Überkapazität (und zu entsprechender Unterauslastung der frisch installierten Kapazität, da das adressierbare Marktpotenzial z. B. lediglich bei 30 % gelegen hat). Somit führt die Übersteuerung durch Mengen-Voreilung zu einer kurzfristig ausbalancierten Situation für die jeweilige Vertriebsregion, aber mittel- und langfristig zu falschen Investitionsentscheidungen und falschen Periodisierungen (denn die Region mit der am höchsten übersteuerten Mengen-Voreilung bekommt die höchste Zuteilung).

- Bei der Zeit-Voreilung werden vom Vertrieb falsche Zeitpunkte zu den Mengen eingetragen. Aus den Erfahrungen der Vergangenheit mit Lieferunzuverlässigkeiten werden bestimmte Schlussfolgerungen gezogen, um die gewünschte Marktversorgung abzusichern. Dieses *geronnene Erfahrungswissen* wird zu einem festen Parameter der Absatzplanung, der insbesondere bei stochastischen Absatzprozessen (wie im Maschinenbau) zur Fehleinschätzung der Produktionsplanung und Beschaffungsdisposition führen kann. Wenn dann noch die diversen Änderungs- und Eintrittsrisiken dazukommen, ist das operative Chaos bereits vorprogrammiert. Hier gilt es also anzusetzen, um über verbesserte Liefertreue diesen Schlupf aus dem System herauszunehmen.

- Beide Effekte können gemeinsam auftreten, aber auch einzeln, unabhängig voneinander, je nach Produktgruppe, Lieferwerk oder Marktregion. Dies gilt es durch gezielte Analysen herauszufinden (Abb. 5.16).

Der hier vorgestellte *Desire-to-Use-Zyklus* existiert in jedem Unternehmen in einem individuellen Mix aus Lastzuständen durch richtige und falsche Informationen sowie aus Verhaltensweisen. Mithilfe der dargelegten Zusammenhänge kann dieses Modell nun eingesetzt werden, um die diversen Fehlleistungen zu ermitteln und in den richtigen Aktionsfeldern einzuordnen. Dies kann durchaus vielfältig sein, daher ist es ein wichtiges Element zur Bewältigung und Beherrschung der Komplexität der Prozesse und der darin enthaltenen Fehlstellungen. Und selbst, wenn man das richtige und passende Forecasting-Tool ausgewählt hat, kann es zu signifikanten Verwerfungen in der planbasierten Fertigungs- und Geschäftssteuerung kommen, siehe die Beispiele in Abb. 5.16.

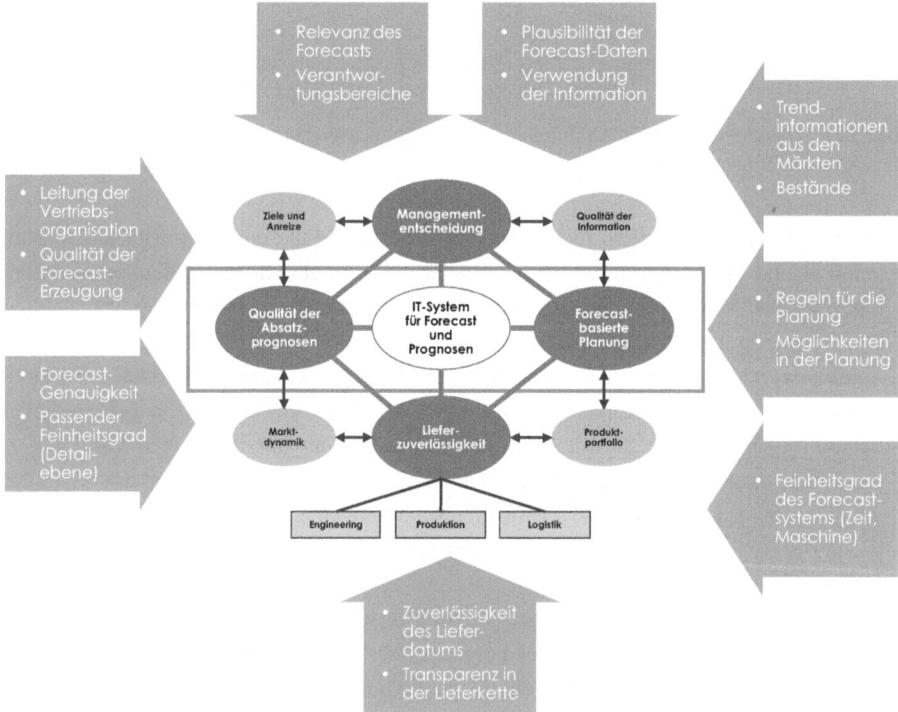

Abb. 5.16 Integrative Maßnahmen zur verbesserten Verwendbarkeit der Absatzprognose für operative und strategische Zwecke

Eine mögliche Lösung zu dieser Gesamtproblematik ist die Ergänzung der reinen Zahlensicht durch relevante Informationen, die dazu verhelfen, die Lage besser (idealerweise richtig) einzuschätzen. Hierzu kann man beispielsweise eine systematische Telefonkonferenz mit den wichtigsten Absatzregionen einführen, die je nach Geschäftsdynamik monatlich oder quartalsweise durchgeführt wird (in Konsumgütern und Electronics ist es oftmals erforderlich, dies wöchentlich oder im 2-Wochen-Rhythmus durchzuführen).

In dieser Telefonkonferenz berichten die Vertriebsleiter (oder Landesgeschäftsführer, je nach Organisationsmodell) im Rahmen einer standardisierten Agenda zunächst über wichtige und aktuelle Veränderungen in ihren Absatzregionen, gehen dann auf die aktuelle Wahrnehmung der Liefersituation aus Sicht dieser Region ein, stellen schließlich die aktuelle Auftragssituation dar und leiten daraus erforderliche Anpassungen der bisherigen Auftrags- und Lieferpläne ab (Abb. 5.17). Abschließend erfolgt eine kurze Erörterung anderer Risiken und Absatzchancen, die noch keinen Raum in den anderen Punkten hatten, aber relevant für die Geschäftssteuerung sein könnten. Hierdurch ergibt sich eine zielgerichtete, risikoorientierte Betreuung der Absatzregionen und gleichzeitig entsteht ein verursachungsgerechter Blick auf die abgegebenen Planungsdaten, um dann im Rahmen des Demand-Supply-Balancing die erforderlichen und angemessenen Entscheidungen zu treffen.

Diese hier vorgestellten Beispiele sind nur ein kleiner Teil der Optimierungsmöglichkeiten, der sich aus der Anwendung der Methodik ergibt. Letztlich soll hiermit ja auch

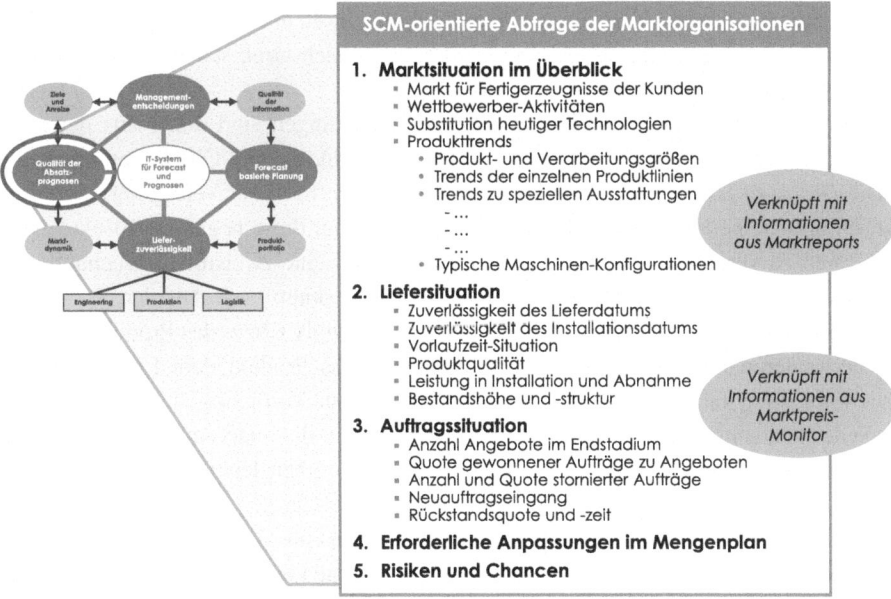

Abb. 5.17 Beispiel des Ablaufs eines absatzmarktorientierten Briefings für Auftragsfertiger

kein vollständiges Lösungssystem dargelegt werden, sondern eine Ermunterung, diese Methodik auf das eigene Unternehmen anzuwenden, durch neue Sichten neue Einsichten zu erlangen und aus diesen passende Maßnahmen zu entwickeln. Daher wenden wir uns nun zwei anderen Industrien zu, um dies weiter zu veranschaulichen.

5.5.2   Die D2U-Erfolgshebel bei Konsumgütern und Electronics

Konsumgüter werden im Regelfall planbasiert für anonyme Märkte gefertigt. Die Produkte werden identisch in großen Stückzahlen hergestellt und dann über ein breit gefächertes Distributionssystem in die Absatzmärkte verteilt. Diese Absatzmärkte können natürlich sehr unterschiedlich sein (regional, Absatzkanal, händlerspezifisch etc.) und somit tritt oft eine daraus abgeleitete große Vielzahl von Produktvarianten auf. Die wesentliche Herausforderung für Hersteller und Distributeure ist nun, in dieser Vielfalt der Produkte die zutreffenden Mengen je Zeiteinheit zur Verfügung zu stellen, damit die Konsumenten in ihren Kaufwünschen bedient werden können. In der Sofortgesellschaft heißt dies *verzugsfrei* – was nicht da ist, was nicht sofort mitgenommen oder geliefert werden kann, führt zu einer Verlagerung der Kaufentscheidung auf ein alternatives Produkt, im Regelfall von einem anderen Anbieter. Der Händler kann dies noch kompensieren, da er ja idealerweise die Alternativprodukte anbietet (falls nicht, verliert auch er den Kundenumsatz für diese eine Bedarfserfüllung). Der Hersteller verliert aber ganz sicher seinen Umsatz und möglicherweise auch folgende Umsätze, wenn dieses Problem mehrfach auftritt und sich über Social Media eine Negativ-Reputation zu diesem Produkt oder gar zu diesem Hersteller ausbreitet. „Produkt toll, aber nirgends zu bekommen. Such dir lieber etwas anderes", ist eine Botschaft, die sich viral, schnell und nachhaltig in großer Reichweite ausbreitet.

Dies gilt es, zu vermeiden. Die folgenden Ausführungen sind daher aus der Sicht eines Herstellers entwickelt: das typische Szenario für eine Supply-Chain-Optimierung.

Die *Desire-to-Use-Methodik* stellt auch hier eine Plattform zur Verfügung, um systematisch und zielgerichtet Maßnahmen zu entwickeln, um diese negativen Effekte abzustellen und zu vermeiden. Wir finden hier in der Regel eine zweistufige Mechanik vor, die über ein Distributionssystem als „Bandscheibe" verknüpft ist. Auf der einen Seite steht das erzeugende System, das im Rahmen seiner Supply Chain das Produkt herstellt. Auf der anderen Seite steht das Absatzsystem, das das Produkt dem Endverbraucher (bzw. Endkäufer, falls dieser es nicht selbst benutzt) zur Verfügung stellt. Auf der linken Seite steht somit die anonyme Massenproduktion, auf der anderen Seite der einzelne, individuelle Kaufvorgang. Diese beiden gilt es nun, in einen leistungsfähigen Wirkzusammenhang zu bringen.

Dies hat zwei Ebenen: die Planungsebene und die des physischen Warenflusses. Und auf beiden können beliebig viele Fehler auftreten, die sich aus vielen Ursachen speisen können. Hier setzt nun das *D2U* an, indem zunächst die zugrunde liegenden Sphären dargestellt werden und durch die „Bandscheibe" des Distributionssystems verknüpft werden. Die erste Grundsatzfrage an dieser Stelle ist, ob die Leistungsfähigkeit des Distributionssystems zur oftmals langsam taktenden Mechanik der Produktversorgung und der in der Regel schnell und unvorhersehbar taktenden Verkaufssituation passt. Diese Distributionssysteme sind oft aus reinen Kostenerwägungen heraus konzipiert worden, mit den damit verbundenen Platzierungen von Distributionslagern und der entsprechenden Auswahl von Dienstleistern für Transport und Lager-/Warenwirtschaft. Im Rahmen der Sofortgesellschaft ist aber die zentrale Gestaltungsgröße die Geschwindigkeit, mit der Nachfragesignale durch Lieferungen und daraus resultierender Verfügbarkeit am POS umgesetzt werden können. Was nützt eine 5 % billigere Transportkette, wenn dadurch der Umsatz *Null* wird? Andererseits sind auch die Kosten als Randbedingung zu betrachten, da der globale Wettbewerb und die daraus für den Verbraucher attraktive Preisbildung wenig Spielraum für grobe Kosten- und Preisverstöße zulassen.

Durch das grobe Mapping der beiden unterschiedlichen Sphären ist die Basis geschaffen, um nun die beobachteten typischen Probleme und Fehlleistungen zuzuordnen und einzutragen und auch die wesentlichen Herausforderungen der jeweiligen Einzelstufe herauszuarbeiten und vermerken. Sind diese eingetragen, kann man sich dem Matching zuwenden: In welchem Maße kann der Hersteller die Herausforderungen und Probleme auf der Absatzseite beeinflussen? Wie kann er stärker die Art der Bedürfnisentfaltung auf der Käuferseite verstehen und beeinflussen? Wie kann er seine Versorgung der Märkte schneller, kostengünstiger und flexibler gestalten? Wie kann er die eigene Produktion besser ansteuern, flexibler produzieren und schneller die aktuell im Absatzmarkt relevanten Produkte bereitstellen? Und: Hat er überhaupt die richtigen Produkte im Sortiment oder gibt es gefährdende Trendverschiebungen im Markt, die sich aus schnell im Absatzkanal auflaufenden Beständen erkennen lassen? Dies sind nur einige der Kernfragen, die sich aus dem Abgleich von *Desire* und *Use* unter dem Aspekt der dynamischen Zeitsicht ergeben.

Dieses Mapping und Matching der übergeordneten Sicht hat das Ziel, die wesentlichen Eckpunkte und Wirkmechanismen der Gesamtkette herauszuarbeiten und die beobachteten Schwachstellen systematisch zuzuordnen. Dies ist der „Leitstand", um an den richtigen Stellen zu vertiefen. Diese Vertiefung erfordert eine Priorisierung; alle verzeichneten Fehlleistungen und schwierig zu erfüllenden Herausforderungen sind danach zu bewerten, wie stark sie die derzeitige Leistungsfähigkeit der gesamten Kette beeinträchtigen. Idealerweise erfolgt dies in einer gemeinsamen Bewertung unter Teilnahme verschiedener Funktionsbereiche (Vertrieb, Produktmanagement, Produktion, Logistik, Produktentwicklung, Einkauf etc.). Und zu den *Top 50 %* der identifizierten Themen kann anschließend eine Einstufung vorgenommen werden, welche alleine aus eigener Kraft angegangen werden können und welche eine Zusammenarbeit mit Distributoren und Händlern einerseits, oder Lieferanten und Dienstleistern andererseits erfordern.

Viele Konsumgut-Hersteller haben zunächst einmal Probleme mit der Leistungsfähigkeit und Flexibilität der Güterversorgung in die Märkte (Abb. 5.18). Oft ist unklar, was aus internen Gründen und was aus externen Störeinflüssen (oder unzureichenden/ fehlerbehafteten Informationen) gespeist wird. Nach meinen Erfahrungen ist die

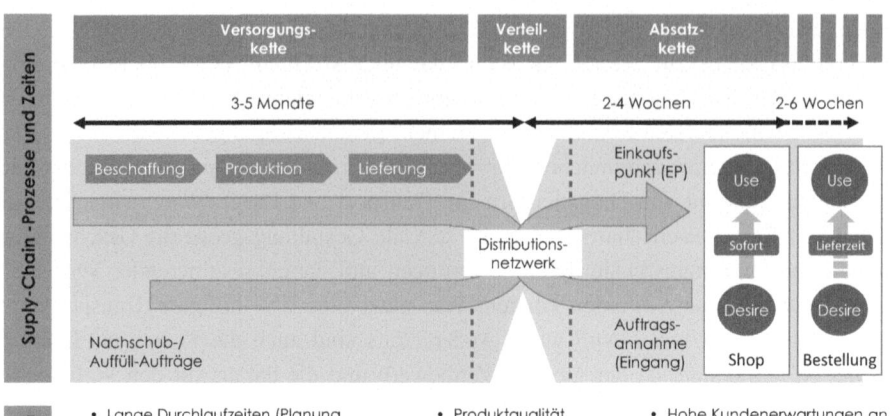

Abb. 5.18 Übersicht über die Supply Chain eines Konsumgut-Herstellers mittels der Desire-to-Use-Methodik

Anwendung der SCOR-Methodik hier ein passendes Instrument und liefert ein recht einfaches Mapping der internen Prozesse: Ein Konsumgut-Hersteller entwickelt Produkte und produziert und verteilt diese anschließend unter Anwendung eines planungsbasierten Herstell- und Absatzsteuerungsprozesses.

Zu jedem der in Abb. 5.19 dargestellten Schritte kann dann erarbeitet werden, ob dieser gut, leistungsfähig, schnell und fehlerfrei funktioniert, oder ob es Einbußen hinsichtlich der Leistungsfähigkeit gibt (siehe rote Pfeile). Was sich aus dieser Sicht der Supply-Chain-Mechanik ergibt, ist der Blick auf drei Prozesswelten, die unabhängig voneinander ablaufen und doch hochgradig miteinander verwoben sind. In den meisten Unternehmen ist es genau die Synchronisation dieser drei Prozesswelten, die kleine und auch große, weitreichende Probleme verursacht. In vielen Fällen ist es hier nicht die fehlende funktionale Exzellenz, sondern die horizontale oder auch vertikale Exzellenz, an der anzusetzen ist. Denn in diesen verknüpften Ketten ist der Ort, an dem das Problem auftaucht, sehr selten der Ort, wegen dem das Problem entsteht.

Typisches Problemfeld ist die Synchronisation von Produktentwicklung und Herstellprozessen. Zwar haben letztlich alle Unternehmen einen formalen Produktentwicklungsprozess (PEP), mit klaren Milestones, Verantwortlichkeiten und Aktivitäten. Dennoch ist es normal, dass es in jedem Entwicklungsprojekt zeitliche Varianzen gibt, in der Regel Verzögerungen aus diversen Gründen, da Produkte immer anspruchsvoller und die Erarbeitung der neuen Lösungen vielfach in technologisches und/oder prozessuales Neuland führt. Somit haben wir auch hier wieder Risiken, dass die ursprünglichen

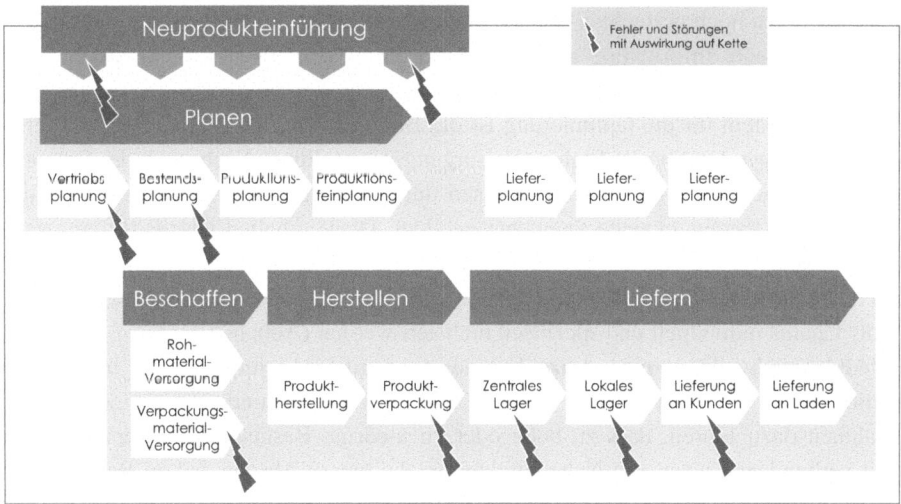

Abb. 5.19 Typische Quellen von Störungen im Zusammenwirken von Absatzplanung und Lieferprozessen

Annahmen nicht mehr zutreffen und die auf Basis dieser Annahmen erstellten Ablauf-
pläne dann natürlich auch nicht mehr funktionieren. Das bedeutet, dass neben dem
ohnehin erforderlichen Aufspüren von Punkten, an denen der eigentliche PEP-Prozess
(bis hin zur Serieneinführung und Lieferung der Produkte) nicht richtig gestaltet ist, das
Herausarbeiten der potenziellen Risiken des Prozesses höchste Bedeutung hat. Prozess-
management als Risikomanagement zu betrachten ist oft der Einstieg in eine ganz neue
Sicht auf die Abläufe und die erforderlichen Synchronisationsmechanismen. Und mithilfe der systematisch identifizierten Risiken und der Bewertung, welche davon in den
letzten Jahren mit welcher Häufigkeit eingetreten sind, ist die Basis gelegt, an welchen
Stellen eine verbesserte Risikobeherrschung erforderlich ist. Hieraus leiten sich dann
weitere erforderliche Optimierungsmaßnahmen zielgerichtet ab.

Zweiter wichtiger Synchronisationspunkt ist die Verknüpfung von Planungsebene und
Lieferebene. Hier gelten die bereits oben beschriebenen Mechanismen der Prognose-
Verwendbarkeit, natürlich an dieser Stelle anders als beim Auftragsfertiger. Aufgrund der
großen Zahl an Produkten und Transaktionen ergibt sich oft ein neutralisierender Effekt
auf Planungsfehler durch das Gesetz des statistischen Fehlerausgleichs: Ist die Anzahl
der Elemente groß genug, gleichen sich die einzelnen Fehler oft gegenseitig aus – es sei
denn, es wird durch überzogene Managementerwartungen oder durch systematische Vor-
eilungen in der Vertriebsplanung übersteuert. Daher ist zu prüfen, ob eine unzureichende
Forecast-Qualität aus einer falschen Interpretation der vorliegenden Marktinformationen
entsteht oder ob diese aus den *D2U-Mechaniken* und somit Verwerfungen in der Signal-
kette entstehen (auch die zu hoch eingetragene Absatzzahl eines Vertriebsmitarbeiters

aufgrund von zu hoch gesteckten Managementvorgaben ist eine Verwerfung in der Kette, da ja die originäre Information aus dem Markt durch aspirative Einflussfaktoren übersteuert wird).

Dritter Baustein für die Optimierung ist die Bildung von Klassen entlang der Lieferkette. Hierbei werden für alle Stufen (Versorgung, Herstellung, Nachschub, Lieferung in den Markt, Nachfrage) detaillierte Analysen durchgeführt, die Besonderheiten herausgearbeitet und hieraus gezielte Segmente gebildet. Diese erhalten jeweils differenzierte Lösungskonzepte, die auf die jeweils erforderliche Dynamik von Absatzsituation und Lieferkette eingehen – und dann im Rahmen von Effizienz- oder Flexibilitätsgetriebenen Supply Chains individuell und spezifisch realisiert werden (Abb. 5.20).

Und letztlich gibt es eine ganze Kette von gestuften Lieferplanungen in der Distributionskette; an allen Stellen können falsche oder zumindest nicht zutreffende Annahmen dazu führen, dass zu hohe oder zu niedrige Bestände vorliegen, mit allen damit verbundenen negativen Nebeneffekten (siehe hierzu Abschn. 5.4 zu Beständen in der SC Mechanik).

Die konsequente Orientierung auf die dem Bedarfssignal zugrunde liegende Bedürfnissituation im Absatzmarkt führt somit zu einer konsequenteren Ausrichtung aller Glieder der Konsumgut-Lieferkette auf die Markt- und Kundenbedarfe, da diese ja dem schnellen *Use* entgegenstreben – und der ist in der Sofortgesellschaft ohne Toleranz für Nicht-Verfügbarkeit.

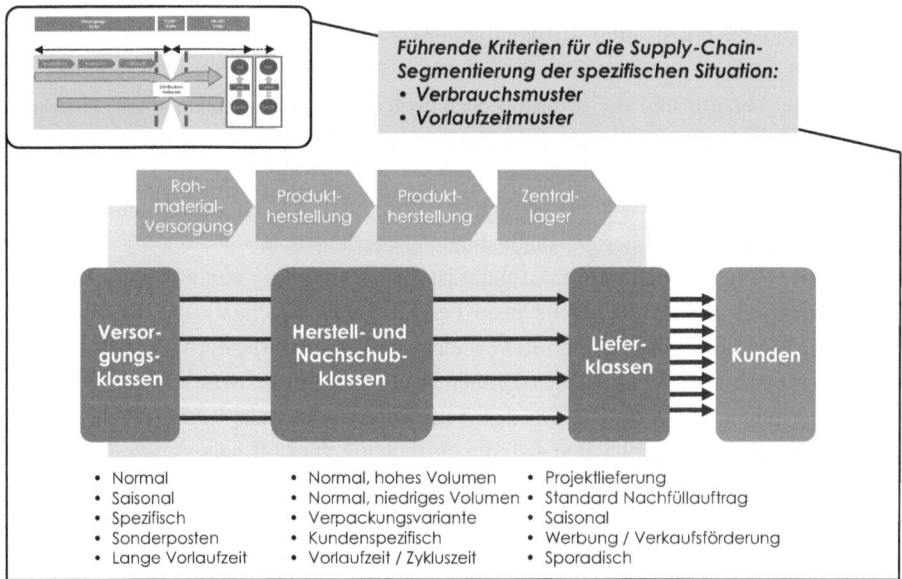

Abb. 5.20 Anwendung von Lieferketten-Segmentierungstechniken entsprechend der Dynamik und Mengen der Produktsituationen

5.5.3   Die D2U-Erfolgshebel in der Prozess-Industrie

Die End-to-End-Lieferkette in der Prozess-Industrie gleicht in weiten Teilen eigentlich den Konsumgütern. Sie ist zweistufig (Produktions- und Absatzkette) und wird verknüpft durch ein Distributionssystem. Der wesentliche Unterschied sind oft die Mengen, Gebindegrößen und zu transportierende Einheiten. Und wir haben hier meist länger laufende Kontrakte, um die Lieferbeziehungen zwischen Hersteller und Abnehmer/Verwender sicherzustellen. Hieraus speisen sich dann einerseits die Mengenplanungen (Vertrag gewonnen/verloren; Anteil am Liefervolumen des Kunden, Regelmäßigkeit der Lieferung) und andererseits erwachsen hieraus auch Möglichkeiten, mit den Kunden systematischer an einer Verbesserung von Planungsinformationen und Prozessen der Belieferung zu arbeiten.

Somit kann das Grundmodell der D2U-Sicht aus dem Konsumgut-Bereich verwendet werden. Es gibt jedoch oft eine sehr typische Ausprägung der internen Produktionskette: Eine hochvolumige Grundproduktion anonym hergestellter Ausgangsmaterialien (die allerdings häufig eigenständig absetzbar sind) und eine in kleinen Chargen operierende Endprodukt-Erzeugung. Letztere geht hin bis zu kundenspezifischen (teilweise einzelauftragsspezifischen) Produkten mit individuellen Produktcharakteristika, die genau auf die jeweilige Kunden-Aufgabenstellung zugeschnitten sind (Abb. 5.21).

Das *Desire* speist sich hier also aus zwei Elementen: einmal der jeweils vorliegenden Produktspezifikation und zum anderen dem Timing der jeweils benötigten Mengen gemäß

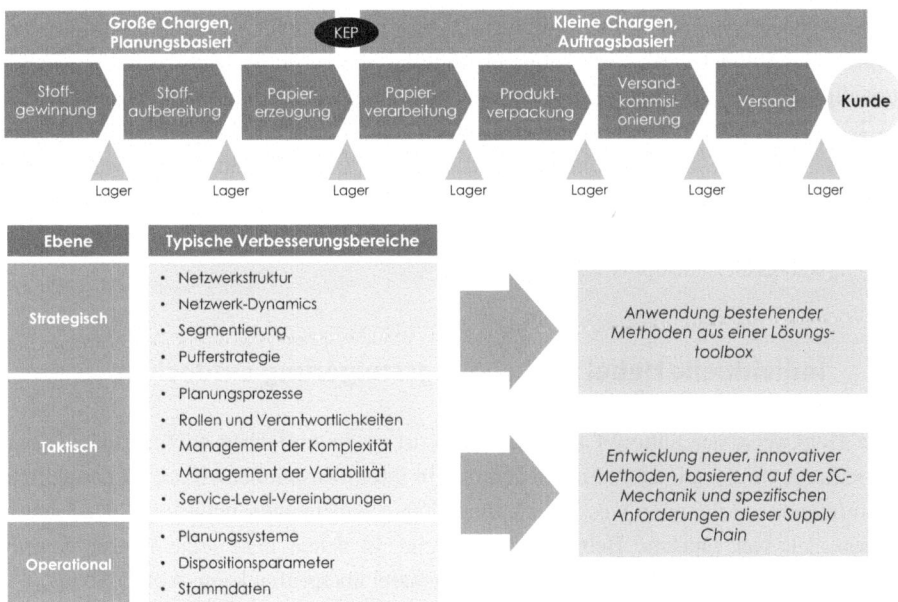

Abb. 5.21 Optimierung der End-to-End-Supply-Chain mit spezifischen Desire-to-Use-Merkmalen

Kundenprozess. Im jeweiligen Auftragsfall bzw. einer Lieferung tritt dies scheinbar nicht unabhängig voneinander auf – die Supply-Chain-Mechanik und die D2U-Methode zeigen hier aber, dass man diese immer getrennt betrachten muss:

- Die Produktkonfiguration kann sich jederzeit ändern, wenn es eine Bedarfsänderung beim Kunden gibt. Dies führt dazu, dass bereits hergestellte Mengen nicht mehr verwendbar sind und für die nächste Bestellung ein neuer Ansatz zu fahren ist.
- Das Timing der Mengen kann signifikant zwischen Plan und Realität auseinanderfallen, da ja auch der Abnehmer einem Wechsel seiner Bedarfs- und Absatzmengen unterliegt.

Konsequenz ist auch hier, dass man das Risiko beider Einflussfaktoren systematisch beobachten, auswerten und adressieren muss: Welcher Einflussfaktor dominiert bei welchem Kunden, bei welchem Produkt, bei welchem Absatzgebiet, für welche Anwendungssituation etc.? Nur die genaue Beobachtung jedes einzelnen Geschäftsvorfalls, führt hier zu Erkenntnissen, wie ein einzelnes Produkt, eine Produktgruppe, ein Kunde, eine Kundengruppe etc. im Rahmen der Absatzplanung, Disposition und Mengensteuerung zu behandeln ist.

Unter Fortführung des damit eingeleiteten Mappings des internen Geschäftssystems und seiner internen und externen Einflussfaktoren können somit einzelne Stufen identifiziert werden, die einer Optimierung bedürfe. Andererseits lassen sich auch typische Handlungsebenen adressieren, um dort gezielte Maßnahmen zur Optimierung zu entwickeln.

Insbesondere in der Prozess-Industrie liegen oft sehr spezielle Produktionsanforderungen und Produktions-Rahmenbedingungen vor, die sich aus den technischen Herstellprozessen, der Anlagengröße und individuellen produktqualitätsbeeinflussenden Faktoren ergeben. Daher sind hier neben dem Einsatz bekannter Methoden zur besseren Steuerung der Produktions- und Lieferkette auch individuelle Maßnahmen herauszuarbeiten, die vielfach innovativen Charakter haben – aber letztlich auch einen Wettbewerbsvorteil verschaffen können und ein völlig neues, höheres Niveau der Leistungsfähigkeit der Supply Chain erzeugen.

5.6   Individuelle Hebel zur Leistungssteigerung entdecken

In der Denkweise der Supply-Chain-Mechanik ist es die einfachste Sicht, zunächst einmal Auftrags- und Lieferkette zu trennen und in ihrem Zusammenwirken zu betrachten: Wo treffen sie aufeinander, wo sind sie unabhängig voneinander unterwegs? Und schon ergeben sich vier typische Betrachtungsbereiche, in denen man seine interne Supply Chain auf Fehlleistungen und Optimierungspotenzial überprüfen kann, Abb. 5.22.

Die komplexeste und integrativste Sicht ist die auf das gesamte Geschäftssystem: Wie spielen Vertrieb, Produktentwicklung und Supply Chain zusammen? Und welchen

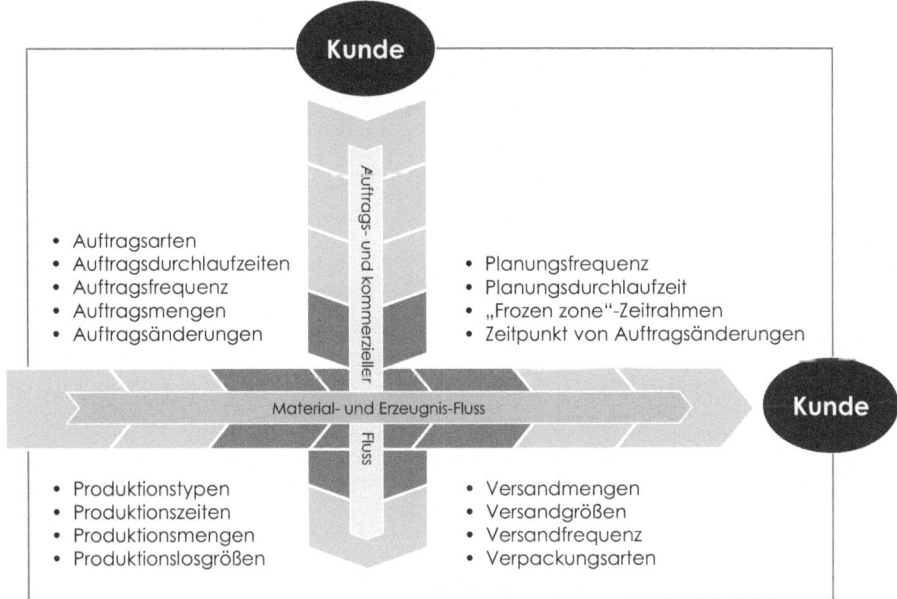

Abb. 5.22 Zusammenspiel von Auftrags- und Materialfluss zur Optimierung der internen Supply Chain (Produktionszentrisch)

Hauptbeitrag sollen die drei Funktionsbereiche leisten, um das Unternehmen zu maximaler Wirksamkeit zu führen? Die dargestellte (Abb. 5.23) entstammt einem Projekt, in dem Vertrieb und Produktentwicklung stark dominant waren und die Supply Chain im Hintergrund „funktionieren" sollte. Zu den Zeiten, in denen das Unternehmen noch kleiner und überschaubarer war, ging dies auch recht gut so.

Mit zunehmender Größe (als Ergebnis des Markterfolges und neuer kreativer Ideen für neue Anwendungsfelder) wurden das Produktspektrum breiter, die Kunden vielfältiger, die Absorption neuer Produkte in die Versorgungsketten schwieriger und damit die Versorgung der Märkte komplexer. Ergebnis der Betrachtung von Zusammenführung der Sicht auf Geschäftsmechanik und Supply-Chain-Mechanik waren ein neues Rollenverständnis aller drei Grundfunktionen und das Heranwachsen der Supply Chain zu einem vollwertigen Partner in der internen Geschäftsgestaltung: Was nützt alle Innovation, was nützen alle vertrieblichen Anstrengungen, wenn der Kunde nicht zum Bedarfszeitpunkt das gewünschte Produkt in seinen Händen hält? Dieser scheinbar trivial klingende Sachverhalt war die Basis für eine Revolution im Unternehmen; eine Veränderung der Machtstrukturen und gleichzeitig die Basis für die folgenden drei Jahre des Geschäftswachstums (das immer noch anhält). Leitthema im Hintergrund war für die Supply Chain letztlich *Beherrschung der Komplexität der Versorgung – Beherrschung der Lieferstrecken;* dies führte zu einer neuen Gestaltung der weltweiten Distributionsstrukturen, zu Kooperation im Unternehmen und zu einem starken Miteinander in Produktentwicklung, Planungen und Kundenstrategien.

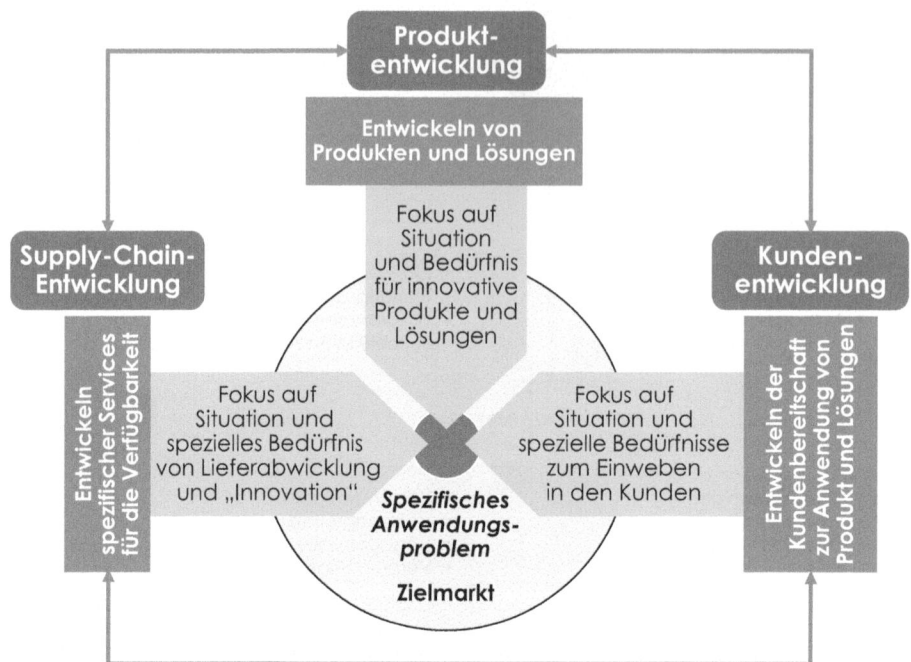

Abb. 5.23 Kollaboration zwischen Funktionsbereichen zur Weiterentwicklung von Supply Chain- und Serviceangeboten an Kunden und Absatzpartner

　　Im Regelfall findet die Optimierung der Supply Chain jedoch im internen Umfeld statt. Die Anwendung der Supply-Chain-Mechanik erfordert hier zunächst eine etwas filigranere Auflösung der Lieferkette. In der (Abb. 5.21) ist wieder einmal der Auftragsfertiger dargestellt, doch hier könnte jede andere Ablaufsituation dargestellt sein. Der besondere Ansatz aus Mechanik und *D2U* führt hier wieder zu einer zielführenden und wirksamen Betrachtungsweise, der Aufspaltung der Sphären: die Lieferkette kann einerseits unter dem Gesichtspunkt der Planung und andererseits unter dem der operativen Prozesse betrachtet werden.

　　Für das Erzielen hoher Geschwindigkeit und hoher Präzision ist es erforderlich, schnelle und schlagkräftige Planungsprozesse zu haben. Hier müssen die wesentlichen Informationen zur Vorbereitung künftiger Liefersituationen präzise und zeitbedarfsgerecht an allen beteiligten Stellen zur Verfügung gestellt werden. Hauptstichwort ist die Integration der erforderlichen Informationsflüsse, aber auch der erforderlichen Informationen. Neben den klassischen Absatz-Erwartungs-Daten des Vertriebs, Produktmanagement oder zentraler Planungsabteilung kommen Trendinformationen aus Social Media, eigenen Auswertungen mithilfe von Big Data aus Kundenverhalten, Märkten und Vertriebsorganisationen und statistische Anreicherungen des Datenmaterials zur Anwendung. *Panta Rei – alles fließt,* gilt auch hier als zentraler Maßstab der Leistungsfähigkeit.

Beim Auftragsfertiger ist dies vor allem das Verarbeiten der vielen Zeit- und Inhaltsänderungen künftiger Bestellungen und das Management der Kunden. Im Konsumgutsektor spielt vor allem die Trendforschung über sich abzeichnende Präferenzverschiebungen der Konsumenten, aber auch anderer Einflussfaktoren auf das Kaufverhalten die entscheidende Rolle. Und für Prozessindustrien, die ja im Regelfall andere Industriekunden beliefern, geht es um Veränderungen in den Absatzmärkten der Kunden, die hohes Augenmerk benötigen, um frühzeitig Abweichungen im bisher angenommenem Verhalten der Kunden zu erkennen und in die eigenen Mengen- und Vertriebsüberlegungen einfließen zu lassen. So hat jede Industrie ihre typischen Beobachtungsbereiche, um bessere Planungsinformationen zu erlangen. Ergänzend gelten natürlich auch die in Abschn. 5.5.1.2 erläuterten Hebel zur Verbesserung der Prognosegüte.

Auf der anderen Seite wird die eigentliche Lieferfähigkeit durch die physische Realisierung der Produktions- und Lieferaufträge erbracht. Hier bietet die Methodenwelt der *Operational Excellence* einen reichhaltigen Fundus, was man alles tun könnte, um die Prozesse effizienter, effektiver und kostengünstiger zu gestalten (Abb. 5.24). Die Frage ist natürlich, was macht man wo, wann und in welcher Form? Wie erfolgt die geeignete Auswahl und Periodisierung?

Die Antworten liefert wieder die Anwendung der Supply-Chain-Mechanik und das D2U. Wo ist der Bereich, der derzeit am meisten zu mangelnder Leistungsfähigkeit beiträgt? Wo treten die Symptome auf, wo sind die Ursachen beheimatet? Was trägt

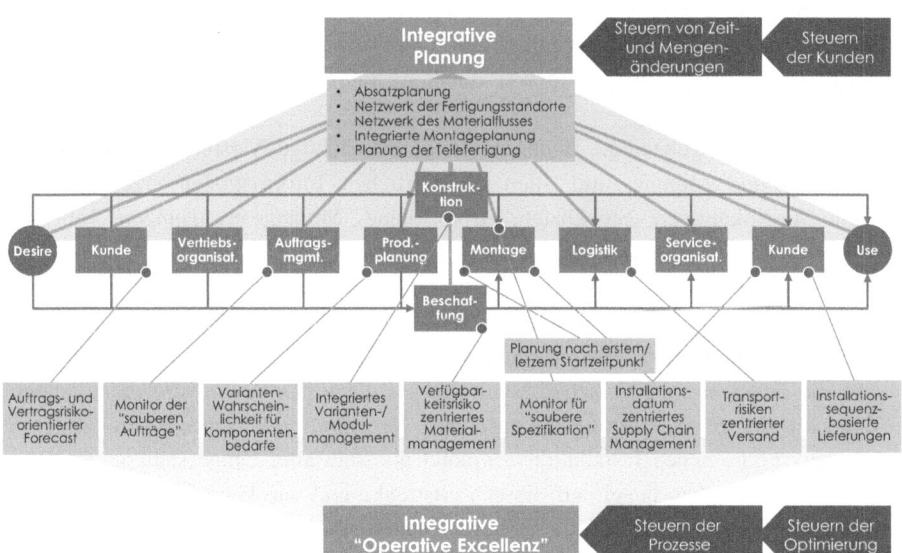

Abb. 5.24 Handlungsfelder zur Optimierung der End-to-End-Supply-Chain aus dem Zusammenspiel von integrativer Planungsexzellenz und integrativer operativer Exzellenz

am meisten dazu bei, das man das *Desire* der Kunden und Abnehmer nicht richtig ein-schätzen kann? Welche Hemmnisse sind die signifikantesten, die den Kunden vom *Use* abhalten? Welche anderen Risiken sind entlang der Lieferkette zu verzeichnen, die große Auswirkungen auf die unzureichende Schnelligkeit und Präzision der Kette haben?

Aus der systematischen Sicht auf die Risiken an den einzelnen Stufen der Lieferkette lässt sich festmachen, welche Art von Maßnahme erforderlich ist. Am Beispiel des Auf-tragsfertigers ergeben sich folgende Optimierungspunkte, die wir vielfach in unseren Projekten wiederfinden:

- Wie kann die Sicht auf das Auftragsrisiko verbessert werden; welche Hebel und Ins-trumente sind zu implementieren, damit Risiken früher erkannt werden und wie kön-nen diese Informationen schneller in die Kette eingesteuert werden?
- Wie kann das Änderungsrisiko der eingegangenen Aufträge besser gesteuert werden; welche vermeidbaren Änderungen oder Störungen der Auftragsbearbeitung können bereits frühzeitig im Angebots- und Beauftragungsprozess abgefangen werden (siehe hierzu Clean Order-Methode, Abschn. 5.7)?
- Wie kann man die Eintrittswahrscheinlichkeit von bestimmten Produkt- oder Bau-gruppenvarianten gezielter aus dem Forecast ablesen, indem dieser speziell auf diese Merkmale hin strukturiert wird (sachlich und auch im Zeitvorlauf)?
- Wie können die Endprodukt-Varianten vereinfachend erzeugt werden, d. h. wo gibt es konstruktive Hebel oder durch Software-Steuerung erzeugbare Varianten, um die erforderliche Endprodukt-Vielfalt zu erzeugen (Ländervarianten, absatzkanalspezifische Varianten, durch Zusammenstellung diskreter Baugruppen erzeugte Fertigprodukt-varianten etc.)?
- Wie kann die Materialversorgung und -disposition auf das spezifische Eintreff-risiko bzw. Verfügbarkeitsrisiko von Bauelementen, Baugruppen und Beistellwaren umgestellt werden?
- Wie kann eine frühzeitige, änderungsfreie und richtige Versorgung von Einkauf, Fertigung und Montage mit allen erforderlichen Informationen erzeugt werden (Teile-Spezifikationen, Stücklisten, Arbeitspläne, Montageanweisungen, Inbetrieb-nahme- und Abnahmeanweisungen etc.)?
- Wie kann die Fertigungssteuerung für die intern hergestellten Bauteile systematisch nach dem frühest möglichen (wegen Vorliegen der erforderlichen Spezifikationen) und dem letztmöglichen (damit man die rechtzeitige Bereitstellung für die Montage erreicht) Fertigungsbeginn sichergestellt und jeweils das Optimum verwendet werden?
- Wie kann der gesamte Fertigstellungsablauf, Verpackung, Versand, Auslieferung etc. auf den vorgesehenen Installationszeitpunkt als Maß aller Dinge sichergestellt wer-den; welche Risiken liegen auf dieser Zeitstrecke und wie können diese vermieden, beherrscht oder frühzeitig für die weitere Ablaufgestaltung berücksichtigt werden?

- Wie können die typischen Risiken auf der Transportstrecke adressiert werden, insbesondere bei Container-/Schiffstransporten, Einfuhr-/Zollproblematiken und Inlandstransporten im Zielland?
- Wie können (Teil-)Lieferungen so gestaffelt werden, dass die einzelnen Lieferungen gemäß dem Installationsfortschritt erfolgen, d. h. die Versandeinheiten so bestückt werden, dass sie genau dem Montage- und Inbetriebnahmeablauf entsprechen? Neben der platzsparenden Bereitstellung wird dadurch auch der oft zu beobachtende „Schwund" auf der Baustelle bzw. Montagestelle vermieden.

Diese möglichen und zielführenden Optimierungen sollen nur als kleine illustrative Auswahl zur Erläuterung des Vorgehens dienen; im Einzelfall ist in der oben beschriebenen Weise eine Auswahl und Periodisierung erforderlich, da ja nicht alle diese Maßnahmen gleichzeitig durchgeführt werden können; dies würde die Organisation und Lieferpartner überfordern.

Im Kern geht es darum, die Planungsebene und die Ausführungsebene gezielt zu trennen und zunächst einmal unabhängig voneinander zu betrachten – um anschließend natürlich die Wechselwirkungen zwischen operativer Prozesssteuerung und erforderlichen Verbesserungen der Planungsgüte zu erkennen und daraus die Impulse für erforderliche Maßnahmen und Prioritäten abzuleiten.

5.7 Clean Order als operatives Gestaltungs- und Steuerungsprinzip

Wie erzeugt man einen schnellen und reibungslosen Durchlauf von Auftragsinformationen? Indem alles stimmt – und rechtzeitig mit der geforderten Präzision zur Verfügung steht. Das hierzu vorgestellte Lösungskonzept ist das Ergebnis eines als Wortspiel entwickelten Sachverhalts: aus *Clean* (alle Informationen sind richtig und rechtzeitig vorhanden) und *Lean* (verschwendungsfreie, zielgerichtete und schlanke Prozesse). Da es etwas holprig ist, immer (C)lean zu schreiben, wurde dies vereinfacht auf *Clean* als Lösungsprinzip.

Hierzu greifen wir wieder die Trennung von Planungs- und Auftragsebene für die Abarbeitung des Kundenauftrags auf. Zunächst einmal ist die Planung die Vorwegnahme des künftigen Handelns und Geschehens. Wobei in der Supply Chain in der Umgebung der Sofortgesellschaft das eigenaktiv gestaltete Handeln die Priorität über das passive Geschehen in der Lieferkette hat. – Aber nicht alles lässt sich vorhersehen, vor allem nicht Störeinflüsse aus der externen Umgebung.

In vielen Optimierungsprojekten haben wir gesehen, dass es ständige Nachsteuerungen entlang der Kette gibt. Dies geht vom einfachen Ändern der Lieferadresse oder des Liefertermins, über die Menge, bis hin zur Art des Produktes oder zumindest einiger Produktfeatures; unabhängig von der Industrie. Daraus ergeben sich entsprechende Änderungen und Korrekturen in den einzelnen Leistungsprozessen; oft nur in der Logistikstrecke, doch insbesondere bei Auftragsfertigern sehr oft auch im Produktionsablauf, bis hin zur Bestellung anderer erforderlicher Bauteile, die dann überraschend nicht verfügbar sind.

Auch hier sei exemplarisch der Auftragsfertiger betrachtet, da bei ihm die komplexeste Form der Änderungsbewältigung vorliegt (bei Konsumgütern ist es oft nur ein Nachsteuern im Mengenstrom). Typischerweise gibt es in dessen Produktionsablauf Änderungen in Spezifikationen und Terminen. Die Kernfrage ist, welche davon vermeidbar sind und wodurch. Aber bevor man dieser Frage nachgeht, lohnt es sich, einen kurzen Ausflug in die Periodisierung der Sachverhalte vorzunehmen. Hierzu bietet sich der *Clean Order-Monitor* an. Dabei wird die Anzahl der *Clean Orders* in Bezug zu der abgewickelten Auftragsmenge gesetzt (Abb. 5.25). Für Konsumgüter und vergleichbare Abwicklungsformen betrachtet man eher die *Perfect Order,* d. h. der eingehende Kundenauftrag wurde ohne weitere manuelle Bearbeitung und Klärung automatisch, fehlerfrei und pünktlich erfüllt und in der richtigen Weise zugestellt; das Monitoring der SC-Leistung kann mit der gleichen Methodik erfolgen.

Je nach Problemlage kann dies nun an einzelnen Produkten oder Produktgruppen oder auch an Vertriebsorganisation (z. B. Länder, Vertriebsbüros etc.) ansetzen. Und so wird für einen Zeitraum (z. B. einen Monat, ein Quartal) zu jedem einzelnen eingegangenen Auftrag ausgewertet (oder nachgehalten), ob dieser ohne Änderung ausgeliefert wurde oder ob eine Änderung vorgefallen ist, oder gar mehrere. Diese Änderungen werden mit ihrem Grund aufgeschrieben; es empfiehlt sich, zu Beginn der Analysen eine grobe Übersicht über mögliche Änderungen zu erarbeiten, aber es sollte generell möglich sein, auch andere Gründe einzutragen – oft gibt es hier interessante Überraschungen. Diese Ausschreibungen werden wöchentlich ausgewertet und mit den Mitarbeitern des Customer Service Center besprochen; es gilt, möglichst früh operative Detailinformationen aus dem täglichen Geschehen einzufangen, da dies einerseits frühzeitig Einblicke in typische Probleme vermittelt, andererseits kann die Vorgehensweise und Klassifizierung schnell nachgeschärft werden.

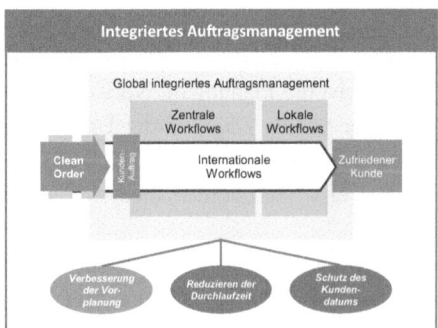 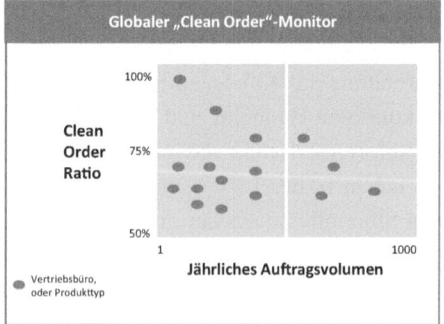

Abb. 5.25 Beispiel eines Clean Order-Monitors zur Identifikation und Priorisierung korrektiver Maßnahmen

Die eigentliche Auswertung nach dem ersten formalen Testzeitraum (z. B. einem Monat) zeigt dann sehr schnell ein Gerüst aus „Schadensfällen" und deren Häufigkeiten, vor allem aber die Hintergrundinformation zu diesen Problemfällen. Auf dieser Basis lässt sich sehr schnell und einfach eine grafische Einordnung im Portfolio erstellen (Abb. 5.25 rechts). Zunächst einmal wird man das Hauptaugenmerk auf die beiden unteren Boxen lenken, vor allem natürlich unten links. Die Skala auf der linken Seite sollte so gewählt werden, dass sie nach unten den Lösungsraum abdeckt, d. h. der untere Grenzwert sollte etwa dem niedrigsten Wert entsprechen. Nach oben sind immer die 100 % anzusetzen – das eigentliche Ziel der Perfektion der Prozesskette. Die Ableitung der erforderlichen Maßnahmen zu den Problemfällen ist natürlich ein hochgradig individuelles Unterfangen.

Um nun zu verstehen, wo diese Methodik ansetzt, muss man sich einmal die Auftragsabwicklung eines Auftragsfertigers klarmachen. Hierzu nutzen wir wieder die Supply-Chain-Mechanik: Diese besteht einerseits aus einem Auftragsdurchlauf für die Erstellung von Komponenten und Anlagen und auf der anderen Seite aus einem mehr oder weniger komplexen Projektmanagement von Zeitabschnitten, Aktivitäten und Synchronisationspunkten. Alle anderen Aktivitäten ordnen sich diesen beiden Prozessen unter, auch der Zahlungsprozess – denn dieser ist letztlich nur eine Kette von Events in der Projektablaufsteuerung (auch wenn CFO oder Finanzabteilung das möglicherweise anders sehen); mit teilweise aufschiebender oder gar aufhebender Wirkung.

Beide Prozesswelten basieren auf jeweils entsprechenden Planungen und werden darüber gesteuert. Aber die Supply-Chain-Mechanik zeigt nun auch noch zwei andere Bereiche auf, die diese Planungswelt maßgeblich beeinflussen und meist auch beeinträchtigen:

- Die externe Welt – die Umgebungsrealität aus Kunden, Beschaffungsmarkt, Arbeitsmarkt, Transportmarkt, Finanzwelt, Konjunktur etc.; hier kommen viele Störeinflüsse her, die aber nicht alle zu effektiv wirksamen Störungen im Auftragsdurchlauf führen müssen, aber potenziell können. Diese gilt es zu beobachten und die zugehörigen Risiken zu identifizieren, beobachten und begrenzen.
- Die interne Welt – die Abwicklungsrealität des Projektes im internen Auftragsdurchlauf, mit allen erforderlichen Gewerken, Entstehungsprozessen und Genehmigungs-/Freigabeprozessen. Diese sind vom Unternehmen selbst beeinflussbar, idealerweise auch beherrschbar. Sie sind allerdings so vielfältig in ihren Aktivitätsschwerpunkten, ihren Verknüpfungen und Abhängigkeiten und so unterschiedlich in ihrem zeitlichen Aufwand sowie in ihrer zeitlichen Wirksamkeit, dass die sich daraus ergebende Komplexität vielfach die beteiligten Akteure überfordert. Hierfür braucht es nun die entsprechenden Planungswelten, IT-Systeme, schnelle Rückmeldungen und korrektive Maßnahmen, um dies wirklich und wirksam zu beherrschen.

In diesem Spannungsfeld gibt es typische Problemfelder bzw. Aktivitätenschwerpunkte; das Wichtigste dabei ist die Planungsebene mit den beiden Handlungssträngen *Auftragsdurchlauf* und *Projektablauf.*

Der Auftragsdurchlauf wird dominiert durch das technische Voranschreiten hin zum liefernden Produkt (Abb. 5.26); dies beinhaltet die Erstellung und Freigabe technischer Spezifikationen (Zeichnungen, Arbeitspläne, Stücklisten, Montageanleitungen etc.) und die darauf basierende physische Erfüllung (Bestellungen, Zulieferungen, eigene Herstellung, Montage etc.). Dieser Auftragsdurchlauf ist sehr stark informationsbasiert; die richtige und schnelle Form der Informationsverteilung zum benötigten Zeitpunkt ist hier die zentrale Verankerung. In diesen Verteilungsprozessen geht es dann natürlich um die richtigen Inhalte, damit das gewünschte Produkt entsteht und montiert werden kann.

Zentrales Element, um dieses Gebilde zu beherrschen, ist ein wirksames Änderungsmanagement, durch das erforderliche Anpassungen definiert und dann schnell und unter Abwägung der damit verbundenen Implikationen an die richtigen Stellen verteilt werden. Zweiter Baustein ist ein *Point-of-no-return* – die *Frozen Period* bzw. der *Freezing point* bezeichnet den Punkt, ab dem Änderungen einen überproportional hohen Aufwand verursachen und nicht mehr durchgeführt werden sollten. Falls hiergegen immer wieder verstoßen wird, sollte man einen *Clean Freezing Point-Monitor* aufsetzen und in der bereits beschriebenen Weise auf dieses Phänomen anwenden. Beiden Bausteinen gemeinsam ist das Bedürfnis nach Verbindlichkeit des Auftrags, d. h. die Änderungsfreiheit gegenüber dem ursprünglich beauftragten Produkt; diese wird dadurch zum dritten Baustein und kann mittels der Abteilung in interne und extern induzierte Änderungen beobachtet, aufgeschrieben und ausgewertet werden, um entsprechende korrektive Maßnahmen zu erarbeiten und umzusetzen.

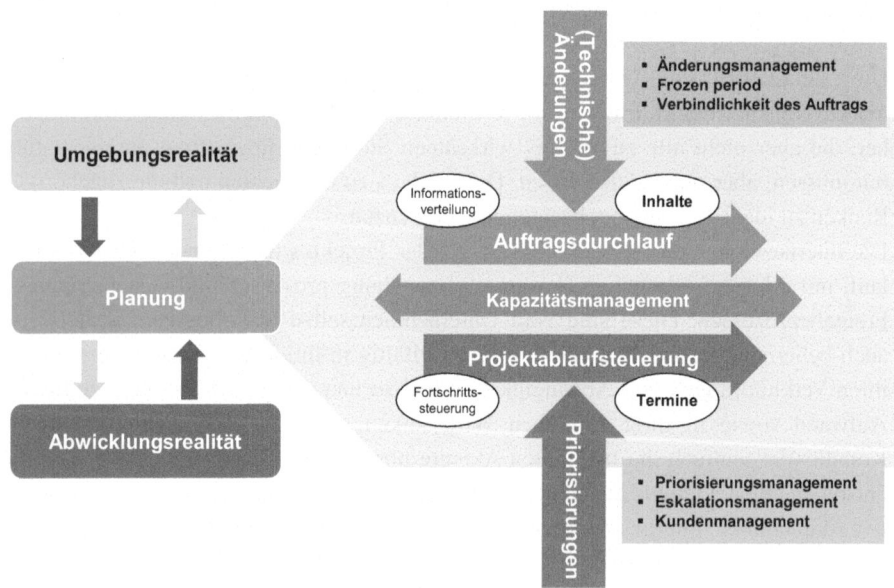

Abb. 5.26 Integratives Supply-Chain-Modell der Projekt-, Auftrags- und Fertigungssteuerung eines Auftragsfertigers

Der Projektablauf wird ist die zeitliche Koordination der erforderlichen Aktivitäten. Hier geht es um das Einhalten von Terminen und das Absichern der gegenseitigen Abhängigkeiten in der Auftragserfüllung. Dies erfolgt im Hinblick auf die Fortschrittssteuerung, um die termingerechte Fertigstellung abzusichern und auftretende Abweichungen und Risiken frühzeitig zu erkennen und bearbeiten zu können. Während das reine Beobachten und Nachhalten des Projektfortschritts zunächst keinen echten Wertbeitrag liefert, so ist es doch die Basis, um Abweichungen zu erkennen (und ist damit dann doch werthaltig) und die erforderlichen korrektiven Maßnahmen einzuleiten. Von überragender Bedeutung hierbei sind, neben den normalen technischen und organisatorischen Problemlösungsmeetings, das Priorisierungsmanagement, das Eskalationsmanagement und das Kundenmanagement im Hinblick auf Einbindung und Kommunikation.

Beim Priorisierungsmanagement geht es im Kern darum, im Geflecht der vielfältigen erforderlichen Korrekturen zeitliche Verschiebungen für gefährdete Aufträge zu erkennen und abzuwägen, und wie sich diese im Kontext des zeitlichen Gesamtgerüstes darstellen lassen: Wo können Anpassungen in Reihenfolgen oder Verwendung von Materialien und Ressourcenzeit dazu dienen, den gefährdeten Auftrag zeitlich wieder zu stabilisieren (d. h. welcher Auftrag, welches Gewerk erhält eine höhere Priorität an Engpässen als vorher vorgesehen)?

Falls dies nicht ausreicht, kommt man zum nächsten Schritt, dem Eskalationsmanagement: Was ist zu tun, wenn man nicht mehr innerhalb der bestehenden Rahmenbedingungen zu einer Lösung kommt? Für diesen Fall ist ein geordneter Prozess zu definieren, wann (unter Vorliegen welcher Situationsparameter) es von wem (Person oder Gremium) mit welchen Befugnissen (wer entscheidet welche Art der Situation und Reichweite) in welcher Form (Schriftform, Meeting, Vorbereitung, Vorab-Informationen und Einhaltung von Vorab-Genehmigungen) in welchem Zeitrahmen (sofort oder zu bestimmten Regelterminen) diese Festlegungen zu treffen sind. Dies erfordert in der Regel eine gestufte Eskalationskaskade; je nach Tragweite wird eine höhere Ebene einzubinden sein. Diese Grundsatzregelungen helfen, das sonst aufkommende spontane Handeln in strukturierter und geordneter Weise durchzuführen.

Als Ableitung daraus ist auf der nächsten Stufe, dem Kundenmanagement, sehr schnell eine gezielte Informationsweitergabe an den Kunden erforderlich, sie umfasst die Problemen, die Konsequenzen daraus und Optionen für die weitere Abwicklung. Hierfür sind entsprechende Grenzwerte festzulegen; welche Art von Verschiebung oder Änderung ist im Rahmen der vereinbarten Toleranzen und welcher Sachverhalt führt zu einer Überschreitung der Toleranzen und somit zu einer gemeinsamen Klärung des angemessenen und erforderlichen weiteren Vorgehens mit dem Kunden. In dem Moment, wo man offen mit dem Kunden spricht, sind Voraussetzungen geschaffen, eine gemeinsame, für beide Seiten akzeptable Vorgehensweise zu treffen. Beide Seiten können sich frühzeitig auf die Konsequenzen und neuen Rahmenbedingungen einstellen und erforderliche Anpassungen vornehmen. Erfolgt keine direkte Kommunikation, oder der Kunde wird erst sehr spät über Probleme informiert, hat er nur noch wenige

Möglichkeiten, auf die weitere Vorgehensweise einzuwirken und seine eigene Situation auf die neuen Rahmenbedingungen vorzubereiten (Anpassen, Übergangslösungen schaffen, Alternativszenarien ausarbeiten und einleiten etc.).

Schnelle Reaktionsfähigkeit in der Projektsteuerung erfordert somit eine hohe Exzellenz in diesen drei übergeordneten Steuerungsmechanismen, bei denen es im Kern um das Treffen von Entscheidungen geht, um den reibungslosen, verlustfreien Ablauf sicherzustellen bzw. wiederherzustellen. An dieser Stelle setzt die *Clean Order-Methodik* ein: Wie kann man von Anfang an verhindern, dass es vermeidbare Probleme gibt? Die Komplexität und Vielschichtigkeit eines solchen Auftrags- und Projektdurchlaufs bringt es ja bereits mit sich, dass es viele Punkte geben kann, an denen der ursprünglich vorgesehene Ablauf oder Plan nicht mehr zutrifft und nachgesteuert werden muss. Umso wichtiger ist es, diese Phase freizuhalten von Störereignissen, die gar nicht erforderlich sind. In vielen Fällen können die Priorisierungs- und Eskalationsmeetings um über 50 %, bis hin zu 80 % reduziert werden, wenn man sehr früh auf die Eindeutigkeit der Auftragsinformationen hin arbeitet und alle Einflussfaktoren auf späte Änderungen sehr frühzeitig und systematisch im Auftragsannahmeprozess berücksichtigt und damit Fehler eliminiert.

Die besondere Bedeutung der *Clean Order* zeigt sich, wenn man sich die möglichen Optimierungspunkte in Auftrags- und Projektablauf betrachtet (Abb. 5.27). Hier gibt es typische Prozess- und IT-basierte Maßnahmen, wie man die generelle Prozessbeherrschung und damit auch die Präzision und Geschwindigkeit in der Auftragsbearbeitung verbessern

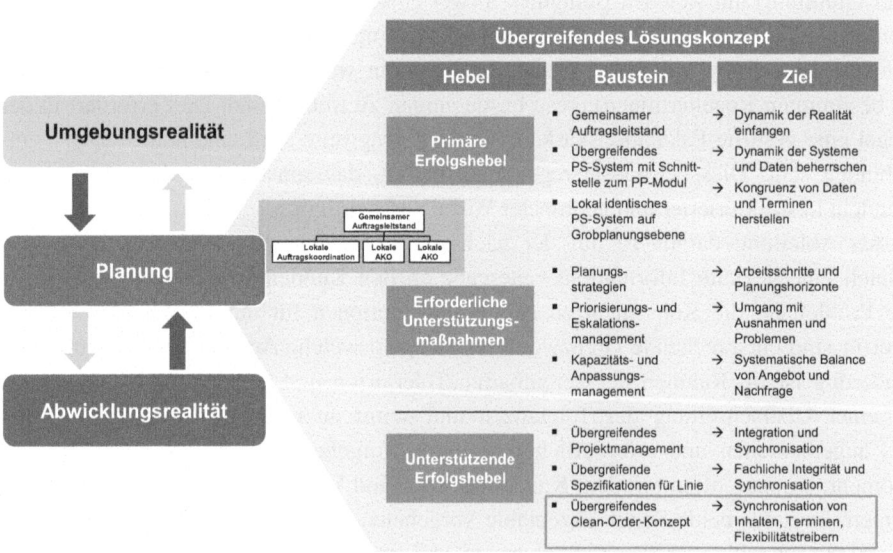

Abb. 5.27 Übersicht über Maßnahmen zur internen Optimierung der Projekt-, Auftrags- und Fertigungssteuerung

kann. Interessanterweise verpuffen aber viele dieser Maßnahmen, wenn es nachträglich viel zu ändern und anzupassen gibt. Man beherrscht dies dann zwar schneller und transparenter, aber die vielen Anpassungsmaßnahmen führen dennoch oft zu einer (zumindest temporärer) höheren Instabilität von Abläufen im Geschäftssystem. Somit ist eine breite, möglichst durchgängige Ausrichtung auf die Prinzipien der *Clean Order* die Voraussetzung dafür, dass Aufträge schneller, zielgerichteter, effizienter und damit auch mit signifikant geringerem Steuerungs- und Managementaufwand ablaufen können.

Diese fundamentale, sehr hohe Bedeutung des *Clean Order-Prinzips* wird noch mehr verdeutlicht, wenn man sich wieder die Gesamtkette anschaut: Man kann an jeder Stelle der Kette ansetzen und den *Clean-Gedanken* der Fehlerfreiheit (und Elimination der typischen Korrekturpunkte) anwenden. Somit wird das gesamte Unternehmen auf eine viel höhere Effizienz gebracht („getrimmt"), nachhaltige Kostenvermeidung erreicht und vor allem eine deutlich gesteigerte Geschwindigkeit von Auftragsdurchlauf und den darunterliegenden Einzelprozessen erreicht. Bei unseren Projekten haben wir bis zu 80 % der auftretenden Klärungen und damit verbundener Störereignisse adressieren und eliminieren können; nur hierdurch wird die erforderliche Nachhaltigkeit in den vielfältigen Bemühungen zur Optimierung der Prozesskette erreicht: Systematische Vermeidung von Fehlleistungen anstelle von vielfältigen Korrekturen entlang der Kette und in den Einzelprozessen (Abb. 5.28).

Somit wird die strategisch-taktische, durchgängige Ausrichtung auf das *Clean-Prinzip* die Basis für operative Prozessbeherrschung und damit für die erforderlichen Spitzenleistungen, die die Geschäftsumgebung der Sofortgesellschaft benötigt.

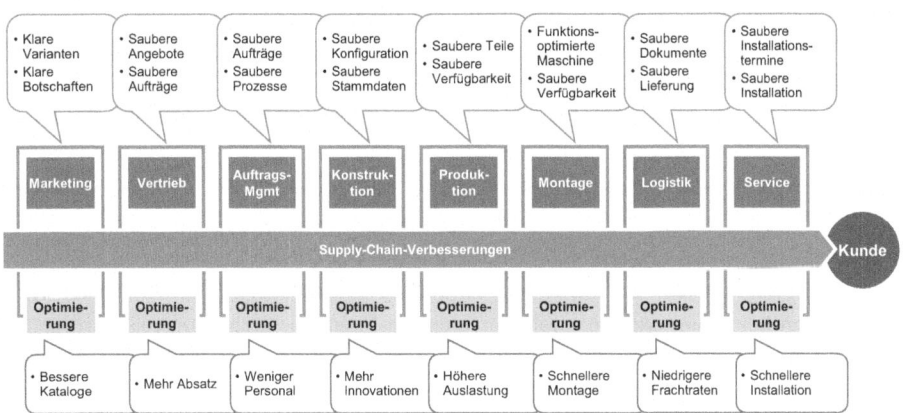

Abb. 5.28 Beispiel einer Kette von Paradigmenwechseln und Neuorientierung auf neue Erfolgskennzahlen in einer End-to-End-Supply-Chain (Beispiel Auftragsfertiger)

5.8   Segmentierung als Voraussetzung gezielter Steuerung

Dem Einsatz von Segmentierungstechniken als Kernelement effektiven Supply-Chain-Managements kommt eine zentrale Bedeutung zu. Sie werden in diesem Buch vielfach angewendet, da sie das Schlüsselelement sind, eine Supply Chain zu beherrschen. Es geht darum, eine hohe Komplexität zu bewältigen – es gibt viele Elemente in den vielen Supply Chains eines Unternehmens und eine nahezu unüberschaubare Anzahl von Abhängigkeiten. Durch die gezielte Strukturierung dieser Komplexität werden die Voraussetzungen geschaffen, diese Vielfalt besser zu verstehen, die einzelnen Bereiche darin gezielt zu analysieren und geeignete Maßnahmen abzuleiten bzw. einzuleiten und anzuwenden. Dies gilt sowohl auf der Ebene der operativen Steuerung als auch auf taktischer und strategischer Ebene. Die damit gezielt durchführbare Ursachenforschung in den Segmenten ist die Basis dafür, Methoden von Big Data gezielt anzuwenden und für die Erkennung spezifischer Handlungsmuster und anderer wichtiger Informationen einzusetzen.

Das Grundprinzip der Segmentierung ist die Zerlegung und nachfolgende Bündelung. Ziel ist eine höhere Transparenz, bessere Überschaubarkeit, bessere Beeinflussbarkeit und ein zielgerichtetes Agieren. Es gilt, eine bessere Zielgenauigkeit und Wirksamkeit der verfolgten Maßnahmen zu erreichen. Jede gezielte Aufspaltung eines komplexen Gesamtgebildes in einzeln zu adressierende Sachverhalte bewirkt eine Reduzierung der Komplexität, indem das diffuse Gesamtgeschehen in einzelne, handhabbare Bereiche zerlegt wird. Wichtig darin ist einerseits die klare Abgrenzung der Bereiche voneinander und andererseits das Vorliegen einer Ausprägung der Selbstidentität der auftretenden Elemente innerhalb des Segments (d. h. alle verhalten sich ähnlich bzw. lassen sich in ähnlicher Weise durch die angewendeten Maßnahmen adressieren).

Segmentierung ist eines der wichtigsten Instrumente des Komplexitätsmanagements (Abschn. 6.3.3). Bestimmte Formen davon sind allerdings eine zentrale Basis der Methode der Supply-Chain-Mechaniken, dem Schwerpunkt-Thema dieses Kapitels.

Zunächst lassen sich die in der Supply-Chain-Mechanik angewendeten Segmentierungstechniken in zwei große Felder unterscheiden; die internen und die externen Segmentierungen.

Interne Segmentierungen dienen vorrangig dazu, Risiken und damit den Flow besser zu gestalten und zu steuern. Interne Segmentierung bedeutet nicht, dass nur interne Einflussfaktoren betrachtet werden; viele der internen Segmente stehen unter signifikantem (Stör-)Einfluss externer Effekte. Ziel interner Segmente ist es, die eigenen Operations gezielter zu steuern, in ihrem Verhalten besser erkennen und beeinflussen zu können und die erforderlichen Optimierungsmaßnahmen abzuleiten. Es geht darum, Risiken in Prozessen und Abläufen daraufhin zu untersuchen, in welcher Form sie optimal angesteuert werden.

Hierzu gibt es viele Anwendungen, die in den vorigen Abschnitten jeweils in ihrem Kontext erörtert wurden. Es geht immer darum, Risiken zunächst in zwei grundlegende

Einflussfaktoren zu zerlegen und auf dieser Basis das Zusammenwirken der Einflussfaktoren zu verstehen. Ein Beispiel:

- Das Änderungsrisiko eines Auftrags hat interne und externe Einflussfaktoren – alleine diese Grundunterscheidung führt dazu, sich systematisch mit den darin wirkenden Kraften zu befassen und die richtigen *Root Causes* zu identifizieren. Gleichzeitig geht es darum, die Bereiche zu identifizieren, in denen man zur besseren Beherrschung (oder Vermeidung) des Risikos ansetzen muss.
- Das Ausbeuterisiko eines komplizierten Produktionsprozesses (z. B. in der Halbleiter-Industrie) in ein Ausbeute- und in ein Zeitrisiko zu zerlegen, bildet wichtige Segmente, um die Einflussfaktoren darauf zu verstehen: Warum erfüllt ein Produkt die Spezifikationen nicht oder warum hat es länger als vorgesehen gedauert, die gewünschte Produktqualität als Prozessergebnis zu erhalten – oder haben beide Einflussfaktoren zusammengewirkt?
- Um die Gründe zu verstehen, warum eine bestimmte Bestandsmenge für ein Material oder ein Fertigprodukt gewählt wurde, kann mit der Zergliederung in menschliche Entscheidungen und produktionstechnisch unvermeidbare Mengenraster eine Vorgehensweise abgeleitet werden, um beide Einflussbereich unabhängig voneinander auf Optimierungspotenzial zu untersuchen. Normalerweise werden scheinbare produktionstechnische Zwänge gerne als Basis menschlicher Entscheidungen herangezogen; mithilfe der hier gezeigten Zerlegung kann man systematisch daran arbeiten, wie „hart" diese wirklich sind und welche Möglichkeiten man hat, jede einzelne zielführend zu beeinflussen.

Ohne diese Zerlegung ist es oft ein „Stochern im Nebel" der vielen prozessbeeinflussenden Beobachtungen; daher ist in der Supply Chain diese interne Segmentierung anhand von typischen Risiken oft eine hilfreiche, strukturierende und letztlich auch richtungsweisende Vorgehensweise.

Auf der anderen Seite hilft die externe Segmentierung, große Handlungsfelder in überschaubare Gebiete einzuteilen. Diese Vorgehensweise stammt ursprünglich aus dem Militär, da auch dort das Gesamtschlachtfeld in einzelne Sektionen eingeteilt wird, in denen dann jeweils unterschiedliche Truppen und Vorgehensweisen, oft auch zu unterschiedlichen Zeitpunkten und unter unterschiedlichen Einsatzbedingungen, eingesetzt und angesteuert werden. Auch wenn es ungern ausgesprochen wird, so haben doch militärische und unternehmerische Strategien und Taktiken sehr viel gemeinsam; in der Regel will man einen Gegner besiegen – nur, dass man im militärischen Bereich eher offen über die angestrebte Vernichtung des Gegners spricht.

Schon fast ein Standard ist die Segmentierung des Gesamtmarktes in bestimmte regionale oder sachliche Teilmärkte oder in bestimmte Typen von Kundengruppen. Grundlegende strategische Überlegungen wurden und werden in vielen Unternehmen sehr wirksam auf Basis der Segmentierung von Ansoff (1965) in neue/bestehende Produkte und neue/bestehende Märkte erarbeitet; sowohl Produkte als auch Märkte sind trennscharf gegeneinander abzugrenzen, denn das eine beschreibt die Versorgungsseite, die Quelle des Schaffens (Produkte), das andere beschreibt die Empfängerseite, das Absatzgebiet (Märkte). Diesen typischen und auch sehr bekannten Segmentierungen ist gemeinsam, dass sie dem Marketing entspringen und dazu dienen, bessere Vertriebsstrategien zu entwickeln und die Marktdurchdringung und Kundenbindung zu vertiefen.

Im Supply-Chain-Management kann man die gleichen Überlegungen aufgreifen; wichtig ist jedoch hier, dass man die Kundengruppen nicht nach Kaufmerkmalen, sondern nach Versorgungsmerkmalen bildet. Ein einfacher Perspektivenwechsel, der in der Praxis immer noch selten vorzufinden ist, wie unsere Marktstudien und Projektbeobachtungen zeigen. Vielfach wird die marketingbasierte Segmentierung durchgängig im Unternehmen verwendet, was einerseits für eine unternehmensweite Harmonisierung der Marktsicht hilfreich ist, andererseits jedoch die dahinterliegenden teilweise großen Unterschiede verbirgt. Und so verpuffen oft Marketing- und Vertriebsmaßnahmen, weil die Supply Chain die mühsam gewonnenen Kunden in den Kundengruppen nicht richtig bedient oder dies nur mit großem Aufwand möglich macht.

Wie in den einführenden Kapiteln beschrieben, ist heutzutage die Supply Chain die zweite strategische Waffe für den erfolgreichen Marktauftritt, neben attraktiven Produkten: Der Wunsch nach dem Nutzen aus dem Besitz (bzw. der Verfügungsgewalt) über das Produkt muss durch die Lieferleistung der Kette bedient und befriedigt werden, sonst war aller Aufwand umsonst. Natürlich hat auch die Wahl der Distributionskanäle und die Aufstellung und Intensität der Marktbearbeitung durch die Vertriebsorganisation einen großen Einfluss und ist in einigen Situationen sehr stark ausgeprägt. In den meisten Unternehmen sind aber letztlich Produkt und Verfügbarkeit entscheidend für die Umsatzrealisierung.

So werden aus Sicht der Supply Chain Kunden eines Elektromotor-Herstellers beispielsweise nicht danach unterschieden, ob sie im Fahrzeugbau, im Maschinenbau oder in der Gebäudetechnik tätig sind. Dies hat zwar Relevanz für die vielfältigen technischen Anforderungen an die Produkte, die Art der Vertriebsbetreuung oder auch der Auftragsentstehung und -verhandlung, für die eigentliche Realisierung des Geschäftes jedoch ist viel mehr von Bedeutung, mit welcher Vorlaufzeit der Kunde bestellt, in welcher Verpackungsform geliefert werden soll, ob es eine Einmal- oder eine regelmäßige Belieferungssituation ist, welche Mengenstaffeln anfallen, ob der Kunde Einzelprodukte oder vorkonfigurierte Sets benötigt, ob er einen Forecast für seine Abnahmemengen übermittelt oder nicht, wie zuverlässig dieser Forecast ist und viele andere eher logistische Einflussfaktoren. Hier liegt die Kunst darin, die Faktoren zu erkennen und aufzugreifen, die maßgeblich sind für die Unterscheidung und Steuerung großer Kundengruppen, um für diese jeweils differenzierte, unterschiedliche Supply Chains und zugehörige Versorgungsstrategien zu entwickeln und zu implementieren (Abb. 5.29).

Für einen Konsumgut-Hersteller kann beispielsweise die Unterscheidung sehr zielführend sein, in welcher Weise er mit seinen Kunden in der Bedarfsprognose zusammenarbeitet und in welcher Intensität er in den Belieferungskonzepten kooperiert. Dies ist komplett unabhängig von jeglicher marketing- oder vertriebsgetriebenen Segmentierung,

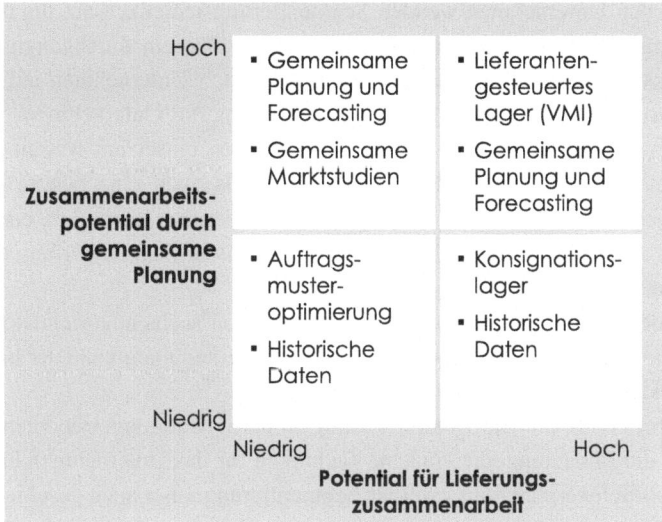

Abb. 5.29 Integratives Bezugssystem für optimierte Zusammenarbeit mit Kunden (Fokus auf Planungsprozesse und physische Lieferung)

da dies nichts mit Branchen, Regionen, Absatzmengen, Produkten, Distributionskanälen etc. zu tun hat – auch wenn es vielleicht Überschneidungen und Ähnlichkeiten innerhalb der Marketingsegmente gibt.

Aber nur, wenn diese Methodik gezielt in der beschriebenen Weise angewendet wird, können die Marktpotenziale, die Marktbedeutung der darin operierenden Kunden, die Richtung gemeinsamer Verbesserung und interessanterweise auch die Erhöhung der Kunden- und Marktdurchdringung erreicht werden. Eine Schnittmenge mit den Marketingsegmenten ist auch oft hilfreich hierbei, da man sich natürlich zunächst einmal auf große Kunden konzentrieren kann, diese dann gezielt analysiert, die Ergebnisse mit den zuständigen Vertriebsmitarbeitern erörtert und gemeinsame Stoßrichtungen und Maßnahmen erarbeitet.

Und so sind wir wieder mitten in der militärischen Sprache: das Gesamtfeld wird geschickt und kreativ in anderer Weise geschnitten, als es die Gegner tun – und die eigenen Truppen können in ganz neuer Weise an den neu geschaffenen Fronten operieren und die überraschten Wettbewerber damit in einen großen Nachteil versetzen.

Aus der bereits dargestellten SCM-Studie (EY 2015) haben sich weitere interessante Erkenntnisse im Hinblick auf die Anwendung von Segmentierungstechniken in der Geschäfts- und Supply-Chain-Steuerung ergeben. Wir haben dazu untersucht, wie intensiv die befragten Unternehmen diese Techniken anwenden bzw. welche Arten der Segmentierung verwendet und angewendet werden und haben dies in Zusammenhang mit Kennzahlen zur Leistungsfähigkeit der Supply Chain sowie mit der Profitabilität des Unternehmens gesetzt. Die Ergebnisse waren sehr eindeutig und entsprachen sowohl unseren Erwartungen als auch bisherigen Beobachtungen:

- Alle befragten Unternehmen wenden Segmentierungstechniken an; die differenzierte Betrachtung von Absatzmärkten und Regionen ist also ein durchgängiger Standard. Und interessanterweise empfinden sich alle befragten Unternehmen aufgrund dieser Segmentierungstechnik als kunden- und marktorientiertes Unternehmen.
- Unternehmen, die intensiv Segmentierungstechniken einsetzen, weisen sowohl eine höhere Leistungsfähigkeit in der Supply Chain als auch eine höhere Profitabilität im Vergleich mit Unternehmen auf, die nur zwei bis drei Techniken einsetzen. Hier fanden wir sogar eine gewisse Korrelation vor; je mehr Segmentierung, desto erfolgreicher war das Unternehmen.
- Es gibt eine gewisse Sättigungsgrenze; oberhalb von sechs angewendeten Techniken gab es keine Differenzierung mehr; dies weist auf eine Obergrenze der handhabbaren und praktikablen Differenzierung hin.
- Sehr eindrucksvoll war die Unterscheidung in der Art der angewendeten Segmentierung bzw. die Bedeutung, die einzelne Techniken für das Unternehmen hatten: Unternehmen mit Schwerpunkt auf externer Segmentierung, aber auch geschickt gewählter interner Segmentierung, waren signifikant erfolgreicher als die Unternehmen mit Schwerpunkt auf internen Segmentierungsansätzen!
- Im Gesamtkontext zeigte sich die Mix-Reihenfolge aus Absatzmärkte und Regionen, dann nach Kundengruppen, nach erforderlichen Service-Levels, nach Vertriebskanal und schließlich nach internen Kriterien der Produktkomplexität, des Herstellungsprozesses und der Technologien als deutlich überlegen gegenüber allen anderen Unternehmen (Abb. 5.30).

Bei diesen besonders erfolgreichen Unternehmen ist es ein durchgängiges Erfolgsmuster, dass für alle diese Segmente unterschiedlich funktionierende Supply-Chain-Lösungen erarbeitet, eingeführt und angewendet werden. Hierzu werden modular strukturierte

Segmentierungskriterien (Produzierende Industrien)	
Durchschnitts-unternehmen	Zuverlässigkeits- und Bestandsführer
1. Märkte und Regionen	1. Märkte und Regionen
2. Herstellungsprozess und Technologien	2. Kundengruppen
3. Produktwert	3. Servicelevels
4. Produktkomplexität	4. Vertriebskanal
5. Vertriebskanal	5. Produktkomplexität
6. Lieferfrequenz	6. Herstellungsprozess und Technologien

Abb. 5.30 Übersicht über die Segmentierungskriterien von erfolgreichen und durchschnittlichen Unternehmen. (EY 2015)

Lösungen angewendet, die einerseits eine hohe Vielfalt, aber andererseits hohe Übertragbarkeit von Bausteinen, das Erzielen von Transparenz und somit Steuerbarkeit der Ketten und hohe Anpassungsfähigkeit an sich wandelnde Marktanforderungen ermöglichen. Gleichzeitig sind dies die Voraussetzungen dafür, Bestände und Service-Levels gezielt und wirksam zu differenzieren sowie die spezifischen Bedürfnisse von Kundengruppen in die eigenen Notwendigkeiten und Anforderungen in Produktions-, Beschaffungs-, Logistik- und Distributionsprozessen zu integrieren. Marktdifferenzierung, Bedürfnisdifferenzierung und Supply-Chain-Differenzierung bilden also eine schlagkräftige Symbiose für Unternehmenserfolg und Profitabilität – und somit die operative Basis für ein Überleben und Wachsen in der Sofortgesellschaft: Überlegenheit im Markt durch überlegene Supply Chains und die überlegene Steuerung dieser Supply Chains!

Erfolgsmanagement durch wirksames Komplexitätsmanagement

6

6.1 Komplexität als Ausdruck sozial gerechtfertigter Überforderung

Unser Wirtschaftsgeschehen ist komplexer geworden. Unsere Unternehmen sind komplexer geworden. Unsere Absatzmärkte sind komplexer geworden. Eigentlich ist alles komplexer geworden – aber was ist denn das eigentlich, Komplexität? Es ist ein Sachverhalt, der uns immer und ständig umgibt. Und andererseits gibt es doch auch viele einfache Dinge, die uns umgeben. Das Besondere am Themenfeld „Komplexität" ist, dass es lediglich unsere Sichtweise auf viele Phänomene ist, die uns einiges als *komplex* erscheinen lässt und anderes nicht. Viele Formen der Komplexität sind uns vertraut, andere sind für uns zum Teil nicht relevant.

Erst wenn ein Sachverhalt relevant wird, wird er wahrgenommen. Und erst, wenn er nicht mehr wirklich überschaubar ist, wird gerne der Begriff der Komplexität angewendet. Er ist quasi eine Entschuldigung dafür, dass man etwas nicht mehr richtig versteht, dass irgendwelche schwierigen Dinge damit verbunden sind und dass man eigentlich nichts dafür kann, wenn etwas schief geht.

Und so wird Komplexität als Schlagwort zunehmend missbraucht, aber auch zunehmend sozial akzeptiert, denn es geht vielen Menschen so, dass sie von vielen Dingen um sich herum überfordert sind und da ist der Begriff der Komplexität für alle Beteiligten eigentlich ein Synonym für toleriertes potenzielles Versagen.

Andererseits begegnet uns diese hohe Form der Komplexität jeden Tag, bei teilweise banalen Anlässen. Nur, wir haben gelernt, einige davon besser zu bewältigen und andere nicht. Eine Grundform der *Komplexitätsbewältigung* ist Übung und Routine. Ein kleines Beispiel aus dem ganz normalen Leben zeigt uns dies auf: der Familieneinkauf.

Der Familieneinkauf ist eigentlich eine komplexe Operation. Er muss vorbereitet, eingeleitet, ausgeführt und nachbereitet werden. Was ist der Speiseplan für die nächsten

© Springer Fachmedien Wiesbaden GmbH, ein Teil von Springer Nature 2018
D. Bölzing, *Überleben und Wachsen in der Sofortgesellschaft,*
https://doi.org/10.1007/978-3-658-15111-9_6

Tage? Gibt es Gäste oder müssen nur die normalen, üblichen Familienmitglieder versorgt werden? Wie hoch ist die Vielfalt der beteiligten Essgewohnheiten: Normalesser, Vegetarier, Veganer, Lactose- oder Glutenintolerante, Nussallergiker etc. – es kann schnell zu einer komplexen Bedarfsermittlung führen, denn neben dem *Was* ist ja auch die zugehörige Mengenplanung und -disposition vorzunehmen. Für den Single-Haushalt kein Problem, das läuft im Kopf ab. Für einen sechsköpfigen Haushalt mit sechs Bedarfsträgern und unterschiedlichem Nahrungsbedürfnis wird das schon schwieriger und erfordert den Einsatz von Planungshilfsmitteln, z. B. einem formalen Essensplan mit einer Aufgliederung pro Tag.

Ausgestattet mit diesem Bedarfsprofil und dem daraus abgeleiteten Instrument des Komplexitätsmanagements namens Einkaufsliste kann die Planung der erforderlichen Kauforte, die optimale Reihenfolge der Kaufort-Aufsuche und teilweise auch das Timing des Kaufzeitpunkts aufgrund bekannter Überlast-Zeiten erarbeitet werden.

Der Zeitbedarf der Ausführung ist nun stark von der Anzahl der erforderlichen Kauforte, von der Größe und somit räumlichen Distanz innerhalb der Kauforte und der Anzahl und Differenziertheit der zu kaufenden Produkte und Warengruppen abhängig. Zusätzlich natürlich auch Wartezeiten je nach Kaufablauf und Schlangenlänge beim Bezahlen am POS (Point-of-Sale).

Wenn wir in dieser Weise ein alltägliches Beispiel betrachten, wird schnell deutlich, wodurch eine *gewohnte Komplexität* beherrscht wird, ohne dass wir sie noch bewusst wahrnehmen:

- Gute Kenntnis der Anzahl der relevanten Elemente und des Verhaltens der einzelnen Elemente. Hieraus lassen sich erste Schlussfolgerungen ableiten, wie man den Einkaufsablauf optimal strukturieren und bewältigen kann.
- Gute Kenntnis der erforderlichen Abläufe in den Kauforten, um Wegzeiten und damit Zeitaufwand zu minimieren.
- Gute Kenntnis des Verhaltens der Kauforte und der Kauforte zueinander (diese sind Elemente in der Komplexität), hierdurch kann die Gesamttransaktion in eine sinnvolle Sequenz gebracht werden (Anfahrt- und Besuchsreihenfolge); und auch das individuelle Timing hinsichtlich der Vermeidung von Verlustzeiten fließt ein.
- Hohe Erfahrung und Übung in der Handhabung der erforderlichen Einzelprozesse (Bedarfsaufstellung, Bedarfsermittlung, Aktionsorte, Verpacken der Einkäufe, etc.).
- Hohe Routine in den Detailabläufen (Produktauswahl, wichtige Randbedingungen, z. B. Frische, Stapelmuster im Einkaufswagen etc.).

Obwohl der Gesamtablauf so gewohnt aussieht und nach außen hin den Eindruck vieler einfacher Abläufe vermittelt, so liegt doch eine hohe Komplexität vor – allerdings eine beherrschte Komplexität, denn die einkaufende Person ist in den meisten Fällen nach Abschluss aller Transaktionen überproportional ermüdet. Warum ist dies so? Weil die Realität jedes Mal leicht anders ist – oder auch stark anders ist.

Was passiert, wenn zusätzlich Gäste kommen? Was passiert, wenn die Tochter zur Vegetarierin wird? Wenn der Mengenbedarf durch Eintreten der Pubertät schlagartig und stark ansteigt? Wenn eine spezielle gewichtsreduzierende Diät eingelegt wird? Schon wird alleine die Bedarfsermittlung im Hinblick auf die vorgesehenen Mahlzeiten und dafür erforderliche Nahrungsmittel kompliziert. Die bisher gewohnten Routinen funktionieren nicht mehr. Entweder alle Teilnehmer werden auf den Ausnahmeverzehrplan umgestellt oder es tritt eine neue Vielfalt ein. Statt einem gemeinsamen Essen für alle braucht man auf einmal drei verschiedene Varianten oder gar Ausführungen. Wo vorher die Planung im Kopf oder mit einem einfachen Notizzettel ausreichend war, muss nun ein Hilfsmittel, ein detaillierterer Plan mit den verschiedenen Bedarfsträgern, Mahlzeiten und Wochentagen her. Die Komplexität ist gewachsen und erfordert neue Instrumente zur Beherrschung.

Was passiert, wenn der bisher allesvertragende Sohn auf einmal eine Lactose- oder Glutenintoleranz entwickelt? Die Lactoseintoleranz führt zu einem Absturz aus der gewohnten Routine, zur unbewusst gemeisterten Komplexitätsbewältigung: Sie hat zur Folge, dass neben dem angepassten Speiseplan (=Bedarfsplan) auch ein modifizierter Einkaufsablauf (=Beschaffung) erforderlich wird. Die Mehrheit der bisher eingekauften Nahrungsmittel enthält Lactose in größeren (z. B. Milchprodukte) oder in kleineren Anteilen (z. B. Einsatz als Binde- oder Süßungsmittel). Daher muss nun eine Umstellung der eingekauften Waren erfolgen – und alle Artikel müssen per Sichtprüfung der Zutatenliste darauf überprüft werden, ob sie noch geeignet sind oder durch andere Artikel der gleichen (oder auch einer anderen) Warenkategorie ersetzt werden müssen. Die überwiegende Anzahl der erfolgten Überprüfungen führt zur Ausmusterung, somit fällt ein deutlich überproportionaler Zeitbedarf an, der das bisherige Zeitkorsett für den Einkauf obsolet macht und dadurch zur *Komplexitätsüberforderung* führt. Die erforderlichen neuen Routinen erfordern Wochen, bis sie praktikabel durchgeführt werden können. Und falls für die Beschaffung nun auch noch auf alternative Einkaufsquellen ausgewichen werden muss, fällt sowohl eine höhere Komplexität durch Einplanung dieser Beschaffungsorte als auch die Orientierung innerhalb dieser für das Finden der gesuchten Waren an.

Die Überforderung setzt auch ohne Komplikationen in der Bedarfsstruktur spätestens dann ein, wenn eine neue Einkaufsstätte aufgesucht werden muss (mit unbekannter Anordnung der Warengruppen und somit vielen Suchoperationen) oder wenn die bekannte Einkaufsstätte umgebaut oder auch nur umgeräumt hat. Nichts ist mehr da, wo es war – die bekannten Abläufe greifen ins Leere. Und selbst, wenn sich nichts geändert hat, kann trotzdem der Griff ins Leere erfolgen, weil ein Produkt gerade mal nicht da ist – und das ist ja in der Sofortgesellschaft strafbar. Nun wissen wir auch, warum: Dies erfordert einen beträchtlichen intellektuellen, emotionalen und physischen Aufwand, der nicht zu unterschätzen ist. Dieser wirkt zusammen mit der immanenten Ungeduld abstrafend auf Produkt, Hersteller und auch Händler! „Da fahre ich nicht mehr hin, ist ja nie alles da, was ich brauche", ist ein heutzutage oft gehörtes Statement. Die Toleranz aus früheren Jahren ist durch die Leistungsgewöhnung und bestehende Alternativen zu einer Suche nach Schnelligkeit und Einfachheit in der Bedarfsbefriedigung ersetzt worden.

Als Ergebnis dieser nicht mehr mit den bisher verwendeten Mitteln zu bewältigenden Stufe der Komplexität kommt es nun durch diese Störeinflüsse zu einer bewusst wahrgenommenen Komplexität. Das Leben ist komplexer geworden – dabei bräuchte es in vielen Fällen einfach nur neue Instrumente und neue Routinen und schon wäre alles wieder beherrschbar, jedoch auf höherem Niveau, teilweise nur durch Anpassung bisher verwendeter Erfolgsmuster.

Im Unternehmensalltag finden wir letztlich genau die gleichen Situationen vor, nur sind diese anders gestaltet, anders gelagert und oft in der Tat noch weniger überschaubar. Beispielsweise werden durch die zunehmende Spezialisierung einzelner Arbeitskräfte viele Organisationen und Prozesse immer *komplexer* – die Anzahl der Elemente (=Spezialisten) nimmt zu und die Anzahl der Querbeziehungen (Zusammenarbeit in der Ergebniserzielung oder Ergebnisverwertung) steigt in vielen Unternehmen ständig an.

So kommt es, dass der einzelne Mitarbeiter sehr schnell durch Änderungen von Prozessen, Organisationen, Aufgabenstellungen, Rahmenbedingungen etc. aus seiner bisher unbewusst beherrschten Komplexitätsbewältigung in den Zustand der Komplexitätsüberforderung kommt – interessanterweise wird dann erst das Modewort *Komplexität* verwendet. „Unsere Abläufe sind komplex", ist das Synonym dafür, dass da schnell einmal etwas schiefgehen kann. Aber eigentlich müsste man statt des Wortes *Komplexität* den Begriff der *Komplexitätsüberforderung* anwenden. Doch dies wäre negativ besetzt – und daher wird das Schlagwort *Komplexität* zum sozial akzeptierten Grund, wenn mal etwas nicht wie vorgesehen läuft.

Aber in einem Wirtschaftsunternehmen im Kontext der Sofortgesellschaft ist dies nicht mehr angebracht, nicht mehr zu tolerieren – Fehlleistung führt zu fehlender Zielerreichung, zu höherem Aufwand, zu nicht verfügbaren Materialien und Produkten und somit zu Umsatzausfällen und Mehrkosten. Beides passt nicht mehr in die Anforderungen der Sofortgesellschaft im globalen Wettbewerbsumfeld. Daher ist es wichtig, dieses Phänomen der Komplexität zu verstehen, zu durchdringen und wirksam zu beherrschen. Hierzu werden wir uns im Folgenden zunächst auf eine kleine Entdeckungsreise begeben.

6.2   Die Schönheit der Komplexität

Komplexität ist etwas Schönes – sie hilft uns beispielsweise, Wettbewerbsvorteile aufzubauen und uns besser in einer vielfältigen Welt zu bewegen. Aber sie hat ihre eigene Art der Schönheit, oftmals verborgen, die erst erschlossen werden will. Wie oft im Leben gilt es, die wahre Schönheit zu entdecken, nicht nur das Vordergründige, Offensichtliche, Verwirrende zu sehen und daran zu scheitern. Die Entdeckungsreise ist anspruchsvoll und erfordert Geduld, Beharrlichkeit, Fachkenntnis und die Anwendung geeigneter Techniken und Methoden.

Der erste Schritt, die Schönheit der Komplexität zu entdecken, ist das Schaffen einer Landkarte, eines Bezugsrahmens. Was ist denn eigentlich Komplexität?

Man bezeichnet etwas als komplex, wenn es einen Wirkungszusammenhang der Verwobenheit zwischen einer Vielzahl von Elementen gibt, die unter einer Vielzahl von Einflussfaktoren stehen (siehe Meyers 2009). Es ist somit das Gegenteil von einfach, überschaubar, vorhersehbar.

Es ist wichtig, den Begriff der *Komplexität* abzugrenzen von dem Begriff der *Kompliziertheit*. Diese beiden Bezeichnungen werden oft unscharf oder beliebig austauschbar verwendet bzw. verwechselt. In gewisser Weise haben beide auch eine hohe Ähnlichkeit miteinander, sie sind aber sehr unterschiedlich. Es ist aber wichtig, hier sehr präzise zu denken. Etwas ist oder erscheint uns kompliziert, wenn es aus einer Vielzahl an Elementen besteht und es viele Regeln hierzu gibt, wie mit diesen umzugehen oder wie vorzugehen ist. Vor allem ist aber die Wichtigkeit der einzelnen Elemente schwierig zu erkennen. Ähnlich wie Komplexität ist Kompliziertheit schwierig zu durchschauen und zu verstehen. Der große Unterschied ist die potenzielle oder tatsächliche Unbestimmtheit, wie sich die Querbeziehungen zwischen den Elementen auswirken.

Ein Uhrwerk kann kompliziert sein, ist aber im Regelfall nicht komplex, da es genau vorhersehbar ist, was wann passiert. Klavierspielen kann kompliziert sein, ist aber nicht komplex – die Regeln sind durch die Noten und Betonungen genau vorgegeben. Ein Symphoniekonzert ist kompliziert – aber nicht komplex: Auch hier ist die Rolle der Instrumente, die Notenfolge und Betonung klar vorgegeben. Auch die Bezeichnung „das Stück ist komplex" ist eine falsche Verwendung des Begriffes, der eher durch „vielfältig" zu ersetzen wäre, da ja alles klar festgelegt ist.

Jazz hingegen kann komplex sein: Jedes Bandmitglied spielt seine eigenen Noten, lässt sich aber immer wieder einmal zu einer spontanen Variation hinreißen und die Aufgabe der Bandmitglieder besteht darin, die damit geschaffene, abweichende Querbeziehung wieder harmonisch einzufangen. Wenn jeder gleichzeitig improvisiert, kommt es in der Regel zu einem unkoordinierten Chaos, denn die Anzahl der Elemente und darin wirkenden Querbeziehungen ist für den Einzelnen nicht mehr überschaubar und ohne entsprechende Koordination nur noch durch Zufall (oder Übung) wieder einfangbar.

Hiermit kommen wir zum zweiten, sehr wichtigen Wesensmerkmal: Die Entdeckung der *Relativität der Komplexität*. Komplexität ist hochgradig relativ, denn im Kern beschreibt Komplexität eine Wahrnehmung aufgrund einer eingenommen Sichtweise. Daraus ergibt sich, dass es letztlich keine objektive Komplexität, sondern nur subjektive – oder besser: relative – Komplexität gibt.

Komplexität im Zusammenhang einer Supply Chain eines Geschäftssystems hat immer zwei wichtige Bestandteile:

- Die *systemische Komplexität*, die sich aus der Anzahl und Vielfalt der Elemente, der Anzahl und Vielfalt der Querbeziehungen, dem Interdependenz-Verhalten der Querbeziehungen, der Abhängigkeit von Lastzuständen etc. ergibt.
- Die *kognitive Komplexität*, die sich aus der mentalen Fähigkeit ergibt, die vorliegende Situation zu durchdringen, zu verstehen, sie zu beherrschen und ggf. auch zu beeinflussen.

Diese Unterscheidung ist extrem wichtig, um ein zielführendes und wirksames Komplexitätsmanagement aufzubauen bzw. anzuwenden oder einzuführen. Nach meinen bisherigen Beobachtungen gibt es kein Maß für eine objektive Komplexität. Auch eine hochgradig dynamische Situation wie die Wetterentwicklung, in der viele Variablen in immer wieder neuer Weise zusammenwirken, kann aus der geeigneten Sichtweise zu einer beherrschbaren und vorhersehbaren Situation werden – allerdings haben wir Menschen es bisher nicht geschafft, diese erforderliche Sichtweise zu finden und werden zwar durch Einsatz stetig verfeinerter Methoden zunehmend besser in der Wetterprognose, aber letztlich gibt es immer noch ein beträchtliches Restrisiko, dass das Wetter auch ganz anders werden kann als vorausgesagt.

An der Stelle greift dann wieder eine Erkenntnis aus der Chaos-Theorie, die eine scheinbar undurchschaubare Komplexität in neue Zusammenhänge bringt: das Prinzip der Selbstähnlichkeit. Wendet man die dahinterstehenden Beobachtungen an, kommt man zum Ergebnis, das Komplexität auch immer eine Frage der richtigen Sichtweise, der richtigen *Auflösung,* des richtigen Abstands (oder Tiefgang) auf das betrachtete Phänomen ist. Ist man zu nah dran, sieht man vielleicht den Wald vor lauter Bäumen nicht. Ist man zu weit weg, fallen wichtige Unterschiede nicht mehr auf. Sowohl die angemessene *Granularität der Betrachtungsebene* als auch den *richtigen Blickwinkel* zu finden, sind zwei fundamentale Bausteine effektiven Komplexitätsmanagements.

Und ähnlich wie die Bilder der *Mandelbrot-Menge* (Mandelbrot 1991) eine wunderbare Ästhetik und Schönheit aufweisen können, so hat Komplexität in Geschäftssystemen und Wertschöpfungsketten eine überwältigende Ästhetik und Schönheit, wenn man (endlich) die richtige Sichtweise, den richtigen Blickwinkel, die richtige Granularität gefunden hat und dann noch die erforderliche mentale Fähigkeit entwickelt, diese wirkenden Zusammenhänge zu sehen, richtig zu durchschauen und zu verstehen.

Die Unterscheidung in systemische und kognitive Komplexität ist hierbei der zentrale Ansatz, Komplexität besser zu beherrschen. Beide Einflussbereiche tragen in sich ein hohes Potenzial, Verbesserungen zu erreichen bzw. Fehlstellungen zu erkennen. Richtig spannend wird es aber erst, wenn beide zusammenwirken: Dann ergeben sich die wahren Hebel zur Komplexitätsbeherrschung.

Es ist immer hilfreich, die systemische Komplexität zu reduzieren. Vereinfachung ist der beste Weg, Komplexität besser beherrschbar zu machen. Andererseits ist die Beschreibung der treibenden Kräfte in der systemischen Komplexität ein zentrales Instrument, um mit einer bestehenden Komplexität besser umgehen zu können.

Die kognitive Komplexität ist in anderer Weise zu adressieren, da sie ja in der Verarbeitungskapazität und den Verarbeitungsfähigkeiten verankert ist. Die Verarbeitungskapazität ist in der Regel eine immanent vorgegebene, feste Größe, sodass man zunächst nur an der Verarbeitungsfähigkeit ansetzen kann. Im Falle von Mitarbeitern bedeutet dies beispielsweise entsprechende Ausbildung und Training sowie das Zur-Verfügung-Stellen der geeigneten Informationen.

An einem Beispiel aus dem Operations Research soll dies verdeutlicht werden: Hier bezeichnet man mit Komplexität oft die Aufwendigkeit, mit der ein Algorithmus funktioniert und abgearbeitet wird und das damit verbundene Laufzeitverhalten in der Anwendung für eine Problemlösung:

- Wenn der Algorithmus zu kompliziert ist, werden möglicherweise unnötige Berechnungsschritte ausgeführt, die man vereinfachen kann. Aber vielleicht erfordert das zu beschreibende Problem eine bestimmtes Niveau der Kompliziertheit?
- Wenn der Algorithmus zu komplex ist, müssen ständig unterschiedliche Szenarien miteinander verglichen oder abgeglichen werden, um die zielführende weitere Vorgehensweise in den Rechenschritten des Algorithmus voranzutreiben. Hier kann man Elemente oder Querbeziehungen herausnehmen, um das System zu vereinfachen. Aber vielleicht weist das zu lösende Problem ja eine hohe Komplexität auf?

Wenn somit die systemische Komplexität nicht mehr reduziert werden kann, muss man am Hebel der kognitiven Komplexität ansetzen: einen größeren Hauptspeicher (adressierbare Kapazität) oder einen schnelleren Prozessor (verwendbare Fähigkeiten) bis hin zur Optimierung des Betriebssystems, die Einzelschritte des Algorithmus parallel oder in anderer Weise abzuarbeiten (auch dies sind verwendbare Fähigkeiten). Und so lässt sich beispielsweise durch Einsatz eines anderen Computers eine Laufzeit von sechs Tagen auf drei Stunden reduzieren und Komplexität besser bewältigen.

Dieses Beispiel zeigt auch, dass Komplexität etwas Relatives ist – erst die kognitive Komplexität führt zur Überforderung. Dies zeigt sich bei dem Beispiel des Familieneinkaufs genauso wie bei der Auftragsabarbeitung: Routinen und Instrumente können hilfreich eingesetzt werden, um die bestehende Komplexität besser zu beherrschen, aber bei Veränderungen ist die kognitive Komplexität zu hoch, um noch bewältigt werden zu können – oder erfordert einen höheren Energie-Einsatz, der sich beim Familieneinkauf in Erschöpfung äußert und im Auftragsmanagement mit Zeitverlusten und Mehrkosten einhergeht. In beiden Fällen letztlich Symptome und Indikatoren der aus Überforderung entstehenden Ineffizienz.

Die Entfaltung der betrachteten Situation, das Erkennen der wirkenden Mechanismen in der Komplexität ist also die Basis dafür, die wahre Schönheit der Komplexität zu entdecken. Ansonsten bleibt man in der Komplexitätsüberforderung stecken und wird durch die zunehmenden Ineffizienzen in eine immer schlechtere Kostenposition geführt (und oft auch der Lieferleistung) und im Kontext der Sofortgesellschaft führt dies mittelfristig zum Ausscheiden aus der Wettbewerbsfähigkeit und Untergang des Unternehmens. Dies gilt es, zu vermeiden.

6.3 Entdecken der wirkenden Komplexitätskräfte

Das wichtigste Instrument in der Komplexitätsanalyse ist die Zerlegung der Situation in bedeutungsvolle Untermengen. Dies kann mithilfe von Segmentierungstechniken erfolgen. Nach meiner Erfahrung noch wirksamer ist die Anwendung des Ansatzes, ein

Koordinaten-System als Bezugssystem aufzubauen. Die Achsen dieses Koordinatensystems müssen voneinander klar abgegrenzte Parameter beschreiben, um ungewollte Querbeziehungen herauszuhalten. Durch Anwendung der *MECE-Methodik* kann dies überprüft werden und erforderliche Nachjustierungen oder auch Neuanläufe zur Findung der treibenden Variablen können vorgenommen werden.

MECE steht für *Mutually Exclusive, Collectively Exhaustive:* Gegeneinander trennscharf und abgrenzend, aber insgesamt wird der komplette relevante Lösungsbereich abgedeckt. (Nicht zu verwechseln mit einer Variation des Themas: *Mutually Exclusive* steht für Mitglieder eines besonderen Teams oder Unternehmens und *Collectively Exhausted* beschreibt die körperliche und mentale Erschöpfung am Ende eines Arbeitstages oder einer Woche).

6.3.1 Anwendung von Koordinatensystemen

Es gelingt selten, auf Anhieb die passenden und für den jeweiligen Zweck zielführenden beschreibenden Variablen zu finden. Wichtig ist es, die Reise mit einer ersten Hypothese, ersten *Kandidaten* zu beginnen und diese zu testen – und sie dann durch Zugewinn neuer Erkenntnisse zu verfeinern, zu verändern oder zu erweitern. Natürlich kann man sich dabei an gewissen, mittlerweile standardisierten Koordinatensystemen orientieren, wenn sie zum Problem passen:

- *Kosten, Qualität, Zeit* passen oft als Variablen zu einer Abwägung, wie man diese drei Zielgrößen besser adressieren kann.
- *Region, Business, Wachstumsrate* kann für die Gestaltung einer weitreichenden Geschäftsabdeckung herangezogen werden, um unterschiedliche Segmente in differenzierter Weise zu adressieren.
- *Responsiveness, Agiliy, Lean* sind die drei maßgeblichen Koordinaten, um ein Unternehmen auf schnelle, hochwirksame Prozesswelten hin auszurichten, die zudem auch noch hohe Anpassungsfähigkeit an sich verändernde Rahmenbedingungen aufweisen – sie zeigen auf jeder der drei Achsen, wie weit man bei dieser ständigen Leistungssteigerung schon vorangekommen ist und wo noch Nachholbedarfe sind.
- *Technologische Führerschaft, Kostenposition, Lieferzuverlässigkeit* ist eine wichtige Aufgliederung, wenn ein Technologie-getriebenes Unternehmen (z. B. Maschinenbau) erforderliche Handlungsfelder identifizieren möchte, die damit verbundenen Maßnahmen aber konzeptionell ein hohes Überschneidungspotenzial haben (Abb. 6.1).

„Auch die längste Reise beginnt mit dem ersten Schritt" – dies ist auch hier eine wichtige Maßgabe. Denn nur durch anfängliches, ergebnisoffenes Experimentieren gibt es keine Entdeckungen, damit keinen Input für eine Weiterentwicklung und daher auch keine Orientierung für die weitere Bearbeitung, d. h. letztlich auch kein verwertbares

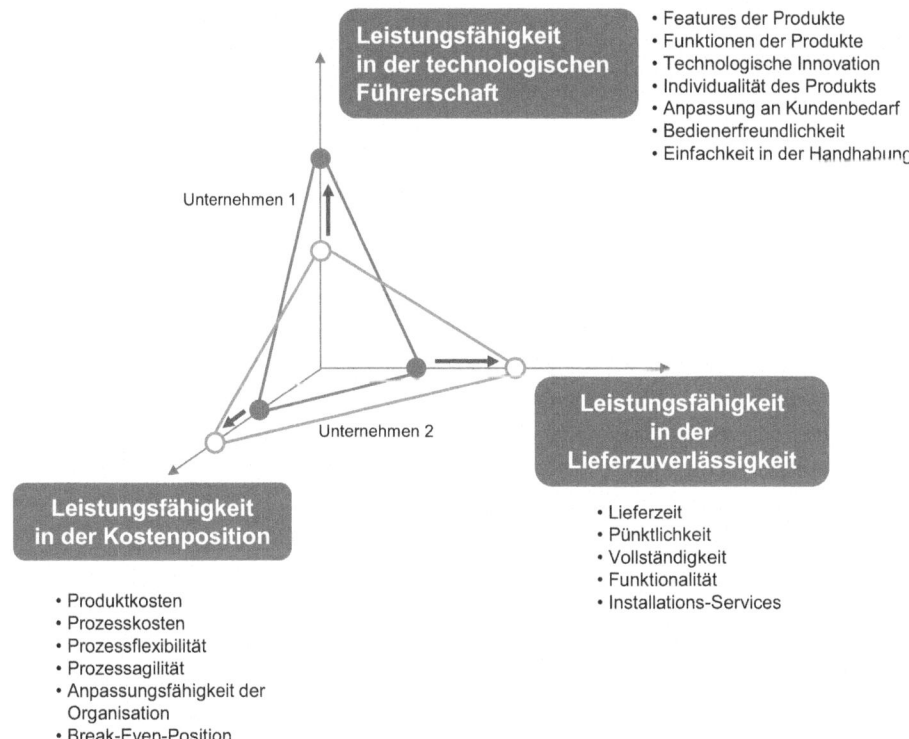

Abb 6.1 Strategische Handlungsfelder technologiegetriebener Unternehmen

Ergebnis. Die Wirksamkeit des Experimentierens verdeutlicht auch ein leistungsfähiges Verfahren der numerischen Mathematik, die Newton-Iteration (siehe Deuflhard und Hohmann 2002): Ein unbekannter Formel- und Lösungsraum wird in einer interaktiven Vorgehensweise in diskreten Schritten erschlossen und das letzte Ergebnis immer wieder als Eingangsgröße in den Algorithmus genutzt. Je mehr Geduld und je mehr Iterationsschritte, desto näher führt einen der Algorithmus an das Ziel heran, ohne es je genau zu treffen. Oft ist jedoch nach sechs bis acht Schritten schon eine ausreichende Nähe erreicht, um ein verwertbares Endergebnis zu erzielen. Auch die im Big Data eingesetzten Algorithmen sollen ja dazu dienen, in der diffusen Komplexität einer Situation geeignete Strukturen zu identifizieren – doch letztlich benötigt man zunächst einmal einen aus der hier vorgestellten Logik abgeleiteten Einblick in die zugrunde liegenden Wirkmechanismen.

Letztlich ist es die „Krönung" des Komplexitätsmanagements, wenn man nach aufwendigen Analysen, Berechnungen, Betrachtungen, Entdeckungen, Experimenten, Formulierungen und Nachdenken eine ganz einfache Lösung finden kann: Dann ist man am Kern der Komplexität angelangt und kann ihre wahre Schönheit erkennen, schätzen und auch ein bisschen bewundern.

Bei diesen Vereinfachungen geht es darum, die reale Situation, die sich aus der systemischen und der kognitiven Komplexität ergibt, so weit zu reduzieren, dass eine klar handhabbare Situation entsteht – als Weg aus der Komplexitätsüberforderung hin in die Komplexitätsbewältigung. Diese Vereinfachung dient also dazu, ein reduziertes Abbild der wirkenden Variablen und Beziehungen zu schaffen, indem man die wesentlichen *wirkenden Kräfte der Komplexität* erkennt. Auf dieser Basis kann man dann ein deutlich vereinfachtes Beherrschen der Situation erreichen *(Control the Chaos)* und angemessene Instrumente zur Steuerung der weiteren Ausrichtung entwickeln, einführen und anwenden („Thriving on Chaos" – aber hier in anderer Form angewendet als bei Peters 1987, Thriving on Chaos). Das, was zunächst unklar und undurchschaubar in den wirkenden Zusammenhängen war, wird hiermit klar beherrschbar – für andere bleibt es jedoch in der nicht steuerbaren, nicht beherrschbaren, nicht beherrschten Form und dies bedeutet letztlich die Erschließbarkeit einer signifikanten Quelle von Wettbewerbsvorteilen.

Die Zahl Drei hat sich dabei vielfach als eine gute Orientierung erwiesen. Dies hat mit der menschlichen Fähigkeit zu tun, Dinge und Sachverhalte in 3-D, in drei Dimensionen wahrnehmen zu können. Daher sind wir geübt darin, drei verschiedene Aussagen, Themen oder Thesen aufnehmen zu können. Dies macht man sich auch in der Präsentationstechnik zu nutzen, indem man sich auf drei Kernaussagen reduziert, drei *bullet points* verwendet, oder drei Themen behandelt. Werden es vier, dann sind die einzelnen Zuhörer oft schnell überfordert und vergessen eines davon, wenn man sie anschließend spontan befragt. Man kann auch vier oder fünf Dinge vermitteln und erlernen, doch es erfordert zunehmende Anstrengung für das Merken der zusätzlichen Dimensionen und letztlich steigt die Fehlerrate deutlich an, wenn dies reproduziert werden soll.

Drei Dimensionen lassen sich auch gut darstellen; bei einer höheren Anzahl an Dimensionen weicht man in der Regel auf ein Radardiagramm oder ähnliches aus, da wir in einem kartesischen Koordinatensystem die vierte Dimension nicht darstellen können. Mit dem Radardiagramm können weitaus mehr Dimensionen dargestellt werden; dies ist ein probates Hilfsmittel in der Verfeinerung oder auch in gewisser Weise als Einstieg bzw. Übergang in das Erarbeiten der drei bis vier wirklich treibenden Kernkräfte. Das Wesentliche ist daher, dass man sich überhaupt strukturell mit den Triebkräften beschäftigt und diese herausarbeitet – ansonsten wendet man viele Maßnahmen an, in der Hoffnung auf eine Verbesserung und einige Wochen und Monate später ist die Enttäuschung groß, wenn diese Maßnahmen nicht wirklich wirksam waren. Dafür ist im Kontext der Sofortgesellschaft keine Toleranz mehr vorgesehen – wer etwas nicht schnell genug richtig hinbekommt, wird leider gnadenlos im globalen, rasant schnellen Wettbewerbsumfeld aussortiert.

Die in diesem Umfeld immanente und wirkende Beschleunigung in Bedürfnissen, Verfügbarkeiten und wechselnden Präferenzen, die in der Sofortgesellschaft ständig und intensiv wirken, erfordern schnelle Instrumente, schnell auffassbare Steuerungsgrößen für die Beurteilung der Lage und erforderlicher Maßnahmen und vor allem schnelle, richtige und wirksame Entscheidungen.

Wie kommt man nun zu den wesentlichen Triebkräften? Es ist im Kern eine Kombination aus Logik und Erkenntnisgewinnung. Diese beiden Techniken werden interaktiv angewendet. Zunächst ist die Frage auf Ebene des Geschäftssystems zu beantworten, welche wesentlichen Einflussfaktoren auf das Geschäft wirken. In den meisten Fällen wird man hierzu ein Brainstorming machen; entweder alleine, idealerweise in einer kleinen Gruppe von zwei bis fünf Teilnehmern. Der Start sollte immer auf der Logikebene stattfinden: Welches sind die wesentlichen Ziele des Unternehmens, die man erreichen möchte? Schon hat man ein erstes Koordinatensystem, beispielsweise aus den Dimensionen Marktanteil, Profitabilität und Umsatzwachstum. Wo steht man heute, wo will man in fünf Jahren sein? Und: Was hält davon ab, dies zu erreichen? Diese letzte Frage ist der Einstieg in den Diskussionsprozess, die Erkenntnisgewinnung. Zu jeder Dimension kann man einzeln diskutieren, welche Hemmnisse gesehen werden, warum es schwierig oder gar unmöglich ist, das angestrebte künftige Ziel zu erreichen.

Wichtig ist es, diese Diskussion getrennt für jede der drei Dimensionen durchzuführen und dabei durchaus auch Punkte mehrfach aufzuführen:

- Beim Marktanteil könnten beispielsweise nicht ausreichend attraktive Produkte, zu hohe Kosten und damit zu hohe Preise, Lieferprobleme und daraus resultierende Kundenunzufriedenheit oder auch fehlender Zugang zu wichtigen Kunden und Kundengruppen genannt werden. Der Marktanteil ist aber auch eine relative Größe und es kann sowohl sein, dass der Markt stärker wächst als man selber wachsen kann, als auch dass der Markt schrumpft, Wettbewerber sich zurückziehen und man dadurch Marktanteile gewinnt, ohne ein Umsatzwachstum zu erhalten (es ist sogar ein Umsatzrückgang möglich). Auf dieser Achse gewinnt man somit einen guten Einblick in die Marktattraktivität und wie man sich gegenüber den möglichen Potenzialen verhält.
- Bei der Profitabilität können die Hemmnisse typischerweise an unter Konkurrenzdruck stehenden Marktpreisen des Endproduktes liegen oder aber an hohen Margen des Handels, durch den dann weniger beim Hersteller ankommt. Auch hier ist wieder die Frage nach der relativen Produktattraktivität zu erörtern: Womit differenziert sich das eigene Produkt von den vielen anderen, möglicherweise vergleichbaren Angeboten? Muss man an Features arbeiten oder vielleicht nur an der Art der Kommunikation, in der diese Features am Markt angeboten werden? (Hier gibt es hohe Streubreiten der wahrgenommenen Produktattraktivität; manchmal liegt es nur daran, dass ein für den Kunden wichtiges Merkmal nicht präzise genug, oder gar nicht, beschrieben wird.)
- Der klassische andere Hebel ist natürlich die Kostenseite: Was treibt die Kosten, wo gibt es Ursachen für unnötige Kosten (z. B. aus Fehlleistungen)? Handelt es sich um Sachkosten oder Prozesskosten? Ist der Personalaufwand zu hoch oder die Materialquote?

- Beim Umsatzwachstum treffen wir wieder auf ähnliche Überlegungen wie beim Marktanteil, hier aber mehr aus der Sicht auf erforderliche Kapazitäten für die Mengendarstellung und die Ausschöpfung der Marktmöglichkeiten für die Absatzausweitung. Auch hier taucht die Lieferfähigkeit wieder auf, da sie ja die letzte Stufe der kundenwirksamen Kapazität darstellt – die Umsetzung des Lieferpotenzials in die Verfügbarkeit. An dieser Stelle ist die Sicht also mehr auf die einengenden Rahmenbedingungen gerichtet, sei es im Markt, sei es in der eigenen Lieferkette.

Aus der Vielzahl der aufgelisteten und gesammelten Punkte sind nun erst einmal die Querbeziehungen auszuarbeiten, indem die Punkte an den jeweiligen Koordinaten-Achsen vermerkt und die Beziehungen eingetragen werden. Anschließend wird eine Priorisierung durchgeführt, zu der jeder Teilnehmer beispielsweise zehn Punkte erhält, die er nach gewissen Regeln jedem einzelnen Sachverhalt geben kann (z. B. begrenzt auf maximal drei pro Einflussfaktor). In der abschließenden summarischen Sicht ergeben sich dann mithilfe dieser durch „Schwarmintelligenz" gefundenen Bewertungen einige Themen von hoher Beachtung und andere von eher untergeordneter Bewertung. Es ist in dieser Phase noch nicht wichtig, dass man die richtigen Themen gefunden hat, sondern zunächst, dass man eine Startkonfiguration erzeugt, mit der man weiterarbeiten kann.

Als Nächstes beginnt wieder eine Logikschleife: Wie stehen die vier bis acht am höchsten bewerteten Themen zueinander? Welche Querbeziehungen bestehen? Welche bewegen sich unabhängig voneinander, welche sind gekoppelt oder gar synchron? Dies ist die eigentliche kreative Phase, in der man manches Mal sehr schnell Muster erkennt, in anderen Fällen feilt man mehrere Tage daran. Während der Diskussionen lohnt es sich, immer wieder einmal einen kurzen Blick auf die nicht im Kern betrachteten Themen zu werfen: Welche sind weiterhin „nebensächlich", welche lassen sich den verfeinerten Themen zuordnen oder machen gar neue Wirkmuster erkennbar?

Dieser interaktive Prozess führt nach meiner Erfahrung immer dazu, dass man zu zwei bis vier Kernthemen kommt, die sich als die maßgeblichen Dimensionen verwenden lassen. In einem Projekt ergaben sich z. B. die drei wichtigsten Gestaltungsfaktoren *Prozessgeschwindigkeit, Kapazitätsaufbau, Globalisierung.* Anschließend entbrannte aber eine hitzige Diskussion dazu, dass ja auch die entsprechende IT-Landschaft, ein neues ERP-System sowie CRM- und APS-Systeme erforderlich seien. Letztlich kam eine Einigung zustande, dass man diese IT-Plattformen weitgehend der Prozessgeschwindigkeit zuordnen konnte, einzelne Module jedoch für die Globalisierung sowie die bessere Kapazitätsausnutzung erforderlich waren. Somit war ein *Enabler-Thema* identifiziert, das die Voraussetzungen schaffen musste, dass man die drei Gestaltungsdimensionen in nachhaltige Erfolgsdimensionen transponieren konnte.

Durch die initiale Sicht auf das Ziel-Koordinatensystem des Gesamtgeschäftes wurden somit die erforderlichen Gestaltungsbereiche herausgearbeitet und es lag eine hohe Kongruenz aus Geschäftszielen und den erforderlichen Kernmaßnahmen vor. Die Komplexität aus der Vielzahl der Einflussfaktoren, die auf das Geschäftssystem wirken, wurde durch einen sowohl analytischen als auch interaktiven Prozess auf ein handhabbares Maß an Komplexität reduziert – aus der Komplexitätsüberforderung konnte damit eine Komplexitätsbewältigung und letztlich durch Einsatz gezielter Instrumente eine Komplexitätsbeherrschung erreicht werden.

6.3.2   Mehrstufige Modellbildung

Doch nicht immer lässt sich alles auf die schöne Zahl Drei reduzieren. Im Fall eines Unternehmens der Prozess-Industrie wurden die treibenden Faktoren der Fertigungskosten gesucht, um damit die Werke des globalen Fertigungsnetzes vergleichen zu können. Hier musste die Komplexität in zwei Stufen zerlegt werden: zunächst auf die Ebene der kostenbestimmenden Rahmenbedingungen und dann auf die Ebene des werkspezifischen Kostenverbrauchs.

- Bei den *Rahmenbedingungen* zeigte sich schnell, dass diese von landesspezifischen Niveaus hinsichtlich Lohnhöhe, Jahresarbeitsstunden, Urlaubstage, Überstundenvergütung abhing – aber auch zurückgeführt werden konnten auf die grundlegende technische Gestaltung bei Errichtung der jeweiligen Fertigungsanlage (*Economies of Scale* aufgrund der Größe, Automatisierungstechnik, Kapazitätsbalance), ebenso wie auf die Motivation des Personals, aus den Anlagen „das Letzte herauszuholen".
- Der *werksspezifische Kostenverbrauch* hing interessanterweise sehr eng mit dem jeweiligen hergestellten Produktmix zusammen; die Werke unterschieden sich sehr stark hinsichtlich der Aufwendigkeit und der daraus abgeleiteten Komplexität, mit der die Produkte herzustellen waren – unabhängig davon, ob es eine neue, alte, stark oder weniger stark automatisierte Anlage war. Lediglich war das Niveau, in dem dies kostenseitig relevant wurde, von diesen Rahmenbedingungen leicht beeinflusst.
- Diese werksspezifische Komplexität der Herstellprozesse war zunächst nicht wirklich trennscharf greifbar und abbildbar; nach längeren Kosten- und Leistungsanalysen kristallisierten sich dann jedoch vier wesentliche Triebkräfte heraus, die differenzierend auf die jeweiligen Produktionskosten wirkten und in enger Beziehung zum hergestellten Produktmix standen: Umrüstaufwand (Zeitdauer für den Produktwechsel), Abfallrate (Ausbeuteminderung je Produkt), Zusatzaufwand für Handling (Anzahl Personen je Fertigungslinie für das Produkt) und Nutzung der Anlagenkapazität im Vergleich zur Nennleistung der Anlage (Kapazitätsminderung je Produkt). Diese vier Themen waren auch vorher schon bekannt – aber es war nicht bekannt, in welchem starken Wirkzusammenhang diese miteinander stehen. Als Folge dieser Analysen wurde ein Instrumentarium entwickelt, mit der man jedes Produkt bereits im Angebotsprozess darauf untersuchen kann, welche Wirkungen es auf die Kosten hat, und dementsprechend eine deutlich bessere, differenziertere Preisbildung vornehmen kann.

6.3.3 Anwendung von Segmentierungstechniken

Viele Segmentierungstechniken sind letztlich eine Art zweidimensionales Koordinatensystem: Es wird ein *Portfolio* gebildet mit zwei Achsen, die trennscharf den Lösungsbereich beschreiben, und im Spannungsfeld der beiden Achsen entstehen vier oder mehr Felder, die sich unterschiedlich verhalten oder unterschiedlich betrachten lassen.

Die schon erwähnten Modelle von Ansoff (Produkt-Markt-Matrix, Ansoff 1965) oder die „Boston-Consulting-Matrix" (Verteilung der Wachstumsanteile des Unternehmensportfolios hinsichtlich Marktattraktivität über relativem Marktanteil, Henderson 1970) sind hierfür schöne Beispiele, da sie die Komplexität der Realität auf vier unterschiedliche Themenfelder zurückführen, die in der Folge auf unterschiedliche Weise angegangen werden können.

Im Kontext der Value Chain und der Supply Chain wurde schon vor vielen Jahren eine interessante Gliederung der heterogenen Landschaft in einem Konzern, in einem Produktionsunternehmen oder auch im Quervergleich von Unternehmen eingesetzt, die recht wirksam dazu beiträgt, die richtige Gestaltung des jeweils betrachteten Werks oder Fertigungsbereichs anzugehen: die Matrix aus Produktkomplexität und Produktionsstabilität (Rommel et al. 1995). Dieser Gliederung liegt die Erkenntnis zugrunde, dass sich produzierende Unternehmen in zwei Dimensionen voneinander unterscheiden: Wie vielfältig und aufwendig ist das hergestellte Produkt und wie oft wird das gleiche Produkt noch einmal hergestellt? Interessanterweise gibt es zwischen diesen jeweils in vier Sektionen eingeteilten Achsen zwölf Felder, die alle intensiv besetzt sind – und jeweils sehr unterschiedlicher Arten der Prozessgestaltung, Automatisierung oder auch anderer Methoden der Fertigungsoptimierung und Fertigungsorganisation bedürfen.

Aus der tieferen Betrachtung der dahinterliegenden Produkte und Produktionsformen (Abb. 6.2) können für die Steuerung der Supply Chain vier wesentliche Gestaltungsrichtungen abgeleitet werden:

- Sehr hohe Produktkomplexität mit geringer Wiederholhäufigkeit erfordert ein überragendes Projektmanagement, um der Vielfalt der erforderlichen Abläufe und Koordinationspunkte gerecht zu werden.
- Hohe Produktkomplexität mit mittlerer Wiederholhäufigkeit bedeutet die intensive Verwendung von Konfigurationsmanagement, um möglichst schnell aus modularen Elementen das geforderte Endprodukt zusammenzustellen.
- Mittlere Produktkomplexität mit mittlerer bis hoher Wiederholhäufigkeit erfordert überragende Fähigkeiten darin, die richtige Fertigungsreihenfolge des Endprodukts und daraus abgleitet der jeweiligen Vorprodukte zu ermitteln und einzuhalten.
- Niedrige Komplexität des Produktes bei hoher und sehr hoher Wiederholhäufigkeit zeigt die klassische Massenfertigung, wo das Feilen an kleinsten Kostenvorteilen und umfangreicher Einsatz entsprechender Automatisierungstechniken dominiert.

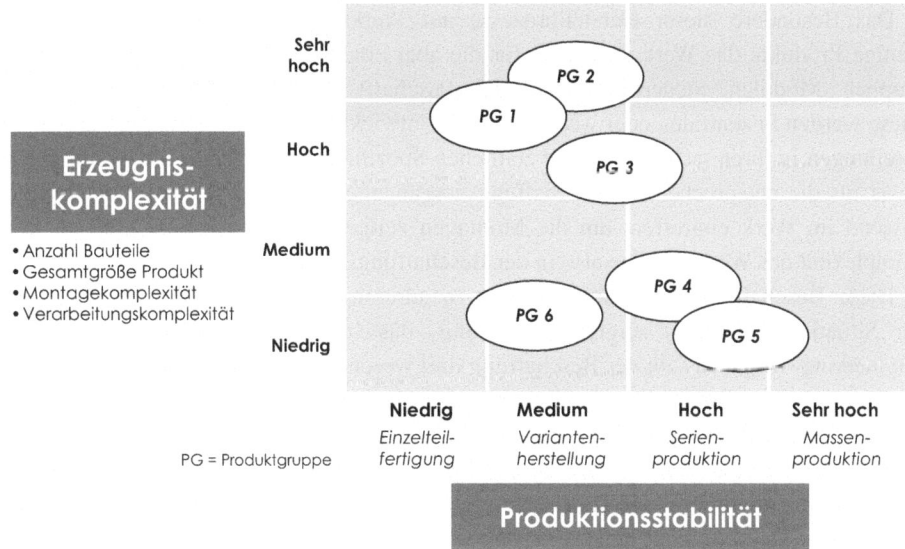

Abb. 6.2 Gliederung der Fertigungssituation von Maschinenbau-Unternehmen (Komplexitätsmatrix)

Es ließe sich natürlich nun trefflich jede einzelne Box dieser Systematik abhandeln, dies ist hier aber nicht angebracht, da es ja mehr um das Aufzeigen der Methodik, der Vorgehensweise und des Zerlegens der Gesamtkomplexität in handhabbare Unterelemente geht.

6.3.4 Anwendungsbeispiel: Auftragsfertiger

Die Methodik wurde bei einem Hersteller komplexer Fahrzeuge angewendet, der neben Fahrzeugen und Lokomotiven auch andere, kleinere Komponenten und Fahrzeuge herstellt. Aus der initialen Positionierung in zwei Achsen wurde recht schnell noch eine dritte Dimension abgeleitet, da es – neben den internen, unterschiedlichen Prinzipien von Fertigungsorganisation und Fertigungssteuerung – auch sehr große Unterschiede in der zugehörigen Beschaffungsstruktur gab. Hierdurch entstand letztlich, beginnend mit einem Segmenticrungs- und Positionierungsansatz, ein zielführendes Koordinatensystem. Mithilfe dieses Strukturierungselementes konnte die vorhandene Vielfalt der Komplexität gegliedert werden und die spezielle Situation eines einzelnen Fertigungsstandortes wurde sichtbar. Das Gesamtgebilde hatte seine Komplexität in der Vielfalt der Werkstypen und der verschiedenen Produkte. Dies erzeugte für das Management die Herausforderung, diese vielen Unterschiede in geeigneter Form greifbar zu machen, damit nicht die „falschen" Maßnahmen am „falschen" Standort eingeleitet werden. Auch die Steuerung des Gesamtgebildes hatte seine Besonderheiten, die in geeigneter Weise herausgearbeitet werden mussten. Dies wurde mit der Systematik in den drei Dimensionen erreicht.

Das Besondere dieser Herstellprozesse auf Werksebene hingegen war, dass nur wenige Produkte das Werk verlassen, für die aber eine Vielzahl von Einzelteilen, Baugruppen, Modulen, Steuerungstechnik etc. beschafft und eingebaut werden müssen. Diese werden in zentralen oder werksbasierten Entwicklungs-, Design- und Engineeringabteilungen in ihren technischen und zeitlichen Spezifikationen festgelegt und sind dann Basis für die entsprechenden Beschaffungsvorgänge. Sie müssen sachlich und zeitlich passend im Werk eintreffen, um die Montagen zeitgerecht ausführen zu können. Die Komplexität des Werks steckte also in der Beschaffungskoordination.

Diese Beschaffungskomplexität galt es zu adressieren. Eine genauere Betrachtung der Situation (Abb. 6.3) zeigte als Ergebnis, dass das Werk hierbei – neben den Engineering-Vorgaben – in der Beschaffung drei wesentliche Einflussfaktoren hat, die je Werk und Auftrag sehr unterschiedlich ausfallen kann: die Anzahl der Lieferanten, die Anzahl der Beschaffungsaufträge und die Anzahl der Lieferungen. Diese drei Variablen sind unabhängig voneinander, beschreiben aber gemeinsam die vorliegende komplexe Gesamtsituation. Somit ist dies *MECE* im oben beschriebenen Sinne. Der spezielle Charme der Methode liegt nun darin, dass man immer zwei der Variablen gemeinsam betrachten kann und deren Zusammenwirken als Basis für tiefergehende Analysen studiert. Ein Werk (oder auch Auftrag) mit wenigen Lieferanten, aber vielen Aufträgen (hohe Differenzierung des Bedarfs), gibt ganz andere Formen der (gemeinsamen) Gestaltung der Bestellbeziehungen als eine Situation mit vielen Lieferanten und vergleichsweise wenigen Beschaffungsaufträgen (hohe Differenzierung der Lieferquellen), in der eher anonyme Bestellungen bei weitgehend unbekannten Lieferanten vorliegen, die dann auch von den Einkäufern gar nicht so intensiv mit dem einzelnen Lieferanten betreut und gesteuert werden können. Das Gleiche sieht man, wenn die Aufträge in viele oder wenige Lieferungen zerfallen. Eine zeitlich und sachlich feingliedrige Belieferung

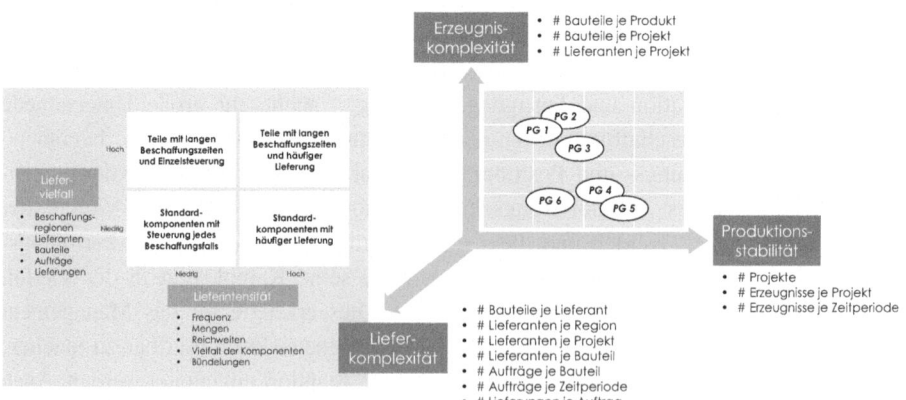

Abb. 6.3 Identifikation von Komplexitätstreibern in einer Supply Chain durch Positionierung in der Komplexitätsmatrix

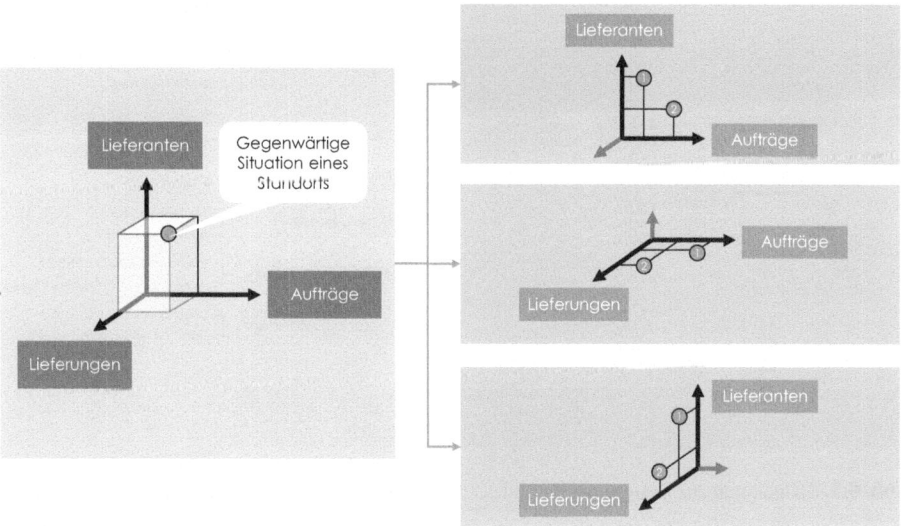

Abb. 6.4 Zusammenspiel der Koordinaten zur Strukturierung der wesentlichen Einflussfaktoren einer komplexen Belieferungssituation

erfordert eine deutlich höhere Koordination der Vielzahl und Vielfalt der Beschaffungsvorgänge. Und letztlich zeigt die Betrachtung von Lieferanten und deren Lieferungen auch wieder sehr unterschiedliche Möglichkeiten, individuelle Lieferkonzepte zu gestalten oder halb-anonyme, sachlich orientierte Standard-Lieferprozesse auszuführen. Diese Form der Betrachtung der vorliegenden Komplexität erlaubt es also, zielgerichtete Lösungen zu erarbeiten, die auf die jeweilige Liefersituation zugeschnitten sind. Falls ein Werk eine über die Zeit hinweg hohe Vielfalt der Lieferintensitäten hat, müssen hochflexible, skalierbare Lösungen erarbeitet werden, die oftmals nicht die hohe Effizienz einer spezialisierten Abwicklung bieten können.

Die Fortführung dieser gliedernden Gedanken (Abb. 6.4) führt dazu, dass man auch spezielle Kennzahlen ableiten kann, die die jeweiligen Lieferformen optimal beschreiben und eine bessere Beurteilung der Leistungsfähigkeit erlauben. Im hier beschriebenen Projektbeispiel war es besonders hilfreich, die Indikatoren der Vielfalt (Komplexitäts Indikatoren) von der Art der Leistungsbeziehung zu trennen (Liefertyp-Indikatoren). Bei letzterer ging es insbesondere darum, das jeweilige Liefervolumen, die Besonderheit des beschafften Teils (bzw. seine Standardisierung) und die geografische Reichweite des Beschaffungsvorgangs zu unterscheiden. Diese Reichweite ist insbesondere wichtig für den zeitlichen Vorlauf für die Beschaffung und Versendung, stellt aber gleichzeitig auch einen Indikator für das erforderliche Risikomanagement dar, falls das Bauteil auf dem Transport einen Schaden erleidet und nochmal hergestellt und versandt werden muss. Hierdurch wurde die vormals komplexe, verwirrende und teilweise verworrene Beschaffungssituation auf einmal ganz einfach durchschaubar, steuerbar und in Notfällen auch korrigierbar (Abb. 6.5).

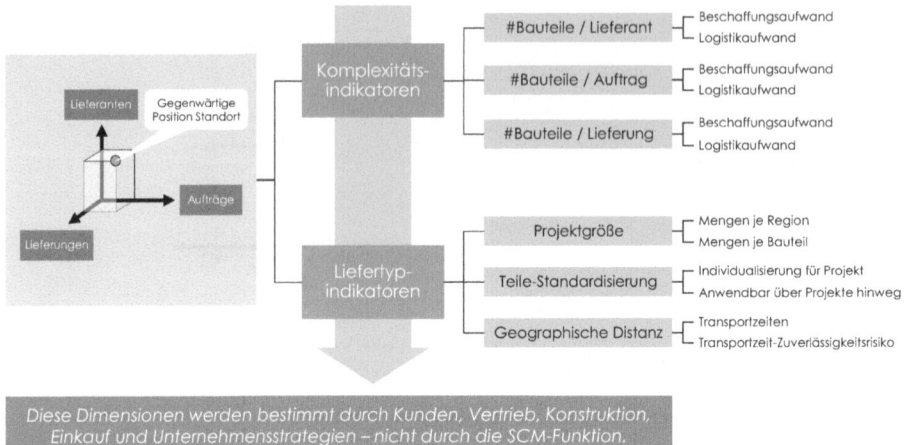

Diese Dimensionen werden bestimmt durch Kunden, Vertrieb, Konstruktion,
Einkauf und Unternehmensstrategien – nicht durch die SCM-Funktion.

Abb. 6.5 Indikatoren zur Steuerung einer internen Supply Chain mit Fokus auf die Beschaffungsseite

6.3.5   Anwendungsbeispiel: Einführung eines APS-Systems

Eine andere Anwendung bei einem Produktionsunternehmen war darauf gerichtet, die Komplexität der Einführung eines innovativen Software-Systems für die Steuerung der Supply Chain besser beherrschbar zu machen. Nachdem das Lösungskonzept erarbeitet und verabschiedet war, stellte sich die Frage, wie man dieses am zielführendsten einführen könne. Die Analyse der Situation ergab nach einigen Iterationen, dass im Kern der ausschlaggebende Sachverhalt für den Einführungserfolg die Attraktivität der Software-Lösung für den einzelnen Standort wäre. Je höher die Attraktivität für das Werk, umso höher wird die Energie sein, mit der das Werk für den Erfolg der Einführung kämpfen wird; d. h. alle Kreativität und Energie der Mitarbeiter mobilisiert wird, um die Lösung für die operative Anwendung zugänglich und einsetzbar zu machen (Abb. 6.6).

Wodurch wird eine Software-Lösung für ein Werk attraktiv? Auch hier führte eine interaktive Analyse zu einem letztlich ganz einfachen und nachvollziehbaren Ergebnis: Je höher der Nutzen und je bereiter das Werk für die Art der Lösung ist, desto höher ist das Begehren der Werkleitung, diese Lösung einzuführen. (Anmerkung: Diesen einfachen Lösungen ist ein spezifisches psychologisches Phänomen immanent: sie sind spontan einsichtig und nachvollziehbar und die Menschen, denen man sie präsentiert, können sich nachher gar nicht mehr vorstellen, dies nicht gewusst zu haben.)

Aber auf dieser hohen Auflösungsebene ist das Problem leider noch nicht wirklich handhabbar. Also galt es, diese Situation noch näher herunterzubrechen, um die beteiligten Variablen und die wirkenden Zusammenhänge greifen zu können. Auch hier kamen die Analysen zu einfachen, im Ergebnis fast schon trivial wirkenden Erkenntnissen – aber genau darin liegt die Essenz deren Wirksamkeit:

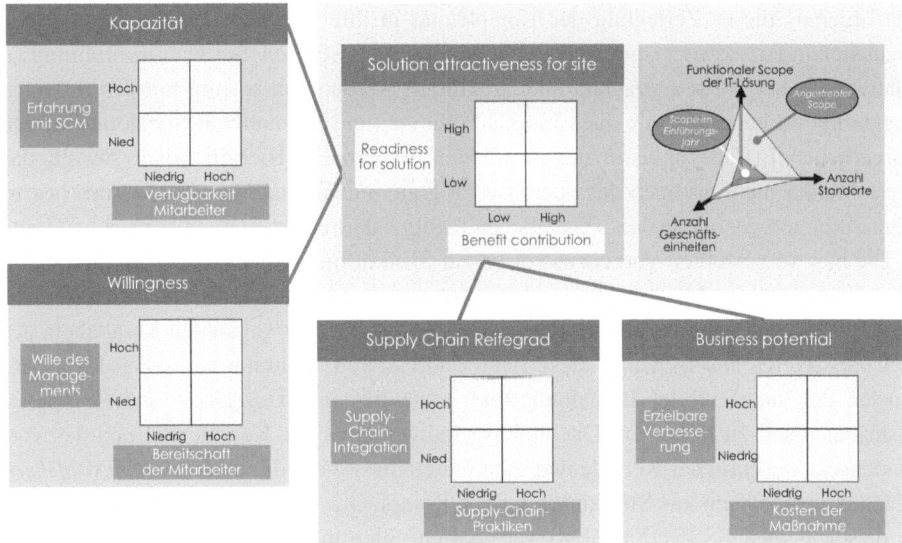

Abb. 6.6 Gesamtsicht auf die zu betrachtenden Handlungsfelder zur Beherrschung einer komplexen Liefersituation

- Die *Bereitschaft für die Einführung der Lösung* speist sich aus der Kapazität, diese einzuführen und dem Wollen der Personen, dies zu tun.
- Die *Kapazität* besteht darin, dass man genügend Personal hat, das die entsprechende Expertise hat und ausreichend Zeit, für die Einführung. Beides sind ja in der Regel signifikante Engpässe, die einen gewissen Vorlauf für die Einlastung erfordern.
- Das *Wollen* zerfällt in den Wunsch des Managements (z. B. weil es sich davon einen Produktivitätsschub verspricht) und den Wunsch der Mitarbeiter, die es nutzen sollen (und diese mögen eher keinen Produktivitätsschub, da dies ja Verlust von Arbeitsplätzen bedeuten könnte).
- Der *Nutzen für das Business* besteht einerseits aus dem finanziellen Nutzen, andererseits aus der Notwendigkeit bzw. dem Druck der Umgebung, dieses zu tun.
- Der *finanzielle Nutzen* berechnet sich aus der messbaren Kosteneinsparung, die sich aus der Anwendung des Systems ergibt, und den Kosten, um es einzuführen – der klassische *Benefits Case*.
- Der *sachliche Nutzen* speist sich aus dem Druck der Umgebung hinsichtlich der Erwartung an die mögliche Supply-Chain-Integration von Lieferanten und Kunden und andererseits der erforderlichen Aufwertung der internen Prozesse, die möglicherweise nicht mehr leistungsfähig genug sind, um im Wettbewerbsvergleich angemessen agieren zu können.

Als Ergebnis dieser Zerlegung der Komplexität in ihre Initialen und die zugehörigen abgeleiteten Triebkräfte kann nun die Situation einer solchen Software-Einführung in relativ einfacher Weise betrachtet und strukturiert werden, um sowohl mit den richtigen Standorten zu beginnen, als auch innerhalb dieser (und der anderen Standorte) an den wesentlichen Erfolgsvoraussetzungen arbeiten zu können. Hiermit erhält sowohl das obere Management als auch das operative Programmmanagement ein wirksames Instrumentarium, um gezielt an den wesentlichen Erfolgsfaktoren arbeiten zu können.

Die hier vorgestellten Vorgehensweisen zur Strukturfindung in komplexen Geschäftssystemen und darin ablaufenden Geschäftsprozessen sind somit die Basis, um diese richtig zu lenken und wichtige Entscheidungen so zu treffen, dass sie an den Kernhebeln des Geschäftserfolgs ansetzen und diese richtig adressieren. Dahinter stecken jedoch zwei Muster, die von zentraler Bedeutung sind, um wirksames Geschäfts- und Komplexitätsmanagement zu betreiben: Die situative Individualität der Komplexität und das Vorhandensein wesentlicher Kernelemente im Geschäftssystem, die einen *Komplexitätskern* bilden. Die Analysen zur Strukturierung der Komplexität helfen auch, sich den Zugang zu diesen beiden Sachverhalten zu verschaffen, allerdings müssen beide als wichtige Einzelthemen verstanden, herausgearbeitet und adressiert werden. Dem ist das folgende Kapitel gewidmet.

6.4 Beherrschen des individuellen Komplexitätskerns ermöglicht eine wirksame Geschäftssteuerung

Situative Individualität – das Besondere daran ist, dass ein Unternehmen zu einem bestimmten Zeitpunkt in einem bestimmten Zustand ist, der sich aus vielerlei internen und externen Einflussfaktoren speist. Es ist somit zeitpunkt- und zustandsabhängig. Hier spielen sowohl die Aspekte der internen Maturität eine Rolle (Welchen Entwicklungsstand hat das Unternehmen, um in den vielfältigen Herausforderungen der externen Kräfte erfolgreich operieren zu können?) als auch die zu einem bestimmten Zeitpunkt wirkenden Kraftkonstellationen (dies können u. a. politische, soziale, wirtschaftliche, wettbewerbsbezogene oder kundenpräferenzbezogene Einflussfaktoren und deren Ausprägungen sein).

War die globale politische und wirtschaftliche Lage in den Jahren 2012 bis 2015 von einer scheinbaren Stabilität geprägt, so sind die Jahre 2016 bis 2018 von signifikanten Störungen überschattet, die in den politischen Systemen Europas, Amerikas, Asiens in ganz unterschiedlicher Weise zustande gekommen sind, aber insgesamt zu einem hohen Maß an politischer Instabilität geführt haben – und dennoch sind die Wirtschaftssysteme derzeit noch robust genug, sich diesen Störungen zu widersetzen. Trotzdem werden zunehmend Unternehmensentscheidungen getroffen, die bestimmte Regionen meiden und dies wird langfristig zu Verschiebungen im Investitions-, Konsum- und Produktionsverhalten führen. Somit sind im Jahr 2015 analysierte Situationen nicht mehr vergleichbar mit denen, die im Jahr 2018 vorzufinden sind – sie können sogar fundamental unterschiedlich sein, müssen aber nicht. Somit hat jedes Unternehmen zu einem vor-liegenden Betrachtungszustand eine andere interne Reife, andere Umgebungseinflüsse und ein anderes Management, das hieraus unterschiedliche Entscheidungen und Maß-nahmen ableitet. Es liegt also eine extrem hohe Individualität der jeweiligen Komplexi-tätssituation vor, die es nicht erlaubt, Erkenntnisse von einem Unternehmen ungefiltert auf ein anderes zu übertragen.

Was aber im Unternehmen oft einen gewissen Bestand hat, ist die spezifische interne Komplexität, die sich aus der Art der Produkte, deren Herstellung und den besonderen Herausforderungen des Verkaufs- und Absatzprozesses ergibt. Damit sind ganz bestimmte Ausprägungen der Anforderungen an die Geschäftsprozesse (übergreifend und im Detail) verbunden – allerdings sind die im Einzelnen Unternehmen erarbeiteten und verwendeten Lösungen oft durchaus unterschiedlich. Adidas und Puma operieren in gleichen Märkten, mit gleichen Produkten und Zielgruppen, haben genetisch gleiche Wurzeln und ursprünglich das gleiche Einzugsgebiet für ihre Mitarbeiter, dennoch sind sie intern sehr unterschiedlich aufgestellt; die einen mehr vertikal integriert, die anderen fast wie ein virtuelles Unternehmen vernetzt. Dies erfordert, dass Prozesse zum Auslösen einer Produktlieferung unterschiedlich aussehen und in unterschiedlicher Weise gesteuert werden.

Was aber diesen Unternehmen jeweils inhärent ist, wird durch den *Komplexitätskern* beschrieben. Dies ist eine spezielle Ausprägung, wie und wodurch die im Unternehmen vorhandene, unausweichliche Komplexität entsteht. Darüber hinaus gibt es eine Viel-zahl künstlich oder durch Nachlässigkeit und Fehlverständnis entstandene Komplexi-tät (z. B. unnötig viele Produktvarianten, unnötig viele Auftragsvarianten, unnötig viele Genehmigungsschleifen, unnötig viele Bestands- und Lieferpunkte etc.). Wird diese unausweichliche Komplexität nicht im Kern verstanden, dann wird es in der Regel nicht möglich sein, die Komplexität im Unternehmen zu beherrschen oder zu reduzieren. Die-ser Komplexitätskern ist der Sachverhalt (oder die Stelle), durch die die Komplexität zu einem Problem wird, wenn er nicht richtig adressiert wird. In den meisten Fällen ist die-ser Komplexitätskern im Bereich der Produktion bzw. Produktherstellung zu finden. Es gibt aber auch Situationen, in denen aus dem Absatzmarkt ein weiterer Komplexitäts-kern entsteht – z. B. wenn es eine hohe Vielfalt an Absatzkanälen und dazu gehörigen Produktvarianten gibt, die noch dazu sehr unterschiedliche Kundengruppen in sehr unterschiedlicher Weise ansprechen. In solchen Fällen *dualer Komplexitätskerne* aus Produktion und Absatzmarkt muss man diese in der Tat separat entwickeln. Anschlie-ßend kann man sehr gut die damit verbundenen Querbeziehungen zwischen diesen bei-den Komplexitätskernen herausarbeiten und auch Maßnahmen zur Beherrschung dieser Querbeziehungen systematisch ableiten.

Den Komplexitätskern zu finden, ist für jedes Unternehmen eine individuelle Ent-deckungsreise, wenngleich es gewisse Grundmuster gibt und Wertschöpfungsketten unterschiedlicher Industrien oft einen charakteristischen produkt- oder produktions-technischen *Sweet-Spot* haben. Diese Grundmuster und „Sweet-spots" lassen sich mithilfe der Supply-Chain-Mechanik erkennen und beschreiben und die zugehörigen *Komplexitätstreiber* erarbeiten. Hierzu nun einige Beispiele.

6.4.1 Komplexitätskern in wachstumsgeprägten Unternehmen

In schnell wachsenden Unternehmen findet sich oft eine Überforderung durch Komplexität. Das liegt daran, dass diese Unternehmen meist in einem kleineren Rahmen begonnen haben und durch den Markterfolg innerhalb von kurzer Zeit ein breiteres Produktportfolio aufgebaut haben, zunehmend neue Kunden gewonnen haben, in neue Absatzregionen vorgestoßen sind, vielleicht auch noch Tochtergesellschaften für das Auslandsgeschäft etabliert und Produktionsstandorte im Ausland aufgebaut haben.

Dies alles sind Indikatoren für eine zunehmende Komplexität: die Anzahl der Elemente steigt an. Und gleichzeitig auch die Zahl der Querbeziehungen: Welcher Kunde kauft wo welche Produkte, welches Produkt wird an welchen Standorten produziert (vielleicht auch noch in einer Arbeitsteilung zwischen Werken), wie funktionieren die Prozesse, wie verhält sich das Personal in neuen Ländern und neuen Tochtergesellschaften?

Hierbei tauchen also typische Konstellationen auf, die zur Komplexitätsüberforderung führen. Diese tritt vor allem dann auf, wenn man (zu) lange an den in der Vergangenheit erfolgreichen Strukturen festhält. In diesen Fällen übersteigt sowohl die Anzahl der überschaubaren Elemente als auch der bekannten und beherrschten Querbeziehungen irgendwann die Fähigkeiten der beteiligten Personen. Dabei kommt es nicht darauf an, dass *eine* Person den Überblick behält, sondern dass reproduzierbare Abläufe und Prozesse etabliert werden, in der zumindest die Mehrzahl der Beteiligten sich zurechtfindet und sich orientieren kann. Denn die täglichen Abläufe werden ja von einer Vielzahl von Personen erbracht, die man nicht ständig einzeln beaufsichtigen kann.

Neben den technisch geprägten, industriespezifischen Komplexitätskernen (die in den folgenden Beispielen vorgestellt werden), gibt es ganz typische Muster in vielen Wachstumsunternehmen, die einen speziellen Komplexitätskern bilden. Eine erste Orientierung bietet wieder die *Ansoff-Matrix* (Ansoff 1965), die in den zwei Dimensionen *Produkt* und *Markt* die Merkmale *bestehend* und *neu* unterscheidet. Mithilfe dieser vier Felder kann man eine recht gute Abschätzung der damit verbundenen Risiken vornehmen und gleichzeitig eine Reihe von zu den einzelnen Feldern passenden Maßnahmen befolgen, die zur besseren Beherrschung der Situation führen können. Dies ist allerdings eher ein Risikomanagement als ein Komplexitätsmanagement; dennoch hilft es, eine zunächst undurchschaubare Situation durch Zerlegen in die Einflussfaktoren besser zu durchdringen und gezielter steuern zu können.

Die Komplexität in Wachstumsunternehmen hat in den meisten Fällen eine zusätzliche Dimension aufzuweisen. Das hat mit den Besonderheiten der Distributionskanäle zu tun, die weitere Vielfalt in die Situation einsteuern. So ist es das Merkmal des Komplexitätskerns dieser Unternehmen, dass man ihn meist mit drei Dimensionen beschreiben kann – die Ausprägung variiert aber in jedem Einzelfall leicht und erfordert eine individuelle Betrachtung. Zwei Muster haben sich jedoch in einer Vielzahl von Projekten herausgeschält:

6.4.1.1 Komplexitätskern aus Produktportfolio, Vertriebsregionen, Produktionsstandorten

Dies ist der klassische Fall, der in vielen Unternehmen vorzufinden ist. Das Produktspektrum wächst und wird vielfältiger, die Anzahl der belieferten Länder nimmt zu und die Zahl der Produktionsstandorte erhöht sich (Abb. 6.7). Mit der Aufspaltung in diese drei Dimensionen wird es nun einfacher, sich mit den drei Effekten jeweils einzeln, aber auch in den Querbeziehungen zu beschäftigen. Hier einige Beispiele, die man extensiv erweitern kann:

- Wie kann man das Produktportfolio so gliedern, dass es im Vertriebsprozess für die Kunden klare Schwerpunkte hat und andererseits für die Herstellung ähnliche Gruppen bildet? Und kann die damit verbundene Professionalisierung des erforderlichen Marketing-Mixes durch die Einführung eines systematischen Produktmanagements verbessert werden?
- Wie kann man die Vertriebsregionen so gliedern, dass die Kunden in ähnlicher (aber individuell passender) Weise betreut werden und die Vertragstypen möglichst viele Gemeinsamkeiten haben? Welche fachlichen Ähnlichkeiten haben Kunden und welche spezifischen Fragen treten auf, die im Vertriebsprozess abgedeckt werden sollten?
- Sollen die Produktionsstandorte jeweils einen regionalen Vollauftrag haben oder eher eine Spezialisierung auf einzelne Produktgruppen oder technische Besonderheiten, um sowohl die *Economies of Scale* als auch die *Economies of Specialisation* ausnutzen zu können?

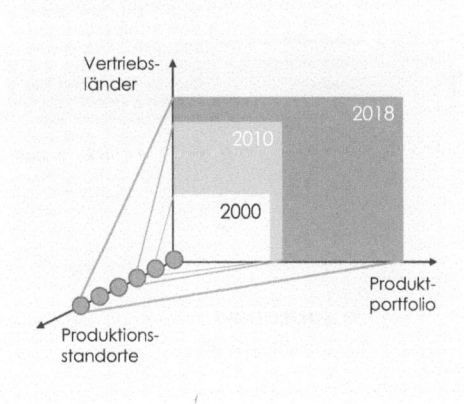

Abb. 6.7 Illustration der Auswirkung eines Wachstumsszenarios auf wichtige Handlungsfelder des Unternehmens

- Bezüglich der Querbeziehungen zwischen den Dimensionen, die man systematisch verknüpfen kann, lässt sich Folgendes betrachten: Welche Durchlaufzeiten und Lieferzeiten sind für die Produkte in den einzelnen Regionen marktgerecht und wie muss man die Produktion darauf einstellen? Welche Prozesse im regionalen Auftragsmanagement sind erforderlich, um die unterschiedlichen Produkttypen fehlerfrei zu bestellen und zeitgerecht liefern zu können? Wie kann man die Produktionsstandorte dazu befähigen, als *Kapazitätshilfe* für andere Standorte auch Produkte herstellen zu können, die nicht zum eigenen Produktionsprogramm gehören?

Diese Aspekte und viele weitere können systematisch erarbeitet, diskutiert und einer Lösung zugeführt werden.

6.4.1.2 Komplexitätskern aus Marke, Region und Absatzkanal
Dies ist oftmals vorzufinden, wenn das Unternehmen schon eine höhere Stufe der Vielfalt erreicht hat (Abb. 6.8). Dann sind es nicht mehr die einzelnen Produkte, sondern die als Klammer über Produkte fungierenden Marken, die unterschiedliche Herausforderungen mit sich bringen – die Ebene der Produkte kann dann innerhalb der Marken, ggf. aber auch übergreifend behandelt werden.

Vom Vorgehen ist es aber ähnlich wie im ersten Fall; zunächst werden die Herausforderungen und Fragestellungen in den einzelnen Dimensionen betrachtet und anschließend die Querbeziehungen zwischen den Dimensionen – insbesondere letztere sind meist

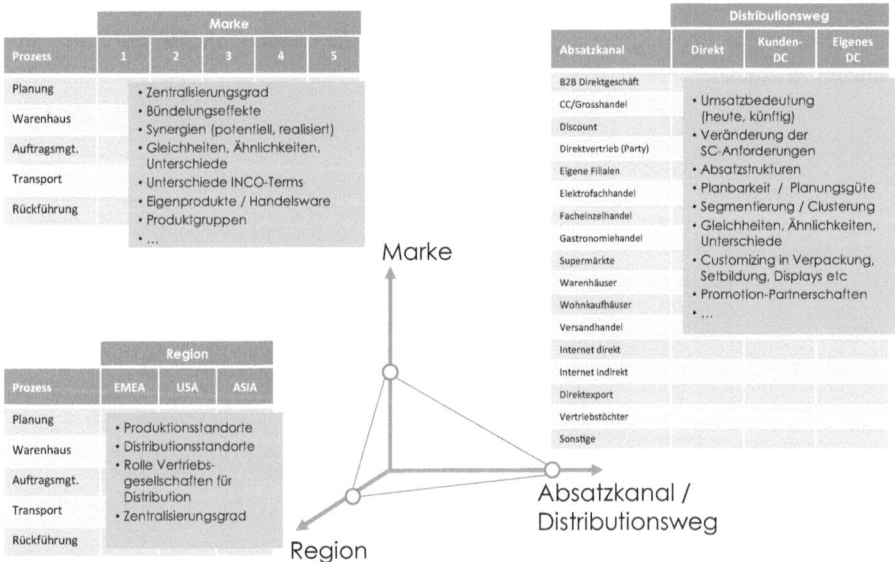

Abb. 6.8 Darstellung der Komplexitätstreiber in einem Wachstumsszenario mit vielfältigen Absatzkanälen

die wahren Quellen der Komplexitätsüberforderung und können mithilfe des hier vor-gestellten Komplexitätskerns in systematischer Weise betrachtet, analysiert, diskutiert und für eine Lösungsfindung priorisiert werden.

In jedem Fall hilft die Zerlegung der Situation in die drei Achsen, die aufgetretenen Phänomene in die einzelnen Achsen einzuordnen oder in die jeweiligen Quer-beziehungen. Damit gelingt es, die Vielfalt der beobachteten Probleme, die Undurch-schaubarkeit der Situation so zu gliedern, dass man diese ihren ursächlichen Treibern zuordnen kann und dann mithilfe der gesamtheitlichen Sicht die dahinter liegenden Mus-ter ableiten kann, um die Komplexität besser zu steuern. Konkreter und anschaulicher lässt sich diese Methodik in den folgenden, industriellen Anwendungsfällen nachvoll-ziehen.

6.4.2   Komplexitätskern in der Bauausrüstung

Im Bereich der Isoliertechnik wird oft Steinwolle oder Glaswolle verwendet. Die zunehmende Spezialisierung von Produkten auf bestimmte Produkteigenschaften Wärmedämmung an unterschiedlichen Stellen eines Gebäudes (Außenwand, Innenwand, Dachformen), Schalldämmung (oder auch Luftverteilung und Klimatisierung) sowie spezieller industrieller Anwendungen führt zu einer großen Ausweitung des Produkt-programms und damit verbunden zu einer immer komplexeren Steuerung der Verfügbar-keit der erforderlichen Produkte für die Marktversorgung.

Auch bei dem beispielhaften Bauausrüstungsunternehmen stand zunächst die Volatili-tät aus den unterschiedlichen Kundenauftragsmengen und -terminen im Vordergrund der Betrachtung, um Maßnahmen für die bessere Planung und somit Stabilisierung der Supply Chain zu erarbeiten. Die Analyse der wirkenden *Komplexitätskräfte* führte aber zu einem anders gelagerten Komplexitätskern: Jedes Produkt für einen jeweils anderen Anwendungszweck erforderte einen bestimmten Fasertyp in Länge, Dicke und Ver-mischung der Einzelfasern. Diese gab es dann noch in verschiedenen geometrischen Varianten (Breite, Länge, Dicke). Die nähere Betrachtung und Analyse des Herstell-prozesses zeigte, dass sich einige Parameter darin leicht einstellen lassen (z. B. Länge oder auch die Dicke in einem bestimmten Bereich). Aber immer dann, wenn man einen scheinbar einfachen Parameter wie die Breite veränderte, ergaben sich unter-schiedliche Szenarien hinsichtlich Ausbeute, Produktionszeit und Einrichtungszeit bis hin zur ersten verwendbaren Ware *(time to quality)*. Dies hing damit zusammen, dass man geringe Veränderungen der Breite einfach durch Beschneiden der Seiten erreichen konnte; wenn man allerdings 10 bis 20 % schmalere Produkte herstellen wollte, musste hierzu die Anlage mechanisch umgestellt werden; dies brachte in der Regel eine längere Umstellungszeit mit sich, da auch die Verteilung der Fasern, die auf das Transportband fallen, justiert werden musste. Je nach Situation konnte dies zu einer deutlich ver-längerten Umstellungszeit führen. Dies bedeutete im Ergebnis, es gab eine Vielzahl ein-facher und ebenso eine Vielzahl komplexerer Umstellungen (d. h. Umstellprozesse, bei denen es signifikante Wechselwirkungen zwischen den Variablen gab). Und in dem nur scheinbar gut beherrschten Produktionsprozess lag genau hier der Komplexitätskern: die Einstellung der Anlage auf das richtige Fallen und Verteilen der Fasern auf das darunterliegende Transportband; erst hierdurch entstand die erforderliche Matte des Isoliermaterials. Es gab noch eine Reihe zusätzlicher Komplikationen aus der Verwendung unterschiedlicher Bindemittel, dem Reinigungsaufwand oder auch der Nachverarbeitung, aber diese waren eher grobmotorischer Art und in ihren zeitlichen und qualitativen Auswirkungen besser vorhersehbar. Das wesentliche Merkmal des Komplexitätskerns war auch in diesem Beispiel die eingeschränkte Vorhersehbarkeit von Ausbeute und Herstellungszeit – und hierdurch wurden schnell einmal Produktionspläne obsolet, da es signifikante Abweichungen durch (Minder-)Mengen und (verlängerten) Zeiten geben konnte. Dieses Wissen war implizit in Produktion und Planung vorhanden, aber nicht systematisch abgebildet. Werden die damit verbundenen Risiken nicht explizit und systematisch gesteuert, kann es vielfach und unerwartet zu Problemen in der Mengenversorgung der Märkte kommen.

6.4.3   Komplexitätskern in der Baustoff-Industrie

Fertigbeton wird in vielen Bereichen von Bautechnik und Gebäudeherstellung eingesetzt und ist mittlerweile die vorherrschende Substanzart. Von außen betrachtet ist es zunächst einmal ein scheinbar trivialer Prozess: In einer Mischanlage wird aus Zement, Wasser und Festkörpern (Kies o. ä.) ein Betongemisch angesetzt, in die Trommel des Transportfahrzeugs eingefüllt und dann unter Drehung dieser Trommel (damit der Beton besser durchmischt und nicht aushärtet) zum Verwendungsort gebracht. In der Gesamtkette aus Festkörpern, Zement und Fertigbeton fällt zunächst einmal auf, dass diese drei eine sehr unterschiedliche Geschwindigkeit haben: Kies und andere Steinbeimischungen haben eine eher langsam getaktete Supply Chain, da große Mengen mit niedriger Werthaltigkeit abgebaut und transportiert werden. Somit ist eher eine größerer Lagerhaltung auf der Ebene des Fertigbetonwerks erforderlich ist – dies benötigt vergleichsweise viel Platz, hat aber niedrigen finanziellen Wert. Zement taktet schon etwas schneller, aber auch typischerweise in gezielteren Versorgungszyklen, da hier der Wert je Gewichtseinheit höher ist, und andererseits der Produktionsprozess auch in großen Chargen, und der Transport in größeren Mengen stattfindet. Somit auch Lagerung erforderlicher Mengen unter Abwägung von Kosten und Haltbarkeit. Auf der letzten Ebene, dem Fertigbeton-Werk, liegt hingegen eine recht schnelle Taktung vor, da konkrete Kundenaufträge für konkrete Vorhaben zu einem genauen Zeitpunkt in schneller Zeit erzeugt und bedient werden müssen.

Die eigentliche Komplexität liegt hier darin, die richtige Anzahl an Fahrzeugen für das richtige Zielgebiet an der jeweils geeigneten Betonmischanlage zu haben, damit die Aufträge des Tages zur richtigen Zeit bedient und geliefert werden können. Wäre dies alles auf Wochen voraus planbar, wäre es kein Problem. Die Komplexität der Situation entsteht daraus, dass die drei Variablen *Fahrzeug, Verwendungsort und Betonwerk* unter einer zeitlich sehr kurzfristigen Querbeziehung stehen. Wie viele Kunden/Baustellen sind an welchem Tag, zu welcher Uhrzeit, mit welcher Menge an Fertigbeton zu beliefern?

Wenn man nur ein Betonwerk betrachtet, hat man schnell ein Planungsproblem begrenzter Kapazitäten; es gibt einen Fahrzeugbestand (Fuhrpark) und wenn dieser für den Tag mit Touren verplant ist, kann nichts mehr zusätzlich geliefert werden. Nun könnte aber dieses Betonwerk bei hohen Bedarfsmengen ein „befreundetes" Betonwerk befragen, ob dieses ihm Fahrzeuge (samt Fahrern) zur Verfügung stellt – wenn dieses jedoch auch gerade ausgebucht ist, funktioniert diese Lösung jedoch auch nicht. In diesem Geschäftszweig kommt es jedoch durchaus vor, dass es einzelne Fahrer gibt, die ihr eigenes Fahrzeug besitzen und den verschiedenen Betonwerken in ihrer Arbeitsregion ihre Kapazitäten und Dienste anbieten. Hierdurch lässt sich eine gewisse Atmungsmasse erzeugen, um flexibler auf Mengenschwankungen reagieren zu können. Bleibt aber immer noch das Problem der kurzen Vorlaufzeit (oft werden erst morgens die Aufträge für den Tag übermittelt; meist jedoch am Vortag) und was zu tun ist, wenn alle Fahrer bereits unter anderem Vertrag sind.

Hier sind wir also am Komplexitätskern dieser Wertschöpfungskette angelangt: das flexible, teilweise spontane Verknüpfen von Fahrzeugen, Fahrern, Transportaufträgen, Zustellterminen, Zieldestinationen und Mengen je Ziel (daraus ergeben sich die Anzahl der Fahrten und ggf. die Füllmengen). Natürlich ist es auch aufwendig und schwierig, die diversen Kundenbeziehungen aufzubauen und zu pflegen, die Materialversorgung sicherzustellen oder eine optimierte Routenplanung und Fahrzeugpositionierung durchzuführen etc. Aber der eigentliche Komplexitätskern ist dieses spontane Zusammenführen der produkt- und verfügbarkeitsbildenden Elemente. Wie kann man diese Erkenntnis nun nutzen, um das zu optimieren? Nun, auf der Ebene des einzelnen Fertigbetonwerks sind die Möglichkeiten begrenzt, wie oben ausgeführt. Für ein Unternehmen, das mehrere Betonwerke in einer Region besitzt, sieht das schon anders aus. Und ein Konzern, der ein ganzes Netzwerk von Fertigbetonwerken hat, verfügt über ein deutlich höheres Synergiepotenzial als man zunächst vermuten könnte. Die Lösung für die Optimierung liegt nämlich eine Ebene höher als das einzelne Betonwerk. Das Problem ist ja, zum richtigen Zeitpunkt die richtige Anzahl an Fahrzeugen – aber auch die Fahrer dazu – zur Verfügung zu haben. Hält der einzelne Standort einen großen Fuhrpark und entsprechend viele Fahrer vor, sind die Kosten zu hoch, da die durchschnittliche Kapazitätsauslastung zu niedrig ist. Wir erkennen also zwei Variablen, an denen ein kritischer Engpass auftreten kann und können diese somit gezielt für sich, aber auch im Zusammenwirken adressieren.

Schaut man sich die Kostenstruktur des Fuhrparks über die letzten 30 Jahre an, dann hat sich diese fundamental verändert. Früher war das Fahrzeug (und die Abschreibung darauf) das Teuerste, gefolgt vom Fahrer und dann die Treibstoffkosten. Heute ist es umgekehrt: Die Treibstoffkosten (die Bewegung) sind das Teuerste, der Fahrer (der Bewegende) die zweitteuerste Komponente und die Fahrzeugabschreibung ist anteilig klein geworden, eigentlich in den Hintergrund getreten. Somit ist aus Kostenerwägungen heraus nicht mehr die Optimierung der Fahrzeugauslastung zu maximieren, sondern die

Auslastung des Fahrers und die Minimierung des erforderlichen Treibstoffverbrauchs für die zu erreichenden Zieldestinationen. Dies führt zu zwei überraschenden Lösungen: Es macht Sinn, einen größeren Fuhrpark in einem Pool vorzuhalten, auf den viele Standorte zugreifen können – also nicht an einem der Standorte positioniert, sondern an einem zentralen „neutralen" Punkt zwischen diesen Standorten. Die Fahrer, die ohnehin morgens zur Arbeit fahren, bekommen am Morgen oder am Vorabend eine Information, welchen Poolstandort sie anfahren sollen und welchen Produktionsstandort sie von dort aus bedienen sollen. Im Hintergrund braucht man natürlich ein Planungssystem, in das die Aufträge des nächsten Tages eingegeben sind und das hieraus die wegeminimale Gesamtkonfiguration der Fahrten des nächsten Tages ermittelt. In dieses System können auch – für kurzfristige Aufträge – noch vormittags die Aufträge für nachmittags eingelastet, die optimale Fahrer- und Fahrzeugverteilung berechnet und die entsprechenden Einsatzpläne abgeleitet und kommuniziert werden.

Aus der Erkenntnis des zugrunde liegenden Komplexitätskerns konnte also sowohl eine virtuelle Organisation der Fahrer (mit zugehöriger Einsatzplanung) als auch eine *shared resources* Organisation der Fahrzeuge abgeleitet werden, wenn man die dahinter liegende Supply-Chain-Mechanik und die darin wirkenden Kostenmechaniken nutzt, um die unterschiedlichen Kapazitäts-/Lastprofile der beteiligten Standorte zusammenzuführen und dies dann für einen Kapazitätsabgleich ausnutzt. Dieser Effekt maximiert den Kundenservice (viele Kunden können bedarfsgerecht beliefert werden) und minimiert gleichzeitig die Gesamtkosten (beste Nutzung der vorhandenen Fahrer und Fahrzeuge). Wenn man nun noch ein spezifisches CRM-System entwickelt, im dem alle Kundenaufträge der letzten Jahre erhalten sind (mit Vorlaufzeit der Auftragserteilung, Änderungen, Lieferzeiten, Liefermengen etc.), dann kann man mithilfe von Big-Data-Techniken und Lösungen des *Demand Sensing* eine detaillierte Prognose von Kundenbedarfen erzeugen und diese Erkenntnisse nicht nur für die Einsatzplanung von Fahrern und Kunden benutzen, sondern diese u. a. auch für eine proaktive Ansprache der Kunden hinsichtlich verfügbarer Lieferungen nutzen, um eventuelle freie Kapazitätsslots zu schließen. Damit hat man ein ganz konventionelles Geschäftssystem in die Sphären von Amazon katapultiert – „amazonisiert" sozusagen. So wird die Erkenntnis und Kenntnis des individuellen Komplexitätskerns des Geschäftssystems zur Quelle zielgerichteter und damit hochwirksamer Kreativität!

6.4.4 Komplexitätskern im Maschinenbau

In den oft sehr individualisierten Aufträgen im Maschinenbau gibt es die Besonderheit, dass die Lieferung einer Maschine oftmals schneller vom Kunden gewünscht wird, als man für die Beschaffung der Einzelteile benötigt. Somit ist es erforderlich, Bauteile mit langen Lieferzeiten bereits im Lagerbestand vorrätig zu haben – und dies auch für die möglicherweise jeweils sehr unterschiedlichen Ausführungsvarianten. Die Analyse der spezifischen Komplexität in diesem Umfeld zeigt im Ergebnis auf, dass es zum einen eine *technische Konfiguration* der Maschine gibt, zum zweiten eine *Zielregion*, für die die Maschine ausgelegt sein muss (d. h. z. B. Spannungsvariante, bestimmte Sicherheits- oder Bedienkonzepte) und zum dritten einen *Bedarfszeitpunkt,* der sich sowohl aus dem Bedarf des Kunden als auch der Lieferterminzusage des Herstellers ergibt. Die beiden letzteren Punkte sind jedoch in gewisser Weise querbeeinflusst, da es in einigen Ländern höhere Risiken für die erforderliche Finanzierung der Anlage gibt und diese somit sehr schnell aufschiebende Wirkung erhalten kann.

Diese drei Variablen gilt es also zu steuern, um eine Maschine oder Anlage zum erforderlichen Versandzeitpunkt für den logistischen Lieferprozess zur Verfügung zu haben. Das Besondere der Maschinen ist, dass im Regelfall für die jeweilige Ausführung (Modell, Variante) ein Grundkörper erforderlich ist, an den die einzelnen Bauteile montiert werden. Und es ist von entscheidender Bedeutung, welcher Grundkörper für welchen Kundenauftrag zu welchem Zeitpunkt begonnen wird, da ja sowohl die Montageflächen-Kapazitäten als auch die Mitarbeiter-Kapazitäten endlich sind und nicht beliebig viele angefangene Maschinen parallel dort stehen bzw. bearbeitet werden können. Das Zurückführen der Gesamtsituation der Lieferung auf die drei Koordinaten *Konfiguration, Zielregion, Bedarfszeitpunkt* erlaubt nun, jede einzelne dieser drei Variablen näher zu analysieren und zu jeder Ausprägung das jeweilige Risiko bzw. die Eintrittswahrscheinlichkeit zu ermitteln und zu den Störeinflüssen jeweils gezielte Kompensations- oder Beherrschungsmaßnahmen zu entwickeln. Diese Erkenntnisse können dann gezielt im Rahmen der Kapazitäts- und Belegungsplanung verwendet werden, um den richtigen Mix an Aufträgen in Teilefertigung sowie Montage einzulasten.

6.4.5 Komplexitätskern in der Nahrungsmittel-Industrie

In der Konsumgut-Industrie gibt es sehr eigene, vielfältige Grundmerkmale, die die jeweils vorliegende Komplexität treiben. In den meisten Fällen hängt dies mit hoher Variantenvielfalt zusammen, die sich sowohl aus schnellen Innovationszyklen als auch dem Bestreben nach vielen fein differenzierten Kunden- und Absatzkanalvarianten speist (und zusätzlich noch aus spezifikationsbedingten Differenzierungsmerkmalen je nach Anwendungsfall). Im konsumnahen Sektor der Nahrungsmittel hat dies im Kern oft mit der vom Kunden empfundenen Frische zu tun. Somit also nicht die „technische" Haltbarkeitsdauer des Produkts (wie lange ist es im Wettbewerbsvergleich attraktiv), sondern die Frische-Anmutung, die der Konsument genießen kann, wenn er das Produkt verzehrt. Bei ultimativ frischen Produkten (frisches Gemüse, Obst, Brot) liegen Produktions- bzw. Reifezeitpunkt und Verzehrzeitpunkt sehr eng zusammen, oft nur wenige Tage. Fehlende Frische ist hier schnell zu erkennen, sei es durch welke Blätter, dunkle Stellen oder fehlende Knackigkeit der Kruste. Etwas anders ist es bei verpackten verkehrsnahen Produkten, z. B. Fertigsalaten, Snacks (Nüssen, Kartoffelchips, Erdnussflips, Salzstangen) oder auch Joghurts mit Fruchtzusatz und kleinen Schnellgerichten.

Der Komplexitätskern in dieser Industrie liegt in der Beherrschung von Frische über den beiden anderen Bezugsdimensionen Distanz (oder Absatzkanal) und Produktvielfalt. Oder anders ausgedrückt: *Konservierung* der initialen Frische für den Verzehrmoment, *Überwindung der Distanzen und Zeiten* in den Absatzkanälen für die physische Verpackung und Versendung bis zum Verkaufszeitpunkt und dies in geschickter Weise über ein breites *Portfolio von Produkten* mit unterschiedlichen Verfalls- und Alterungsgeschwindigkeiten.

Von entscheidendem Einfluss in diesen Fällen sind zwei Faktoren, die eng miteinander zusammenhängen. Dies betrifft einerseits das Alterungsverhalten der Grundkörper (z. B. bei allen Back- oder Frittierwaren aus dem Aufquellen oder Durchweichen durch Wasseraufnahme aufgrund hygroskopischer Neigung des Materials) und zum anderen die oft damit zusammenhängende, vorschnelle Gewürzalterung. Frische oder eingekochte Früchte, die im Joghurt liegen, weichen stark auf und verlieren damit ihre Attraktivität durch fehlendes Frische-Empfinden für den Verbraucher. Kartoffelchips oder Salzstangen sind am nächsten Tag nicht mehr attraktiv, da sie stark hygroskopisch sind und sich hemmungslos an der Umgebungsluft bedienen, um wieder in ihr eigentliches thermodynamisches Gleichgewicht zu kommen. Auch Brot altert aus gleichem Grund sehr schnell, wenn es der Umgebungsluft ausgesetzt ist – d. h. nach dem ersten Öffnen des Beutels ist bereits die Frische gestört und schnell zerstört. An Toastbrot lässt sich allerdings studieren, wie man den Prozess (zumindest teilweise) wieder reversieren kann, indem durch das verkehrsnahe Erhitzen das Wasser verdrängt wird und der Toast schön kross wird. Allerdings – liegt er länger als eine Minute im Brotkorb, ist dieser temporäre Effekt in seiner Spitze wieder vorbei. Die Thermodynamik des Produktes sorgt für das Herbeiführen des stabilen Gleichgewichts aus Temperatur, Feuchtigkeit (Wassergehalt) und Druck. Der eigentliche, gewünschte Frische-Effekt ist somit ein hochgradig instabiler Prozess, den es zu schützen und zu managen gilt. Aber genau diese Instabilität ist letztlich einer der Hauptverursacher der Komplexität in Supply Chains im Nahrungsmittelbereich. Hier laufen komplizierte lebensmitteltechnologische Prozesse ab, die an sich noch keine Komplexität mit sich bringen, da man sie – wenn durchdrungen und in den Wirkmechanismen erforscht – beherrschen kann. Die Komplexität entsteht erst dann, wenn man diese komplizierten Prozesse nicht durchschaut hat und die Produkte in die verschiedenen Absatzkanäle, deren logistische Prozesse und die spezifischen Mechanismen der Absatzförderung hineingibt.

Für den in dieser Supply Chain essenziellen Frische-Effekt, gibt es durch innovative Produkt- und Verpackungstechnologien gezielte Möglichkeiten, die Produkte auf längere Haltbarkeit hin einzustellen und somit gezielter supply-chain-fähig zu machen:

- Die Trennung von Früchtekompott und Joghurt schafft ein völlig neues Frische-Gefühl im Verzehrmoment (zusätzlich kommt ein attraktiver Prozessschritt der Selbstveredelung durch den Verbraucher hinzu: er steuert, was wann und wie passiert).

- Das Trennen von Sauce/Fleischkomponente und zugehörigem Reis oder Nudeln führt, zusammen mit dem Erwärmen eines Fertiggerichts in der Mikrowelle, zu einem signifikanten Anstieg des Frische-Erlebnisses für den Verbraucher, da sowohl die Aufquellung unterdrückt wurde als auch die Gewürze (trotz unvermeidlicher Gewürzalterung) durch das Erwärmen reaktiviert werden.

- Die Verwendung weitgehend wasserdampfundurchlässiger Verpackungsfolien sowie Einfüllen eines entsprechenden Schutzgases in die Tüte führt zu einem deutlich verlängerten Frische-Empfinden bei der Öffnung gerösteter Pistazien, Kartoffelchips oder Erdnussflips.

- Toastbrot wird erst im letzten Verfahrensschritt durch den Konsumenten zu dem gewünschten Reifungsgrad gebracht – bis dahin ist es durchaus erwünscht, dass das verpackte Brot eine gewisse Restfeuchte hat, die man allerdings auch im Beutel halten möchte (somit also die umgekehrte Aufgabenstellung zum fertig zubereiteten Snack-Produkt).

Und doch – diese Mechanismen werden nur sehr selten angewendet und der Verbraucher kommt erst gar nicht in den Genuss der ultimativen Frische, die das jeweilige Produkt entfaltet, wenn es wirklich ganz frisch die Zubereitung verlassen hat. Wie viele Fertiggerichte sind wenig schmackhaft? Wie viele Brote sind eher pappig? Wie viele Joghurts sind eher eine Art Brei als ein Zungen- und Gaumenschmaus? Dadurch, dass der Konsument „seine" Produkte gar nicht anders kennt, fehlt ihm der Vergleich und er empfindet dies als normal. Und die Logistiksysteme versorgen die Einkaufsstätten entsprechend der festgelegten (technischen) Mindesthaltbarkeiten mit Produkten und den erforderlichen Mengen, um immer ausreichende Anzahl im Regal zu haben. Somit stehen im Mittelpunkt deren Supply-Chain-Überlegungen eher Aspekte des Füllgrads, der Verfügbarkeit und der Regaldominanz, aber nicht des ultimativen Pulls durch den Verbraucher – sprich: das Verlangen des Konsumenten, gezielt bestimmte Einkaufsstätten aufzusuchen, um dort spezielle Produkte mit dem spezifischen „Frische-Kick" zu erwerben. Mit anderen Worten, den „Apple-Effekt" auf scheinbar ganz normale Produkte des Alltagsgebrauchs anzuwenden und diese dadurch stark von anderen, scheinbar ähnlichen Produkten abzusetzen: wettbewerbswirksame Differenzierung durch gezieltes Adressieren spezifischer Verwendungs- bzw. Genussmerkmale.

Dahinter liegt eine sehr spezielle, nicht gleich erkennbare Komplexität dieser Konsumgüter: Das Beherrschen der Absatzkanäle (mit der erforderlichen Mengenversorgung), das Überwinden teilweise großer Transportstrecken für die regionale Abdeckung der Absatzgebiete und das Sicherstellen bzw. Ermöglichen des (ultimativen) Frische-Erlebnisses für den Verbraucher. Für die meisten Unternehmen liegt der Schwerpunkt auf den ersten beiden Dimensionen und die dritte wird als technische Komponente bzw. als notwendige oder auch manchmal lästige Restriktion betrachtet.

Aber erst die konsequente Beherrschung aller drei Dimensionen der Komplexität dieses Sektors führt zu großem und nachhaltigem Markterfolg. Die oben beschriebenen produkttechnischen Maßnahmen sind eigentlich gar nicht primär aus dem Produkt kommend, sondern letztlich logistische Innovationen, um das Frische-Erlebnis des Verbrauchers sicherzustellen:

- Wie muss das Produkt beschaffen, strukturiert und verpackt werden, um möglichst lange ein Frische-Erlebnis zu verschaffen?
- Wie kann man eine schnelle und doch effiziente Logistik aufbauen, um das maximale Frische-Erlebnis für jeden Verbraucher „in der Fläche" sicherzustellen?

Am Beispiel von Kartoffelchips soll die Vielfalt der anzutreffenden und wirkenden Supply-Chain-Effekte näher betrachtet werden, da sich hier bei Unkenntnis der dahinter liegenden Wirkmechanismen weitgefächerte Fehlermöglichkeiten bzw. Fehlverhalten ergeben, die man diesem eigentlich sehr einfach anmutenden Produkt gar nicht zutraut. Markterfolg durch richtiges Adressieren der Erfolgshebel, Misserfolg durch Missachtung wichtiger verborgener Gesetzmäßigkeiten.

Was gilt es in diesem Fall zu adressieren bzw. zu bewahren? Das durch die Produktentwicklung, Produktkonfiguration und Herstellprozesse definierte Genussempfinden des Verbrauchers hängt mit einer Vielzahl von Produkteigenschaften zusammen, z. B. Röstverfahren, Qualität und Lagerfähigkeit der Kartoffel; Menge, Qualität und Alterungsbeständigkeit der Gewürze; Geschmacksvarianten, Schnittverfahren bzw. Oberflächentextur des Chips; Herstellverfahren als Stapelchip (aus Brei) oder Tütenchip (als Schnittgut), fettreduzierte oder reguläre Varianten etc.

Das eigentliche Geschmackserlebnis des Verbrauchers wird aber sehr stark davon beeinflusst, wie viel von dem initialen Zustand des Produktes hin zu ihm transportiert werden kann. Und hier spielen Verpackung, Transportzeit und Liegezeit eine große Rolle, denn jede Kunststofffolie hat eine gewisse Wasserdampfdurchlässigkeit, durch die das Produkt aufgrund seiner starken hygroskopischen Eigenschaften permanent Wasser ziehen möchte. Typischerweise wird unter anderem die maximale Haltbarkeit *(Mindesthaltbarkeitsdatum)* durch den Wassergehalt des Produkts definiert, da es danach in seiner Konsistenz nicht mehr als angenehm empfunden wird und vor allem das Gewürz durch die Wasseraufnahme zu stark gealtert und in seiner Wirkungsentfaltung beeinträchtigt ist.

Der Vorteil der Hersteller bzw. des Handels und seiner in der Supply Chain eingebetteten Logistikketten liegt darin, dass der Verbraucher in der Regel gar nicht weiß, wie ein solcher Chip initial schmeckt, wenn er frisch frittiert, warm und gewürzt in die Tüte fällt. Er wäre durchaus als Delikatesse einzustufen, vor allem, wenn man ihn noch warm genießen darf. Eigentlich wäre es anzustreben, dieses besondere Erlebnis für den Verbraucher möglich zu machen. Allerdings würde dies bedeuten, dass man dies dann als Regelprozess ausprägen muss, da der Verbraucher durch die damit verbundene Leistungsgewöhnung jedes Mal dieses Erlebnis als Standard haben möchte, wenn er einen Chip genießt – und dies lässt sich dann doch nicht flächig und über die gesamte Laufzeit sicherstellen. Dies erklärt auch, warum sich Tortillas im Kino zu einem vielfach höheren Preis als klassische Tütenware verkaufen lassen und auch in großen Mengen abgesetzt werden: Sie sind warm, frisch und somit ganz anders als ein ähnlicher Chip aus Regal und Tüte.

Die folgende Fallstudie ist ein Paradebeispiel dafür, dass der wirtschaftliche Erfolg eines Unternehmens letztlich in einer erfolgreichen, gesamtheitlich optimierten Supply Chain verankert ist.

Im Rahmen eines Projektes wurde der Umsatzrückgang eines Hersteller solcher Kartoffelchips zunächst mithilfe traditioneller Marketinganalysen untersucht (Regalplatzierung, Verkaufspreis, Share-of-Voice, d. h. Intensität der wahrgenommenen Medienwerbung, Share-of-Wallet der Produktkategorie, Absatzkanal-Intensität etc.). Daraus ließ sich aber kein erkennbares Defizit ablesen. Eine Analyse der Konsumenten wurde dann mithilfe einer sogenannten *Fokus-Group* durchgeführt: Dazu werden im Rahmen einer Marktforschung Verbraucher zusammengeführt, die eine gewisse Intensität des Gebrauchs- bzw. Verzehrverhaltens der Produkte haben. Im Rahmen von Gruppengesprächen arbeitet der Moderator heraus, wodurch sich in einem zurückliegenden Zeitraum die Verzehrgewohnheiten bzw. das Marken- und Produktempfinden der Verbraucher verändert hat. Diese Methode ist im Rahmen von Supply-Chain-Analysen eine der effektivsten und zugleich effizientesten Vorgehensweisen, um schnell tief greifende neue Erkenntnisse im Absatzmarkt und somit für das Nachfrageverhalten zu gewinnen. Demand Management ist ja eine der Kerngebiete der Supply-Chain-Arbeit; hier primäre Informationen zu erlangen, ist ein in seiner Tragweite kaum zu unterschätzender Sachverhalt. Und im Rahmen dieser Gruppen lassen sich schnell Erkenntnisse gewinnen, die man mittels Big Data gar nicht verstehen kann – die man dann aber im Rahmen von Big-Data-Analysen gezielt tiefer untersuchen und vor allem beobachten kann.

Im Rahmen der eingesetzten Fokus-Gruppen zeigte sich recht schnell, dass es für das betroffene Unternehmen im Wettbewerbsvergleich in den letzten Jahren einen Rückgang der wahrgenommen Frische des Produktes gegeben hat. Dies ging sogar zum Teil so weit, dass einzelne Verbraucher das Anbieten des Produktes (das zuvor mit hoher Reputation für hohe Qualität empfunden wurde) an Gäste als erlebte und erlittene Peinlichkeit lebhaft und facettenreich schilderten. Viele Teilnehmer der Gruppen hatten die Produkte dieses Herstellers daher auf ihre „schwarze Liste" gesetzt. Hiermit war der Umsatzrückgang letztlich schnell erklärbar – aber woher kam diese Veränderung?

Die intensive Analyse der gesamten Supply Chain zeigte keine wirklichen Veränderungen – bis auf eine kleine Umstellung der Verpackungsfolien auf einen anderen Hersteller. Diese hatte scheinbar die gleichen Spezifikationen wie die bisher verwendete Folie; eine genauere Analyse zeigte jedoch, dass beim neuen Produkt in der Zeitspanne nach Verpackung eine ansteigende Wasserdampfdurchlässigkeit auftrat. Ein Sachverhalt, der in den Spezifikationen bislang nicht definiert war: Veränderung der Durchlässigkeit über die Zeit. Parallel dazu wurde herausgearbeitet, dass das Ablaufdatum des Chips durch einen Zuwachs des Wasseranteils um 1 %-Punkt definiert war; von initial 2,5 % auf 3,5 % nach 16 Wochen. Es gab sogar einen Funktionsverlauf, der den typischen Anstieg des Wassergehalts über diese Zeitspanne hinweg aufzeigte, ein durchaus flacher Verlauf mit einem kleinen Anstieg in der Mitte. Auf den ersten Blick kein spezieller Vorfall und ein scheinbar beherrschbarer Sachverhalt. Aber dies war ein sehr trügerischer, wenngleich in der Vergangenheit beruhigender Eindruck.

Genau für diesen Effekt konnte mithilfe einiger Berechnungen ein fundamentaler Durchbruch erreicht werden und damit das „wahre Gesicht" des Wassergehalts und seine tatsächliche Zerstörungskraft sichtbar gemacht werden: Wenn man den anfänglichen Wassergehalt (2,5 %) als 100 % Frische interpretiert und den finalen Wassergehalt (3,5 %) als 0 % Frische interpretiert und dann auch noch die Formel etwas umwandelt, sieht man einen sehr starken Abfall der Frische in den ersten drei Wochen des Produkt-Frischezyklus' auf ein Niveau von 25 % und dann einen flachen Verlauf über 13 Wochen bis hin zum Ablaufdatum. Somit hatte man eigentlich gar nicht die bisher angesetzten 16 Wochen für ein anspruchsvolles Frische-Erlebnis zur Verfügung, sondern eigentlich nur zwei bis drei Wochen. Und wie viel davon war nun reine Logistikzeit?

An dieser Stelle sprudelte auf einmal die Quelle von Fehleinschätzungen und Fehlentscheidungen, weil man diesen Effekt nicht in seiner wahren Zerstörungskraft erkannt hatte. Neben dem Chip und seinem Gewürz hat dieser Effekt die gesamte Marktreputation und damit auch den Markterfolg dieses Herstellers zerstört – und der war eigentlich über viele Jahrzehnte als *starke Marke* aufgebaut worden – und nun unterschwellig in die Zerstörung gelaufen.

Was war alles passiert? Da man ja 16 Wochen als verwertbaren Zeitrahmen hatte, wurde eine fatale Kettenreaktion angestoßen:

- Die Distributionslogistik wurde vom *Fahrverkauf* mit einem weitverzweigten, mehrstufigen Netz aus vielen Fahrzeugen und Fahrern auf eine viel effizientere Form umgestellt, indem die Distribution auf die Handelslogistik verlagert wurde. Damit wurde ein Kostensenkungspotenzial vom mehreren Millionen Euro realisiert. Allerdings waren die Produkte nun erst nach drei bis fünf Wochen statt schon nach drei Tagen im Regal. Aber man hatte ja 16 Wochen …
- Beim Besuch der Outlets wurde durch die regionalen Vertriebsmitarbeiter ein Regal-Check vorgenommen; waren dabei noch viele Beutel mit kurzer Restlaufzeit vorhanden, wurde mit dem Outlet-Leiter eine Preisaktion vereinbart, um den Absatzerfolg des Produktes sicherzustellen. Damit wurden dann Produkte forciert, die – nach neuer Rechnung – nur noch eine Restfrische von 10 % aufwiesen; die Enttäuschung der Verbraucher war damit bereits vorprogrammiert. Vor allem, wenn man zeitlich dann doch noch Tüten der Wettbewerber mit anderen Geschmacksrichtungen für die anstehende Veranstaltung oder den Fernsehabend eingekauft hat. Aus Sicht des Vertriebs hat man allerdings dadurch in der Fläche eine Umsatzsicherung von mehreren Mio. Euro vorgenommen.
- Durch den typischen Konsumenten wurde aufgrund des niedrigen Preises gleich eine größere Menge des Artikels gekauft, da es ja die gute Qualität zum niedrigen Preis gab, was dazu verlockt, sich gleich mit einem kleinen Vorrat einzudecken. Dieser Hausvorrat wurde dann kurz vor Ablauf des MHD, oft aber auch kurz danach, geöffnet und zum Verzehr angeboten. Nach neuer Rechnung war die Frische dann bereits auf dem *Null-Niveau* oder gar darunter. Der Aktionsverkauf wirkte sich somit

zunächst positiv auf den Umsatz des Herstellers und des Handels aus – aber im Ergebnis für den Hersteller war er langfristig desaströs. Durch die Abwanderung der Konsumenten auf andere Hersteller war dies für die Handelspartner neutral; lediglich die Gespräche über den nicht erklärbaren Umsatzrückgang waren unangenehm – vor allem war dieser nicht aufklärbar, da man ja eigentlich „alles richtig" gemacht hatte.

Dies sind nur drei der Effekte, die identifiziert wurden; sie reichen hier aber aus, um den Effekt der Tiefenkenntnis des richtigen Indikators für den Supply-Chain-Erfolg und damit den Unternehmenserfolg aufzuzeigen. Wenn man sich mit „Supply-Chain-Augen" auf die Erforschung der wahren Wirkmechanismen der Nachfrage begibt, gewinnt man nicht nur wichtige Erkenntnisse für die Optimierung des *Demand-Managements,* sondern vielfach auch entscheidende Einblicke in die Marktmechanismen, die für die Vertriebs- und Absatzsteuerung einzusetzen sind.

Wenn in einem Unternehmen der jeweilige Kernmechanismus, der wahre Komplexitätstreiber nicht genau genug erkannt ist und als zentrales Steuerungsinstrument eingesetzt wird, kommt es zu vielfältigen Problemen, die dann mit ständigen Krisenaktionen bearbeitet werden, aber nur scheinbar und oberflächlich bewältigt werden. In diesen Fällen ist es oft erstaunlich, wie viele „Fehlstellungen" in der gesamten Organisation erkennbar sind, wenn man endlich den richtigen Indikator gefunden hat. Auf einmal wird alles erklärbar und kann in seinen Grundfesten neu ausgerichtet werden.

Zum Abschluss dieses Abschnitts noch ein kleiner Tipp, gemäß der vorgestellten Methodik, den letzten Schritt der Selbstveredelung genussbringend einzusetzen: Chips aus der Tüte in die Mikrowelle geben, 30 s aufwärmen – und das wahre Potenzial genießen (genau daher schmecken die Tortillas im Kino so viel besser die als aus der Tüte)!

6.4.6 Komplexitätskern in der Elektrogeräte-Industrie

Der Komplexitätskern für die Supply Chain entfaltet sich oft an bestimmten produktdefinierenden Punkten in der Wertschöpfungskette. Hier treffen die vielfältigen Impulse aus den Absatzmärkten auf eine mehr oder weniger starre Situation, die als Ergebnis ein Produkt in einer bestimmten Ausprägung produziert. Im Unterschied zu Produkten, die dem Endanwender eher eine Erlebnisplattform mit den Möglichkeiten der hochgradigen Individualisierung der finalen Produktkonfiguration bieten (z. B. moderne Mobiltelefone/ Smartphones), wird bei industriellen Elektro-Komponenten der Endzweck weitgehend festgelegt. Zwar lassen sich damit verschiedene Endanwendungen konfigurieren, aber letztlich verlässt die Komponente vielfach die Fabrik und geht dann auf die weitere Reise.

Im Elektromotorenbau ist z. B. die Wicklung des Ankers der entscheidende Fertigungsschritt, der über die weitere Verwendung des Produktes entscheidet. Dieser Prozess ist im Vergleich zu den anderen Herstell- und Montageschritten zeitaufwendig und entscheidet darüber, mit welcher Spannung und welcher Leistungsstärke er in welcher Arbeitsumgebung (Anwendungsfall, Region, Produktumgebung) eingesetzt werden kann. Daher ist dieser Konfigurationspunkt oftmals der Ausgangspunkt für die Entfaltung der Komplexität und somit der Komplexitätskern. Nun kommt aber der Motor selten alleine, sondern weist oftmals noch eine zugehörige Regelungstechnik auf, den Frequenzumrichter. Dieser weist sowohl eine Hardware als auch eine Software für die spezifische Steuerungs- und Antriebsaufgabe auf; hierdurch kann eine erhöhte Flexibilität entlang der Lieferkette erreicht werden, da die Software für den Frequenzumrichter erst zu einem späteren Zeitpunkt aufgespielt werden kann, oder idealerweise sogar als Standard werksseitig darauf enthalten ist, der durch Eingabe eines Konfigurationscodes die spezifischen Merkmalsausprägungen freisetzt (im Distributions-Center des Lieferprozesses oder sogar erst beim Endkunden).

In beiden Fällen ist der finale Konfigurationspunkt ein Indikator dafür, dass dort ein Komplexitätskern seine Entfaltung hat und die folgende Komplexität in Unternehmen und Absatzkanälen an dieser Stelle ihren Ursprung hat. Je weiter sich dieser (kundenspezifische) Auftrags-Konfigurationspunkt hin zum Endkunden verlagern lässt, desto weniger Komplexität ist in der Lieferkette zu bewältigen. So schafft es Apple, eine vergleichsweise geringe Komplexität in der Absatzkette zu haben – der typische Store hat zwar alle Geräte im Lager, für die sich aus Farbe und Speichergröße ihre jeweilige Modellpalette und damit die vorzuhaltende Vielfalt ergibt – aber die eigentliche Komplexität ergibt sich durch die individuelle Anwendung des Kunden, der sich durch die von ihm gewünschten Apps, Musik und Videos seine eigene, individuelle Erlebnis- und Anwendungswelt schafft – die er jederzeit verändern und anpassen kann, je nach seinen wechselnden Bedürfnissen.

So ist auch in der Elektrogeräte-Industrie eine zunehmende Tendenz zu beobachten, die reine Hardware durch eine individualisierbare Software zu ihrer individuellen Anwendung zu führen und somit quasi einen produkttechnischen Rohling auszuliefern, der erst im Distributionskanal oder sogar in der finalen Anwendung fertig konfiguriert wird; durch Zufügen mechanischer und/oder elektronischer Komponenten und die Aktivierung der erforderlichen Softwarekonfiguration.

6.4.7 Komplexitätskern in der Hochleistungs-Metallurgie

Anders gelagert ist die Situation in einer Prozess-Industrie, wie beispielsweise der Herstellung von Bauteilen aus Hartmetall-Legierungen. Diese Werkstoffe sind in ihrer Endverwendung mechanisch so stabil, dass sie gar nicht aus gegossenen Rohlingen hergestellt werden können, sondern aus Hochtemperaturerhitzen der Metallpulver die erforderlichen Rohlinge gewonnen werden.

Auch hier liegt der Komplexitätskern am initialen Konfigurationspunkt des Produktes – dort, wo der Zustand entsteht, der die Basis für alle folgenden Verfeinerungen bildet. Hier entstehen Engpässe, hier entstehen Abhängigkeiten, hier treffen die Materialströme aus der Zuführungsversorgung zusammen mit den angestrebten Materialströmen für die Versorgung der Ausgangskette. Das Besondere an dieser Situation ist, dass die in anderen Industrien typischen Komplexitätstreiber hier nicht vorzufinden sind: Regionale Vielfalt ist unerheblich. Absatzkanäle sind unerheblich. Verpackungsvarianten sind unerheblich. Kundenspezifische Varianten sind unerheblich.

Was aber differenziert, sind Materialmix (Komposition des Pulvers), Form (Stab vs. Flach-Material) und Dimensionen (dünn vs. dick; großer vs. kleiner Durchmesser) – dies sind rein intern wirksame Komplexitätstreiber. Auch die kundenindividuelle Anwendungssituation ist nur dann erheblich, wenn sie eine andere Materialkomposition oder ein anders geformtes Halbzeug erfordert. Daher liegen hier wenige externe Ursachen für Komplexität vor, sondern überwiegend interne Ursachen.

Die Vielzahl der Kundenbeziehungen, aus denen sich die unterschiedlichsten Anforderungen an Bauteile und Mengen ergeben, ist – obwohl es zunächst „komplex" erscheint – eigentlich recht einfach zu steuern, da sie gar nicht komplex oder kompliziert sind, sondern lediglich vielfältig. Obwohl sich die einzelnen Elemente (Kunden, Bedarfe) unabhängig verhalten, gibt es doch keine Wechselwirkungen (Interdependenzen) zwischen den einzelnen Kunden (Ausnahme wäre, wenn mehrere Glieder einer industriellen Wertschöpfungskette beliefert werden und somit die Mengenplanung des Produkt-Konsolidators sich auf die Bedarfsmengen der vorgelagerten Stufen auswirkt – aber das ist selten der Fall). Somit liegt hier gar keine Komplexität aus der Vielfalt der Kundenbeziehungen oder der Kundenbedarfe vor, sondern nur eine vergleichsweise einfach (linear) beherrschbare Vielfalt und Unterschiedlichkeit (englisch: *Variety* und *Diversity*). Der Aufwand liegt also eher in der Kundenbetreuung durch Vertrieb, Anwendungstechnik und Engineering; diese sind in der Regel einfach skalierbar durch Vergrößern der jeweiligen Mannschaft und Schaffen geeigneter Organisationsstrukturen und Einsatzmodelle.

Zur Komplexität werden die Kundenbeziehungen dann aber an dem Ort, wo diese Vielfalt zusammentrifft und Wechselbeziehungen auftreten: in der Produktion. Die individuelle Ausprägung der Produktbedarfe und Mengen hat hier starke Wechselwirkungen in der Nutzung der zur Verfügung stehenden Kapazität und der bereits vorgefertigten Halbzeuge. Wenn mehrere Kundenbedarfe gleichzeitig um eine (Engpass-)Kapazität buhlen, um einen vorgesehenen Liefertermin (und damit Ankunftstermin beim Kunden) zu erreichen, gibt es ein Reihenfolge-Problem aus der Vermeidung von Kapazitätsverlusten durch unnötige Reinigungs- oder Rüst-Aktivitäten, oft aber auch eine Priorisierung, welche Halbzeuge aufgrund des erforderlichen Kapazitätsverbrauchs (Zeitbedarf) in einem Zeitfenster hergestellt werden können und für welche Kundenbedarfe der erforderliche Zeitpunkt für die Verfügbarkeitsstellung nicht erreicht werden kann.

Somit liegt für diese Industrie der Komplexitätskern im Bereich der Metallurgie (das Sinterten für das jeweilige Basismaterial) und der ersten Formgebung, mit der das Halbzeug erreicht wird. Die für die Steuerung der Supply Chain erforderlichen Ausprägungen zur Beherrschung dieses Komplexitätskerns sind Kapazitätsangebot (Maschinen und Anlagen), optimale Rüstreihenfolgen und Auswahl der optimalen Formen und Gestaltung der Halbzeuge, damit diese für möglichst viele Endprodukte verwendet werden können. Der Rest der erforderlichen Fertigungsvorgänge kann zwar auch in kapazitätsbedingte Engpässe hineinlaufen, aber diese sind in der Regel relativ einfach skalierbar und führen in diskreten sequenziellen Schritten zum benötigten Endprodukt.

Im Unterschied zu anderen betrachteten Supply-Chain-Situationen liegt hier also der Komplexitätskern nicht so sehr in der Beherrschung der Produkteigenschaften oder der Distributionskette, sondern in der Beherrschung der Primärproduktion.

6.4.8 Komplexitätskern in der Chemie-Industrie

In der Chemie-Industrie gibt es sehr unterschiedliche Fertigungsverfahren, die aber zumeist in sequenziellen Prozessschritten ablaufen. Allerdings bergen einige Prozessschritte gewisse Besonderheiten. Den meisten chemischen industriellen Fertigungsprozessen ist gemeinsam, dass man mittels thermischer Prozesssteuerung eine Reaktion der Grundstoffe herbeiführt; oftmals unter Sicherstellung bestimmter Randbedingungen wie Druck oder Zuführung/Abwesenheit von Gasen, Luft oder Sauerstoff. Dabei können auch rein mechanische Mischvorgänge beteiligt sein. Ebenso können Kuppelprozesse auftreten, d. h. in einem Fertigungsabschnitt werden unterschiedliche Endsubstanzen erzeugt, entweder entstehen gleichzeitig die verschiedenen Substanzen, oder im Rahmen eines Kolonnenprozesses werden auf verschiedener Höhe und bei verschiedenen Temperatur-/Druck-Szenarien unterschiedliche Substanzen nacheinander gewonnen. Ein typisches Merkmal dieser Industrie ist das Denken in *Economies of Scale* – je mehr Menge man von einem Produkt herstellen kann, desto niedriger sind die relativen Fixkosten, die auf die Menge verteilt werden. Dieser Effekt wird in der Chemieindustrie auch als *Fixkostenverdünnung* bezeichnet. Je größer die Anlage ist, desto niedriger werden somit die durchschnittlichen Gesamtkosten des Endprodukts. Aufgrund des starken internationalen Wettbewerbs gilt es, möglichst niedrige Kosten zu haben, um wettbewerbsfähige Preise anbieten zu könne und daraus noch eine erträgliche Marge zu erzielen.

Für viele Endprodukte gibt es typischerweise eine Vorproduktion in großen Mengen (auch hier fallen oft extern verkaufsfähige Produkte an) und anschließend eine Veredelungsstufe für das finale Produkt in kleineren Mengen und Losgrößen. Dieses kann dann beispielsweise flüssig, fest oder ein Granulat/Pulver sein. Diese Mehrstufigkeit und ausgeprägte Vernetzung der Produktionsabläufe führt zum ersten Komplexitätskern dieser Industrie, der Steuerung des Produktionsprozesses: Welche Mengen welcher Substanzen werden wann gebraucht, sind wann absetzbar, fallen wie in welchen Mengenverhältnissen an und sind in welchen (maximalen) Mengen lagerbar? Und wie können sie abtransportiert werden?

Gerade aus dem letzten Punkt ergibt sich oft ein zweiter Komplexitätskern, da die Produkte häufig in großen Mengen an ganz anderen geografischen Orten benötigt werden und somit das Schaffen dieser Vor-Ort-Verfügbarkeit nicht einfach darstellbar ist. Da zudem oft große Mengen mit einem niedrigen Gesamtpreis zu transportieren sind, taucht schnell die Frage nach dem optimalen Netz an Produktionsstandorten auf, um die bestmögliche Abdeckung der gesamten Absatzfläche zu erzielen, in der Transportkosten und Produktionskosten in einem optimalen Verhältnis stehen.

Der hier zu betrachtende erste Komplexitätskern wächst für die meisten Chemie-Unternehmen ständig an, da immer mehr unterschiedliche Endproduktvarianten herzustellen sind, um der Vielzahl der Kunden, Anwendungen und auch regionaler Unterschiede (z. B. Licht- oder Temperaturbeständigkeit) gerecht zu werden. Hier trifft nun die traditionelle Denkweise in großen Mengen (Economies of Scale) auf eine Situation, die eigentlich immer kleinere Mengen will. Die traditionelle Denkweise führt nun dazu, dass die zur Verfügung stehende Anlageninfrastruktur so genutzt wird, dass die vorhandenen Ansatzbehälter für die Herstellung einer Charge immer maximal gefüllt werden, um die höchste Fixkostenverdünnung zu erzielen. Somit hat mal die niedrigsten Durchschnittskosten und ist wettbewerbsfähig bzw. betriebswirtschaftlich attraktiv. Dabei werden in der Regel Mengen produziert, die mehr als den vom Kunden bestellten Umfang betragen, diese werden auf Lager genommen und für den nächsten Auftrag vorgehalten.

In einem solchen Umfeld findet man oft eine Gegebenheit, die auch in anderen Unternehmen anzutreffen ist: Das Lager ist voll und doch hat man eine geringe Lieferfähigkeit bzw. eine niedrige Lieferzuverlässigkeit an den Kunden. Ursache ist letztlich, dass die falschen Produkte in größeren Mengen sowie Vielfalt auf dem Lager liegen und die erforderlichen Produkte gerade keine Produktionskampagne bzw. auch keinen Lagerbestand haben.

Dahinter liegt eine zweite, die wesentliche Ursache, die sich erst mithilfe des Komplexitätskerns entdecken und erschließen lässt: Der falsche Glaube an die Durchschnittskosten. Werden in dieser Produktionsumgebung nur die Produktionskessel eingesetzt, die noch aus den Zeiten großer Mengen vorhanden sind, so sind diese in der Regel viel größer als die Mengen, die für die jeweiligen Kundenbestellungen benötigt werden. Hierzu gibt es nun zwei Vorgehensweisen:

- Man schafft ein Konditionensystem, das den Kunden dazu motiviert, seine Bestellmengen auf die Produktionslosgrößen des Chemieunternehmens auszurichten. Dies wird aber nur dann wirksam sein, wenn sich die Bedarfsmengen nicht zu von den Produktionsansatzmengen unterscheiden. Auch bei den Weiterverarbeitern geht der Trend ja zu einem immer vielfältigeren Produktsortiment, sodass eher in kleinen (bedarfsgerechten) Losgrößen, nur bei Bedarf in höherer Lieferfrequenz, bestellt wird. Zumal es immer wieder einmal kleinere Modellpflege gibt und sich dadurch die Spezifikationen der erforderlichen Rohmaterialien geringfügig ändern können. Aus dem Grund werden diese nur ungern aufs eigene Lager genommen.
- Man füllt die Produktionsbehälter nur im Umfang der Bestellmenge, d. h. deutlich unter der maximalen Füllmenge. Intuitiv widerspricht dies natürlich dem Diktat der Fixkostenverdünnung und wird daher oft schnell wieder verworfen. Eine genauere Betrachtung der Situation ergibt jedoch ein differenzierteres Bild: Einerseits gibt es reaktionstechnisch eine Mindestansatzmenge, die in den Behälter eingefüllt werden muss, damit die gewünschte chemische Veränderung stattfinden kann. Das stellt die technisch bedingte Untergrenze dar. Somit bleibt als zweiter Einflussfaktor die

menschlich getroffene Entscheidung, welche darüber hinaus gehende Menge hergestellt wird. Und hier zeigt der Blick auf den Verlauf der Durchschnittskostenkurve, dass in der Tat bei kleineren Mengen der Fixkosteneffekt stark zuschlägt, aber bereits bei 50 % der Füllmenge gelangt man typischerweise in den sehr flachen Bereich der Kurve. Somit gibt es also einen relativ breiten Korridor für die optimale Produktionsmenge, sodass mit geringfügig höheren Durchschnittskosten (im Vergleich zur maximalen Befüllung) eine deutlich bessere Produktionsflexibilität für die kundenauftragsorientierte Mengenskalierung erreicht werden kann. In Verbindung mit der Änderungshäufigkeit der technischen Feinspezifikation für das Produkt durch den Kunden ergibt sich hierdurch sowohl eine Vermeidung eigenen Lagerbestands mit dem damit verbundenen Risiko der Nicht-mehr-Verwendbarkeit (=Obsoleszenz) als auch eine bessere Reaktionsfähigkeit auf technische Veränderungen. Im Ergebnis kann man dadurch mit deutlich niedrigeren Gesamtbeständen operieren und dennoch hohe Lieferfähigkeit erzielen, da oftmals die kleineren Ansatzmengen auch kürzere Kesselzeiten erfordern und somit schneller auf andere Produktvarianten umgestellt werden kann.

In einer weiteren Schlussfolgerung lässt sich auch die schon fast trivial klingende Ableitung für die künftige Investitionsplanung treffen: Einen Mix aus unterschiedlichen Behältergrößen anstreben, damit man die stärkere Differenzierung der Belegungsplanung für die Bewältigung der immer vielfältiger, aber auch immer kleiner werdenden Bestellmengen der Kunden etablieren kann.

Der Komplexitätskern der Anlagenbelegung mit kundenorientierten Produktionsaufträgen ist also auch hier der Schlüssel zu einer höheren Flexibilität und Agilität der Supply Chain, um die zunehmende Produktvielfalt durch eine neue Sicht auf die wahren Kostentreiber zu beherrschen.

6.5   Die Supply-Chain-Mechanik als Motor wirksamer Komplexitätssteuerung

6.5.1   Erkennen von Abhängigkeiten in der Wertschöpfungskette

Das Herausarbeiten des Komplexitätskerns ist bereits eine intensive Anwendung der Methodik der Supply-Chain-Mechanik. Es geht ja um das Herausfinden der Stelle(n) in der Wertschöpfungskette, an der (denen) die dominierende Form der Komplexität ihre Wurzel hat. Aber auch darüber hinaus leistet die Methodik wichtige Hilfe darin, Fragestellung mit scheinbar hoher Komplexität in ihre Bestandteile zu zerlegen und diese dann gezielt (und vereinfacht) anzugehen. Die geeignete Sichtweise hilft dabei, die als Komplexität wahrgenommene Situation so zu strukturieren, dass man die dahinter steckenden Einflussfaktoren erkennt, die lediglich aus der Vielzahl (Variety) und der Vielfalt (Diversity) erwachsen, und diese dann jeweils gezielt adressieren kann.

In einer Wertschöpfungskette gibt es vielfältige Prozessketten, mit den darin eingebetteten Prozesselementen. Einige davon laufen rein sequenziell ab, andere führen zu Entscheidungsvorgängen, durch die Verzweigungen entstehen. Die Vielzahl der Entscheidungen und daraus resultierenden nächsten Schritten führt oft zu einer Undurchsichtigkeit der jeweiligen Situation an bestimmten Stellen der Prozessketten. Mittels der Methoden systematischer Fehlersuche aus der Programmierung von IT-Algorithmen kann man die einzelnen aufgetretenen Probleme jeweils entlang ihres Prozessablaufs und der darin erfolgten Entscheidungen bzw. Verzweigungen zurückverfolgen und so den initialen Auslöser des Problems herausarbeiten. Dabei gewonnene Erkenntnisse kann man dann in die Supply-Chain-Mechanik einspeisen: An welchen Stellen treten gehäuft Fehler auf und an welchen Stellen werden sie verursacht? Dies weist auf Abhängigkeiten hin, die unterschwellig vorliegen und somit nicht gleich erkannt werden. Die illustrative Darstellung der Auftretensstellen und der zugehörenden Auslösestellen ergibt eine Landkarte der Phänomene, in denen entweder die erforderlichen Aktionsfelder gleich erkannt werden, oder aber man erkennt, wie einzelne Prozessschritte zueinander stehen und welche Rolle sie miteinander spielen. Wo ist ein Engpass, wo ist ein fixer Schrittmacher, wo ein sich dynamisch repositionierender Begrenzer des Flusses und wie lassen sich diese beherrschen? Hierbei sind oft unterschiedliche Sichtweisen und gezielte Betrachtungen einzelner Abschnitte der Kette und der dazwischen liegenden Schnittstellen erforderlich.

Die intrinsische Mechanik einer Supply Chain zu erkennen und zu betrachten, zieht sich als roter Faden durch viele Kapitel dieses Buches. Die Methodik ist ein wichtiges Hilfsmittel, um die vielfältigen Abhängigkeiten in der Gesamtkette, im Unternehmen und in einzelnen Prozessabschnitten herauszuarbeiten und die gegenseitigen Wechselwirkungen zu erkennen und zu analysieren. Vor allem hilft sie aber auch dabei, die *großen Akteure,* die wesentlichen Prozesselemente und Prozessabschnitte herauszuarbeiten, die einerseits hohen Einfluss auf die Prozessleitung haben und andererseits die Chance bieten, an diesen *großen Akteuren* gezielt zu arbeiten, um Optimierungen durchzuführen. Immer dann, wenn man die großen Stellhebel der Prozessketten erkannt hat, ist ein wichtiger Schritt hin zur Beherrschung der Komplexität gelungen: Wie wirken die *großen Akteure,* aber darin auch die *kleinen Akteure* eigentlich zusammen und was davon ist wirkliche Komplexität (viele Elemente, viele Abhängigkeiten, viele Möglichkeiten der gegenseitigen Beeinflussung unabhängig voneinander) und wo kann man dies zurückführen auf das Beherrschen der Vielzahl (viele Produkte, viele Transaktionen, viele Beteiligte etc.) oder das Beherrschen der Vielfalt (große Unterschiede zwischen den Produkten, den Transaktionen, den Beteiligten etc.)? Die wichtigen Schritte, um dies herauszuarbeiten, werden nun vorgestellt.

6.5.2   Finden der richtigen Perspektive und Granularität

Eine der wichtigsten Fragestellung im Komplexitätsmanagement ist, die richtige Stufe der Auflösung zu finden – zu nah dran und man erkennt nicht die verzweigten Abhängigkeiten größerer Reichweite; zu weit weg und es verschwimmt, da man die Situation nicht mehr genau genug betrachten kann. Ein Kernprinzip der hiermit verbundenen analytischen Arbeit ist es ja, Muster zu erkennen, diese zu beschreiben, in ihren Wirkungszusammenhängen zu durchdringen und die dabei gewonnenen Erkenntnisse gezielt für Optimierungen oder auch die operative Steuerung einzusetzen. Durchdringung ist ein erster Schritt der Komplexitätsbeherrschung.

Ein Beispiel soll dies veranschaulichen: In einem Projekt zur Optimierung der Distributionslogistik ging es darum, die vielfältigen Kunden mit den vielen verschiedenen Produkten in der geeigneten Weise zu beliefern. Startpunkt war die vom Vertrieb geschaffene Kundensegmentierung, die vier wichtige Distributionskanäle klassifizierte: Distributionspartner, OEM (Original Equipment Manufacturer = Gerätehersteller), Projekte und Installateure. Alle wollten beliefert werden und aus den großen regionalen Distributionszentren wurden vielfältige Produkte in vielen verschiedenen Versandformen an die Kunden ausgeliefert. Die Situation wurde von allen Beteiligten in Vertrieb, Logistik und Produktmanagement als sehr komplex empfunden: Welcher Kunde wurde in welcher Weise beliefert? Zusätzlich fiel auf, dass nicht nur die Gesamtzahl der Lieferungen in den letzten Jahren extrem stark angestiegen war (in fünf Jahren hatte sie sich mehr als verdoppelt), sondern auch die Anzahl der Express-Lieferungen überproportional zugenommen hatte. Zudem hat sich das Produktsortiment immer stärker aufgefächert und einige neue Produktlinien waren hinzugekommen.

Da in den Informationssystemen alle Transaktionen abgebildet und somit für eine Analyse zugänglich waren, wurden im ersten Analyseschritt die verschiedenen Lieferungen an die Kunden ausgewertet und diese dann gemäß ihrer Zuordnung zu den vier Distributionskanälen klassifiziert. Dies war jedoch leider nicht erfolgreich, weil die Kunden im System nicht immer nur nach diesen vier Kanälen klassifiziert waren, sondern oft mit anderen Attributen versehen waren – und viele waren gar nicht klassifiziert. Die Analyse der Hintergründe ergab, dass die im Vertrieb auf strategischer Ebene verwendete Gliederung in die vier Distributionskanäle operativ gar nicht passte.

Ergebnis war also, dass ein Perspektivenwechsel erforderlich war. Aber – was war die richtige Perspektive? In der Supply-Chain-Mechanik-Methode geht man zunächst auf eine detailliertere Stufe hinunter (insbesondere bei der Analyse der Komplexitätstreiber); hierbei zeigten sich etwa 100 verschiedene Kundenarten. Diese operierten vielfach auch im Zusammenhang mit den vier Distributionskanälen, aber in ganz unterschiedlichen Rollen. Darüber hinaus gab es auch Kundengruppen, die gar nicht wirklich zum Kerngeschäft gehören (z. B. Forschungseinrichtungen, Aufsichtsbehörden, Bildungseinrichtungen) – aber durchaus mit einer Vielzahl von Lieferungen im Datensatz vertreten waren. Aus Sicht von Produktmanagement und Marketing waren dies wichtige

Multiplikatoren und somit waren sie auch wichtig in der Belieferung – aber war es immer erforderlich, diese Kunden in großer Zahl per Express zu beliefern? Die nähere Betrachtung kam zum Ergebnis: Eher nein, aber durch verschiedene Randbedingungen war diese Versandform zunehmend wichtig geworden, um einen zugesagten Versandtermin einzuhalten. Doch war dieser tatsächlich immer erfolgskritisch? Auch hier zeigte eine vertiefte Sicht, dass dies nicht der Fall war. Wenn die Sendung erst spät lieferfähig war, hat man sich eben Mühe gegeben, den Termin zu halten – woher soll der Logistiker auch wissen, ob der Termin wichtig oder unwichtig ist? Termin ist Termin. Den gilt es zu halten.

Und so ließen sich auf dieser detaillierten Stufe zu vielen Kundengruppen interessante Beobachtungen machen, die alle akribisch festgehalten und in ihren jeweiligen Ursachen ergründet wurden. Wenn man schon mal auf dieser Detailebene unterwegs ist, sollte man die dabei gefundenen Früchte auch einsammeln und mitnehmen (aber dann vielleicht doch erst noch einmal in den Gefrierschrank legen, um sie später wieder hervorzuholen).

Die Betrachtung der Vielzahl der Erkenntnisse zeigte dann erfreulicherweise im Hinblick auf die Logistikgestaltung, dass es gewisse Muster darin gab. Hier einige Beispiele:

- Ein Musterkreis ging zurück auf die vorliegenden Fehlleistungen, die zu echten Unzulänglichkeiten geführt hatten (Verspätungen, unvollständige Lieferungen mit entsprechenden Nachlieferungen, Versand mehrerer Pakete zum gleichen Auftrag, falsche Artikel im Paket etc.).
- Ein anderer ging auf Fehlleistungen zurück, die vorher gar nicht als solche erkannt waren, z. B. unnötige Express-Lieferungen, unnötige Teil-Lieferungen mit Nachlieferungen, zeitaufwendig realisierte Lieferbündelungen, die gar nicht erforderlich waren (z. B. gleiche Kundenadresse, aber dort ganz unterschiedliche Verwendungsstellen), ebensolche Bemühungen, die gescheitert waren etc.
- Ein weiterer Musterkreis ließ sich darauf zurückführen, dass zunehmend Express-Aufträge verwendet wurden; diese waren oft gar nicht vom Kunden angefragt worden, sondern durch interne Verzögerungen und fehlende Verfügbarkeit der Artikel verursacht worden.
- In anderen Fällen zeigten bestimmte Kunden einen starken Anstieg von Express-Lieferungen im Vergleich zu den Vorjahren; hier stellte sich bei der vertieften Betrachtung heraus, dass diese Kunden oftmals von der umfangreichen eigenen Lagerhaltung auf deutlich reduzierte Sortimente und Mengen umgestellt hatten und die eigene Nachfrage im Markt dann nur mit beschleunigter Logistikabwicklung bedient werden konnte.

Somit war der erste Perspektivenwechsel gelungen – aus dem groben Bild der vier Kanäle hin zu vier Fehlleistungsgruppen, die zu erhöhtem Aufwand, erhöhten Kosten und zu niedrigerer Kundenzufriedenheit geführt hatten. Dies war ein eigentlich gar nicht beabsichtigtes Analyseergebnis, eher ein „Kollateral-Benefit", der aber sehr attraktive

Ergebnisse für die Optimierung aufzeigte. Hierfür wurde die Granularität (Feingliedrigkeit) zunächst einmal stark erhöht (von 4 auf 100 Gruppen) und dann doch wieder reduziert (auf die Fehlleistungsgruppen).

Ein zweiter Perspektivenwechsel kündigte sich aus der Betrachtung der 100 Kundengruppen an (Abb. 6.9): In den vielen verschiedenen Kundenarten konnten nun sieben unterschiedliche Kundentypen identifiziert werden, die in sich jeweils ein logistisch ähnliches Profil von Auftrags- und Liefertypen hatten, das jeweils unterschiedlich zu den anderen sechs Gruppen war. Die bestehenden vier Kanäle wurden durch eine Aufgliederung der Distributionspartner in vier Gruppen transparenter gestaltet: Es gab *Großhändler* (somit eher eine Handelsfunktion und Flächenabdeckung für B2B-Kunden), *Systemintegratoren* (die die Produkte kauften, um sie in kunden- oder projektbezogenen Speziallösungen einzubauen, aber keine OEM waren) und *Nachfrage-Konsolidatoren* (dies waren weder Händler noch Integratoren, sondern große Nachfrageträger, die in Summe einen hohen Eigenbedarf hatten, der aus einer Vielzahl von einzelnen Bedarfspunkten innerhalb der Organisation entstanden war). Zusätzlich wurde die Gruppe des *Einzelhandels* abgespalten; hier waren sowohl Baumärkte als auch einzelne Verkaufsorganisationen enthalten, die an Endkunden verkaufen (B2C). Und weiterhin gab es OEM, Installateure und Projekte.

Hiermit war eine gute Granularität gefunden, da diese Gruppen in sich recht homogen waren, aber jeweils anders als die anderen (MECE – Mutually Exclusive, Collectively Exhaustive).

Aber – war dies auch die richtige Perspektive, um die weiterhin vorhandene, wahrgenommene Komplexität richtig zu steuern? Die vertiefende Diskussion zeigte: Nein! Denn es gab eine Störgröße: die *Projekte*. Diese war zwar *logisch* richtig, da hierfür ganz spezielle Abwicklungsformen und vielfach auch intensive individuelle Lösungsfindungen und Entwicklungsarbeiten anfielen. Aber *logistisch* war die Sicht nicht zielführend. Die Betrachtung der anderen sechs Kundengruppen zeigte, dass diese ebenfalls vielfach ein Projektgeschäft betreiben und somit auch die Lieferformen aus der Gruppe

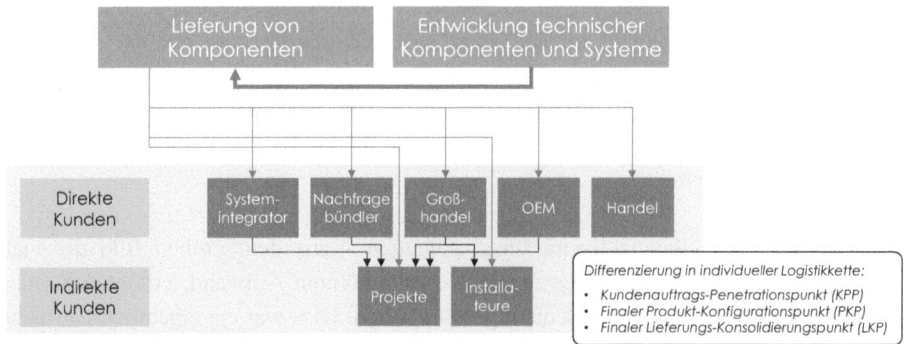

Abb. 6.9 Kundensegmentierung zur Abbildung verschiedener komplexitätsbildender Bereiche

Projekte benötigten. Auch die einzelnen Installateure (kleine Unternehmen mit einem bis 100 Mitarbeitern) führen eigentlich immer wieder kleine, mittlere oder auch große Projekte durch. Nur mit dem Unterschied, dass die Lösungsfindung von ihnen selbst entwickelt wird und nicht bis auf die Ebene unseres Mandanten durchschlug. Andererseits gab es Kunden, die gar kein Projektgeschäft hatten, sondern eine reine Belieferung mit Komponenten nach jeweiliger Bedarfssituation, mal mehr, mal weniger planbar.

Hiermit war nun die richtige Perspektive auf das zugrunde liegende Geschäftssystem gefunden: Es gab – zunächst einmal rein logistisch betrachtet – zwei Geschäftstypen: Liefergeschäft und Projektgeschäft. Und diese sind in ihren Bedarfstreibern extrem unterschiedlich:

- Das Liefergeschäft (Nachschub-Geschäft) hat ein relativ konstantes Produktsortiment, vor allem aber ein zeitlich recht stabiles Grundgerüst. Die Schwankungen sind hier in den Mengen je Zeiteinheit. Innerhalb des Liefergeschäfts gibt es kundenspezifische Ausprägungen, wie diese gerne beliefert werden möchte – diese ändern sich aber im Regelfall nicht.
- Das Projektgeschäft hat ein oft sehr individuelles Produktsortiment und vor allem ein zeitlich sehr variables Grundgerüst. Die Mengen hingegen stehen relativ stabil lange vorher fest, mit kleinen Ausnahmen. Das Zeitgerüst ist deswegen so variabel, weil sich der Projektablauf des übergeordneten (Bau-)Projektes sehr oft verzögert und eigene Dynamiken bekommt (nicht nur bei Flughäfen und Bahnhöfen).

Beim Liefergeschäft gibt es noch eine kleine Besonderheit, wenn man zunehmend hin zum Konsumenten geht: Hier wollen die Handelspartner oftmals eigene Verpackungsformen wie Blister (die man im Großhandel oder für andere Kunden nicht benötigt), eigene Verpackungen (Private Label) und haben oftmals größere Mengenbedarfe für Verkaufsaktionen oder Promotions. Das beeinflusst jedoch nur die Mengensteuerung, nicht die grundsätzliche Art der Abwicklung. Hier gibt es zusätzliche Potenziale, die im Abschn. 6.5.3 aufgegriffen werden.

Diese gefundene Systematik konnte auch verwendet werden, um die große Zahl der OEM zielgerichteter als bisher zu beliefern. Es gab eine Gruppe von OEM, bei denen die Fertigprodukte immer wieder im Rahmen von Projekten installiert wurden (z. B. Geräte, Aggregate, Steuerungstechnik) und diese dadurch oftmals spezieller konfiguriert wurden, vor allem aber deutlich einfachere Belieferungsprozesse hatten, insbesondere Lagerauffüllung und individuelle Aufträge für Standardkomponenten – aber vielfach zeitliche Flexibilität der benötigen Mengen aufgrund von Verschiebungen in den Projekten benötigten und für die zudem auch gelegentliche Vor-Ort-Belieferungen auf die Baustellen sehr attraktiv war *(OEM Typ A)*. Und es gab eine andere Gruppe, die komplexe, aber eher standardisierte Fertigprodukte herstellt, die dann jeweils einzeln und unabhängig voneinander verkauft wurden (z. B. Fahrzeuge, Großgeräte) und vielfach ähnlich wie ein Automobil-Unternehmen beliefert werden wollten – aber keinerlei

Projekte hatten, somit reine *Nachschub-Lieferkunden* waren *(OEM Typ B)*. Durch die Klassifizierung von nun acht Kundengruppen konnten gezielte Belieferungsstrategien und Prozesse entwickelt werden, in denen für jede Kundengruppe ihre jeweils eigenen, sehr gut passenden Lieferwelt realisiert werden konnten (Abb. 6.10).

Auf einmal hatte sich die ganze empfundene (Über-)Komplexität aufgelöst in zwei Abwicklungsformen, die man entsprechend der jeweiligen Ausprägungen (Vielfalt) bearbeiten und anschließend den einzelnen Kunden, ihren Auftragstypen und den einzelnen Aufträgen zuordnen konnte (Vielzahl). Aber dies war noch nicht das Ende der Entdeckungsreise in die Tiefen der hier vorliegenden Komplexität. Diese wollte noch näher entdeckt werden, um ihre wahre Schönheit erfahrbar (d. h. für Optimierungen zugänglich machen) zu machen.

Die weitere Betrachtung der individuellen Bedarfssituationen in den Kundengruppen und die zugehörigen Ausprägungen der Lieferabwicklung zeigte interessanterweise noch einen dritten Geschäftstyp auf, der in den Express-Aufträgen „versteckt" war und zunächst aussah wie ein reiner Lieferkunde: Das Notfallgeschäft.

Viele der Express-Aufträge betrafen Ersatzteile, aber auch kurzfristig erforderliche Neuteile, wenn mal etwas schief gegangen war (sei es in der Lieferung, in der Installation vor Ort, oder einfach nur ein fehlender Artikel; sowohl bei Projekten als auch bei Nachschubkunden). Vor allem bei Ersatzteilen waren sehr kurzfristige Notfälle mit Teilen zu versorgen, damit die betroffenen Anlagen wieder in Betrieb genommen werden konnten. Bisher wurden diese Fälle entweder mit Express- oder Kurierfahrten gelöst oder gar mit speziellen Einsätzen. Meistens jedoch mit erhöhtem organisatorischen Aufwand und oft auch mit hohem Kostenaufwand. Die Analyse ergab, dass es sich letztlich

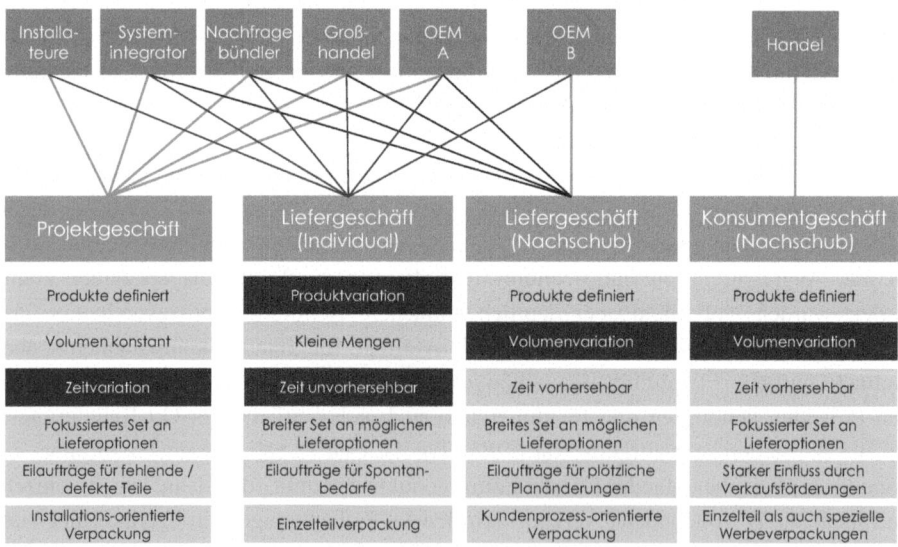

Abb. 6.10 Unterschiede in den Lieferformen für einzelne Kundensegmente

um ein regelmäßig auftretendes Phänomen handelt, das sich aus dem Gesetz der großen Anzahl ergibt: Wenn die Anzahl installierter Komponenten groß genug ist, steigt die
absolute Anzahl der Ausfälle an, sofern die Ausfall-Wahrscheinlichkeit konstant bleibt.
Und somit wird der Notfall bei entsprechend großer kumulierter Anzahl an Installatio-
nen über die Jahrzehnte hinweg zu einem signifikanten, regelmäßig wiederkehrenden
Geschäftsvorfall (Abb. 6.11).

Interessanterweise hatten aber diese zunehmend auftretenden *Notfall-Versendungen*
die unangenehme Nebenwirkung, dass dadurch der Regelbetrieb gelitten hat; vorgesehene Sendungen konnten nicht fertig bearbeitet (und auf die Strecke gebracht)
werden, da ja kurzfristige Störungen mit höchster Priorität zu bearbeiten waren. Ähnlich wie bei den im Abschn. 6.4.4 dargestellten Effekten im Maschinenbau führten diese
Storungen zu einer zunehmenden Diffusion; einer Vernebelung der eigentlich wirkenden
Mechanismen. Unter dem Primat, die anfallenden Kundenaufträge möglichst schnell und
termingerecht abzuwickeln, ging die Sicht auf die dahinter wirkenden Mechanismen und
Mechaniken verloren. Die Komplexitätsanalyse mithilfe der Supply-Chain-Mechanik hat
diesen Nebel zielgerichtet und wirksam durchdrungen. Dadurch wurde dieses Notfall-
Geschäft (nicht das Ersatzteil-Geschäft) abgetrennt als eigene Abwicklungsform und mit
einem eigenen spezifischen Hochgeschwindigkeits-Distributionsnetzwerk realisiert. Mit
einer enormen Entflechtungswirkung auf die regulären Versendungen für Projekt-, Liefer-
und Ersatzteilgeschäft, insbesondere für die Versandkapazitäten (sowohl Mitarbeiter als
auch Verpackungs- und Versandstationen).

Die richtige Perspektive zeigte somit die wichtigen Handlungsfelder und Gruppierungen auf und die richtige Granularität war letztlich je nach Fragestellung sehr unterschiedlich anzuwenden. In der Schlussfolgerung konnten die nun erkannten Granularitätsstufen

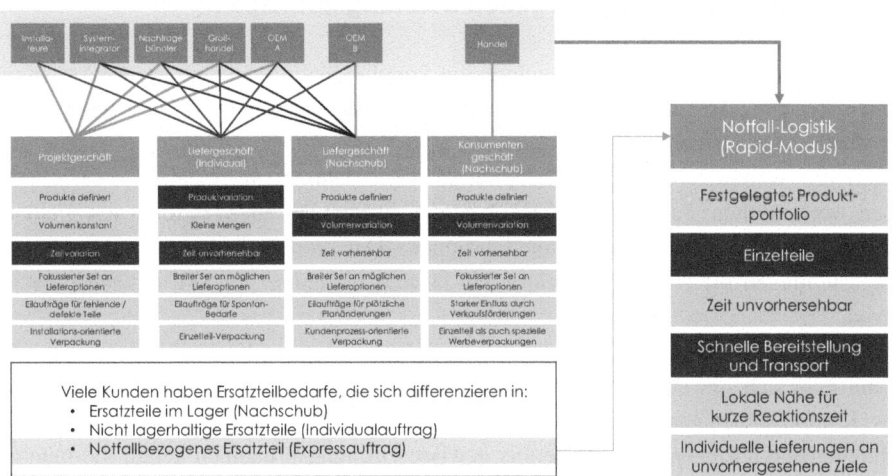

Abb. 6.11 Abspaltung einer die Regel-Logistik „störenden" Auftrags- und Abwicklungsform

in der jeweiligen Perspektive dazu verwendet werden, die jeweils dazu passende Thematik in der richtigen Weise anzugehen:

- Spezifische Ausprägung der erforderlichen Logistikprozesse, Versandabwicklung und Lieferformen (inkl. spezieller Vor-Ort-Prozesse) für *Projekte*
- Spezifische Ausprägung der erforderliche Mengenplanung, Logistikprozesse sowohl im Haus als auch vor Ort beim jeweiligen Kunden und dazu der entsprechende Einsatz von eigenen Abwicklungsformen sowie spezifisch ausgeprägten Dienstleistungen durch die eingesetzten Transportdienstleister (z. B. für Just-in-Time, oder Just-in-Sequence, aber auch für bestimmte Lieferzeit-Fenster) für die reinen *Nachschub-Lieferprozesse*
- Spezifische Ausprägung von eng geknüpften Distributionszentren, Bevorratung, Nachschubprozessen, Versandprozessen, Lieferformen und -prozessen für die *Notfall-Logistik.*

Und wie immer, wenn man den Komplexitätskern, oder das Regelwerk der vorliegenden Komplexität erschlossen hat, ist die Lösung augenfällig, wirkt bestechend einfach und alle Beteiligten können sich anschließend gar nicht mehr vorstellen, dies einen Moment vor der Enthüllung nicht gewusst zu haben. „Haben wir doch schon immer gewusst", ist ein häufig zu hörendes Statement. Obwohl es für den Bearbeiter des Projektes zunächst unbefriedigend wirken kann, so ist dies doch das wahre Zugeständnis, den passenden Weg gefunden zu haben. Denn einfach wirkt immer!

Das war dann auch der Zeitpunkt, die gefundenen Phänomene der vier Fehlleistungsgruppen wieder „aufzutauen" und in operative Arbeitspakete für zugehörige Verbesserungsinitiativen zu schnüren.

6.5.3 Ableitung von verborgenen Ordnungsprinzipien

Das wesentliche Ziel aus der Anwendung der Supply-Chain-Mechanik ist, die Abhängigkeiten der Prozesselemente zueinander zu erkennen. In vielen Fällen stecken dahinter Ordnungsprinzipien, die sich jedoch nicht schnell oder einfach erkennen, aber durch die Wahl der richtigen Betrachtungsweise dann doch erschließen lassen. Im eben vorgestellten Fall waren diese Ordnungsprinzipien in verschiedenen Feldern: Fehlleistungen, Lieferformen, Kundengruppen. Das kommt bei solch „komplexen" Fragestellungen oft vor – sonst wären sie ja nicht komplex, sondern einfach oder gar trivial.

Hier schließt sich auch wieder der Kreis zu der subjektiven Komplexitätsempfindung: Wenn man sich mit einem Thema oder Sachverhalt gut auskennt, oder die Werkzeuge des Komplexitätsmanagements gut beherrscht, lässt sich ein Sachverhalt wesentlich schneller durchdringen, da man bereits gewisse Ordnungsprinzipien kennt, die man auf eine Situation anwenden kann. Dabei ist es jedoch insbesondere für Erfahrungswissensträger sehr wichtig, Offenheit für die jeweils wirkenden Komplexitätskräfte zu bewahren, damit es nicht durch eine auf Erfahrungen basierende Konstruktion der Wirklichkeit als individuelles Abbild einer Situation kommt. Denn dann werden möglicherweise falsche Ordnungsmuster erkannt, falsche oder unpassende Ordnungsprinzipien abgeleitet und entsprechend falsche oder unpassende Entscheidungen getroffen. Es ist also wichtig, in jeder analytischen Situation die Werkzeuge der Supply-Chain-Mechanik konsequent, detailliert und sorgfältig anzuwenden. Und natürlich mit einer gewissen Prise Kreativität neue strukturbildende Mechanismen zu finden bzw. zu entwickeln.

Diese Ordnungsprinzipien haben wir eben schon wirken gesehen, bei der Suche nach den richtigen Abwicklungsformen für die einzelnen Kunden. Im Zeitalter der kundenzentrierten Supply Chain ist es ja naheliegend, sich die Kunden näher anzuschauen, deren Bedürfnisse zu erkunden, dann dazu passende Abwicklungsformen zu erarbeiten und zu etablieren. In dem Beispiel wurde aber auch deutlich, dass es nicht die Kunden sind, die die Ordnungsprinzipien bilden – sie sind lediglich die Übermittler, die Botschafter für das, was dahinter liegt: das verborgene Ordnungsprinzip der verschiedenen Geschäftstypen, die diese Kunden betreiben. Hinter aller scheinbaren Vielfalt stand als *verborgenes* Ordnungsprinzip, das ein Teil der Kunden eine geeignete Nachschub-Belieferung benötigt (die aber auch sehr vielfältig ausgeprägt sein kann), ein anderer Teil eine projektspezifische Abwicklung braucht (die auch wieder sehr vielfältige besondere Formen annehmen kann) und alle gemeinsam gelegentliche Notfälle haben, die in geeigneter Form behandelt werden wollen.

Wäre man beim ersten, offenkundigen, marketing- und vertriebstechnisch geprägten Ordnungsprinzip der vier Kundengruppen geblieben, hätte sich die vorliegende Komplexität weiterhin als Behinderung einer Optimierung in den Weg gestellt. Nun aber, nach Erkennen der wirkenden Ordnungsprinzipien, konnte die Komplexität in die dahinter liegende Vielfalt zerlegt und zielgerichtet adressiert werden.

Ein weiteres Beispiel soll dies noch näher veranschaulichen. Im Übergang von den herstellenden Fabriken hin zu den einzelnen Kunden findet ja nicht nur ein Transportvorgang statt, sondern es bietet sich die Möglichkeit, eine Vielzahl logistischer und anderer Operationen in dieser Zeit- und Distanzstrecke vorzunehmen. Diese bedeuten einen Mehrwert gegenüber der reinen logistischen Beförderungsleistung und werden daher auch *Value Added Services* genannt. Hierbei ist der Übergang zwischen Supply Chain und Logistik fließend – aber es erfordert eine klare Abgrenzung, wie dieses Themenfeld anzugehen ist. Letztlich ist es die Logistik, in der die Transaktionen stattfinden – doch es liegt in der Verantwortung der Supply Chain, diese Aufgaben zu definieren, damit sie in richtiger Weise an der richtigen Stelle stattfinden.

In diesem Projekt stand interessanterweise aus verschiedenen (internen) Gründen die Logistik im Vordergrund der Betrachtungen. Daher wurde zunächst gesammelt, welche VAS bisher in den einzelnen Lagerstandorten vorgenommen wurden. In gewisser Weise eine Sicht auf die intern vorliegenden *Best-Practices,* um diese dann nach eingehender Prüfung und Begutachtung auch an andere Standorten anzubieten. Ergänzend wurde eine kurze Marktstudie mit Vertrieb und ausgewählten Kunden durchgeführt, um auch eine Markt- und Kundensicht auf die anzubietenden bzw. attraktiven Mehrwertleistungen zu erhalten. Ergebnis war eine recht lange Liste mit 40 Positionen, die alle jeweils für eine gewisse (Mindest-)Anzahl von Kunden attraktiv waren. Diese Services konnten in Gruppen untergliedert werden, z. B. Vorgänge, die im Lager stattfanden und andere, die eher spezielle Transportvorgänge bedeuteten.

Dieses offenkundige Ordnungsprinzip der Erbringungsart und des Ortes (im Lager, im Versand, im Transport, beim Transportdienstleiter etc.) war zwar hilfreich, um diese sachlich zu gliedern und auch weitere Schritte für die Detaillierung zu erarbeiten. Aber letztlich verblieb dennoch der Charakter einer Liste, die abzuarbeiten war – sie war nun immerhin bereits untergliedert. Aber die Motivation im Team, die Liste nun anzugehen, war beschränkt, da ein unbestimmtes Unwohlsein vorhanden war. Eine nähere Diskussion dazu zeigte, dass man diese Liste und auch die Services als solche, als *komplex* empfand. Es war nicht genau zuzuordnen, welcher Kunde warum was benötigt, und auch die Fragen hinsichtlich der Realisierung und der erforderlichen externen und internen Abstimmungen vermittelten Unbehagen aus Unklarheit der Zusammenhänge. Die Anzahl der Service-Elemente war also klar, die Abhängigkeiten waren jedoch unklar. Und auch die Anzahl der relevanten Kunden war letztlich unklar. Somit eindeutig ein Fall einer vorliegenden Komplexität und der Komplexitätsüberforderung (es sei hier nicht der Raum, dies im Hinblick auf subjektive oder objektive Komplexität zu erörtern).

Der buchstäbliche *Schritt zurück,* mehr Abstand und eine etwas breitere Sicht auf die Supply Chain sowie die daraus erkennbare, wirkende Mechanik der Supply Chain, brachte dann den entscheidenden Schritt, die Vielzahl der vorliegenden Themen fachgerecht zu strukturieren, da man die verborgenen Ordnungsprinzipien erkennen konnte.

Die Logistik-Strecke ist das Bindeglied zwischen Fabrik und Kunde, was immer auf dieser Strecke passiert bzw. vorgenommen wird. Und hier gibt es nun genau zwei Arten von Mehrwert-Services, die vorgenommen werden können: Entweder man macht etwas für die Fabrik oder man macht etwas für den Kunden. Alles andere ist gar nicht erforderlich (selbst die Zollerklärung – sie ist zwar für den Zoll, aber sie dient dazu, dass der Kunde die Lieferung erhalten kann. Der Fabrik als herstellender Einheit ist dies gleichgültig).

Damit war der Schlüssel gefunden. Alle Services wurden nun darauf untersucht, ob man sie als Mehrwert für die Fabrikationsleistung (d. h. die Erstellung des fertig verpackten Produktes etc.) vornimmt oder ob man sie als Mehrwert für den Kunden (d. h. die individuelle Aufbereitung des Produktes, der Lieferabwicklung etc.) erbringt.

Die konzeptionelle Klammer hierzu war im Advanced Maturity Model der Supply Chain (siehe Abschn. 4.3) enthalten: Der Mehrwert in der Fabrikationsleistung bedeutet letztlich ein Verschieben des letzten Konfigurationspunktes des Produktes, oder spezielle Services für die Fabrik – das *Postponement.* Der Mehrwert für den Kundenprozess bedeutet letztlich, dass man Prozessschritte durchführt, die sonst beim Kunden stattfinden würden bzw. müssten – somit bewegt man sich aus Sicht des Anbieters tiefer in den Kunden und seine Prozesswelt hinein – die *Penetration.*

Somit war auch klar, mit wem man über die einzelnen Services und die dafür erforderlichen Prozesse sprechen musste: Entweder mit der Herstellungsseite, oder mit der Absatzseite bzw. dem Kunden. Idealerweise sitzt die Projektleitung für die Realisierung in der Supply-Chain-Funktion, da es eine übergreifende Gestaltung der Prozesskette erfordert, in der dann die einzelnen Leistungsbausteine realisiert werden.

In der weiteren Folge konnten dann beide Prozesswelten (Postponement und Penetration) aufgrund des jeweiligen Spezialisierungsgrades in der Erbringung oder aufgrund der Eignung und Attraktivität für spezielle Kundengruppen nochmal unterteilt werden in *Standard* und *Anspruchsvoll*. Diese Unterteilung war insbesondere zweckmäßig dafür, einerseits Hinweise für die Kostenverrechnung an den Kunden zu geben und andererseits auch zu erkennen, wie individuell die Konfiguration des jeweiligen Services für den einzelnen Kunden vorzunehmen ist. Für *Standard* wurde das Prinzip *Plug and Pay* definiert: Es gab einen festgelegten Gebührenkatalog für diese Services und sie sollten generell im Netzwerk bzw. an möglichst vielen Stellen verfügbar sein. Für *Anspruchsvoll* hingegen wurde *Pick and Pay* als Thema formuliert: Es gab ein dem Aufwand der jeweiligen Situation entsprechendes Kostenverrechnungsmodell und diese Services wurden auch nur an dafür geeigneten Stellen im Netzwerk ausgeprägt. Hintergrund hierfür war die einerseits sehr individuelle Gestaltung des jeweiligen Services, mit sehr spezifischen Aufwandstreibern und erforderlichen Prozessen bzw. Vorrichtungen für deren Ausführung; andererseits waren hierfür auch gewisse Bündelungseffekte für Mengen erforderlich, *Economies of Scale,* um eine angemessene Verteilung der Kosten auf eine erforderliche Mindestanzahl von Transaktionen zu erlangen.

Somit konnte durch das Entdecken der verborgenen Ordnungsprinzipien eine klare, einfache und zielführende Behandlung der Situation eingeleitet werden. Die zuvor vorhandene Komplexitätsüberforderung wurde ersetzt durch eine zielgerichtete, sequenzielle Abarbeitung der Vielfalt und der Vielzahl unter Einbezug der jeweils erforderlichen Funktionen und Beteiligten (Abb. 6.12).

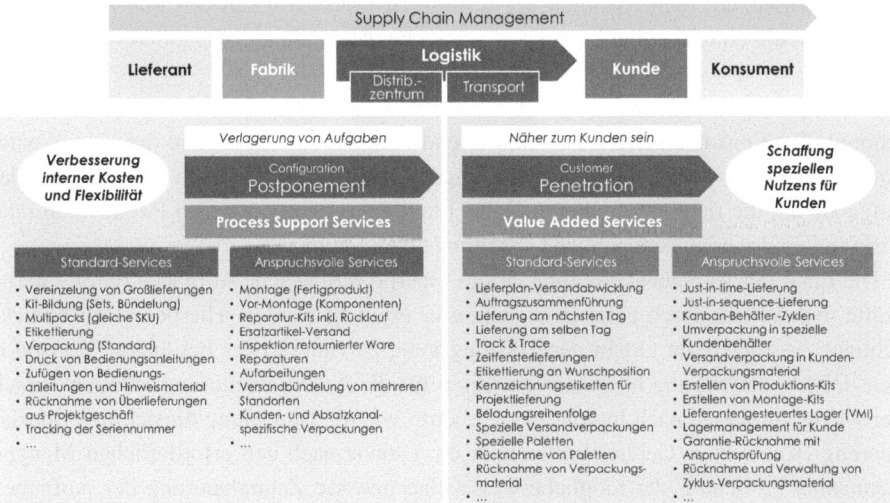

Abb. 6.12 Komplexitätsreduzierende Aufspaltung von Service-Elementen in einer Lieferkette

6.5.4   Festlegen relevanter Strukturmerkmale und Strukturen

Aus den erkannten Ordnungsprinzipien werden die strukturellen Merkmale erkennbar und damit in geeigneter Weise adressierbar. Damit ist auch der Ausgangspunkt für die Ableitung geeigneter Strukturen hergestellt. Aber ein Grundproblem verbleibt; ganz ohne Kreativität geht es nicht, die erforderlichen Lösungen können nicht sequenziell oder mathematisch aus der erkannten Problemstellung abgeleitet werden. Sie müssen in vielen Fällen durch ein systematisches Ausprobieren, kreative kognitive Verknüpfungen und Einfälle (oder auch durch glückliche Zufälle) erschlossen werden.

In dem dargelegten Beispiel wurden mehrere Ordnungsprinzipien erkannt, die für die Zuweisung der Zuständigkeiten für die einzelnen Services herangezogenen werden können: Die Gesamtheit der Services gliedert sich in intern wirkende und extern wirkende Services. Zudem gibt es einfache und aufwendige Services. Somit kann man in der vorliegenden Komplexitätssituation aus diesen Ordnungsprinzipien ableiten, wer sich mit welcher Aufgabenstellung in diesem Kontext befassen soll:

- Die Herstellungsseite mit dem *Postponement:* Wo ist der optimale Punkt der letzten Konfiguration bzw. welche Aufgaben können entlang der Logistikstrecke besser ausgeführt werden (unter Kosten- und Flexibilitätsaspekten) statt in der herstellenden Fabrik?
- Die Absatzseite mit der *Penetration:* Für welche Services hat der Kunde eine (zahlungsbereite) Wertschätzung und womit können seine Prozesse vereinfacht werden?
- Die Supply Chain mit der übergreifenden Projektleitung.
- Das Controlling mit der Ermittlung der jeweilig anfallenden Kosten und den adäquaten Möglichkeiten zur Weiterbelastung dieser Kosten auf die jeweiligen Verursacher.
- Der Vertrieb mit dem Ausloten der jeweiligen Preiswertigkeit des Services für den Kunden, um eine leistungs- und kundengerechte Abrechnung zu etablieren.

Die Umsetzung dieses Katalogs der Mehrwert-Leistungen in der Logistikstrecke benötigt allerdings noch weitere strukturierende Eingriffe. Beherrschen der Komplexität benötigt nicht nur die Kenntnis der Ordnungsprinzipien, sondern auch das Verteilen der Aufgaben auf die richtigen Stellen und das Etablieren der zugehörigen Prozesse, um die Wirksamkeit der organisatorischen Gestaltung abzusichern.

Die Basis der Aufgabenverteilung ist das Überprüfen, welche Aufgaben durch interne Kräfte und welche durch externe Dienstleister erbracht werden. Hierbei ist zu berücksichtigen, wo der beste Ort in der Leistungskette ist (intern oder bei einem Transportdienstleister) und wo die höchsten Synergien für die Arbeitsausführung anfallen – auch hier wieder die Frage nach intern/extern, ebenso wie die Bündelung hinsichtlich Spezialisierung (Know-how, Geräte, Prüftechnik etc.) sowie nach den erforderlichen Mengen *(Economies of Scale),* die möglicherweise eine gewisse Zentralisierung der Aufgaben erfordern und somit den Service dann nicht mehr in der breiten Fläche anbieten, sondern an einer geschickt gelegten Bündelungsstelle. Wichtige strukturbildende Überlegungen hin zur Ausprägung der letztlich auszugestaltenden Strukturen – aufbauend auf den Erkenntnissen der Ordnungsmechanismen der vorliegenden Komplexität (Abb. 6.13).

Ein wichtiger, hierzu gehöriger Kernprozess ist das Herausarbeiten des individuellen Kundenbedarfs und Vereinbaren der entsprechenden vertraglichen Regelungen.

- Aufgrund der vorgefundenen Ordnungsprinzipien ist es Aufgabe des jeweiligen Kundenmanagers im Vertrieb, eine kurze Bedarfsanalyse gemeinsam mit dem jeweiligen Kunden durchzuführen.
- Die hierzu verwendete Checkliste wird von der Supply Chain entworfen, gepflegt, optimiert und trainiert, da es darum geht, den Kundenbedarf mit verfügbaren Lösungen abzugleichen und gleichzeitig die erforderliche Kostenverrechnung bzw. Preisgestaltung vorzunehmen. Hierzu arbeitet die Supply Chain eng mit dem Controlling zusammen.
- Andererseits erstellt die Logistik gemeinsam mit Supply Chain und Vertrieb den *Service-Katalog* der erforderlichen und auch der letztlich möglichen Services, inklusive Kostenmodell und klar beschriebenen Kostentreibern.

Das aus der hier vorliegenden, spezifischen Komplexitätssituation abgeleitete Strukturmerkmal ist die *Kollaboration,* in Verbindung mit klarer *funktionaler Verantwortung.* Diese wird den einzelnen Funktionen zugewiesen, entsprechend der Schwerpunkt-Kompetenzen des jeweiligen Funktionsbereichs. Andererseits wird auch in der organisatorischen Struktur festgelegt, zu welchen Situationen die einzelnen Funktionen wie zusammenarbeiten, um ein durchgängiges und machbares Konzept zu ermöglichen. Somit sind neben den beteiligten Elementen auch die Abhängigkeiten, die

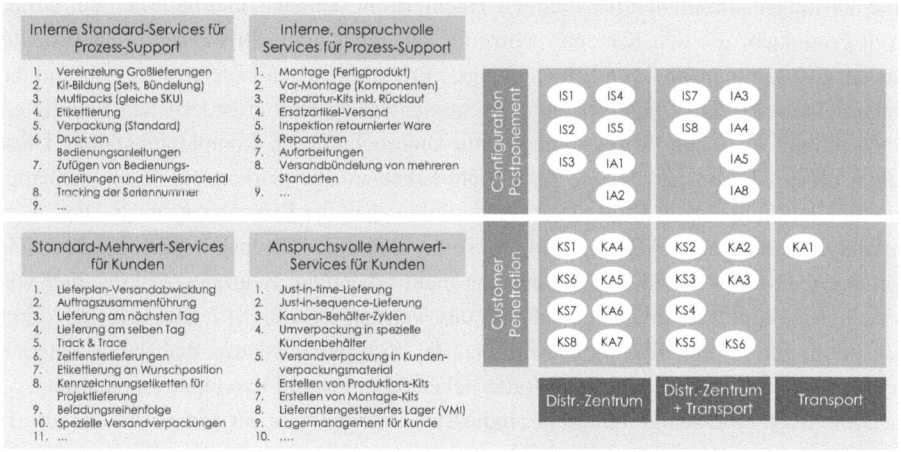

Abb. 6.13 Einordnung verschiedener Services zur Ableitung der optimalen Ausführungsart

Interdependenzen festgelegt. Die erforderliche Verbindlichkeit (und damit die Vorher-sehbarkeit der Interdependenzen) wird durch ein formales vertragliches *Service-Level-Agreement* (SLA) erzeugt. Parallel werden von der Supply Chain eine Messmethodik und Kennzahlen etabliert, um die Erfüllung der zugesicherten Services und des Leistungsniveaus zu überprüfen und bei Abweichungen zielgerichtet eingreifen und korrigieren zu können. Insgesamt ist so aus der undurchsichtigen, überfordernden Komplexität eine klar regelbare und somit steuerbare Situation definiert worden.

Auf der Herstellungsseite ist die Supply-Chain-Funktion der Treiber, um mit den ver-schiedenen Fabriken in deren Produkt-, Liefer- und Leistungssortiment systematisch zu durchsuchen, wo sich entsprechende Optimierungen durch die Verlagerung des finalen Konfigurationspunktes erzielen lassen und welche anderen Aufgaben entlang der inter-nen Prozesskette davon einen Vorteil haben (können), wenn sie zu einem späteren Zeit-punkt im Kontext der Distributions- und Logistikkette erbracht werden. Auch hier wird ein interner Vertrag als Service-Level-Agreement geschlossen, um die erforderliche Ver-bindlichkeit sicherzustellen.

Diese letzten Schritte sind, formal betrachtet, eigentlich die ganz normalen Rege-lungen, mit den organisatorische Aufgaben und Zuständigkeiten geregelt werden. Das Besondere daran ist, dass diese sich die Erkenntnisse der Komplexitätsanalyse und des damit aufgesetzten Komplexitätsmanagements zunutze machen, um die Zuständigkeiten und Aufgaben richtig zu verteilen und eine nachhaltige Optimierung zu erzielen. Aus der Komplexitätsüberforderung ist eine zielführende, beherrschbare Komplexitätsgestaltung geworden.

6.6   Simplicity wins – Fokus auf die richtigen Erfolgshebel zur Steuerung der geschäftsnotwendigen Vielfalt

Hochleistungsunternehmen basieren auf Hochleistungsketten – und natürlich auf attrak-tiven Produkten, die den Kunden rechtzeitig verfügbar gemacht werden. Dies bedeutet das enge Zusammenspiel von Entwicklungs-, Produktions- und Lieferprozessen und das zielgerichtete, effektive und effiziente Zusammenwirken aller erforderlichen Beteiligten. Doch oftmals ersticken Prozesse, und damit Unternehmen, in Komplexitätsfallen. Diese haben oft mit Intransparenz und dem Nicht-Erkennen der wirkenden Zusammenhänge zu tun. Hierdurch sinken Effektivität und in Folge auch die Effizienz stark ab. Diese Ein-flussfaktoren wirken im Verborgenen und somit sind die sich einstellenden Effekte nicht vorhersehbar, die wirkenden Mechanismen nicht erkennbar. Zentrales Ziel des hier vor-gestellten Komplexitätsmanagements ist das Vermeiden von Effizienzverlusten durch Aufspüren der wahren Komplexitätstreiber, des Komplexitätskerns und daraus folgern-des Ausrichten der verschiedenen erforderlichen Aktionen auf maximale Effektivität.

Diese Zusammenhänge haben in (Industrie-)Unternehmen oft mit Risiko zu tun. In der Entscheidungstheorie unterscheidet man zwischen Entscheidungen unter Risiko und Entscheidungen unter Unsicherheit. Bei Risiko ist die Eintrittswahrscheinlichkeit bekannt, mit der eine bestimmte Situation oder ein Zustand eintreten kann. Aufgrund dieser Eintrittswahrscheinlichkeit ist ableitbar, wie hoch das Nicht-Eintreten des Zustands einzuschätzen ist – hohes Risiko bedeutet somit niedrige Eintrittswahrscheinlichkeit der (angestrebten) Situation. Bei Unsicherheit ist keine Eintrittswahrscheinlichkeit bekannt, somit ist die Situation überhaupt nicht kalkulierbar.

Diesen Ansatz kann man sich auch in der Komplexitätsbeherrschung in einer Supply Chain zunutze machen: Zu vielen Situationen gibt es ja keinen deterministisch ableitbaren Zielzustand, sondern ein gewisses Risiko (d. h. Eintrittswahrscheinlichkeit), dass diese Situation so wie vorhersehbar eintreten wird. Das Interessante ist nur, wo dieses Risiko begründet liegt; wo und wie es auftritt. Die Schönheit der Komplexität entfaltet sich erst dann in befriedigender und erfüllender Weise, wenn die Merkmale des Risikomanagements der Situation erkannt, durchdrungen und diese Erkenntnisse zielführend eingesetzt werden können.

Zwei Beispiele sollen illustrieren, wie sich eine nur ungenau beherrschte Situation durch Erkenntnisse aus der Komplexitätsanalyse überführen lässt in eine zielgerichtete, klar gesteuerte, effektive Geschäftssituation. In beiden Fällen wird die Komplexitätsüberforderung im Kern durch nicht erkannte Risikomechanismen hervorgerufen. Durch das Herausarbeiten des Komplexitätskerns und der Identifizierung der wirkenden Risikomechanismen konnte in beiden – sehr unterschiedlich gelagerten – Fällen eine wirksame Neuausrichtung der Supply-Chain-Steuerung herausgearbeitet werden.

6.6.1   Gezieltes Risikomanagement durch innovative Steuerung von Produktion und globaler Supply Chain

Ein Hersteller von anspruchsvollen Basisprodukten des Halbleiter-Sektors hatte große Probleme; einerseits gab es signifikante Lieferprobleme durch Mengen- und Terminunzuverlässigkeit, andererseits hatte er auch einen deutlichen Anstieg seiner Herstellkosten zu verkraften, der letztlich in einem negativen Unternehmensergebnis mündete. Die Unternehmensleitung hatte daher zunächst ein „klassisches" Kostensenkungsprogramm aufgesetzt, um sowohl die Gemeinkosten als auch die Herstellkosten auf ein angebrachtes Niveau zu senken. Die damit verbundenen typischen Maßnahmen von Personalabbau und Investitionsvermeidung bis hin zur Veräußerung nicht unmittelbar betriebsnotwendigen Anlagevermögens ergaben zwar einen kurzen Verbesserungseffekt, aber nach einem Jahr war man wieder in der gleichen Kosten- bzw. Gewinnschere. Infolge der Personalreduzierungen hatte sich die Lieferzuverlässigkeit weiter verschlechtert und man musste seinen Kunden immer wieder Preiszugeständnisse machen, um „im Geschäft" zu bleiben.

Bei der Überprüfung der Zweckmäßigkeit der verwendeten IT-Systeme (ursprünglich durchgeführt mit dem Ziel der Kostensenkung) ergaben sich aber überraschende Einblicke in das Geschäftssystem, die letztlich dazu führten, dass das Unternehmen sowohl seine Lieferfähigkeit deutlich verbessern und infolge auch seine Profitabilität deutlich steigern konnte. Grundlage hierfür war ein neuer Ansatz der Supply-Chain-Steuerung, der in einem neuen Leistungsniveau in der Beherrschung der technischen Prozesse sowie der Lieferprozesse resultierte und damit zu einer deutlich verbesserten Kosten- und Preisposition im Markt führte – letztlich fast schon das Ideal-Szenario eines erfolgreichen *Turnaround*. Was war passiert? Dies soll hier in Auszügen dargelegt werden, da es sich im Kern um ein erfolgreich analysiertes und entsprechend gestaltetes Komplexitätsmanagement handelte. Hierzu werden zunächst einige Grundlagen der vorliegenden Supply Chain betrachtet.

Zuvor möchte ich jedoch darauf hinweisen, dass die dargestellte Situation nur in dieser kondensierten Form surreal wirkt – die geschilderten Sachverhalte treten in vielen Unternehmen auf, in zwar anderer, aber doch letztlich ähnlicher Weise. Und sie treten immer im Verborgenen auf. Jede einzelne Beobachtung an einzelnen Punkten der Supply Chain kann zwar ein Problem aufzeigen oder ein Symptom. Dies lässt sich dann aber nicht gewichten und in seinen Auswirkungen wirklich beurteilen. Erst die gesamtheitlich orientierte Betrachtung der durch die „Komplexitätsbrille" der Supply-Chain-Mechanik gewonnenen Erkenntnisse ergibt den Sinnzusammenhang zwischen einzelnen Problem-Phänomenen und man kann diese richtig beurteilen. Dies lässt im Nachhinein in der kompakten Schilderung oft den Eindruck entstehen, es würde sich um einen überzogenen, völlig offensichtlichen Ausnahmefall handeln. Dem ist aber nicht so – es ist letztlich nicht das einzelne Verhalten, sondern erst das spezifische Zusammenwirken einzelner Fehlverhalten, welches erst erkennbar wird, wenn man die Zusammenhänge in der richtigen Weise betrachten kann und dann die teilweise fatalen Wechselwirkungen sichtbar werden. Sobald man die Lösung, sowie die dahinter liegenden Problematiken, kennt, erscheint diese oftmals naheliegend und trivial. Aus der Situation heraus jedoch ist sie ganz und gar nicht trivial, sondern es erfordert einen differenzierten Prozess zur Identifikation der Schwachstellen, Fehler, wirkenden Mechanismen, deren Zusammenhänge und der Hebel zur angestrebten Beherrschung der Komplexität. Wenden wir uns aber nun der realen Situation zu.

Computerchips werden im Kern aus dünnen Plättchen aus Reinstsilizium hergestellt. Diese werden während des Prozesses zur Erzeugung des fertigen Chips unter anderem durch aufwendige Belichtungs- und Ätzprozesse mit den entsprechenden Schaltkreisen versehen. Ausgangspunkt hierfür sind große Platten dieses Reinstsiliziums, sogenannte *Wafer*. Diese werden durch darauf spezialisierte Unternehmen in einer aufwendigen und investitionsintensiven fertigungstechnischen Prozesskette hergestellt. Dabei wird das aus Sand gewonnene Silizium zunächst in mehreren Prozessschritten hin zum Reinstsilizium veredelt, dieses wird dann in speziellen Schmelz-und Ziehöfen verflüssigt. Mithilfe eines *Impflings* wird an der Oberfläche der Schmelze langsam ein Stab aus Reinstsilizium gezogen, der dabei in den festen Aggregatzustand übergeht und das typische homogene Kristallgitter ausbildet. Nach Prozesszeiten von ein bis drei Tagen ist ein fertiger Stab, z. B. 1 m lang und 25 cm im Durchmesser, gewonnen. Dieses Verfahren ist im Prinzip bereits über 50 Jahre alt; im Laufe der technologischen Evolution wurden immer dickere und längere Stäbe realisierbar – von anfangs 40 mm hin zu heute 320 mm, in Versuchen bis zu 450 mm dicken Stäben, die bis zu 2 m lang sind. Hintergrund des größeren Durchmessers ist der beachtliche Produktivitätsgewinn beim Aufbringen (Belichten und Ätzen) der Schaltkreise, wodurch immer mehr Chips in einem Belichtungsvorgang gleichzeitig hergestellt werden können. Neben den Kostenvorteilen ist die Aufbringung von besonderem Interesse, denn es können damit auch immer größere Mengen je Zeitabschnitt hergestellt werden (siehe auch Halbleiter.org 2018).

Diese Stäbe werden messtechnisch analysiert und durch Zersägen des Stabes werden für die weitere Verarbeitung geeignete Stababschnitte gewonnen. Die Stababschnitte (Ingots) werden dann in dünne Scheiben zersägt; früher in einzelnen Säge-Vorgängen, mittlerweile kann man mittels einer Mehrfaden-Bandsäge bis zu 50 (oder auch mehr) Scheiben gleichzeitig schneiden. Auch diese Scheiben werden messtechnisch auf Homogenität und weitere Verwertbarkeit hin analysiert und die geeigneten Scheiben werden dann in einem aufwendigen, individuellen Verarbeitungsablauf jeder einzelnen Scheibe hin zu einem hochpolierten Chip-Rohling veredelt. Dieser ist das Fertigprodukt des Wafer-Produzenten, der diese zusammen mit den entsprechenden Mess- und Qualitätszertifikaten an die einzelnen Chip-Herstellern liefert.

Und genau an dieser letzten Stelle der internen Prozesskette traten dann die Probleme beim Beispiel-Unternehmen auf: Die zu einem bestimmten Termin zur Lieferung zugesagten Scheiben waren entweder gar nicht oder nicht in der zugesagten Menge verfügbar – sie waren einfach nicht fertig. Dieses Phänomen wurde im Verlauf der Zeit immer signifikanter und schlimmer; infolge des Personalabbaus zusätzlich auch noch immer intransparenter.

Da man modern und fortschrittlich sein wollte, hatte man sogar einen Teil der Wafer-Veredelung (nach dem Scheiben-Sägen) auf Kanban-Methoden umgestellt – wie die durchgeführten Analysen dann jedoch ergaben, ein völlig unzweckmäßiger Schritt, da die Produkte sowohl eine hohe Vielfalt als auch eine hohe Varianz aufwiesen. Viele der technischen Produktspezifikationen waren kundenspezifisch im Hinblick auf deren jeweilige Verwendung; zudem wurden oft technische Optimierungen und damit Veränderungen der technischen Spezifikationen vorgenommen. Ergebnis war eine völlig verstopfte Fertigungssituation, mit vielen innerbetrieblichen Beständen, die bei näherer Betrachtung nicht mehr verwendbar bzw. verwertbar waren.

Ebenso modern und fortschrittlich wurde ein *Advanced Planning System* (APS) eingesetzt, das eigentlich zu den eingehenden Kundenaufträgen nicht nur den möglichen Liefertermin ermitteln, sondern auch die interne Steuerung der zugehörigen Produktionsaufträge optimieren sollte. Aber niemand in der Produktion orientierte sich an den Produktionslisten, da diese nicht relevant und zielführend erschienen. Der Versuch, ein *Demand Planning* als Basis für verbesserte Produktionsplanung einzuführen war ebenfalls kläglich gescheitert, da die Kunden sehr oft und sehr kurzfristig sowohl die Mengen, die Termine als auch die bestellten Produkte änderten. Und so hatten sich eine Planungswelt und eine reale Produktionswelt etabliert, die nebeneinander her lebten – und keine der beiden Seiten wollte aufeinander zugehen, um die Problemlage gemeinsam zu sichten und eine Lösung zu suchen. Zu viele Wunden aus Konflikten und unzweckmäßigen Managemententscheidungen hatten zu einer verhärteten Situation geführt. Dieses Phänomen ist interessanterweise bei geeigneter Betrachtung in vielen Unternehmen vorzufinden; mal mehr, mal weniger erkennbar, aber doch dominant vorhanden.

Die von uns vorgenommene Komplexitätsanalyse mithilfe der Supply-Chain-Mechanik brachte dann aber doch wichtige Erkenntnisse hervor, die nach einigen typischen analytischen „Schleifen" die zielführenden Strukturmerkmale aufzeigten – nach drei Monaten harter Arbeit. Der Leser kann dies nun zielgerichtet im Zeitraffer betrachten, statt die diversen einzelnen Erkenntnisprozesse zu durchlaufen:

6.6.1.1 Statische Grundmerkmale der Supply-Chain-Mechanik

- Das Produktionssystem besteht letztlich aus zwei unabhängigen Produktionssequenzen: Ingot-Herstellung und Wafer-Veredelung. Erstere hat eine Produkt-Taktzeit von mehreren Tagen, letztere von wenigen Minuten je Fertigungsschritt. Im APS hat man dies jedoch als einen durchgängigen Fertigungsprozess modelliert, mit allen erdenklichen Abhängigkeiten, die die Algorithmen und die dafür erforderlichen Stammdaten von Produkten und Fertigungsprozessen hoffnungslos überforderten.
- Es gab eine klassische *ABC-Verteilung* der Produkte, d. h. mit 20 % der aktiven Sachnummern wurden 80 % des Produktionsvolumens hergestellt. Die übrigen 20 % des Produktionsvolumens entfielen auf viele verschiedene Produkte, mit teilweise sehr kleinen Produktionsmengen.
- Die Verwendung von Anlagen, die im technologischen Grenzbereich operierten, führte dazu, dass diese gelegentlich nicht die erforderlichen Prozessparameter erzielten und dann für entsprechende Wartungs- und Optimierungsarbeiten stillgelegt werden mussten; diese standen somit nicht als Produktionskapazität zur Verfügung; in ähnlicher Weise gab es Einflüsse, wenn gleichzeitig viele Maschinenbediener nicht anwesend waren. Für beide Effekte musste das tägliche Kapazitätsprofil aktuell gehalten werden.

6.6.1.2 Dynamische Risikoeffekte, die auf die SC-Mechanik wirken

- Es gab einen sehr signifikanten Einfluss aus nicht verwertbaren Produkten; man bewegte sich ja letztlich im technologischen Grenzbereich und in vielen Fällen konnte man die jeweils weitere Verwertbarkeit des Produktes nur prüfen. Bei entsprechender statistischer Analyse ließ sich jedoch ein weiterer, ebenso signifikanter Effekt identifizieren: Jedes Produkt hatte eine eigene, charakteristische durchschnittliche Ausschussquote. Über alle Produkte hinweg waren Ausschussquoten zwischen 5–95 % zu verzeichnen! Eine hierzu angefertigte, ansteigende Sortierung der Ausschussquoten ergab einen kontinuierlich ansteigenden Graph; aus diesem waren klare Zonen guter Prozessbeherrschbarkeit und Zonen hoher Instabilität ablesbar.

- Eine durchschnittliche Ausschussquote bedeutet, dass es im Zeitablauf mal Produktionslose mit höherer und mal mit niedrigerer Ausbeute gab – im längerfristigen Mittel ergab sich dann eine Ausprägung, die man möglicherweise für Planungszwecke verwenden kann. Viel wichtiger als der Durchschnittswert ist jedoch die Varianz; d. h. die Breite der Streuung, mit der ein Produktionslos eine bestimmte Ausbeutemenge ergibt. Dieser Wert war aber weder in den Planungssystemen, noch in den manuellen Vorgehensweisen zur Produktionsplanung vorzufinden.

- Eine weitere Analyse zeigte schließlich die systemische und systematische Ursache für viele Probleme auf: Die im Planungssystem eingetragenen Werte für die Ausbeute (bzw. den Ausschuss) wiesen eine sehr unterschiedliche Abweichung zu den aus den Produktionsaufträgen ausgewerteten Ist-Werten auf – diese war teilweise gering, in vielen Fällen jedoch entweder deutlich positiv oder deutlich negativ. Ein Planungssystem kann mit einer Abweichung von 2–3 % noch verwertbare Ergebnisse produzieren; aber bei 30–50 % hat es keine Chance. Ist der Planwert deutlich größer als der Ist-Wert (positive Abweichung), dann werden zu viele Einheiten produziert, da man ja mehr initial am Beginn der Kette in Auftrag gibt, um Ausfall zu kompensieren – und hat am Ende einen signifikanten Überschuss. Umgekehrt hingegen, wenn der Planwert deutlich niedriger ist als der Ist-Wert (negative Abweichung), werden zu wenige Einheiten initial beauftragt und am Ende der Kette fehlen entsprechende Mengen. Diese werden dann, wenn erforderlich, schnell nachproduziert und bringen die ganze Fertigung und Fertigungsplanung „in Aufruhr". Im Ergebnis erstickt diese Produktionskette sowohl in nicht erforderlichen Überbeständen als auch in einer Flut von kurzfristigen (Nach-)Produktionsaufträgen.

- Die Maßnahmen zur Reparatur der Anlagen waren teilweise in wenigen Minuten erledigt, teilweise dauerte es aber auch mehrere Tage, bis entsprechende Ersatzteile geliefert und eingebaut werden konnten. Somit gab es auch hier eine große Varianz der Kapazität, die nicht für die Produktionsplanung verwendet wurde, da als Status immer nur *Verfügbar* oder *Nicht verfügbar* eingetragen werden konnte und es keine systematische Analyse der Ausfallwahrscheinlichkeit der Anlage und entsprechende Berücksichtigung in der Planung gab. Somit hatte das Planungssystem auch hier keine Chance, ein wirklich realitätsnah prognostizierbares Ergebnis der Produktionssituation zu erzeugen.

Im Ergebnis bedeutet dies, dass es hier eine ständige Situation der Komplexitätsüberforderung gab, da weder die beteiligten Personen in der Planungswelt noch in der realen Produktionswelt die vielfach wirkenden Abhängigkeiten zwischen den vielen beteiligten Elementen (Produkte, Maschinen, Produktionsaufträge, Kundenaufträge) wirklich durchschauen konnten (Abb. 6.14).

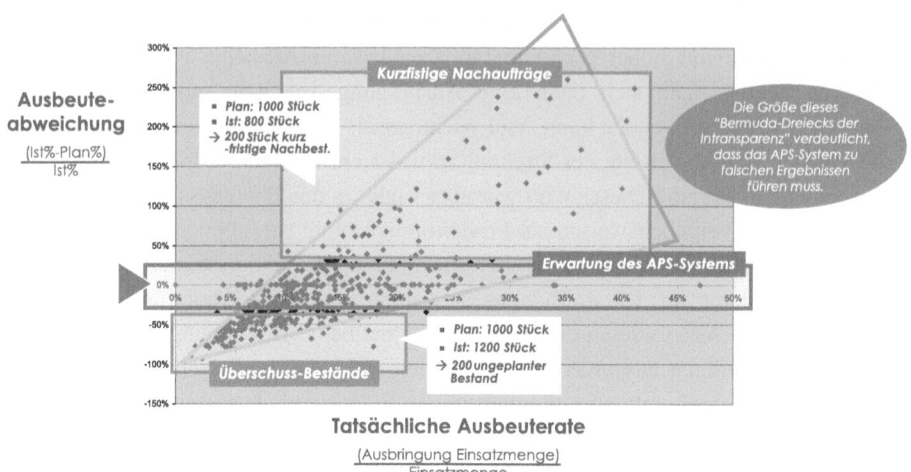

Abb. 6.14 Das Bermuda-Dreieck des Transparenzverlustes – integrative Sicht auf Verursacher von ungeplantem Bestandsaufbau und unvorhergesehenen Eilaufträgen

6.6.1.3 Verschärfende Effekte durch Unkenntnis der Zusammenhänge

In vielen Fällen ist ein spezifisches Fehlverhalten zu beobachten, bei dem die Beteiligten jedoch der Auffassung sind, alles richtig zu machen. Dies resultiert aus Unkenntnis oder Fehlinterpretation der wirkenden Zusammenhänge. So auch hier: Ein spezieller Effekt pointierte die Situation zu einem *systematischen ständigen Scheitern*. Diesen Sachverhalt haben wir nur durch Mithilfe von „Kommissar Zufall" im Rahmen einer tätigkeitsbegleitenden Beobachtung im Vertriebsinnendienst entdecken können, wo die Kundenaufträge erfasst wurden. Da hier vom APS-System immer wieder unpassende (zu weit in der Zukunft liegende) Liefertermine berechnet und vorgeschlagen wurden, hatte man sich eine spezielle Variante der Auftragserfassung angeeignet, die aber in der Planungswelt nicht bekannt war: Produkt und Menge sowie gewünschter Liefertermin für den Kunden wurden eingegeben, der Auftrag dann zur Terminermittlung freigegeben und aufgrund des nicht passenden Systemvorschlages wurde er dann als Standard-Routine „geboppt". Dabei wurde der vom Kunden gewünschte Liefertermin eingetragen und der Auftrag final freigegeben. Somit hatte der Vertrieb das gute Gefühl, kundengerecht gehandelt zu haben und er hat das System so wie üblich bedient – und damit ja auch die richtigen Daten für die Produktion eingetragen. Dieses Verfahren wurde in als Standard in allen Vertriebsbüros angewendet.

Was man dort aber nicht wusste: Das „Boppen" war eine spezielle Programmroutine zur Behandlung von Ausnahmesituationen: Das *Back Order Processing* erlaubte es, einige wenige Aufträge mit einem festen Liefertermin in das dynamische Planungsgerüst des APS einzusteuern. Damit sollte vermieden werden, dass kritische rückständige Aufträge vom System zu weit nach hinten geschoben werden. Wendet man dieses Verfahren aber als Erfassungsstandard für jeden eingehenden Kundenauftrag an, dann erstickt man das System, da man letztlich nur noch nicht realisierbare, fixierte Aufträge im System hat, und und das System gar kein Auftragsgefüge mehr optimieren kann. Unwissenheit erzeugte hier Unmachbarkeit.

Was man aber eigentlich gemacht hat – man hat das Risiko des nicht passenden Termins versucht auszuschalten. Man hat sich darüber hinweggesetzt, dass es ein Terminrisiko gibt, sowohl aus der aktuellen Auslastungssituation (die zwischen Produkten und erforderlichen Anlagen stark schwankte) als auch aus der Verfügbarkeit der erforderlichen Mengen zum gewünschten Termin. Durch das „Boppen" wurde das Risiko auf *Null* gesetzt. Da die Realität jedoch eine andere war, wurde man immer wieder von dem tatsächlich vorhandenen Risikoprofil eingeholt.

6.6.1.4 Vertiefende Analyse der Störeinflüsse

Aus den bisherigen Erkenntnissen zur vorliegenden realen und der wahrgenommenen Supply-Chain-Mechanik war ersichtlich, dass eine Vielzahl von Risiken vorlag, die aber entweder

- nicht systematisch berücksichtigt wurden,
- nicht ausreichend durch aktuelle reale Daten abgebildet wurden oder
- nicht in geeigneter Weise in die Prozesse des Auftragsmanagements einflossen.

Hierzu wurden gezielte Analysen durchgeführt, die teilweise mehrere Wochen dauerten, um die erforderlichen Daten zu gewinnen bzw. die Vielzahl der Daten auszuwerten. Im Vordergrund dieser Analysen stand das Interesse, die spezifischen Risiken in den diversen Prozessen und Prozessketten herauszuarbeiten. Diese konnten aus den bisherigen Ergebnissen der Supply-Chain-Mechanik gezielt abgeleitet werden.

Dabei zeigte sich, dass die Ausbeute-Risiken der Ingot-Fertigung sehr unterschiedlich waren zu denen der Wafer-Herstellung. In der Ingot-Fertigung gab es immer wieder Situationen, dass ganze Stäbe nicht verwendbar waren – somit quasi eine digitale Ausbeute eines Fertigungsloses vorlag: *geht oder geht nicht.* In der Wafer-Fertigung hingegen war es oft ein über die verschiedenen Arbeitsstationen hinweg schleichendes Abnehmen der verwertbaren Menge, die dann zu einem bestimmten Endergebnis führten. Interessanterweise korrelierten diese oft mit dem Ausfall von Anlagen, da sie zunächst eine abnehmende Bearbeitungsqualität lieferten, bevor sie für Reparatur, Wartung oder Optimierung stillgelegt wurden. Daher wurden diese beiden Analysestränge, Wafer-Herstellung und Anlagenverfügbarkeit, in ihren Risikoprofilen zusammengeführt: Es wurden sowohl die Produkte identifiziert, zu denen es einen hohen Ausbeuteverlust sowie eine hohe Ausfallwahrscheinlichkeit von einzelnen Anlagen während der Bearbeitung gab, als auch die Anlagen, an denen es oft zu Problemen kam. Dies ergab ein typisches Ausfallursachenmuster, das wir auch in anderen Fertigungslinien und an anderen Produktionsstandorten replizieren, d. h. in gleicher Weise beobachten konnten. Hiermit waren also *Problemprodukte* und *Problemanlagen* in neuer Weise transparent beurteilbar und standen nun mit neuen Erkenntnissen für die weitere Betrachtung bereit.

Bei der Ingot-Herstellung trat ein anderer Effekt auf, der aus dem Erfahrungswissen der Mitarbeiter berichtet wurde, aber zunächst keine ausreichende Signifikanz in der Auswertung der Produktionsdaten fand. Man hatte in der Vergangenheit immer wieder beobachtet, dass Ingots mit bestimmten Legierungszusätzen eher problematisch waren als andere (man fügt dem Reinstsilizium bestimmte einzelne Zusatzstoffe zu, um die Leitfähigkeit zu erhöhen, z. B. Bor, Galliumarsenid, roten Phosphor u. a.). Dies ließ sich auch in höheren Ausbeuteverlusten für bestimmte Produktgruppen bestätigen, aber das alleine reichte nicht aus, um die Unzuverlässigkeit der Produktion zu verstehen – die Komplexität ließ sich hiermit noch nicht „lüften".

Eine andere wichtige Beobachtung führte zum Durchbruch, um die Daten in geeigneter Weise zu betrachten. Wir hatten sowohl in den Daten als auch in den Prozessanalysen beobachtet, dass einige Stäbe (oder Stababschnitte) gar nicht verwendbar waren und andere hingegen verwendbar waren, aber eine teilweise sehr deutlich verlängerte Erzeugungszeit hatten. Hintergrund hierfür war, dass man beim Ziehen des Stabes kontinuierlich auswertete, ob das Kristallgitter die gewünschte Struktur und Homogenität hatte. Falls dies ausblieb, oder das Gitter versprungen war, wurde der bereits gewonnene Stab wieder so weit zurückgefahren und eingeschmolzen, bis man wieder ein homogenes Gitter hatte und dieses weiter ziehen konnte. Teilweise musste der Stab wieder bis zum Impfling eingeschmolzen werden und manchmal wurde er sogar mehrfach wieder eingeschmolzen, um am Ende doch noch ein verwertbares Produkt zu haben – oder auch nicht. Ergänzend gab es hier den Effekt, dass auch der *Dip-In* des Impflings nicht immer erfolgreich war; manchmal brauchte man mehrere Versuche, bis der Impfling die anderen Moleküle dazu veranlassen konnte, das gewünschte homogene Kristallgitter zu erzeugen. Somit gab es zwei Gründe, warum die Zeitdauer ein Vielfaches der ursprünglich geplanten Kapazitätsbelegung war: das Einschmelzen bei weit fortgeschrittenem Zugzustand und das mehrfache Durchführen des initialen Ansatzvorganges. Diese Beides konnte bei bestimmten Produkten auch in einem Durchlauf auftreten.

6.6.1.5 Der Komplexitätskern als Plattform für zielführende Lösungen

Damit waren wir endlich beim Komplexitätskern der Ingot-Herstellung angelangt – es gab zwei voneinander unabhängige Risiken, die man demnach auch separat betrachten konnte: Ein Ausbeuterisiko und ein Zeitrisiko. Und es gab auch eine mögliche Konstellation, wo beide korrelierten, da in dieser Zeitspanne die Anlagenkapazität mehrfach verzehrt („vernichtet") wurde: Wenn man einen Stab vielfach wieder eingeschmolzen hat und dann doch letztlich kein verwertbarer Stab herstellbar war. Aus diesen Überlegungen heraus wurde ein *Vierfelder-Tableau* erstellt (Abb. 6.15), bei dem eine Achse das *Ausbeuterisiko* (den Ausbeute-Verlust) eines Produktes darstellte und die andere Achse das *Zeitrisiko* (wie häufig braucht ein Produkt einer bestimmten Spezifikation länger als geplant). Und siehe da – auf einmal „ging die Punktwolke auf" – Produkte bestimmter Legierungskonstellationen tauchten häufiger in einem der vier Felder auf als andere. Insgesamt konnten hiermit „Risikowolken" bestimmter Legierungskomponenten identifiziert werden!

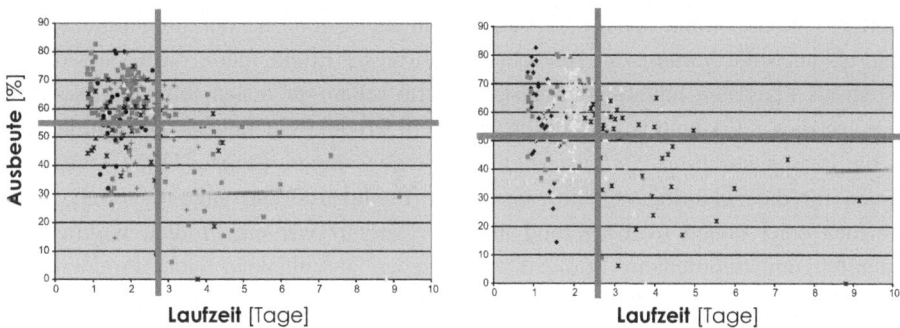

Abb. 6.15 Gliederung einer Situation mit ausgeprägter Komplexitätsüberforderung in Handlungsfeldei mit unterschiedlichen Risiko-Handhabungs-Strategien

Damit war ein wichtiger Durchbruch gelungen: Man konnte klar erkennen, welche Produkttypen ein hohes Ausbeuteverlustrisiko in sich trugen und welche ein hohes Zeitverzehrsrisiko mit sich brachten. Im schlimmsten Fall beides – d. h. es dauert lange und führt letztlich dennoch zu keinem Ergebnis. Dieser Effekt ließ sich dann auch in den Produkten unterschiedlicher Durchmesserbereiche beobachten; über alle Produkte des Produktportfolios hinweg ließ sich ein klares Muster der jeweils wirkenden Risiken ermitteln, die einen mehr oder weniger intensiven Einfluss auf die potenzielle Verfügbarkeit des Mengenausstoßes hatten.

Dies war sehr bedeutungsvoll in den Auswirkungen:

- Bei einem Produkt mit hohem Ausbeute-Risiko konnte man durch Einplanung einer höheren Stückzahl die gewünschte Ergebnismenge projizieren und somit das Risiko kompensieren. Dies war durch Multiplikation von Stückzahl und Anlagenbelegungszeit je Stück berechenbar. Man musste sich nur an der jeweils erzielten (realen) Ausbeute orientieren, da sich ansonsten die oben beschriebenen Effekte der Über- oder Unterproduktion einstellten.
- Bei einem Produkt mit hohem Zeitrisiko konnte man durch die Einplanung einer längeren Bearbeitungszeit je Stück das Risiko kompensieren – wurde dies jedoch nicht gemacht, plante man systematisch immer zu viel verfügbare Kapazität in sein Wochenprogramm ein, die aber dann nicht ausreichte.
- Hatte man es mit einem Produkt mit hoher Risikoausprägung in beiden Kategorien zu tun, dann sollte man am besten eine Woche lang keine anderen Produkte einplanen – und dies entsprechend in der Kostenkalkulation berücksichtigen. Zum anderen mussten gezielte Maßnahmen aufgesetzt werden, um die Prozessbeherrschung zu steigern.

Gerade der letzte Effekt führte dazu, dass wir die Produktionsdaten letztlich richtig lesen konnten: Es gab einen ausgeprägten Erfahrungskurven-Effekt. Mit zunehmender Stückzahl schwieriger Produkte stieg die Kenntnis der Bediener an, wie sie das Produkt

„fahren" mussten; somit änderte sich im Zeitablauf sowohl die durchschnittliche Ausbeute als auch die Varianz der Ausbeute. Auch dieser Effekt führte dazu, dass die im System als Plandaten hinterlegten Ausbeutewerte selten zur realen Situation passten – als Folge dieser Erkenntnis wurde nun zu jedem Produkt ein Lebenszyklus hinterlegt, der die Phasen *Ramp-up, Stabilisierung* und *Serienfertigung* trennte. Diese Kategorien wurden für die zukünftige Qualifizierung der Produkte streng angewendet: Erst mit Erreichen einer hohen Ausbeute und niedriger Varianz war ein Produkt wirklich der Serienfertigung zuordenbar. Infolgedessen blieben anschließend viele Produkte mit hohen Risikoprofilen wahrheitsgemäß in der Stabilisierungsphase und wurden mit entsprechenden Zeitpuffern eingeplant (Abb. 6.16).

Damit waren die Rätsel dieses Produktionssystems geknackt – und die scheinbar undurchdringliche Komplexität entfaltete sich in ihrer wahren Schönheit: Ausbeuterisiko, Zeitrisiko und Erfahrungskurven-Effekt, die sich bisher zu einer scheinbar nicht beherrschbaren Konstellation vereint hatten, ermöglichten bei Kenntnis dieser Effekte die Zuordnung zu den einzelnen Produkttypen-Klassen sowie den jeweils zugehörigen Risikotreibern

6.6.1.6 Erarbeitung von Lösungen zur Beherrschung der Komplexität

Die ursprünglich vorliegende Situation führte zur ständigen Komplexitätsüberforderung. Diese war aber nicht in der intellektuellen Leistungsfähigkeit der Teilnehmer begründet, sondern in dem Nicht-Kennen der wirkenden Zusammenhänge. Die Elemente waren scheinbar weitgehend bekannt: Produkte, Anlagen, Produktionsaufträge, Kundenaufträge. Mit diesen ließ sich die vorliegende Komplexität aber nicht erklären. Unterschätzt wurden die unerkannten Effekte aus nicht eindeutig identifizierten Elementen: beteiligte Personen in Produktspezifikation, Auftragsmanagement und Produktion, zudem das IT-System und die darin verwendeten (Stamm-)Daten und letztlich Einflussfaktoren aus dem technischen Fortschritt; der molekularen metallurgischen Evolution und Innovation, die zu neuen Typvertretern mit ganz anders gearteten Produktionsrisiken führten. Genau diese Risiken bildeten dann Querbeziehungen, zu den Interdependenzen der beteiligten

Abb. 6.16 Einfluss der Erfahrungskurve auf Produktionssicherheit und -ausbeute

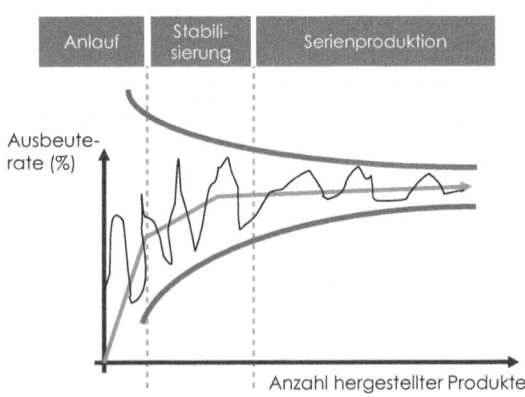

Elemente – und führten jeden Tag aufs Neue aufgrund der darin unbeabsichtigt ausgeführten Fehlleistungen zu einem Aufschwingen (ähnlich der Resonanzkatastrophe) des Produktionssystems, im Ergebnis zu nicht vorhandenen Liefermengen, jeder Menge ungewollter Bestände und letztlich deutlich überhöhten Produktionskosten. Und dies, obwohl sich alle Beteiligten jeden Tag aufs Neue viel Mühe gaben, sich richtig und situationsadäquat zu verhalten und das angestrebte Produktionsergebnis zu erzielen.

Bei der Erarbeitung der Lösungen haben wir uns auf die Produktionsseite (Lieferbzw. Angebotsseite) fokussiert, da hier der Raum war, durch geeignete Werkzeuge des Komplexitäts- und Risikomanagements interne Stabilität bzw. Vorhersehbarkeit zu erzeugen. Auf der Nachfrageseite wurden auch wichtige Treiber von Instabilität identifiziert: Kunden änderten ihre Aufträge (Menge, Termine, Produkte), zudem gab es intern induzierte Änderungen an bestehenden Produktionsaufträgen durch intern verursachte Anpassungen (Neuverteilung knapper Allokationsmengen, Terminänderungen durch Repriorisierung von Kunden oder Produkten, Korrekturen in falsch eingegebenen Kundenaufträgen etc.); und letztlich gab es immer wieder technische Änderungen in Produktspezifikationen oder Herstellanweisungen. Auch diese Themen hätte man idealerweise alle angehen sollen, aber im Rahmen eines effektiven Programm-Managements wurde auf die Themen fokussiert, die den größten Verbesserungseffekt versprachen. Hier waren ja genügend Themen anzugehen – der Schwerpunkt wurde auf die Risiken bzw. Abweichungen in den Feldern Ausbeute, Laufzeit und Kapazitätsangebot gelegt. Zwischen diesen Themen der Angebotsseite gab es auch klare Querbeziehungen zu den Themen der Nachfrageseite (Abb. 6.17).

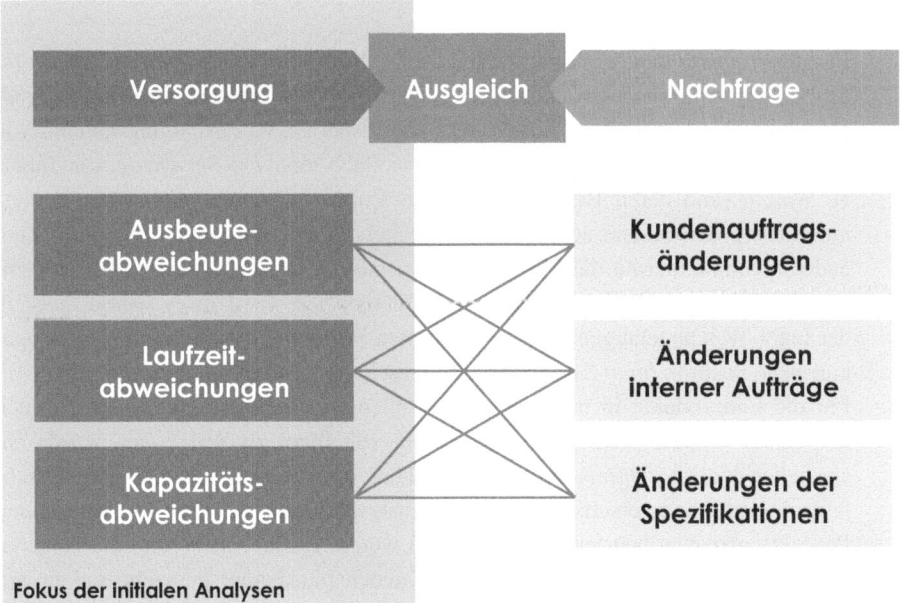

Abb. 6.17 Strukturierung von Komplexitätskräften in einzelne Handlungsbereiche

Es waren aber auch wichtige Rahmenbedingungen zu schaffen, um die Stabilität des gesamten Produktionssystems zu erhöhen, insbesondere seine Steuerbarkeit, Planbarkeit und Vorhersehbarkeit. Zur Beherrschung dieser Komplexität wurden die Erkenntnisse aus der Supply-Chain-Mechanik verknüpft mit den Erkenntnissen der Risikoanalysen:

- Die gesamte Steuerung von Ingot- und Wafer-Bereich wurde getrennt und auch die Modellierung im APS-System geändert, mit entsprechenden Anpassungen der jeweiligen Steuerungsparameter und der Datenbeziehungen.
  - Die langen Herstellungszeit-Takte und die identifizierten Produktionsrisiken (Ausbeute, Zeit, Kapazitätsverzehr) des Ingot-Bereichs wurden in einer speziellen, risikoorientierten Modellierung abgebildet und die Besonderheiten der Mehrfachverwendbarkeit für Ingos für Wafer im Rahmen eines speziellen Demand-Managements aufgegriffen (siehe weiter unten).
  - Für den Wafer-Bereich wurde der Schwerpunkt unter anderem auf alternative Routings gelegt, um je nach Verfügbarkeit für bestimmte Verarbeitungsgüten geeignete Anlagen in der Produktionssequenz auszuwählen und so eine durchgängige, qualitätserzeugende Prozesskette dynamisch festzulegen, je nach Lastzustand und situativer Leistungsfähigkeit der Anlagen. Hierdurch wurden die hohe Dynamik der Anlagenausfälle in den Mittelpunkt gerückt und entsprechende produktionsbegleitende Analysen zu Ausfallursachen, Ausfallhäufigkeit und Ausfalldauer dauerhaft etabliert. Die Erkenntnisse daraus flossen realtime in die Steuerungsparameter des APS-Systems ein.
- Die ausgeprägte *Pareto-Verteilung* der Produkte wurde herangezogen, um in Verbindung mit den beobachteten Risiken der Ingot-Erzeugung eine völlig neue interne Logik der Prozesskette zu realisieren:
  - Für die Produkte in hohen Stückzahlen (A-Produkte) wurde ein spezielles *Make-to-Stock* für die Ingots entwickelt, das systematisch als internes *Vendor-Managed-Inventory* gesteuert wurde; dieses löste die bisherige Vorratshaltung anhand von Mindestbeständen ab. Zum einen gab es vielfach eine *1:n-Beziehung* von Ingots zu Wafern (und deren Bedarfsmengen der Zukunft konnten trotz hoher Varianz auf Einzelproduktebene auf Produktgruppenebene gut abgeschätzt werden). Zum anderen konnte hiermit das Verfügbarkeitsrisiko der Ingots systematisch und sachgerecht durch entsprechende Vorproduktion reduziert werden; es wurde quasi in der Ingot-Welt abgefangen. Zur sachgerechten Steuerung der Situation wurde sogar eine neue Position *Ingot Supply Manager* geschaffen und erfolgreich etabliert.
  - Für die Endprodukte in niedrigen Stückzahlen (C-Produkte), für die es oft auch nur eine *1:1-* oder niedrige *1:n-Beziehung* von Ingot zu Wafer gab, wurde ein spezieller *Make-to-Order- Prozess* eingeführt, der einerseits eine längere Durchlaufzeit hatte, andererseits aber auch intensiv aufgrund der jeweils vorliegenden Produktionsrisiken beurteilt und eingestuft wurde. Dieses Risiko und die längeren erforderlichen Durchläufe wurden dem Kunden transparent gemacht und in den Ursachen verdeutlicht. Hierdurch konnte sogar in einigen Fällen erfolgreich eine technische Optimierung beim Kunden angestoßen werden.

- Die Vielzahl der festgestellten Produktionsrisiken im Ingot-Bereich führte zur Entwicklung einer speziellen Steuerungsmethodik. Neben den bereits beschriebenen, der Erfahrungskurve folgenden Klassifikation in Ramp-up, Stabilisierung und Serienproduktion, wurden die beiden Grundrisiken (Mengenrisiko, Laufzeitrisiko) in ein systematisches Modell überführt, um den jeweiligen Kapazitätsverzehr eines Produktes transparent abzubilden und damit in der Produktionsplanung entsprechende Puffer zu verwenden (Abb. 6.18).

  - Das Mengenrisiko besteht ja maßgeblich aus der Varianz der Ausbeute; andererseits hat es einen großen Einfluss, auf welchem Niveau der durchschnittlichen Ausbeute dies stattfindet – bei einem hohen Ausbeutewert ist eine niedrige Schwankungsbreite einfacher beherrschbar als bei einem niedrigen Wert; dort kann das Eintreten der unteren Varianzwerte durchaus bedeuten, dass man kaum verwertbare Produkte gewinnt.

  - Das Laufzeitrisiko ist geprägt von Anfangsrisiko der Strukturausbildung und dem korrektiven Einschmelzen bereits gezogener Stablängen. Je länger die Startphase im Vergleich zum Standardablauf ist, desto mehr Kapazität wird verbraucht – ebenso, wenn es immer wieder zu Korrekturen kommt, um das homogene Gitter über die Stablänge sicherzustellen. Dies kann sehr schnell überproportional (bzw. exponentiell) anwachsen und daher zu starken Verwerfungen in der geplanten Kapazitätsverwendung führen.

  - Durch die systematische Einordnung jedes Produkts und vor allem auch seine Beobachtung über die Zeit hinweg, kann jedem Produkt dann seine spezielle Risikokategorie zugewiesen werden – je höher das Risiko, desto höher der erforderliche Zuschlag. Es ist nur wichtig, dass das Ausbeuterisiko ein reiner Mengenzuschlag ist (der dadurch zu einem Mehrverbrauch an Kapazitätszeit führt) und das Zeitrisiko davon unabhängig in einer längeren Laufzeit je Stück abgebildet und planerisch berücksichtigt wird.

Mit diesen drei Handlungsfeldern (Trennung der Produktionssysteme, Aufspaltung des Produktportfolios, Etablieren der Risikoklassen) wurde die vorher undurchdringliche Komplexitätssituation zerlegt in einzelne Bausteine, die jeweils in sich klar bearbeitbar waren. Die Komplexität wurde also aufgespalten in Themen, in denen jeweils eine gewisse Vielfalt an Ausprägungen und darin eine gewisse Vielzahl an Vorgängen vorzufinden war. Aber nun war jedes in sich bearbeitbar, die Zusammenhänge waren klar und alle Beteiligten konnten sich nunmehr darauf fokussieren, die entsprechend identifizierten Risikobereiche systematischer zu betrachten und – wenn möglich – für eine Lösungsfindung anzugehen. Ausgangspunkt war der Komplexitätskern des Kapazitätsverzehrsrisikos – die beiden anderen Themenfelder waren dann abgeleitete Maßnahmen, um das Produktionssystem so zu zerlegen, dass die Querbeziehungen einerseits transparent waren und andererseits nur noch gedämpft durchschlagen konnten. Das wurde dann noch ergänzt durch eine Reihe ergänzender Maßnahmen, insbesondere der Schulung aller Beteiligten in den neuen Prozessen und den neuen Funktionalitäten von APS- und anderen IT-Systemen im Auftragsmanagement – und vor allem ein Reduzieren des *Boppens* auf wirkliche Notfälle.

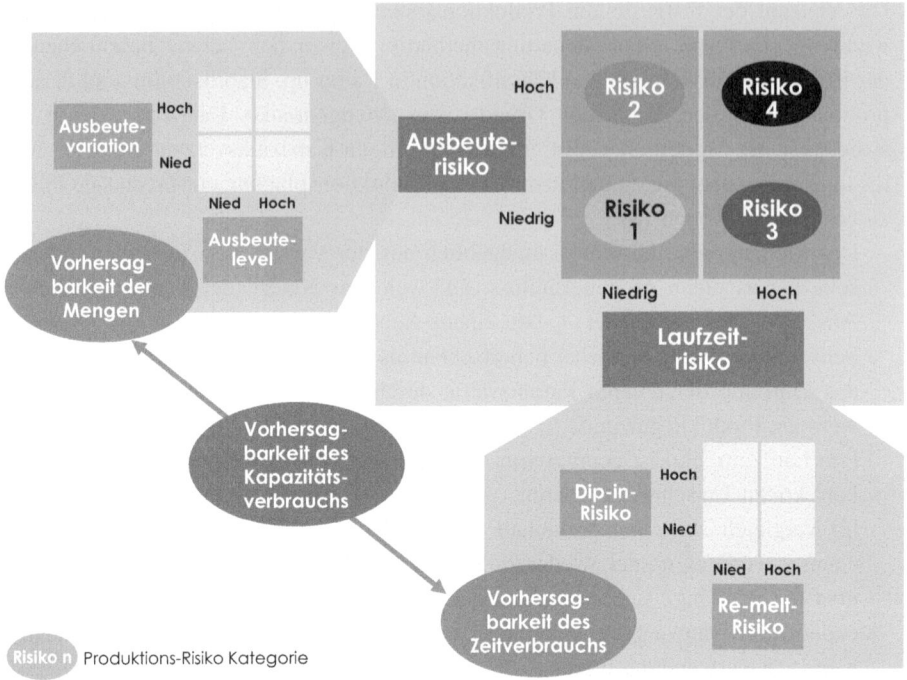

Abb. 6.18   Konzept einer Produktionssteuerung auf Basis von Produktionsrisiken und Risikoklassen

6.6.1.7 Bewertung der Nutzeneffekte

Die nun mögliche bessere Beherrschung der Komplexität führte zu einer Reihe von Verbesserungen, die sich in unterschiedlicher Weise positiv auswirkten. Hiervon sind besonders zu erwähnen:

- **Bestände:** Zunächst gab es eine Optimierung der Bestandssituation (Verfügbarkeit, Bestandshöhe); insgesamt jedoch eher eine Reduzierung des Bestands, da man die vielen unnötigen Bestandspositionen und -mengen durch die bessere Steuerung vermeiden konnte.
- **Zuverlässigkeit:** Als Folge der besseren Steuerbarkeit der Produktionsaufträge gab es auch deutlich weniger Terminüberschreitungen, ebenso waren die Ausbringungsmengen nun häufig besser zu den angeklagten Bestellmengen passend.
- **Reaktionsfähigkeit:** Die gezielt ansetzende Bestandsführung durch das interne VMI führte zu einer besseren Verfügbarkeit, auch für kurzfristig eingehende Aufträge und Auftragsänderungen; die systematischer an den Ausfallursachen ansetzende Steuerung der Wafer-Fertigung ergab eine höhere Transparenz der jeweils vorliegenden Situation (Realität und Planungssystem) und auch damit eine schnellere Beurteilung und Umsetzung von Änderungen und Kurzfrist-Aufträgen.

- **Beschleunigung:** Ebenfalls als Folge der per VMI gesteuerten Ingot-Versorgung, der höheren Verfügbarkeit, geringeren Wartezeit auf Nachproduktionen etc. sowie des schnelleren und systematischen Durchlaufs durch die Wafer-Stufe konnte die gesamte Durchlaufzeit für jeden einzelnen Auftrag deutlich reduziert werden; die geplant längere Durchlaufzeit für auftragsspezifische Besonderheiten führte zu einer deutlichen Beruhigung und Beschleunigung der Regelproduktion.

- **Kapazitätserhöhung:** Die gezieltere Nutzung von realitätsnahen, dynamisch gepflegten Ausbeutewerten führte zu einer deutlichen Beruhigung der Fertigungssituation; einerseits entfielen viele der kurzfristigen (internen) Nachbestellungen für Ingots, andererseits konnten Kapazitätsbelegungen reduziert werden, die in der Vergangenheit zu nicht aktuell (oder auch änderungsbedingt generell) erforderlichen Beständen geführt hatten.

- **Kostenreduzierung:** Es gab deutlich weniger Fehlleistungen, Mehrarbeit und Überstunden, da die Produktionsabläufe weniger Verlustleistung produzierten. Dies senkte die operativen Kosten zusätzlich zu den anderen kostenwirksamen Effekten.

- **Motivationsförderung:** Das interne Konfliktpotenzial wurde deutlich reduziert, da das Zusammenspiel der verschiedenen beteiligten Funktionsbereiche richtig gestellt und besser verstanden wurde, man somit besser auf die Belange der anderen Funktionen eingehen konnte und die unerklärliche negative Dynamik sowie das ständige Fehlen von Mengen zu vielen internen Konflikten geführt hatte.

Insgesamt wirkten sich die Erkenntnisse zum Komplexitätskern und die darum gruppierten Maßnahmen positiv aus, vor allem die Beschleunigung und Verbesserung der Reaktionsfähigkeit sind ja zentrale Merkmale der Wettbewerbsfähigkeit in schnellen Lieferketten der Sofortgesellschaft.

6.6.1.8 Konsequenzen für die IT-Gestaltung

Dieses Beispiel in seinen hier dargelegten Facetten zeigt einerseits auf, wie wirksam die Methodik der Supply-Chain-Mechanik im Zusammenhang mit der Bewältigung und Beherrschung von Komplexität in Supply Chains ist und wie wichtig eine akribische, dennoch fokussierte und kreative Analysearbeit ist – mit der erforderlichen Geduld des Managements, den erforderlichen Zeitbedarf hierfür einzuräumen. Andererseits wird auch ersichtlich, wie oft es in Unternehmen heutzutage eine hohe Systemgläubigkeit gibt, um mit der Dynamik und zunehmenden Volatilität des Geschäftsalltags im Zeitalter der Sofortgesellschaft umgehen zu können. Und wie schnell diese Hoffnung auf die Wirksamkeit teuer eingekaufter und aufwendig implementierter IT-Systeme in die falsche Richtung gehen kann.

Daher soll hier als Epilog zu dieser Fallstudie eine Betrachtung angestellt werden, wie typischerweise ein solches Planungssystem funktioniert: Es ist in der Lage, eine Vielzahl von Parametern mithilfe von geschickten Algorithmen in geeigneter Weise zu verknüpfen. Dadurch ist es dem menschlichen Gehirn weit überlegen, da es viel mehr Vorgänge und Verknüpfungen in sehr kurzer Zeit mathematisch durchführen kann.

Typischerweise werden hierbei vier Variablen-Elemente miteinander verknüpft: Verfügbare Materialien, vorhandene Produktionseinrichtungen, deren Prozessfähigkeit und die erforderliche Ausbringungsmenge, um die Nachfrage zu befriedigen. Zur Durchführung der Berechnungen werden dann noch eine Reihe von Stammdaten und Steuerungsparametern hinzugezogen, die wichtige Inhalte zu den Rechenoperationen zusteuern. Das System ist nun in der Lage, kleinere und größere Veränderungen in den einzelnen Variablen aufzugreifen und im Rahmen einer Neuberechnung ein neues Ergebnis zu der geänderten Situation zu bestimmen. Dieses Ergebnis kann sich sehr von dem vorangegangenen Ergebnis unterscheiden, da ja eine neue Situation vorliegt. Und zu dieser neuen Situation gibt es dann auch eine neue optimale Lösung. Die Kunst liegt hier darin, eine gewisse Dämpfung einzubauen, sodass über die Zeit nicht zu viele radikale Planänderungen ausgewiesen werden, sondern eine beherrschbare, vermittelbare *Szenario-Reise* stattfindet (Abb. 6.19).

Wenn jedoch eine Situation auftritt, in der in jedem der Variablen-Felder große Veränderungen auftreten und zusätzlich noch Unstimmigkeiten in den zugrunde liegenden Stammdaten und Steuerungsparametern vorliegen, dann kann das System nur noch unsinnige Ergebnisse errechnen – das System ist dann systematisch zum Scheitern programmiert (Abb. 6.20).

Und da die hinter der Programmierung des Systems und den darin befindlichen Logiken eine ausgeprägte Intransparenz und somit nicht durchdringbare Komplexität für den Anwender und den Nutzer vorliegt, können diese nur noch durch die Systemkonstellation ständig überfordert werden. Im Ergebnis wird ein solches System dann nicht mehr akzeptiert, die Ergebnisse werden nicht mehr wirklich angewendet und

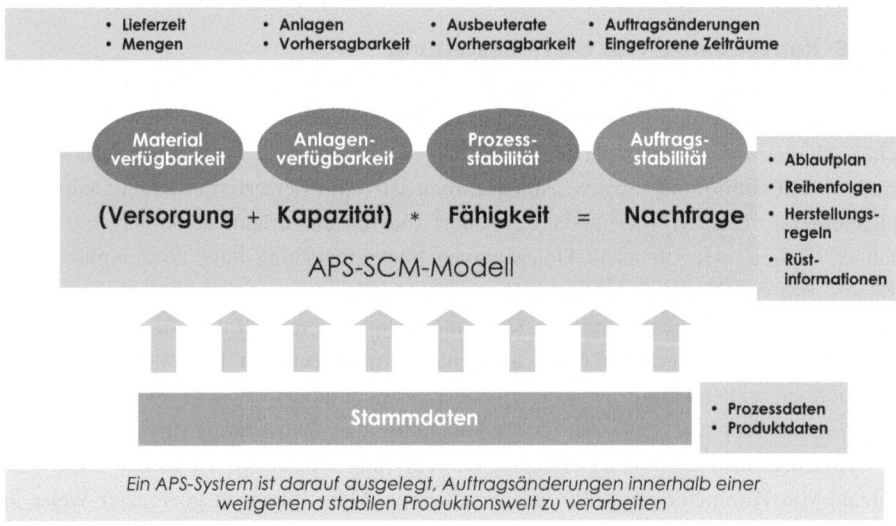

Abb. 6.19 Typische Modellierungsparameter eines Advanced-Planning-Systems

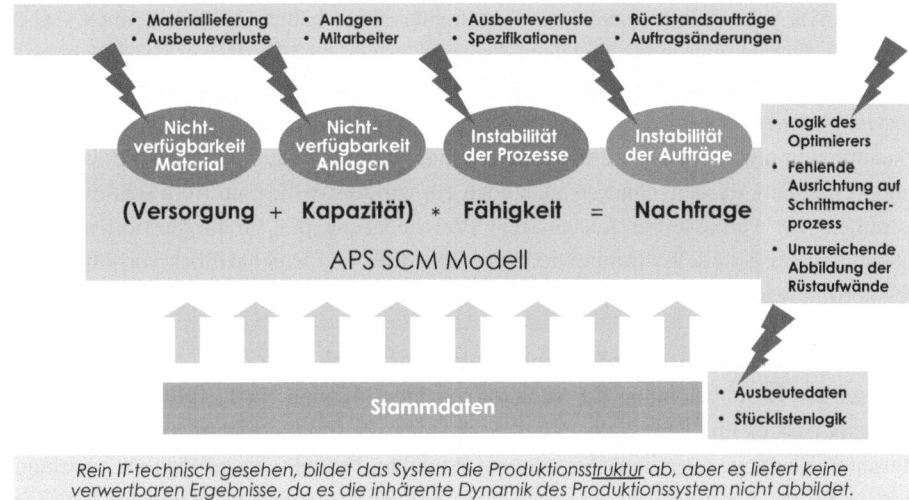

Rein IT-technisch gesehen, bildet das System die Produktionsstruktur ab, aber es liefert keine
verwertbaren Ergebnisse, da es die inhärente Dynamik des Produktionssystem nicht abbildet.

Abb. 6.20 Risiken in den Parametern eines Planungssystems, die zu signifikanten Abweichungen
der Berechnungsergebnisse führen können

es verkommt zu einer nicht mehr relevanten Scheinwelt. Wenn diese dann auch noch
mit hohem (Personal-)Aufwand gepflegt wird, findet unternehmerischer Unsinn statt.
Warum etwas planen, warum etwas pflegen, das ohnehin nicht funktionieren kann?
Daher ist es extrem wichtig, ein solches System nicht nur technisch zu implementieren
(d. h. die technische Lauffähigkeit des Systems inklusive Datenversorgung zu realisieren), sondern vor allem das System logisch richtig zu implementieren, indem man die
reale Situation in richtiger Weise durchdringt und die mithilfe der Methodik der Supply-
Chain-Mechanik aufgespürten Gesetzmäßigkeiten systematisch in die Systemgestaltung
einbringt: *Systemexzellenz durch Komplexitätsexzellenz.*

6.6.2 „Minutenmanagement" zur Optimierung von Produktportfolio-Management, lokaler Supply Chain und übergreifender Geschäftssteuerung

In einem anderen Unternehmen hatten wir es vordergründig eher mit einem Kosten-
problem zu tun, das zu unzureichender Profitabilität führte. Als Ausgangspunkt wurde
die Frage formuliert, warum es an den einzelnen Standorten Kostenunterschiede gab.
Diese waren mithilfe der Informationen aus der Kostenrechnung nicht ausreichend
erklärbar. Die erste Diagnose ergab, dass eine komplexe Situation vorliegt, die sowohl
auf der Ebene des Werkeverbunds wirkt, als auch in den Werken selbst. Somit galt es
also sowohl die beteiligten Elemente zu identifizieren als auch deren Zusammenwirken.
Das besondere Merkmal der hier vorliegenden Komplexität war, dass es vielfältige

Ansatzpunkte gab, die potenziell den Kostenunterschied hätten erklären können – aber die tiefere Betrachtung jedes einzelnen Aspektes ergab jeweils, dass er dazu nicht ausreichte. Es gab also ein noch nicht ergründetes Zusammenwirken von Faktoren, welches im Rahmen des Projektes klar herausgearbeitet wurde. Zudem konnte mit diesen Erkenntnissen nicht nur eine durchgängige Steuerung der Abläufe in einem Produktionsstandort definiert werden, sondern auch noch ein wirkungsvolles, im Kern sehr einfaches Instrument zur verbesserten Kosten- und Preissteuerung des Produktportfolios. Diese Entdeckungsreise stellen wir nun wieder im Zeitraffer und Ergebnisblick vor – doch der Weg dorthin war weder geradlinig noch schnell.

6.6.2.1 Grundstruktur der Supply-Chain-Mechanik

Die intensive Durchleuchtung der Situation zur Identifikation der Supply-Chain-Mechanik ergab, dass es im Quervergleich der Werke mehrere Einflussfaktoren gab, die auf die relevanten Elemente (Personal, Maschinen, Produkte, Produktionsaufträge etc.) wirkten. Nach mehreren Iterationsschleifen, wie diese Erkenntnisse sich in geeigneter Weise in daraus gewonnene Ergebnisse übersetzen lassen, konnten zwei Bereiche mit sehr unterschiedlichen Wirkmechanismen identifiziert werden. Latent ist das nicht abwegig; man kennt ja vieles aus der eigenen Unternehmenswelt – aber selten kann man die Hebel so klar beschreiben, die Verknüpfungen so klar identifizieren, dass man diese zu einer Verbesserung der Steuerung einer komplexen Situation anwenden kann. Mittels der Supply-Chain-Mechanik wird dies hingegen sehr klar aufgezeigt.

In diesem Fall ließen sich die vielen wirkenden Einflussfaktoren und deren individuelle Ausprägung auf Werksebene nach längeren Erwägungen auf der obersten Ebene zu *strukturellen* und *operativen* Themengruppen verdichten. Hintergrund war, dass wir Sachverhalte beobachten konnten, die quasi „aus den Grundfesten" eines Standortes heraus wirkten und andere, die eher aus der operativen Abwicklung der verschiedenen Aufträge und Produkte gespeist wurden. Dies definierte die Supply-Chain-Mechanik auf der obersten Ebene: eine einfach und logisch, scheinbar vorhersehbar anmutende Aufteilung – aber doch zuvor nicht so klar formuliert, die letztlich sehr wirkungsvoll für die Ableitung von Optimierungsinformationen war.

Als *strukturell* wurden u. a. Themen eingestuft, die beispielsweise aus spezifischen *Landesregularien* resultierten (z. B. Lohnniveau, Anzahl der Arbeitsstunden pro Woche, Anzahl der Urlaubstage, Höhe von Überstundenzuschlägen, Kosteneffekte von Schichtmodellen, z. B. Aufschläge für Nacht- und Wochenendschichten, Handhabung von Krankheitsausfall etc.). Hinzu kommen aber auch strukturelle Effekte, die sich aus der *technischen Auslegung der Produktionsanlagen* ergeben (z. B. Kapazität, Ausbringungsmenge pro Stunde, Energiekosten-Verzehr etc.); hierin waren Effekte der *Fixkostenverdünnung* begründet, da man für eine Anlage – unabhängig von der technischen Kapazität – ein bestimmtes Personaleinsatzprofil (Anzahl der Personen pro Tag) hatte. Somit verteilten sich bei höherer Ausbringungskapazität die Grundkosten einfach auf eine höhere Menge und führten somit zu niedrigeren Durchschnittskosten – ganz im Sinne der *Economies of Scale*. Differenzierte Betrachtungen führten dazu, welche

Aspekte diesen Grundkosten des Betriebs zuzurechnen waren. Als dritten strukturellen Einflussbereich identifizierten wir die *Mitarbeitermotivation* – je höher der Teamgeist für effektive und zielführende Zusammenarbeit ausgeprägt war, desto höher war die individuelle und kollektive Bereitschaft, Verbesserungsbedarfe zu erkennen und an Verbesserungen zu arbeiten. Und je stärker das Management in einer Vorbildrolle diese ständige Suche nach Optimierungen eingefordert und vorgelebt hat, desto niedriger war die relative Kostenposition eines Standorts.

Zwischenfazit: Eigentlich sind dies keine radikalen, innovativen Erkenntnisse – und doch waren sie vorher in dieser klaren, strukturierten und fokussierten Form nicht erkannt, nicht bekannt, nicht konsequent und zielführend adressiert.

6.6.2.2 Erkennen der wirkenden dynamischen Lastkräfte

In den *operativen* Themen ging es einerseits darum, wie man die durch hohe Fixkosten geprägte Herstellsituation am besten genutzt hat. Klassischerweise geht man eine solche Frage mit der Methodik der *Operational Equipment Efficiency* (OEE) an; diese liefert mit den darin definierten Kennzahlen wichtige Anhaltspunkte, durch welche Ursachen die Auslastung verloren geht. Das darin verwendete typische *Treppenprofil* zeigt dies recht gut auf – und kann für die Supply-Chain-Mechanik sehr gut eingesetzt werden. Offen bleibt jedoch hierbei die Frage, warum diese Effekte auftreten und wie sie möglicherweise zusammenwirken.

In diesem Fall konnten wir dies zurückführen auf zwei unterschiedliche Einflussbereiche, die eigentlich unabhängig voneinander zu beobachten waren, aber in bestimmten Fällen Querbeziehungen auslösten. Gleichzeitig waren dies nicht mehr eher statisch zusammen spielende Faktoren, sondern sie standen in einem starken Bewegungszusammenhang und waren somit eher der Kinematik, Kinetik sowie Dynamik zuzuordnen, die in dem zuvor beschriebenen statischen System wirkten. Auch hier gilt: Wenn man vom Ergebnis her kommend über die Situation berichtet, ist alles sehr einleuchtend und offensichtlich.

Ein großer Kostentreiber war der Auslastungsgrad der Anlage. Sowohl die Betrachtung der Kosten- und Leistungstreiber als auch deren mechanisches und dynamisches Zusammenspiel ergab, dass diese geprägt wurde einerseits von der Belegungszeit mit Produktionsaufträgen (Planauslastung), andererseits der Verfügbarkeit (Zuverlässigkeit). Je höher die technische Verfügbarkeit, desto mehr Zeit der Anlage konnte für die Produktion von Deckungsbeitrag bringenden Produkten eingesetzt werden. Hier konnten wir unterschiedliche Messwerte an den einzelnen Standorten ablesen, vor allem ließen sich aber unterschiedliche Vorgehensweisen für die Instandhaltung beobachten. Dies beruhte einerseits auf technischen Unterschieden in den Anlagen (und auch deren Alter), andererseits jedoch auch auf unterschiedlichen Ausführungsweisen der Tätigkeiten, trotz übergreifend einheitlicher Regelungen. Letztere hatten ihren Hintergrund in der Heterogenität der Anlagen, da der Werkeverbund stark durch Akquisition der einzelnen Werke entstanden war und jeder Standort seine eigene *ingenieurstechnische Handschrift* trug. Darüber hinaus kam auch der unterschiedliche Teamspirit zum Tragen, d. h. mit welcher

Intensität und übergreifender Zusammenarbeit sich die jeweilige Mannschaft um das Wohlergehen der Anlage kümmerte.

Der andere große Kostentreiber ging von den Produkten aus. Diese hatten sehr unterschiedlichen Kapazitätsverzehr, führten aber auch zu weiteren Effekten in Anlagensteuerung und Anlagennutzung. In Laufe der Analysen mithilfe der Supply-Chain-Mechanik erschlossen sich hierzu einzelne Dimensionen der Kosteneffekte, die letztlich zu einer neuen Sicht auf das Produktionssystem und daraus folgernd auf das hergestellte Produktportfolio führte.

Ausgangspunkt der Überlegungen (auf Basis des Modells der OEE-orientierten Supply-Chain-Mechanik des Produktionssystems bzw. der Produktionsanlagen) war, dass man für eine Anlage *theoretisch* die *beste Kostenposition* hat, wenn man ständig nur ein Produkt herstellt, das die Anlagenkapazität (Fertigungsmengenleistung pro Stunde) immer voll ausschöpft. Alle anderen Konstellationen führen zu einer Reduzierung der Kapazitätsnutzung und der erzielbaren Ausbringungsmenge. Auf diese Weise war die maximale Menge bestimmt, um die gesamten anfallenden Kosten darauf umzulegen – das theoretische Kostenminimum.

Ausgehend von dieser Grundhypothese wurden nun systematisch alle Einflussfaktoren untersucht, die eine Schmälerung dieser Maximalmenge und somit der minimalen Kostenposition verursachen können. Hierbei wurden etwa 30 als relevant eingeschätzte, aus einem Strukturmodell der Anlage identifizierte Parameter intensiv diskutiert und entsprechende Messwerte und Statistiken ausgewertet. Analog zum Vorgehen für Kostentreiber-Analysen der Prozesskostenrechnung wurden die Effekte der einzelnen Parameter untersucht: Welche wirken stärker, welche weniger intensiv auf das Ergebnis (Erzeugnismenge)? Dabei wurden auch Abhängigkeiten dieser Parameter untereinander transparent und letztlich wurde angestrebt, diese Einflussfaktoren auf möglichst wenige Hauptfaktoren zu verdichten bzw. weniger stark wirkende herauszufiltern. Im Ergebnis konnten vier wesentliche *Triebkräfte des Leistungsverlustes* beschrieben werden:

- Erzeugte Menge eines Produktes bezogen auf die maximale Ausbringungsmenge der Anlage, gemessen in der *Reduzierungsrate* in Prozent;
- die Einsatzmengen/Ausbeute-Relation eines Produktes, gemessen an der *Abfallrate* während der Herstellung, d. h. nach Abschluss der technischen Umstellung der Anlage;
- der Handhabungsaufwand eines Produktes im Vergleich zum einfachen Standardprodukt, gemessen an dem Bedarf an *Mehrstunden* (zusätzliche Mitarbeiter bzw. Arbeitsgänge) während der Produktion, aber auch spezielle Umrüstaktivitäten zur Anpassung der Anlage;
- der Umstellungsaufwand (Rüsten) der Anlage von einem auf ein anderes Produkt, gemessen an dem Zeitbedarf vom Abstellen des alten Produktes bis hin zur Zielqualität des folgenden Produktes; dieser wurde dann bezogen auf die nominale Anlagenleistung in diesem Zeitraum und der *Umstellungsverlust* der maximalen Ausbringungsmenge durch diese Nichtnutzung in der Umstellungszeit als Messindikator verwendet.

Der erste Kennwert, die Reduzierungsrate, konnte auch dafür verwendet werden, Zeiten einer Nichtnutzung der Anlage infolge fehlender Nachfrage abzubilden – allerdings separat ausgewiesen, damit klar erkennbar wurde, was aus einer Nichtbelegung resultiert und was aus produktspezifischem Kapazitätsverbrauch.

6.6.2.3   Lösungsfindung mithilfe des Komplexitätskerns: Der Production Complexity Score

Mit diesen vier Triebkräften waren wir dann am Komplexitätskern dieses Produktionssystems angelangt – wie sich später herausstellte, gingen viele andere Probleme in der Supply Chain auf bisher nicht ausreichend bekanntes Zusammenwirken dieser vier Triebkräfte zurück. Mit dem Modell eines *Production Complexity Score* hatten wir nun die Basis, um alle Standorte in sehr einfacher Weise miteinander zu vergleichen und damit die Werke zu identifizieren, die aufgrund ihres Produktprogrammes eigentlich eine niedrige Kostenposition haben müssten und andererseits solche, die infolge der hergestellten Produkte eine deutlich höhere Kostenposition haben dürften (Abb. 6.21). Denn die operativen Kosten eines Standortes aufgrund des Schwierigkeitsgrads eines Produktes konnte man ja nicht unbedingt dem Werk anlasten, da es die Folge einer Produktallokation an diese Produktionsumgebung war. Somit waren mithilfe dieses Modells des *Production Complexity Score* wichtige Fragen systematisch und sachlich diskutierbar, die zuvor durch eine unklare Komplexitätssituation nicht eindeutig adressierbar waren:

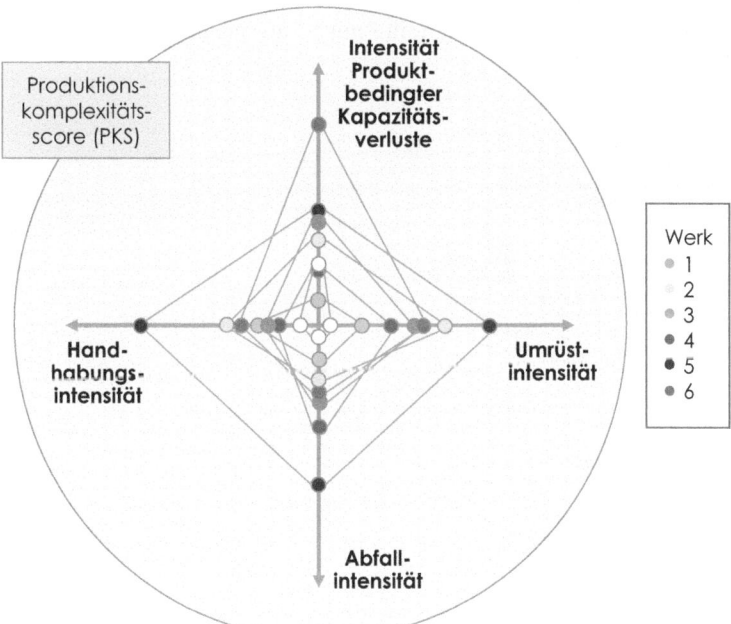

Abb. 6.21   Komplexitätszerlegendes Modell der Produktionseinflussfaktoren

- Wie gut ist das Werk hinsichtlich der vorhandenen Produktionsinfrastruktur in der Lage, dieses Produkt in optimaler Weise herzustellen – oder resultieren (temporäre) Mehrkosten daraus, dass ein Werk (vorübergehend) ein Produkt herstellen muss, für das es produktionstechnisch nicht richtig aufgestellt ist?
- Durch welche Maßnahmen kann man in dem Werk bessere Voraussetzungen schaffen, ein Produkt mit schwieriger Kostenreduzierung effektiver und effizienter herzustellen?
- Welche Produkte werfen besonders hohe Kosten auf und sind die marktseitigen Voraussetzungen gegeben, diese durch entsprechend höhere Preise weiterhin attraktiv herzustellen und zu vermarkten?
- Sind die Herstell- und Gemeinkosten für die Erzeugung schwieriger Produkte sachgerecht auf diese Produkte zugeschnitten oder gibt es ungewollt eine Quersubventionierung durch die Mehrzahl der einfachen Produkte?

Die hiermit geschaffene Kenntnis des Komplexitätskerns konnte zu einer deutliche höheren Transparenz, klareren Fragestellungen und Diskussionen und somit zu besseren Entscheidungssituationen beitragen. Bei der Anwendung auf die diversen erzeugten Produkte wurde ein weiterer Effekt sichtbar: Es gab charakteristische Abfolgen einzelner Phasenelemente darin, die zu unterschiedlich hohen Verlustleistungen in den einzelnen vier Dimensionen, aber auch letztlich insgesamt führten. Daher konnte man das Modell des *Production Complexity Score* auch als ein Messmodell für Verlustleistungen betrachten (Abb. 6.22). Um dies besser handhaben zu können, wurde jede Dimension in vier Stufen unterteilt; mit 1 als niedrigster Verlustleistung und

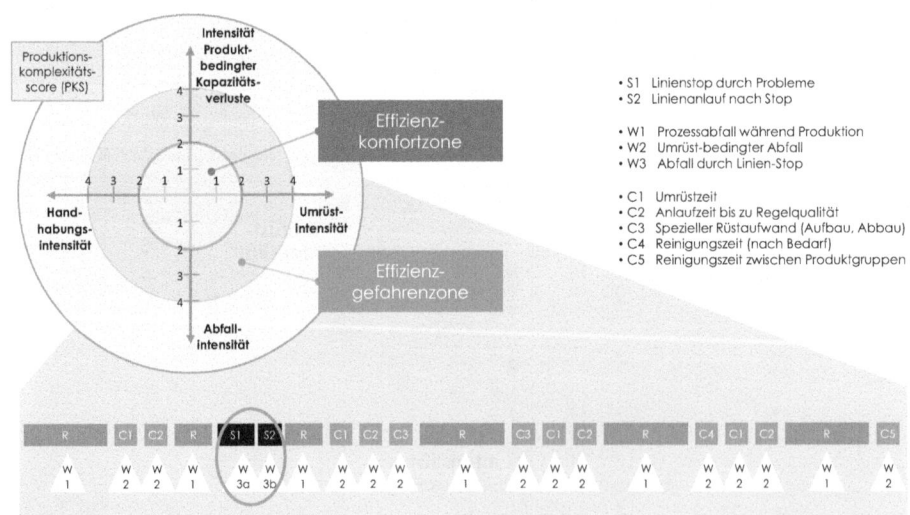

Abb. 6.22 Detailsicht auf Wirkmechanismen und Einflussfaktoren auf die Produktionseffizienz

4 als höchster Verlustleistung. Zu jeder Stufe wurden je Dimension Wertebereich als obere und untere Grenzwerte festgelegt. Damit ließen sich alle Produkte systematisch bewerten und eine Ausprägung je Dimension ließ sich zuordnen. So konnte das gesamte Produktportfolio systematisch und gesamtheitlich klassifiziert und anschließend statistisch ausgewertet werden – jedes Produkt hatte sein eigenes, charakteristisches vierstelliges Profil, mit Werten je Dimension von eins bis vier (in gewisser Weise ein Myers-Briggs-Indikator (Myers und Myers 1980) für Produkte).

Die folgenden, vertiefenden Komplexitätsanalysen entfalteten noch einen weiteren wichtigen Aspekt: Bei der Spiegelung der Produktionsmengen in den einzelnen vier Dimensionen zeigte sich sehr schnell, dass die Handhabung der vier Dimensionen sowohl in der statistischen Analyse als auch in der Entscheidungsfindung schnell zu sehr vielfältigen Gruppierungen führte, da die vier Dimensionen ja voneinander unabhängig waren. Somit könnte es theoretisch 64 unterschiedliche Kombinationen geben. Andererseits wurde auffällig, dass es eigentlich keine wirkliche Problem- bzw. erhöhte Kostensituation mit sich brachte, wenn die einzelnen Scores im Bereich eins bis zwei waren. Und dies traf auch dann zu, wenn alle vier Dimensionen auf der Stufe 2 ausgeprägt waren – man hatte zwar höhere Kosten als im Idealfall; die Auswirkungen waren jedoch nicht so extensiv und konnten zumeist gut beherrscht werden.

Hingegen änderte sich die Situation schlagartig, wenn einer der Werte in den Bereich 3 oder 4 anwuchs – dann war der Effekt so progressiv, dass es eine überproportionale Zunahme der Kosten gab – und auch dies war unabhängig davon, in welcher Dimension der Grenzwert 2 überschritten wurde. Auch die Betrachtung der hergestellten Mengen in den einzelnen Werftenbereichen wies darauf hin, dass mit rund 90 % die Mehrheit der Produktionsmengen im Bereich eins bis zwei vorzufinden war – offenbar waren dies Schwierigkeitsgrade, die man gut beherrschte. Wir haben dies daher *Komfortzone der Effizienz* getauft. Andererseits konnten wir aufzeigen, dass 70 % der Produkte und 80 % der Produktionsaufträge davon betroffen waren, somit ein sehr großer Bereich an *Standardsituationen*. An anderen Standorten haben wir später einen weitaus geringeren Anteil an Standardsituationen identifiziert, der auch gut zu der jeweiligen (erhöhten) Kostenposition passte. Als Gegenpol zu der *Komfortzone* wurde die *Gefahrenzone der Effizienz* definiert, in der man in einer oder mehreren Dimensionen signifikant erhöhte Verlustleistung hatte und somit eine deutlich erhöhte Kostenposition. Die Komplexität des Produktionssystems war durch einen Komplexitätskern in vier Dimensionen beschrieben und durch das Finden der daraus resultierenden Kosteneffekte in einen einfach handhabbaren Sinnzusammenhang gebracht worden (Abb. 6.23).

6.6.2.4 Ableitung von Maßnahmen zur Geschäftssteuerung

Als Schlussfolgerung wurde das Modell für seine operative und strategische Anwendung auf zwei Bereiche reduziert: Die *Komfortzone* und die *Gefahrenzone der Effizienz*. Und auf einmal war alles ganz einfach. Alle Produkte in der *Gefahrenzone* wurden daraufhin untersucht, wie man sie technisch vereinfachen, produktionstechnisch besser unterstützen und preisseitig am Markt höher positionieren kann. Die vier Dimensionen

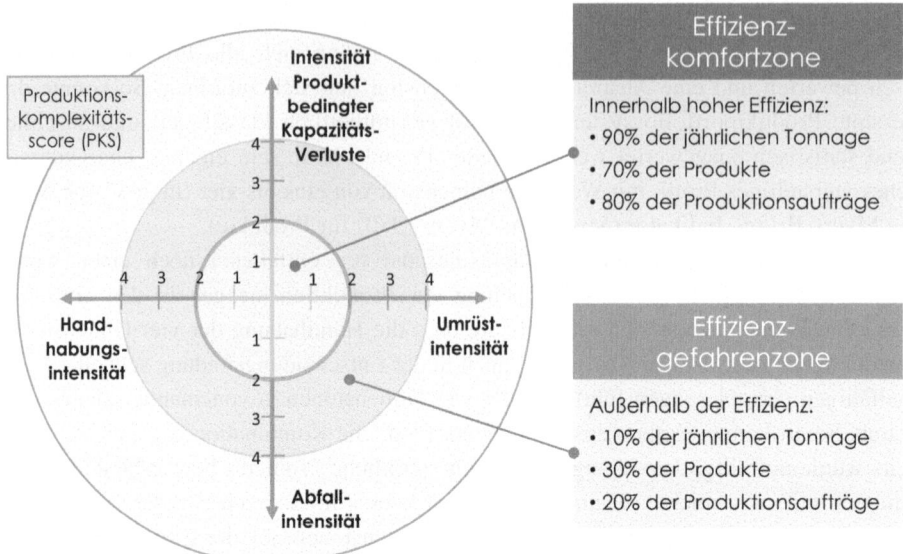

Abb. 6.23 Vereinfachendes Steuerungsmodell der komplexen Produktions- und Geschäftssituation zur Ableitung einfacher Handlungsstrategien

wirkten als Navigationshilfe, um die Aktivitäten in die jeweils angemessene Richtung zu lenken. Dazu wurde ergänzend auch der Deckungsbeitrag der Produkte hinzugezogen, um die ökonomische Attraktivität der Produkte besser einschätzen zu können. Es zeigte sich schnell, dass die mithilfe des *Production Complexity Score* erarbeiteten Effekte nicht in ausreichender Weise in der Kostenrechnung berücksichtigt waren. Somit konnte aus diesen Erkenntnissen auch eine Optimierung von Kostenrechnung und Controlling abgeleitet werden.

Unter Anwendung der Kostentreiber-Methodik ließ sich eine weitere Besonderheit herausarbeiten, die auf die spezifische Situation dieses Unternehmens einging (Abb. 6.24): Zwei der Triebkräfte hatten einen stark vorhersehbaren Anteil, da es sich um produktbedingte Einstellungen an den Anlagen und produktbedingten Einsatz von Zusatzpersonal an einzelnen Arbeitsstationen handelte. Diese *Predictability Zone* oder auch *Cool Zone* genannten Triebkräfte konnten also in Controlling und Produktkalkulation direkt als Daten in den Arbeitsplänen verwendet werden. Die anderen beiden Triebkräfte hatten eher eine hohe Varianz zwischen Planwerten und Realität aufzuweisen (schon bekannt aus dem vorigen Beispiel, ähnlich, aber doch anders). Die Abfallrate war neben einem durchschnittlichen Wert stark situativ von einzelnen Umgebungseinflüssen und Störfaktoren abhängig und konnte dementsprechend stark schwanken. Ebenso bei der Produktionsumstellung: Hier konnte es bei schwierigen Produkten durchaus auch einmal doppelt so lange oder sogar noch länger dauern, bis die technisch erforderliche Qualität produziert wurde, d. h. die richtigen Kombinationen der Anlagen- und Produktionsparameter eingestellt waren. Dies waren also beides Werte mit hoher Variabilität; Produkte

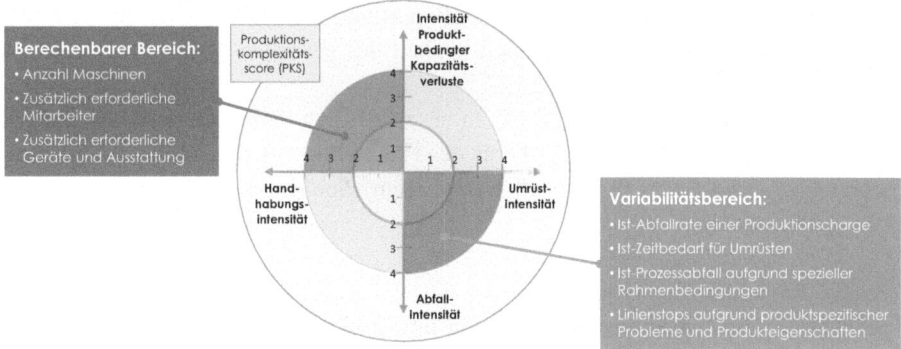

Abb. 6.24 Aufteilung der wirkenden Komplexitätskräfte in vorhersagbare und variable Einfluss-faktoren

in dieser *Variability Zone* oder auch *Hot Zone* erforderten spezielle Risikozuschläge in der Produktkalkulation und Produktionsplanung bzw. Produktionssteuerung und auch eine enge, betriebsbegleitende Erfassung der real angefallenen Produktionsdaten. Dazu gehörten auch spezielle Projekte bzw. Initiativen zur schnellen Stabilisierung der Produktionsfähigkeit (auch hier wirkte wieder der Erfahrungskurven-Effekt mit Ramp-up, Stabilisierung und Serienphase).

Und letztlich, als Verankerung des Produktion Complexity Scores in die langfristige Geschäftssteuerung, wurde ein Standardablauf im Vertriebsprozess definiert, durch den neu angefragte Produkte, die einen hohen PCS-Score vermuten ließen (somit in der Gefahrenzone), der Geschäftsleitung zur Genehmigung vorzulegen waren. Damit wurde erreicht, dass man entweder einen hohen Preis sicherstellen wollte, aus strategischen Gründen eine bestimmte Aufwandskonstellation in Kauf nahm – oder diese Anfrage mit guter Begründung ablehnen konnte. Zudem konnten die dabei anfallenden Beobachtungen über geänderte Nachfragemuster, oder auch für die eigene Richtungssetzung neuer Produkte, als lenkendes Element für die (taktische und strategische) Weiterentwicklung des Produktionssystems verwendet werden.

Die hohe Wirksamkeit dieses PCS-Systems konnte dann nach der Implementierung beobachtet werden. Hierzu wurde ein Reporting aufgesetzt, das unter anderem drei neue Kennzahlen wöchentlich und monatlich beobachtet: Den PCS-Score der Produktion für den Zeitraum, die Ausbringungsmenge und die Anlagenausfälle aufgrund unvorhergesehener korrektiver Instandhaltungsmaßnahmen (letzteres war ja aus dem Werksvergleich als wichtige Messgröße der Leistungsfähigkeit erkannt worden und ein gezieltes Programm zur Erhöhung der Verfügbarkeit aufgesetzt worden). Über einen Zeitraum von bisher drei Monaten wurde eine deutliche Reduzierung des PCS beobachtet, gleichzeitig eine deutliche Steigerung der Ausbringungsmenge und vor allem auch ein deutlicher Rückgang der unvorhergesehenen Stillstände für Reparaturen. Hiermit konnte einerseits die Wirksamkeit der identifizierten Methoden und Maßnahmen aufgezeigt werden und gleichzeitig auch die Wirksamkeit des neuen Reportings zur Beobachtung der drei Kenn-zahlen, die damit in die zentrale Aufmerksamkeit des gesamten Managements gerückt wurden.

Somit ergab sich eine ganze Kaskade an geschäftlichen Verbesserungen, die alle auf der neuen Kenntnis des Komplexitätskerns des Produktionssystems und dem hierfür als Beschreibungs- und Steuerungsmodell formulierten *Production Complexity Score* auf-bauten, unter anderem:

- bessere Produktionssteuerung;
- gezielte Weiterentwicklung der Produktionsinfrastruktur;
- systematische Initiativen zur Stabilisierung der Produktionsfähigkeit von Produkten;
- Optimierung der Kostenrechnung;
- Verbesserung des Produktions- und Geschäftscontrolling;
- bessere Geschäftssteuerung für die Einsteuerung neuer Produkte;
- strategische Weiterentwicklung von Produktportfolio und Produktionssystem.

6.6.2.5 Value-Chain-Mechanik des Geschäftssystems

Aber damit waren wir noch nicht am Ende der Reise – der Reise zur Entdeckung der wahren Schönheit der hier vorliegenden Komplexität. Denn diese hat man erst gefunden, wenn man den Komplexitätskern einbetten kann in ein umfassendes Gesamtmodell.

Die Entdeckungsreise führte hin zur Betrachtung der gesamten Wertschöpfungskette. Die bisher im Fokus stehende Produktion war ja nur ein (wenngleich wichtiger) Teil der gesamten Supply Chain – letztlich war hier sogar die Sicht auf die gesamte Value Chain erforderlich. Es war schnell erkennbar, dass die Methodik des *Production Com-plexity Score* zwar Impulse für viele Aspekte der Geschäftssteuerung setzen konnte, den-noch blieben einige operative Probleme in der übergreifenden Supply Chain ungeklärt. Hierzu wurde nun die Wertschöpfungskette zwischen Produktion und Endverbraucher näher betrachtet. Wer ist darin beteiligt, wer spielt welche Rolle, wer hat welche Ziele und Prioritäten in der Kette – und warum? Letztlich haben wir sechs relevante Abschnitte der Value Chain identifiziert.

Die hergestellten Artikel wurden transport- und marktgerecht verpackt, dann ent-sprechend der erforderlichen Entkopplung von Herstellung und Verbrauch im Lager geparkt, bei Abruf dann entsprechend auf Transportmittel geladen und an den Zielort transportiert, wo sie als Industriegüter oft nochmals gelagert wurden, bis sie zum fina-len Zielpunkt transportiert und dort entsprechend ihrer Verwendung in das Zielprodukt einflossen (Abb. 6.25). Jeder Abschnitt in dieser Kette hatte interessanterweise seine eigene Zielfunktion – und oft eine andere, wenn man diese aus dem Gesamtkontext ableitete, als wenn man sie aus seiner rein operativen Verrichtung heraus definierte. Letztere war in der traditionellen Sicht oft auf Kostenminimierung ausgerichtet – das war aber im Kontext der Sofortgesellschaft nicht mehr alleine zielführend. Die Anforderungen an Geschwindigkeit, Reaktionsfähigkeit und Anpassungsfähigkeit des Produktionssystems erforderten eine Ableitung der internen funktionalen Ziele aus der

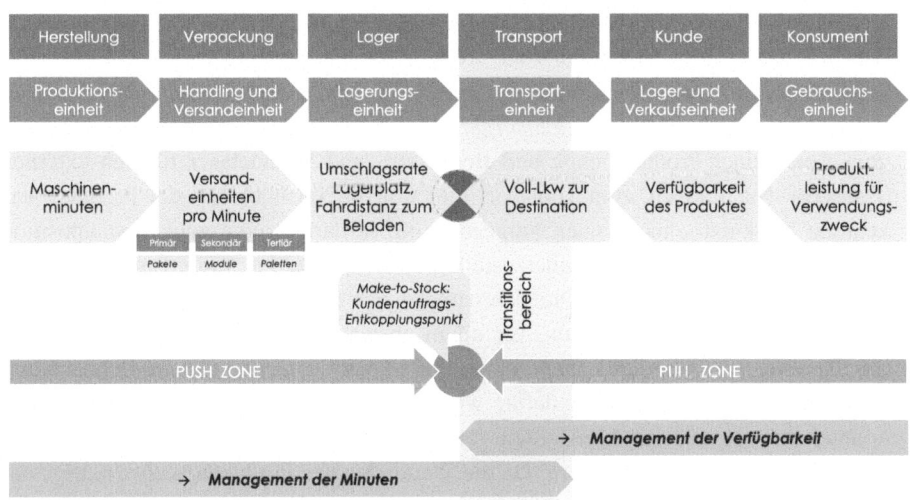

Abb. 6.25 End-to-End-Supply-Chain-Modell mit darin wirkenden Haupteinflussfaktoren und daraus abgeleiteten Steuerungsgrößen

Gesamtsicht – ausgehend vom Endverbraucher wurde die Kaskade rückwärts für dieses *Business-to-Business-Geschäftsmodell* entwickelt. Diese Ziele werden hier in der Sprache der Supply-Chain-Mechanik beschrieben:

- Der *Endverbraucher* möchte das Produkt aufgrund seiner spezifischen Eigenschaften verwenden – im industriellen Umfeld sind es oft technische Parameter, die das Produkt qualifizieren. Ein passender Preis sowie die Verfügbarkeit zum Bedarfszeitpunkt sind *Hygienefaktoren,* d. h. Mindestbedingungen, um als Lieferant in Erwägung gezogen zu werden.
- Der *Kunde* unseres Klienten war der Fachhandel, somit der Mittler zwischen Industrie und Endverbraucher. Für diesen sind die technischen Parameter der Produkte nicht differenzierend (eher Hygienefaktoren), sondern eher die schnelle Verfügbarkeit der gewünschten bzw. benötigten Produkte in der erforderlichen Vielfalt und Menge. Ein angemessener Preis war eher ein Basisfaktor, über den man im Rahmen des Jahreskontraktes Einigung erzielte – und bei Bedarf aufgrund der Notwendigkeit bei größeren Projekten noch einmal eine gemeinsame Preiskorrektur auslotete.
- Die *Transportstrecke* verknüpfte Hersteller und Händler. Aufgrund der großen Distanzen und insbesondere bei Produkten mit einer niedrigen Wertdichte (z. B. Euro pro m^3) spielte es eine Rolle, dass man volle Fahrzeugladungen in das Zielgebiet transportieren konnte, um die Fahrtkosten auf möglichst viel Produktmenge umzulegen. Dabei konnten in einem Zielgebiet auch mehrere Händler beliefert werden; wichtig war das volle Fahrzeug auf der langen Relation. Kosten waren hier also wichtiger als Verfügbarkeiten; technische Parameter der Produkte waren völlig bedeutungslos.

- Das *Distributionslager* verknüpfte Herstellprozesse und externe Transportprozesse zum Kunden – diese fanden nur statt, wenn ein Kundenauftrag vorlag. Die Herstell- prozesse folgten bei dieser Industrie anderen Logiken, sodass das Lager letztlich drei Rollen übernimmt: Es ist *Entsorgungslager* der Produktion, Zeitpufferlager bis zum Abruf einer Produktmenge und Bereitstell- und Verladelager für den externen Transport. Nach außen, zum Transport hin, war die Verfügbarkeit der Produkte das zentrale Merkmal – nach innen hingegen ging es darum, eine gute Kostenposition durch schnellen Umschlag sicherzustellen. Hierfür wurden zwei Einflussfaktoren als maßgeblich identifiziert: Die Fahrtstrecke der Stapler zum Beladen des LKW (diese bedeutete variable Kosten, vor allem aber auch Zeit für die Ladedauer) und die Flächenausnutzung des Lagers. Für letztere konnte eine interessante Beobachtung gemacht werden: Maßgeblich dafür, wie viele Produkte man im Lager abstellen konnte, war das schnelle Freiwerden von Lagerplätzen, um dort wieder neue Palet- ten anderer Produkte einzulagern. Da die Wertdichte des Produktes recht niedrig war, wurden immer viele Paletten eines Produktes in benummerten Lagergassen abgestellt. Je länger diese Lagergassen waren, desto länger dauerte es, bis diese wieder frei wur- den. Als Maßnahme zum Erhöhen des *Lagergassen-Umschlags* wurden diese dann in der Länge halbiert und somit ein deutlich höherer Flächennutzungsgrad realisiert.
- Der *Verpackungsprozess* brachte die Produkte in eine handhabbare Form. Dies betraf die Primärverpackung (um das Produkt selber), die Sekundärverpackung (mit der mehrere Produkte zu Handling-Units gebündelt wurden) und die Tertiärverpackung (mit der mehrere Units zu Vollpaletten gebündelt wurden). Verfügbarkeit oder techni- sche Parameter der Produkte waren hier nicht relevant, sondern lediglich der *Durch- satz pro Zeiteinheit,* d. h. das Erzeugen möglichst vieler Handling-Units, um die Produktionsausbringungsmengen zu verpacken und der Logistik in handhabbaren Einheiten zur Verfügung zu stellen.
- Der Herstellprozess war letztlich der Abschnitt, in dem das Produkt entstand. Gerade bei Prozessanlagen, die Baustoffe oder ähnliche Produkte mit niedriger Wertdichte erzeugten, trieben große Anlagen eingesetzte Rohstoffe in mehreren Fertigungs- abschnitten zum finalen Produkt. Ob Zement, Gipskartonplatten, Isoliermaterialien oder andere *Großgebinde-Produkte,* jeder Fertigungsprozess hatte seine eigene Dynamik, seine eigenen Stellschrauben, um mit ihnen das richtige Produkt in der gewünschten Qualität zu erzeugen – aber allen war gemeinsam, dass letztlich die Ausbringungsmenge pro Zeiteinheit das Maß aller Dinge war, um eine möglichst gute Kostenverteilung bei gegebener Anlagengröße, -struktur und -technologie zu erreichen. Und hier waren wir wieder beim *Production Complexity Score* für das relative Verlustleistungsmaß des her- gestellten Produktportfolios einerseits und andererseits der technischen Verfügbarkeit der Anlage, um überhaupt produzieren zu können. Betrachtete man diese beiden Effekte gesamtheitlich, kam man zum Ergebnis, dass die *Anlagen-Minute* die relevante Maß- größe war, um eine kostenoptimale Fertigung darzustellen *(Mengenleistung je Minute)* und gleichzeitig auch einen möglichst hohen Deckungsbeitrag je Minute aus den gefertigten Produkten, um diese Mengenleistung auch in eine *Profitabilitätsleistung je Minute* zu übersetzen – und gleichzeitig möglichst viele Minuten für die Herstellung zur Verfügung zu haben *(Verfügbarkeits-Minuten).*

Dies bedeutete letztlich, dass jeder der funktionalen Akteure in dieser wertschöpfungs-orientierten Lieferkette eine sehr unterschiedliche Zielfunktion hatte, um diese Kette optimal zu bedienen! Hätte beispielsweise die Verpackung eher kostenoptimiert agiert, hätte sie nicht den maximalen Durchsatz befriedigt, sondern versucht, möglichst wenige Verpackungsvorgänge auszuführen, somit lieber große Verpackungseinheiten erzeugen. Oder die Anzahl der Schichten zu limitieren, in denen verpackt wurde. Ähnlich in der Lagerung: Hätte man hier kosten- statt umschlagsorientiert agiert, würde man die Länge der Lagergassen maximieren, um möglichst viel einfach abstellen zu können, die Betriebszeiten zu minimieren, in denen Verladung durchgeführt wurde und damit Personal und Anzahl der Stapler auf ein Minimum begrenzt. Mithilfe von webbasiert vergebenen Ladezeitfenstern für die Transportdienstleister hätte man dann alle in ein enges Korsett verfügbaren Personals pressen können. Damit wäre aber die Leistungsfähigkeit stranguliert, da der *Durchsatz* begrenzt würde – wichtiger war hier, die Voraussetzung für schnelles Laden durch kurze Wege und schnelles Freiwerden kleiner Lagerflächen zu schaffen. Damit wurde „automatisch" ein situationsgerecht niedriges Personalgerüst erforderlich, da nur wenig Fahrzeit je LKW aufzuwenden war und damit die Anzahl der abgefertigten LKW pro Stunde stieg. Somit wurde auch hier, ähnlich wie in der Fertigung, die Minute des eingesetzten Personals, der Fahrzeuge und der Lagerflächen-belegung zum zentralen Maß der Leistungsfähigkeit.

6.6.2.6 Zielgerichtet steuern mit dem Minutenprinzip

Aus der hiermit gesamtheitlich definierten Produktionssituation (Production Complexity Score, Nutzung der Anlagenminute) ergibt sich eine neue Sichtweise mit einer radikalen Forderung. Die an der theoretischen Sicht auf die minimale Kostenposition anknüpfende Sicht des Production Complexity Scores auf die Nutzung der Anlagenkapazität ist verbunden mit einer Endlichkeit, einer zeitlichen Begrenzung: Die Gesamtkapazität der Anlage ist ein definierter, zeitlich fixierter Sachverhalt. Man hat 365 Tage pro Jahr, diese zu nutzen. Über 52 Wochen hinweg, mit 24 h pro Tag. Und somit 1440 min pro Tag, dies zielführend auszunutzen – mit der Herstellung von Produkten mit hohem Deckungs-beitrag und auch zur Durchführung von Maßnahmen zur Sicherstellen der langfristigen Nutzungsfähigkeit der Anlage.

Dieses Kernprinzip, das alle internen Maßnahmen treibt, heißt: **Jede Minute zählt!**

Übersetzt auf die Wertschöpfungskette äußert sich das Minutenprinzip in unterschied-licher Weise, um an den einzelnen Stellen maximal wirksam zu sein (Abb. 6.26):

- In der Produktion bedeutet es, dass jede *Laufzeit-Minute* zählt, um *effizient* zu sein.
- Im Verpackungsprozess bedeutet es, dass jede *Einsatz-Minute* zählt, um hohen *Durchsatz* sicherzustellen
- Im Lagerprozess bedeutet es, dass jede *Fahr-Minute* zählt, um kurze *Ladezeiten* pro LKW zu ermöglichen und dass jede *Lagergassen-Minute* zählt, um die Lagergasse wieder frei zu machen und somit deren *schnelle Verfügbarkeit* für ein Folgeprodukt zu erzielen – und damit maximale *Flexibilität* des gesamten Lagerbereichs zu erlangen.

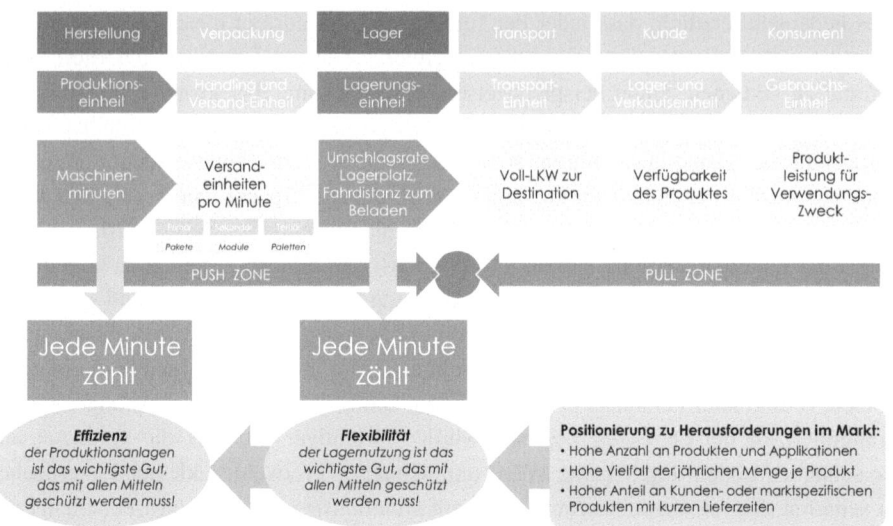

Abb. 6.26 Entwicklung des Minutenprinzips als maßgebliches Steuerungsinstrument von Anlagen- und Geschäftssteuerung

- Das Minutenprinzip lässt sich auch auf die externen Schritte übertragen, dort hat es aber eine andere Ausprägung: die *schnelle Verfügbarkeit* zu ermöglichen und sicherzustellen.
- Der Transport-LKW hat zwar auch seine Fahrzeiten, aber hier dominiert der Effekt, dass er die Distanz überwindet, um das Produkt am Zielort verfügbar zu machen. Ob er nun ein Produkt in großen Mengen oder viele Produkte in kleinen Mengen befördert, spielt hierbei keine Rolle – dies ist lediglich eine Frage der Tourenplanung und Produktkombination, um möglichst schnell für eine Zielregion einen vollen LKW-Transport zu konfigurieren.
- Beim Kunden ist eine kurze Aufenthaltsdauer im Lager möglicherweise hilfreich für seinen effizienten Lagerumschlag, aber dominant ist der Effekt, dass die Ware verfügbar ist, wenn sie gebraucht bzw. verlangt wird und dass die erforderliche Vielfalt der Produkte (schnell) bereit gestellt werden kann.
- Der Endverbraucher wird eine schnelle Verarbeitung des Produktes schätzen, aber im Wesentlichen will er das Produkt dann einsatzfähig in der erforderlichen Menge vor Ort haben, wenn er es benötigt.

Somit dreht sich also das Minutenprinzip um den Moment der Herstellung der Versandbereitschaft – war es zuvor das Mittel, um möglichst effizient und flexibel zu sein, so ist es anschließend primär auf die schnelle Verfügbarkeit ausgerichtet. Dies korreliert auch mit dem Sachverhalt, dass man die interne Produktion und Bereitstellung eher als *Push-Prinzip* realisiert und ab dem Ausgangslager das *Pull-Prinzip* auf die Verfügbarkeit der Produkte abstellt.

Die Beobachtung dieses Effekts ist von zentraler Bedeutung für die Optimierung der Supply Chain in der Sofortgesellschaft – schnelle Verfügbarkeit zum Bedarfsmoment, verbunden mit niedrigen Herstellkosten, um in der preisaggressiven Situation des globalen, internetbasierten Preisvergleichs-Wettbewerbs bestehen zu können. Entscheidend ist, den Übergangspunkt in der Kette zu identifizieren und dann die beiden Systemseiten fokussiert auf ihr jeweiliges Ziel hin zu optimieren. Das Komplexitätsmanagement mithilfe der Supply-Chain-Mechanik liefert hierfür die erforderlichen wesentlichen Erkenntnisse und Informationen, um darauf aufbauend die jeweilige individuelle Lösung zielführend zu realisieren.

6.6.2.7 Betrachtung der Nutzeneffekte auf das Geschäftssystem

Für die Erörterung der positiven Auswirkungen dieser Erkenntnisse, Instrumente, Verfahren und damit ermöglichten neuen Prozesse sei hier eine andere Sicht herangezogen, nicht nur die Auflistung in einzelnen Nutzenkategorien – dies ist ja aus der obigen Darstellung schon recht klar erkennbar. Wenn man die Situation im Kontext der Sofortgesellschaft betrachtet, kommt man zum Ergebnis, dass es in der Sofortgesellschaft aus Sicht der Supply Chain im Kern um Schnelligkeit und Anpassungsfähigkeit geht. Hierbei spielen die in früheren Kapiteln beschriebenen Methoden zum Erhöhen der operativen Exzellenz als auch der Agilitäts-Exzellenz eine herausragende Rolle. Im Mittelpunkt all dieser Verfahren steht jedoch die Transparenz: das Erkennen der Situation, das Wissen um die erforderlichen Aktionen und das Erkennen der Wirksamkeit der eingeleiteten Maßnahmen.

Ein Unternehmen, das so agiert und funktioniert wie in diesem Fallbeispiel beschrieben, hat letztlich drei große Hebel, um seinen Umsatz zu steigern – und zwei Hebel, um die Profitabilität zu optimieren. Dies zeigt in Perfektion Apple jeden Tag: Viele Kunden müssen viele attraktive Produkte kaufen und diese müssen hierzu an den gewünschten Kaufpunkten verfügbar sein. Mehr braucht es nicht, um einen hohen Umsatz zu erzielen. Marketing und Werbung helfen lediglich, die Bekanntheit zu erhöhen und den Kaufwunsch zu stimulieren – dies ist ein eher indirekter (wenn auch bedeutsamer) Faktor. Die harte Arithmetik (nicht nur in der Sofortgesellschaft, aber da ganz besonders) kennt nur die Anzahl der Kaufvorgänge, multipliziert mit dem Preis.

Wodurch wird ein Produkt attraktiv? Es kann durchaus sein, dass das ein Produkt durch einen niedrigen Preis attraktiver wird als ein anderes Produkt oder auch umgekehrt – je teurer, desto attraktiver. Das kommt immer darauf an, was es ist und für welchen Zweck es verwendet werden soll. Daher ist die Fähigkeit, ein differenziertes (kostengerechtes) Pricing durchführen zu können, ein zentraler wettbewerbsentscheidender Faktor. Und letztlich, obwohl er den Umsatz beeinflusst, ist ein auskömmlicher Preis die Basis für eine gute Profitabilität. Wie die Pricing-Lehre zeigt, muss man doppelt so stark die Kosten senken, um den gleichen Profitabilitätseffekt zu erzielen wie mit einer Preiserhöhung um denselben Betrag; zudem ist der Preis diejenige Variable, die am einfachsten vom Unternehmen selbst bestimmt werden kann (Siems 2009, S. 9–20). Daher kommt der situationsgerechten Preisbildung eine überragende Bedeutung im Hinblick auf die Profitabilität eines Unternehmens zu.

Andererseits ist natürlich die Kosteneffizienz der zweite große Hebel, um aus dem Umsatz einen möglichst großen Brocken als Gewinn übrig zu lassen. Auch das lässt sich jeden Tag bei Apple in herausragender Weise bewundern. Die magische Formel ist ganz einfach:

Umsatz = Menge * Preis, Profitabilität = Umsatz − Kosten

Mehr braucht man nicht, um extrem erfolgreich zu sein. Auch das klingt extrem trivial und ist doch so schwierig im Tagesgeschäft umzusetzen und dauerhaft zu erreichen.

Unter diesem Aspekt ist es gelungen, mit dem hier erarbeiteten und vorgestellten Komplexitätsinstrumentarium drei dieser harten Hebel und auch das Bindeglied der Transparenz in entscheidendem Maße zu adressieren – aufbauend auf der Erkenntnis des Komplexitätskerns und der wirkenden Komplexitätsmechanismen (Abb. 6.27):

- Die Verfügbarkeit der Produkte wurde signifikant erhöht,
- es wurde ein sehr differenziertes, kosten- und chancenorientiertes Pricing eingeführt,
- zahlreiche Maßnahmen zum Steuern und Erhöhen der Kosteneffizienz wurden geschaffen,
- eine hohe Transparenz über Kosteneffekte zwischen Werken, aber auch in Folge des Produktportfolios wurde ermöglicht, in Systemen zu Controlling und Produktionssteuerung verankert und in zahlreichen Entscheidungsprozessen wirksam eingesetzt.

Und da die beiden Themenblöcke *Transparenz* und *Komplexität* in einem engen, symbiotischen Zusammenhang stehen, soll zum Abschluss des Buches noch betrachtet werden, wie man die Informationsgewinnung und damit verbundene Erkenntnisgewinnung zielführend gestalten kann. Aber völlig unabhängig davon, wie viele Daten man wie schnell gewinnen, verarbeiten und auswerten kann – wenn man die zugrunde liegenden Komplexitätsmechanismen, die wirkenden Kräfte der Supply-Chain-Mechanik und die Motive der Beteiligten in der Sofortgesellschaft nicht kennt, dann verpufft die ganze Energie, die man in diesen Datenapparat gesteckt hat – und sie kann sogar zerstörerische Kräfte entfalten, wie wir an dem ersten Fallbeispiel gesehen haben.

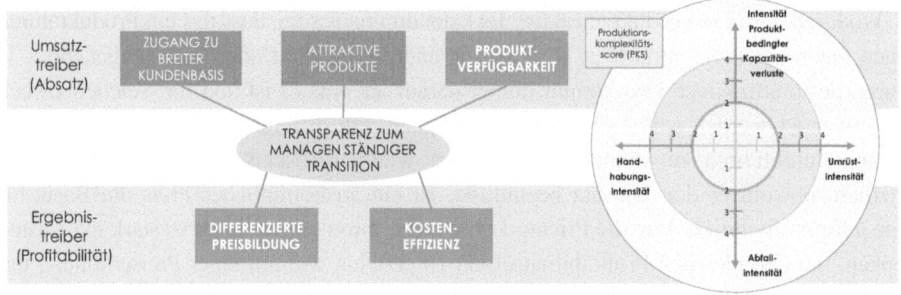

Abb. 6.27 Ableitung strategische Stellhebel des Geschäftssystems aus der Komplexitätsinstrumentierung

Erfolgsmanagement durch Erkenntnismanagement

7

7.1 Digitale Welten schaffen große Daten(t)räume

Zwei Schlagworte sind seit einigen Jahren dominant in Magazinen und Fachpublikationen und werden dort in vielfältiger Weise behandelt: *digitale Transformation* und Big Data. Was jeweils genau für diese große digitale Veränderung steht, wird stets aus der spezifischen Sichtweise des jeweiligen Autors und seiner Sicht auf wichtige Themen dieser Welt beschrieben. Zumeist geht es darum, wie sich Unternehmen auf die zunehmende internetbasierte Welt einstellen sollen und möglichst viele eigenständige *digitale* Serviceangebote aufbauen sollen. Meist mit dem speziellen Aspekt des Autors, seine Dienste hierfür anzubieten. Aber was ist eigentlich wirklich die *digitale Transformation?* Digital bedeutet ja semantisch lediglich *numerisch* – somit geht es also um die Veränderung der analogen (kontinuierlich-sequenziellen) in die digitale (numerisch diskrete) Welt. Die CD als digitales Trägermedium ersetzt die analoge Schallplatte, die DVD als digitale Drehscheibe den belichteten Film. Und Smartphone-Apps wie auch Laptops ersetzen das persönliche Gespräch. Die Welt wird numerisch, in Zahlen abgebildet. Nicht mehr persönlich, durch Charaktere und Individuen.

Im Finanzsektor schaffen *FinTechs* genannte Unternehmen (Financial Technology Start-up) neue Lösungen, die mithilfe von Smartphones Bankgeschäfte vieler Art vereinfachen, Daten der Finanzmärkte konsolidieren und aufbereiten sowie alternative Finanzquellen für Firmen und Privatpersonen erschließen. Alles ohne persönliche Kontakte oder Interaktion, rein auf Basis von Algorithmen, automatisierten Zugriffen auf Datenbanken oder Einsatz von Systemen künstlicher Intelligenz. Numerisch ersetzt persönlich, nicht nur analog. Die *digitale Transformation* hat viele Gesichter und exponentiell mehr Daten anzubieten, mit denen man etwas „anfangen" kann. Aber welche sind relevant und wie sollte man diese verwenden?

© Springer Fachmedien Wiesbaden GmbH, ein Teil von Springer Nature 2018
D. Bölzing, *Überleben und Wachsen in der Sofortgesellschaft*,
https://doi.org/10.1007/978-3-658-15111-9_7

Interessanterweise versucht die *digitale Welt* zunehmend wieder menschlich-analog zu werden; die datentechnische Seite der *digitalen Transformation* wird möglichst weit verschleiert und in den Hintergrund gerückt. Eine unglaubliche Vielzahl an Daten entsteht unmerklich jederzeit, wird unmerklich jederzeit ausgewertet und für Anwendungen verwendet. Siri, Cortana, Alexa, Google Assistant, Google Home und andere *menschliche Interfaces* werden zunehmend populär, um die starre Bindung an Tastatur und Displays wieder durch gesprochene Befehle und mittlerweile sogar eher lockere Dialoge zu ersetzen. Auch Systeme künstlicher Intelligenz arbeiten mehr und mehr mit Spracheingabe und -ausgabe, um Kunden bei ihrer Produktauswahl zu beraten, sie online zu verwöhnen und den Auswahl- und Kaufprozess so angenehm und einfach wie möglich zu machen (siehe Hook und Whipp 2016; Brynjolfsson und McAfee 2017). Stanley Kubrick hat dies vor vielen Jahrzehnten schon in seinem Film *2001 – Odyssee im Weltraum* visionär vorweggenommen. Die Realität des sprechenden Computers kam 14 Jahre später als die Prognose und wir haben trotz aller diesbezüglichen Träume noch immer nicht die Technik für die interstellare Raumfahrt zur Verfügung – es war ja auch ein Science-Fiction-Film, eine technisch ermöglichte Fabel, keine Vorhersage von künftigen Wirklichkeiten.

Aber in der Tat sind viele der Visionen früherer Zeiten nun Realität geworden. Auch die gesellschaftlichen Veränderungen sind schon teilweise eingetreten. Der Animationsfilm *Wall-E* zeigt eindrucksvoll, wie sich eine Gesellschaftsform entwickeln kann, in der alles per Computer und Roboter ermöglicht wird und der Mensch nur noch dem spontanen Genuss folgt – bis hin zur vollständigen Degeneration der menschlichen Bewegungsapparate. Die umfangreiche Zeit, die beispielsweise Kinder, Jugendliche und Erwachsene heute *online* verbringen, mit *Posts,* Tweets, Instagrams und Snaps, eigenständig agieren oder nur *Follower* sind, Kommunikation, Recherchen, individuelle oder gemeinsame Spiele mit Freunden oder auch ganz fremden Menschen irgendwo auf dieser Welt durchführen – immer ein neuer Gegner – das alles führt zu einem digital getriebenen gesellschaftlichen Phänomen, das in dem Onlinekult der Sofortgesellschaft kulminiert. Spontan und sofort, unverbindlich aber individuell, weltweit und doch lokal, in öffentlicher Schaustellung oder diskret, aktiv gestaltend oder passiv betrachtend und über neueste Trends orientiert folgend – alles ist möglich. Und wenn das Internet nicht reicht, geht man eben ins Darknet, eigentlich eine grenzenlose Welt mit pompejischen Zügen und der damit aufkommenden Frage, was denn der Vesuv unserer Sofortgesellschaft sein könnte?

Der ständig präsente Terror kleiner Gruppen, ausgeführt mit kleinsten lokalen Nadelstichen, aber unglaublicher Reichweite und Intensität sticht in die tägliche Tiefe unser aller Leben. Bisher sind nur Menschen und ihre realen Sozialräume die Ziele. Bisher ist der Lebensnerv unserer Sofortgesellschaft scheinbar verschont geblieben – trotz vielfältiger Virenattacken, gezielter *Hacker-Angriffe* und kreativer Unterwanderung „sicherer" Systemwelten pulsiert unser digitales Leben immer noch scheinbar weitgehend ungestört. Doch unsere datengetriebene Sofortgesellschaft wird zunehmend exponierter. Immer mehr neue technologische Kommunikationsmöglichkeiten schaffen immer mehr soziale Vernetzung. Der Film *Kingsmen* gibt eine Idee davon, welche fatalen Missbrauchsmöglichkeiten moderne datengetriebene, digitale Kommunikations-technik bieten könnte – und doch leben wir jeden Tag in dieser Datenwelt *(Anmerkung: in diesem fiktiven Film wird über eine kostenlos verteilte SIM-Karte für Mobiltelefone die Basis dafür gelegt, dass Menschen durch darüber übertragene Akustik-Signale zu killerhaftem Verhalten veranlasst werden).* Wir genießen sie, erzeugen sie, sind Teil von ihr. Umgeben von vielfältigster digitaler Kommunikation, die uns ständig beobachtet, ständig unsere Transaktionen und Verhaltensmuster abgreift und diese in immer wieder neuer Weise für noch bessere Stimulation des Verkaufs von Produkten und Dienstleistungen einsetzt. Wir sind umzingelt von Datenkraken. Mit jedem Griff zu Smartphone, Laptop und anderen Medien der Onlinewelt werden wir nicht nur selbst „soforter", sondern ebenso „sofort" werden diese Aktionen mehr oder weniger viel-fältig in Datenimpulse für die Informationsgewinnung umgesetzt. Und am besten wird damit schon proaktiv vorbereitet, was wir wohl als nächstes tun werden, damit dies für uns schon vorbereitet ist und wir eine noch bessere Erlebniswelt, eine noch bessere Angebotswelt, eine noch bessere *Customer Journey* mit einer immer besseren *Customer Experience* erleben können. Wie schon in den einführenden Kapiteln beschrieben, ist eine neue unbemerkte Währung entstanden: die Information über unser Verhalten, aus der sich unsere Wünsche, Vorlieben und Ansprechpunkte ermitteln lassen.

Auch in der Welt der Supply Chain spielen diese Daten eine große Rolle. Der gesamte Bereich des *Demand Managements* beispielsweise beruht auf immer besserer Kenntnis des Verbraucherverhaltens; durch Vernetzung möglichst vieler Kanäle der Informations-gewinnung will man immer besser vorhersagen können, was als Nächstes von wem wo gekauft wird – damit man seine Produktion für diese nachgefragten Produkte besser steu-ern kann. Für die *Industrie 4.0* sollen möglichst viele Anlagen, Auswertungs- wie auch Steuerungssysteme miteinander vernetzt sein, um möglichst viele Daten gezielt für eine verbesserte, übergreifende und präventive Steuerung einzusetzen. Der Mensch tritt in den Hintergrund, ist aber immer noch dabei. Auch hier, wie in vielen Bereichen der Informa-tions- und Automatisierungstechnik, gilt mittlerweile das Prinzip *Alles ist möglich.*

Aber wie kann man eigentlich die Vielfalt der anfallenden Informationen zielführend verwenden? Wie kann die Informationsflut der möglichen Daten sinnvoll so kanalisiert werden, dass man daraus zielgerichtete und vor allem wirksame Aktionen ableitet? Liegt die Antwort auf fehlende Genauigkeit der Steuerungsparameter wirklich darin, noch mehr Daten in Realtime zu erheben, die damit immer leistungsfähigere Datenbanken und Speichermedien füllen?

Digitale Transformation bedeutet letztlich auch, dass Austausch von Informationen, Kontaktieren von Personen und Institutionen, jegliche Art von Transaktionen immer mehr in Datenwelten stattfinden, aus denen man dementsprechend transaktionale oder deskriptive Daten in fast schon beliebiger Menge abziehen kann. Der Umgang mit diesen riesigen Datenmengen, von Big Data, ist somit eine der größten Chancen, aber auch der größten Herausforderungen unserer Zeit; unserer Sofortgesellschaft. Denn diese möchte gerne – aber nur, wenn gewollt – bereits proaktiv darüber informiert werden, was man machen könnte. Noch mehr Spontaneität, noch mehr Genuss, noch mehr Sofort – aber nur, wenn gewünscht.

Von daher gibt es durchaus ernst zu nehmende Grenzlinien, was sinnvoll und erstrebenswert ist und wo man in Bereiche eindringt, die unerwünschte Abwehrreaktionen hervorrufen. Das digitale Immunsystem ist in der Sofortgesellschaft derzeit noch nicht besonders gut ausgeprägt, da wir in die nahezu unbegrenzten Möglichkeiten erst noch hineinwachsen. *Datenschützer* hecheln verzweifelt den immer neuen Möglichkeiten hinterher, um aus ihrer Sicht Schlimmstes zu verhindern. Und die Kreativität der vielen Akteure in den IT-Welten arbeitet jeden Tag daran, diese Welt für sie selbst und ihr eigenes Unternehmen noch ein bisschen besser zu machen. Somit sind wir mitten in einer turbulenten Strömung, unterwegs in eine unbekannte künftige Welt – die wir jedoch beherrschen müssen, um darin zu leben. Und sei es nur im *Go with the Flow*.

Hierzu gilt es aber, den relevanten *Flow* zu identifizieren und dann die relevanten Möglichkeiten der unglaublich großen und vielfältigen digitalen Datenwelt in der richtigen Weise anzuzapfen sowie die darin enthaltenen Informationen in geeigneter Weise aufzubereiten. Genau hier liegt nun die Verknüpfung der Supply-Chain-Mechanik und dem damit ermöglichten Komplexitätsmanagement mit der Nutzung des gewonnenen und verwertbaren Datenmaterials.

Die Erfahrungen der letzten Jahre in Big-Data-Projekten ähnelt den Versuchen in den 90er-Jahren, durch Outsourcing Kostenvorteile zu erlangen. Meist wurden damals die Prozesse an andere Dienstleister und Unternehmen verlagert, die man selber nicht wirklich in den Griff bekam. Doch die versprochenen Kostenvorteile (die den *Benefits Case* so attraktiv machten) haben sich nach wenigen Jahren eher in Problemwelten umgekehrt. Hintergrund war ganz einfach, dass man diese Prozesse gar nicht richtig ansteuerte und daher auch der externe Dienstleister gar nicht in der Lage war, diese besser durchzuführen. Wenn man bei Big Data davon ausgeht, dass man in den vielen Informationen endlich die findet, die entscheidende Impulse für den wirtschaftlichen Erfolg bringen, ist oftmals nach einiger Zeit eine deutliche Enttäuschung festzustellen. Man hat zwar nun schicke Auswertungen, interessante Darstellungen, vielfältige Diagramme – aber irgendwie helfen sie doch nicht weiter. Das macht es nur komplizierter, die Entschuldigung zu finden, warum eine Maßnahme nicht wirksam war.

Der Grund liegt oft darin, dass man sich **vorher** überlegen muss, was man finden will. Das bedeutet nicht, dass man nun endlich die Kundensegmente finden will, mit denen man den Markt richtig bearbeiten kann. Sondern dass man sich vorher intensive Gedanken macht, welche Kundengruppen welche Motivstrukturen haben und welche Verhaltensweise ihren Kaufprozess entscheidend beeinflussen. Anschließend kann man beispielsweise in den Daten schauen, zu welchen Uhrzeiten diese ihre Transaktionen ausführen oder welche Arten von Produkten sie zu welchen Jahreszeiten oder bestimmten Ereignistagen (Feiertage, Barbecue-Wetter, Motorrad-Wetter, Konzerte, Bälle, Marathons, andere relevante Events) kaufen.

Oder man sucht in intern orientierten Betrachtungen, welche Art von Risiken in welchen Anlagen und in welchen Prozessen auftreten können, um diese gezielt auszuwerten. Das bedeutet nicht, dass man nur das bestätigen möchte, was man vorher schon wusste. Die Kunst im Umgang mit Big Data besteht darin, mit einer Zielrichtung hineinzugehen und trotzdem eine lockere Offenheit zu haben für die Betrachtung dessen, was man dort vorfindet. Die Kunst des Kaffeesatz-Lesens ist im Zeitalter von Big Data so relevant wie nie zuvor! Aber man sollte schon vorher wissen, welchen Kaffee in welchem Filtertyp man zubereitet, damit man sich nicht in falsche Richtungen verirrt.

7.2   Gezielt Vorgehen in der schönen neuen Welt von Big Data

Ziel dieses Buches ist nicht, eine intensive Abhandlung über Big-Data-Systeme und -Strukturen vorzunehmen. Dafür gibt es ausreichend viele technische und anwendungsbezogene Fachpublikationen. Fokus ist hier, diese Datenquellen und Möglichkeiten der Datenextraktion, Analyse und Informationsgewinnung im Kontext der Sofortgesellschaft, der Supply-Chain-Mechanik und der Komplexitätsbeherrschung aufzuzeigen. Viele der im Buch vorgestellten Beispiele hatten damit zu tun, wie man aus großen Datenmengen gezielt Informationen gewinnt, um daraus Erkenntnisse für die Entdeckung des Komplexitätskerns, für die Beherrschung von Produktionsrisiken oder die Verbesserung von Service-Strategien für Kunden abzuleiten. Diesen Ansätzen ist gemeinsam, dass man auf der einen Seite eine strukturelle Vorüberlegung braucht, um die Grundzüge, Wirkungsweise und die internen Zusammenhänge der jeweiligen Supply-Chain-Mechanik zu erarbeiten und zum anderen die Wirkungsweisen der externen dynamischen Anregungen strukturell zu überlegen. Andererseits gibt es dabei auch immer eine ausgeprägte kreative Phase, um die gefundenen Erkenntnisse richtig zu interpretieren und zu neuen, oftmals innovativen Schlussfolgerungen und Lösungen zu gelangen. Das „Spiel" mit den Daten ist ein wichtiger Aspekt, um die Informationen in irgendwann einmal sprechender Weise zusammenzufügen, die richtige Darstellung zu finden, die richtige mathematische Verknüpfung erfolgreich zu testen und auch eine grafische Darstellung zu finden, mit der sich das Datenmaterial erschließt und den Zugang zur inneren Komplexität oder zu strukturbildenden Merkmalen erlangt.

Diese Symbiose aus struktureller und experimenteller Analytik ist ein wichtiges Wesensmerkmal der Datenanalyse, auch bei kleineren Datenvolumina. Bei Big Data hat mal letztlich die gleiche Situation, nur dass die Anzahl der vorliegenden Datenimpulse sehr hoch ist (und daher eine gute Verdichtung braucht) und auch die Anzahl der Datenquellen oder der unterschiedlichen Datenarten sehr hoch sein kann. Hierfür benötigt man die richtige Software-Technologie, um die vielfältigen möglichen Korrelationen und Verknüpfungen setzen zu können und dabei auch noch ein gutes Laufzeitverhalten zu ermöglichen.

In einem bereits 2012 erschienen wegweisenden Artikel (McAfee und Brynjolfsson 2012) wird der Umgang mit Big Data kompakt beschrieben. Drei wichtige Merkmale wurden dargelegt, worin der Unterschied von der klassischen datenbasierten Analytik zur datengetriebenen Big-Data-Analytik besteht und an welche neuen Beschreibungsdimensionen man sich dabei gewöhnen muss:

- *Volumen:* Die Datenmengen sind so groß, dass sie eigentlich die Vorstellungskraft bei Weitem übersteigen. Man misst in Exabyte und der Untereinheit Petabyte: ein Petabyte sind eine Billiarde Bytes, ein Exabyte sind 1000 Petabyte. Allein Wal-Mart wurde mit rund 2,5 Petabyte pro Stunde aus eigenen Kundentransaktionen taxiert (in 2012!).
- *Geschwindigkeit:* Das Tempo der Datenerzeugung ist noch schneller als das reine Volumen; Informationen vielfältigster Art fallen in Echtzeit an und wollen irgendwohin gelenkt, gespeichert und ausgewertet werden. Diese Schnelligkeit der Datenentstehung und Verarbeitung bedeutet dann auch potenziell schnelle Verfügbarkeit relevanter Informationen.
- *Vielfalt:* Die wirklich unüberschaubare Menge an Daten produzierenden Einheiten (Menschen, Maschinen, Transaktionen etc.), die an ebenso vielfältigen Orten zu beliebigen Situationen anfallen, gespeichert werden und irgendwie verfügbar sind, kombiniert sich mit den immer leistungsfähigeren Möglichkeiten der Informationsspeicherung und -verarbeitung bei dramatisch schnell sinkenden Preisen (und somit letztlich Kosten). Besonders bemerkenswert dabei ist, dass viele Quellen diese Daten in großer Menge und Dichte eigentlich als Nebenprodukt ihres eigentlichen Einsatzzweckes erzeugen – und nur darauf warten, dass jemand sie abgreift, aufgreift und für seine speziellen Zwecke verwendet. Andererseits gibt es eine Vielzahl *überraschender Datenquellen,* an die man zuvor gar nicht gedacht hat, die aber in der Lage sind, die eigene Problemstellung besser betrachten und analysieren zu können.

Gerade der letzte Punkt ist der intellektuell faszinierende, der die Navigation durch geeignete Methoden erfordert. Was suche ich eigentlich? Für welches Problem suche ich eine Antwort? Diese Fragen sind der wichtigste Startpunkt für die Reise in die und in der Big-Data-Welt. Grund ist, dass in der Vergangenheit eher strukturierte Daten verwendet wurden, da die Informationssysteme nur solche erzeugen und speichern konnten. Der Übergang vom ursprünglich dominierenden Magnetband zur Magnetplatte war ein Quantensprung in der Informationsverarbeitung hinsichtlich Geschwindigkeit, vor allem aber Wahlfreiheit im Zugriff auf Informationen. Relationale Datenbanken waren nun, ähnlich wie die *chaotische Lagerung* im Hochregallager, in der Lage, Informationen an beliebigen freien Plätzen abzulegen, vor allem aber, diese auch direkt wieder aufzufinden und der weiteren Verwendung zuzuführen. Was man aber aus der alten Welt mitnahm, war die Art, wie Informationen identifiziert wurden: Datensätze hatten klare strukturelle Codierungen, an welchen Stellen welche Kennung steht, damit man sie wiederfindet. Daher sind wir – die Generation, die in dieser Umgebung der relationalen Datenbanken aufgewachsen ist – es gewohnt, mit strukturierten Daten umzugehen, da uns diese eine gewisse Eindeutigkeit vermitteln und damit eine Orientierung in der Vielfalt geben. Ansonsten endet die *chaotische Lagerhaltung* wirklich im Chaos und man findet nichts mehr.

Big Data hat eine andere, fundamental unterschiedlich aufgebaute Logik: Unstrukturierte Daten (nicht Informationen!) in größter Zahl müssen so aufbereitet werden, dass sie miteinander gemeinsam irgendetwas Sinnvolles als Informationsausgabe erzeugen (und nicht eine nichtssagende Datenausgabe produzieren). Dieses Phänomen, die *Unstrukturiertheit,* macht die eigentliche Tragweite der neuen Datenwelt aus. Unstrukturierte Daten in größter Menge, in höchster Geschwindigkeit, in unglaublicher Vielfalt aus unüberschaubar vielen Datenquellen – wer da keinen Plan hat, ist von vornherein verloren. Er gibt viel Geld für Technologie aus, stellt Mitarbeiter für neue Technologien ein und versinkt dann im Sumpf der Vielfalt – im Morast der (selbst geschaffenen) Komplexität.

Viele Publikationen beschäftigen sich mit der erforderlichen IT-Technologie. Davenport (2013), McAfee und Brynjolfsson (2012), Barton und Court (2012) hingegen zeigen auf, dass man letztlich nicht viel in Hard- und Software zu investieren braucht. Diese hohe Initialhürde ist schon lange genommen: clusterbasierte Server-Technologien vielfältiger Art (selbst Amazon bietet Hochleistungs-Server und Speicher in Cloud-Lösungen an), einfach zugängliche Auswertungs-Software bis hin zu ShareWare ersetzen teure Investitionen der Vergangenheit. Big Data ist nicht *Big Invest* (wie es viele Systemhersteller gerne hätten und gerne glauben machen), sondern *Big Focus* auf die richtigen Sachverhalte. Und genau dort setzen die Methoden der Supply-Chain-Mechanik sowie des darauf basierenden Komplexitätsmanagements an und geben klare Orientierung, was in den Fokus der Betrachtungen gestellt werden soll.

Weit verbreitet ist auch ein anderer Sachverhalt, der letztlich eine Art „Spätfolge" der vielen problematischen Versuche des *Customer Relationship Managements* ist. Die im Kern eigentlich hervorragenden Techniken und neuen Möglichkeiten, Kundendaten gezielt zu speichern und in neuer kreativer Form zugänglich zu machen, hat in vielen Unternehmen zunächst zu großen Problemen geführt. Die durch transaktionale IT-Systeme geprägte Welt der Dekaden 1960–1990 wurde auf einmal ergänzt durch Software, in der man *weiche* Informationen zu seinen Kunden ablegen konnte (bis hin zu Charakteristika und Vorlieben einzelner Personen – ohne Aufsicht eines Datenschutzes) und sich diese dann mit den diversen harten (Aufträge, Reklamationen, Preise, Mengen) und weichen Transaktionen und Interaktionen (Angebote, Verhandlungen, Korrekturen, Lieferantenbewertungen, installierte Basis etc.) des Kunden anreichern ließ. Theoretisch konnte man dann daraus vielfältige Auswertungen erstellen, um jeden einzelnen Kunden noch besser adressieren und bedienen zu können – und vielleicht sogar mehr Transparenz über den Kunden zu erlangen, als dieser über sich selbst hatte. Einige Unternehmen konnten dies gewinnbringend einführen und nutzen – viele andere jedoch haben sich damit herumgeplagt, dass dieses Vorgehen nicht dazu passte, wie ihr Vertrieb tatsächlich operierte, und ihre Praktiken nicht an die neuen Möglichkeiten angepasst.

Da die Datenmenge also nicht so wie geplant genutzt wurde und nicht die erhofften Verbesserungen brachte, man andererseits aber doch so viele Daten hatte, hat sich daraus eine neue Profession im Sales Controlling entwickelt – man analysierte einfach mal vorhandene Daten und suchte nach Korrelationen zwischen den verschiedensten Variablen. Und wurde durchaus öfters mal fündig: Nach wie vielen Wochen hat ein Kunde typischerweise ein Problem mit dem Produkt? Nach welchem Zeitraum benötigt er eine Wartung oder bestimmte Ersatzteile? Wann kann er auf einen Folgeauftrag angesprochen werden? Daraus haben sich das Zeitalter und die Methodik des *Data Mining* entwickelt – die Suche nach verborgenen Korrelationen. Und mit Big Data erhoffte man sich nun natürlich, dass man in noch größeren Datenmengen noch mehr verborgene Korrelationen finden könne – was ebenfalls durchaus immer wieder einmal erfolgreich war. In gewisser Weise war es ein „Goldgräber-Zeitalter" – die vielen Schürfer fanden immer mal wieder kleine, gelegentlich auch mal größere Nuggets, aber nicht wirklich die neue bessere Zukunft. Und wie früher auch, waren die eigentlichen Nutznießer dieser Ära (2000–2010) die Technologiehersteller und zugehörige Dienstleister, die die aufwendigen Analysetools dafür herstellten, verkauften und bei der Einführung behilflich waren. Was aber fehlte und warum diese Initiativen immer wieder die hoch gesteckten Ziele verfehlten, Erwartungen nicht erfüllten und die vielen *Return-on-Investment-Kalkulationen* konterkarierten, war die Frage nach dem Zweck – dem Warum. Was suchen wir eigentlich? Wie hängt das wirklich zusammen? Was treibt welche Reaktion – welche Aktion ist dafür erforderlich? Dies führte zur Entdeckung des *Kausalzusammenhangs* – Korrelationen waren die zufällig gefundenen Nuggets, Kausalzusammenhänge führten zu den erforderlichen wichtigen Sachfragen, um daran mithilfe neuer Datenquellen zu arbeiten. Genau darauf zielen die Methodiken der SC-Mechanik und der damit möglichen Komplexitätsanalysen.

Viel wichtiger ist daher die Frage, welche Personentypen sich mit diesen neuen Möglichkeiten beschäftigen sollen (und müssen), damit diese in echte Produktivitäts- oder Wettbewerbsvorteile umgesetzt werden können. Und vor allem, in welcher Weise sie dies tun sollen. Die Antwort wurde ebenfalls bereits 2012 in einem richtungsweisenden Artikel beschrieben (Davenport und Patil 2012, aber auch Barton und Court 2012): Man braucht einerseits Datenwissenschaftler, die in der Lage sind, sich in unstrukturierten Datenwelten zu bewegen und diese sprechend zu machen – vor allem aber braucht man die richtigen *Sachexperten,* die in der Lage sind, Probleme aus ihrer fachlichen Geschäftswelt so zu beschreiben, dass sie gemeinsam mit den Datenwissenschaftlern daran arbeiten können, mithilfe der Big-Data-Methoden Antworten auf zuvor nie gestellte Fragen zu finden. Hier sind die entsprechenden Supply-Chain-Experten gefragt, die sich gezielt mit der individuellen Supply-Chain-Mechanik ihres Unternehmens beschäftigten, den darin schlummernden Optimierungspotenzialen, den Quellen von Risiken, aber auch den Quellen von Überlegenheit – von Wettbewerbsvorteilen, an die andere Unternehmen noch gar nicht gedacht haben:

- Welche Kräfte der Sofortgesellschaft wirken negativ auf unser Unternehmen? Welche davon können wir umlenken in positiv wirkende Kräfte – und welche sind bereits jetzt verfügbar, aber vom eigenen Unternehmen noch gar nicht erkannt, noch nicht adressiert? Welche Chancen werden unzureichend genutzt, welche noch nicht und welche sind vielleicht noch gar nicht bekannt?
- Welche Besonderheiten in der eigenen Supply Chain, aber auch der übergreifenden Value Chain liegen vor, die man noch nicht ausreichend versteht oder die immer wieder zu Problemen führen?

- Welche Effekte führen immer wieder zu höheren Kosten, zu höheren Beständen, zu höheren Abschreibungen auf das Umlaufvermögen als geplant?
- Welche kleinen, großen oder auch fundamentalen Veränderungen passieren im Umfeld des Unternehmens, die einerseits neue Risiken, andererseits aber auch neue Chancen mit sich bringen?

Viele Autoren, u. a. auch Davenport (2013) beschäftigen sich eher mit den daten-technischen *Hygienefragen,* um sicherzustellen, dass man auch die richtigen Daten angezapft hat. Unser Fokus hier liegt eher auf den betrieblichen Effekten in der Supply Chain, die eine vertiefende Sicht erfordern.

Wichtig ist es auch, sich kreative und assoziative Gedanken zu machen, welche Art von Information man eigentlich bräuchte, um ein identifiziertes Problem besser als bis-her zu analysieren und zu verstehen. Es gibt mittlerweile eine Vielzahl von Unternehmen, die sich gezielt auf die Gewinnung und Aufbereitung von Informationen aus einem bestimmten Umfeld, aus einem gewissen Kontext spezialisiert haben. Die klassischen Marktforschungsunternehmen werden zunehmend abgelöst (oder zumindest ergänzt) durch neue Unternehmen, die eigene Infrastrukturen für die Informationsgewinnung aufbauen und diese mit anderen Informationen verknüpfen (öffentlich zugängliche oder käuflich zu erwerbende). Diese neu entstandenen, gewaltigen Märkte für Informationen sind hochgradig intransparent und meist auch völlig unbekannt – wenn man sich mit dem Big-Data-Themenfeld beschäftigt, ist es ein wichtiges Arbeitsfeld, den Weltmarkt für relevante Informationen zu durchleuchten. Das kann durchaus einige Wochen und Monate dauern.

Andererseits liegen viele Daten zu supply-chain-relevanten Sachverhalten im Unter-nehmen selbst bereits vor oder können in Kooperation mit horizontalen oder vertikalen Partnern entlang der Supply Chain verfügbar und damit nutzbar gemacht werden. Viel-fach geht es dabei um bessere Beherrschung von Risiken – sei es durch bessere Progno-sen für zukünftige Nachfragesituationen oder bessere strukturelle Beherrschung interner Prozessrisiken (siehe die Fallbeispiele zur Komplexität in den Abschn. 6.4 und 6.6).

Und somit werden technische Expertise, entdeckungsfreudige Neugier und assozia-tive sowie spontane Kreativität zu wichtigen Voraussetzungen, das Feld von Big Data für das eigene Unternehmen zu erschließen. Die technologische Realisierung von Hardware, Software und Dataware folgt dann den entdeckten Herausforderungen.

7.3 Entdeckerfreude statt starre Reports

Struktur, interne Zusammenhänge und Wirkungsweisen, aber auch die übergreifende Ver-netzung in der jeweiligen Supply-Chain-Situation und der immanent wirkenden Mechani-ken schaffen die Basis, gezielte Überlegungen für wichtige zu beobachtende Sachverhalte anzustellen und entsprechende Messungen und Auswertungen vorzunehmen. In Ver-bindung mit den Wirkungsweisen der externen dynamischen Anregungen können die damit verbundenen, datengetriebenen Beobachtungen in vielfältiger Weise ausgewertet und interpretiert werden. Die ausgeprägt kreative Phase, um die gefundenen Erkenntnisse richtig zu interpretieren, führt zu neuen, oftmals ausgeprägt innovativen Schlussfolgerungen und darum letztlich zu potenziell bahnbrechenden Lösungen. Das fundamental wichtige „Spiel" mit den Daten ist zielführend, um Informationen in sprechender Weise zusammenzufügen, die richtige Darstellung, den passenden Algorithmus oder die richtige mathematische Verknüpfung zu finden und dies in eine grafische Darstellung zu überführen, mit der sich das Datenmaterial erschließt – um damit letztlich den Zugang zur inneren Komplexität oder zumindest zu den strukturbildenden Merkmalen zu erlangen. Wie bereits dargelegt, ist diese unglaublich schöpferische Symbiose aus struktureller und experimenteller Analytik eine geschäftliche Triebfeder mit ungeahnter Mächtigkeit – die aber nicht technologisch, sondern nur kreativ und assoziativ erschlossen werden kann. *Form follows Function – Technology follows Vision,* so könnte man dies umschreiben.

Von besonderer Bedeutung ist, dass mit der Welt von Big Data und den damit möglichen Software-Lösungen eine neue, Flexibilität schaffende Dualität entstehen kann: Das „klassische" Reporting von Kennzahlen und die jederzeit mögliche, dynamische Analyse von Sachverhalten, die aktuell von Interesse sind – oder aufgrund der Kennzahlen eine vertiefende Betrachtung erfordern. Alles findet am gleichen Arbeitsplatz statt, d. h. der Nutzer merkt gar nicht, ob er sich in der Umgebung der festen Auswertungen befindet, ob er in spezielle Bereiche abtaucht oder einfach nur mal ein paar Sachverhalte in neuer Form gemeinsam betrachten möchte. Die Flexibilität in diesen Tools ist fast schon beliebig abrufbar; der Kreativität und Fantasie sind keine Grenzen gesetzt. Dies ist ein bedeutsamer Unterschied zu der bisherigen Art der Führung des operativen und strategischen Managements, das in der Vergangenheit auf vordefinierten Kennzahlenberichten aufbaute und diese in regelmäßigen Abständen (täglich, wöchentlich, monatlich) vorgelegt bekam. Die aktuelle Information, der aktuelle Status ist jederzeit abrufbar und dann in beliebiger Weise durch spezielle Betrachtungen vertiefbar – vor allem aber durch Daten zu fast beliebigen Sachverhalten ergänzbar.

Dieser neue Dreiklang aus *Abrufbar, Vertiefbar, Ergänzbar* eröffnet ganz neue Dimensionen in der Betrachtung des Unternehmens, der Supply Chain, einzelner Teilnehmer in der Kette oder auch einzelner Prozesse. Mit dieser Dynamik passt diese Art der flexiblen Tiefensicht hervorragend zu den dynamischen Anforderungen der Sofortgesellschaft. Sie liefert daher wichtige Orientierung für die verbesserte Steuerung und Gestaltung der Supply Chain – übergreifend und in allen wesentlichen Teilabschnitten (aber immer integrativ).

7.4   Erkennen und Nutzen von Ordnungs- und Interaktionsmustern

Die wichtigste Aufgabe des Managements ist, Ordnung im Chaos zu schaffen und die Richtung für eine bessere Zukunft zu setzen – sowie die Erreichung abzusichern. Hierbei kann Big Data entscheidende Impulse setzen. Um gleich schon einmal die Erwartungen richtig zu steuern: Big Data kann unternehmerische Genialität, Geistesblitze und spontane Eingebungen (noch) nicht ersetzen. Aber es kann diese signifikant stimulieren, lenken und zu ganz neuen Einsichten und Ideen bringen. Mit anderen Worten: Big Data ist nicht dazu geeignet, bessere Entscheidungen rechnerisch vorwegzunehmen. Oder ganz klar auszurechnen, was man tun muss, um den Umsatz oder den Gewinn zu verdoppeln. Aber es ist sehr wohl dazu geeignet, bestehende Erfahrungen, Intuition oder auch nur die Projektion eigener Präferenzen auf die gesamte Bevölkerung dadurch herauszufordern, dass man durch die vielfältigen Daten zu ganz neuen Einsichten, zu ganz neuen Erkenntnissen und auch Inspirationen kommt, die bisheriges Erfahrungswissen obsolet werden lassen können.

Im Sinne der im vorigen Kapitel beschriebenen Komplexität ist die Weltwirtschaft heutzutage dermaßen vernetzt, hat so viele Akteure, die gleichzeitig um einen Kunden buhlen und gleichzeitig so viele unterschiedliche Kunden in allen Teilen dieser Welt für gleichartige, aber doch unterschiedliche Produkte oder zumindest Vertriebs- oder Darreichungsformen, dass dies nicht mehr überschaubar ist. Gleichzeitig gibt es so viele störende Einflüsse, die ständig und überall in unterschiedlicher Weise auf das Weltwirtschaftssystem und die darin agierenden Akteure einwirken, dass auch dies eine erfahrungsbasierte Beurteilung und Entscheidungsfindung letztlich unmöglich macht.

Die Genialität der Erfinder von Apple, LinkedIn, Facebook, WhatsApp, Twitter, Snapchat, Instagram und vieler anderer ist nicht darin begründet, dass sie einen Markt systematisch erforscht, Wettbewerber und deren Verhalten analysiert haben und Tausende Analysen über Kundenverhalten durchgeführt oder ausgewertet haben – sondern sie hatten letztlich einfach eine (im Nachhinein geniale) Idee, eine bestimmte Form der Interaktion zwischen deren Nutzern zu ermöglichen. Und die Energie, dies so weit voranzutreiben, dass die Idee marktreif wurde und schließlich noch das Glück der richtigen Verbindungen, um die Bekanntheit ihres Produktes so weit zu erhöhen, dass es viralen Charakter annahm und sich sprunghaft verbreitet hat. Apples Welt der *i-Produkte* ist ebenso eher einer weitreichenden Vision als einer Big-Data-Analyse entsprungen – kann aber nun mithilfe von Big Data perfektioniert und immer weiter ausgerollt werden. Big Data ist also mehr ein Instrument der Perfektion als der initialen Intuition.

Das gemeinsame Element bei allen diesen Erfolgsunternehmen ist das Erkennen eines Musters. Muster können in vielfältiger Weise auftreten; sei es die Art, wie man Glaskristalle so bearbeitet, dass sie intensiv zum Funkeln kommen und damit Menschen faszinieren – welche Effekte, welche Farben bilden die Muster, die viele Menschen als attraktiv empfinden und dies besitzen wollen? Oder das Muster, wie man diese Kristalle hocheffizient in großen Mengen gleichzeitig herstellt – aus diesem Muster kann man dann eine Maschine bauen, die genau dieses Muster aufgreift und in die Realität umsetzt. Wie verhalten sich Moleküle, die in einer Flüssigkeit gelöst durch einen Filter laufen – und durch welches Muster werden diese an Moleküle des Filters gebunden und können somit z. B. Wasser von Kalk und anderen unerwünschten Inhaltsstoffen befreien? Und welches Muster menschlichen Verhaltens kann ausgenutzt werden, damit dies in möglichst vielen Haushalten als mobile Lösung in den Alltag der Familien einzieht? Bei diesen Beispielen

stehen technische oder naturwissenschaftliche Muster am Startpunkt der Produktent-
stehung, die infolge ganze Märkte begründet haben.

In der Welt der digitalen Transformation, der digitalen Disruption ist oft der Mensch
und eine kreative Anwendung neuer Techniken im Mittelpunkt einer dann folgenden
technischen Realisierung. Die Fragen sind letztlich sehr ähnlich und können seit der
Entwicklung des legendären *Palm-Organizers* immer wieder beobachtet werden: Wie
verhalten sich Menschen? Wie möchten sie gerne kommunizieren? Welche Motive treiben sie an? Was steht diesen heute im Weg? Was kann man mit Technik ermöglichen,
was den Menschen Freude bereitet? Wie können sie ihre instinktbasierte Spielernatur in
neuen Kommunikationsformen austoben?

Schließlich muss man dann noch die entscheidende Idee haben, wie man dies besser
als bisher Dagewesenes oder besser als alle anderen ermöglichen kann. Ein Beispiel: Ed
Colligan, der Erfinder und Entwickler des Palm Organizers, hatte die Idee, bestimmte
Funktionen in ein kleines portables Gerät zu packen, als Ergänzung zum in seiner Verbreitung aufstrebenden Mobiltelefons. Hierzu hatte er sich aus einem Brett ein Stück
Holz gefertigt, auf dem er ständig mit einem Stift herumhantierte. Damit optimierte er
die Form, das Layout, die Anordnung von Tasten und Funktionen: Welche Muster laufen ab, damit man dies als angenehm empfindet? Aus seinen Beobachtungen, welche
Informationen er gerne in welcher Form zu welchem Zeitpunkt in welcher Weise verwenden würde, leitete er Ordnungsmuster ab, welche Software-Module er benötigen
würde und welche Funktionalitäten diese Module jeweils haben sollten. Die damit
verbundenen Arbeitsmuster formten die Arbeitsteilung zwischen Betriebssystem und
Anwendungen – lange vor Erscheinen des heute so vertrauten iPhones mit seiner App-
Welt. Das konsequente Experimentieren von Abläufen und Verhalten förderte Muster
zutage, die zunächst eigenen Präferenzen entsprangen – und dann durch Ausweitung der
Experimente auf weitere Test-Anwender auf ein allgemein gültiges Niveau gehoben werden konnten. Und so konnte dieses innovative Gerät bereits mit seiner ersten Version so
große Attraktivität entfalten, dass es zu einer raketengleichen Marktentwicklung kam,
die letztlich nur dadurch begrenzt war, dass es noch nicht die intensive virale Bekannt-
heitsverbreitung der Sofortgesellschaft nutzen konnte – damals war die Welt zwar schon
internet-gesegnet, aber noch nicht in dem Ausmaß wie heute verbreitet, vernetzt und von
sozialen Netzwerken vielfältiger Art durchzogen.

Basis für einen skalierbaren Geschäftserfolg ist also die Erkennung von Mustern und
deren Umsetzung in Lösungen, die von vielen Menschen als attraktiv eingeschätzt werden und entsprechend den Kaufgewohnheiten erreichbar sind. Dies ist die für die Supply
Chain als Nachfragequelle so wichtige *Demand-Generation* – ohne *Pull* braucht man
keine Supply Chain. Aber auch in der Supply Chain gibt es eine Vielzahl von Bereichen,
in denen Muster entstehen, die den Erfolg der Funktionsfähigkeit, der Beherrschung
der Leistungsfähigkeit, vor allem aber der extrem wichtigen Skalierbarkeit von Prozessen und der gesamten Kette ausmachen. Damit sind wir wieder bei den Überlegungen
des Kausalzusammenhanges: Wie hängt was miteinander zusammen? Und: Wie kann
ich dies mithilfe von Korrelationen finden und richtig interpretieren? Diese Muster sind

im Zusammenhang mit dem Management einer Value Chain und der darin ablaufenden Supply Chain vor allem in zwei besonders wichtigen Kategorien ausgeprägt: den Ordnungsmustern und den Interaktionsmustern.

- Ordnungsmuster beschreiben, wie sich Einflussfaktoren gegeneinander abgrenzen, wie sich die Elemente in einem System in jeweils gleichartiger, aber voneinander unterschiedlicher Weise verhalten oder wie sich Interdependenzen in gleichartiger, aber voneinander verschiedener Weise ausprägen. Dies können Kundengruppen sein, Produkte unterschiedlicher Anwendungsbereiche oder Arten der Herstell- und Montageprozesse, aber auch unterschiedliche Arten von Fertigungsprozessen, Beschaffungsprozesse, Lieferprozesse etc. Diese Ordnungsmuster sind eng verbunden mit den daraus ableitbaren Ansätzen zur Segmentierung, oft sind sie zunächst einmal eine Vorstufe dazu.
- Interaktionsmuster liegen vor in der Art und Weise, wie Elemente sich miteinander verhalten. Wie kauft ein Kunde? Wie fertigt ein Produktionssystem ein Erzeugnis? Wie erfolgt die Nutzung eines IT-Systems durch den Anwender? Wie postet ein Konsument seine für ihn wichtigen Neuigkeiten? Wie folgt ein Follower seinem Vorbild oder seinen vielen Orientierungspunkten? Big Data generiert typischerweise eine Vielzahl von Datenpunkten aus solchen Interaktionen; diese können verwendet werden, um darin Ordnungsmuster zu finden.

Die mehr als weitläufige Welt von Big Data eröffnet nun vielfältige, letztlich unbegrenzte Möglichkeiten, sowohl Kausalzusammenhänge näher zu betrachten als auch Korrelationen aufzuspüren. Es ist ähnlich wie Kompositionen in der Musik: Aus 88 Tönen einer Klaviertastatur lassen sich beliebig vielfältige Musikstücke generieren. Das Geheimnis der Musikvielfalt liegt in der Ausprägungs- und Verknüpfungsvielfalt der 88 Töne. Aber jeder Ton ist nur ein Datenpunkt von einem oder mehreren Sendern, keine Datenquelle. Nun stellen wir uns vor, dass diese 88 Töne aus unterschiedlichen Datenquellen weltweit gespeist werden können. Genauso wenig, wie man nicht zu viele Klaviertasten gleichzeitig drücken sollte, entspricht die Suche nach der richtigen Harmonie der Töne, der richtigen Auswahl der Datenquellen und Signale, der Kunst im kontextbewussten Umgang mit Big Data.

Genauso wie einer erfolgreichen, attraktiven Komposition eine Vielzahl von zumeist systematischen Mustern innewohnt (Melodien, Riffs, Wiederholungen, Klangmuster, Akkorde, Tonfolgen, aber auch überraschende Wechsel), macht die zielgerichtete Suche nach einem harmonischen und zielführenden Ergebnis auch den Erfolg in den unüberschaubaren Datenwelten der digital befeuerten Welt aus. Die Methoden der Supply-Chain-Mechanik führen hier zu einer zielgerichteten Auswahl von Datenquellen, Datensignalen, Verknüpfungs- und Auswertemethoden, da sie die Sicht auf Kausalzusammenhänge ermöglichen. Und sind Kausalzusammenhänge vermutet, kann man hierzu gezielte Untersuchungen vornehmen, Experimentieren, auf der Suche nach darin verborgenen Korrelationen, die dann wiederum die Impulse geben (können), um die so wichtigen Ordnungs- und Interaktionsmuster sowie deren innewohnenden dynamischen Kräfte zu finden.

Das Beispiel der Produktionsrisiken zeigt dies sehr deutlich auf. Aus der Supply-Chain-Mechanik waren die Kettenglieder (z. B. Produktionsabschnitte, Produkte, Bestände) und Stellkräfte (z. B. Laufzeiten, Ausbeute, Termine) in der Produktionskette bekannt und auch die darin wirkenden Kausalzusammenhänge (z. B. hohe Ausbeute führt zu vielen verwertbaren Produkten, niedrige Ausbeute und hohe Ausbeuteschwankungen führen zu Überraschungen bei der letztlich verfügbaren Gutmenge). Die Sichtung der verschiedenen bereits vorhandenen Informationssysteme, Datenbanken und Messvorgänge führte zur Kenntnis möglicher Informationsquellen, um Daten hinsichtlich Produkteigenschaften sowie Produktionsdaten auszuwählen, die in diesen Kausalzusammenhängen eine Rolle spielen könnten. Nachdem der Zugang zu als relevant eingeschätzten Datenfeldern in den verschiedenen Datenbanken und prozessbegleitenden Informationssystemen hergestellt war, konnten somit vielfältige Datenquellen mit den darin auffindbaren einzelnen Datenfeldern und Datenpunkten so zusammengeführt werden, dass darin einzelne Datenpunkte zu konglomerierten Informationspunkten verdichtet werden konnten. Der Zusammenhang, dass die Zugabe bestimmter Substanzen zu schwierigeren Produktionsbedingungen führte, war bereits empirisch als Erfahrungswissen bekannt – auch dies wieder ein Kausalzusammenhang, aber mit unbekannter Korrelation. Erst die kreative Schaffung eines neuen Ordnungssystems führte dazu, die Korrelation in geeigneter Weise erkennbar machen zu können: Das Tableau mit den beiden Achsen *Ausbeute* und *Laufzeit* verknüpfte auf oberster Ebene nur zwei Variablen miteinander – und zeigte doch genau die damit darstellbare grafische Visualisierung der Korrelationen: Die Muster verschiedener Zugabestoffe hinsichtlich ihres Risikotyps. Somit war in dem kausal erarbeiteten Ordnungssystem des Tableaus auch ein Ordnungsmuster vieler Datenpunkte enthalten – die Gruppen ähnlichen Ausbeute- und Laufzeitverhaltens, die man nach Plausibilisierung und Nachschärfung als diskrete, abgegrenzte Risikosegmente ausprägen konnte.

Dieses Zusammenspiel aus Identifikation von Kausalzusammenhängen, daraus abgeleitetem Durchführen von Experimenten zum Aufspüren von möglichen Korrelationen und das Schaffen von Ordnungssystemen und Ordnungsmustern ist ein Erfolgsrezept im Umgang mit Big Data.

Das zweite Erfolgsrezept ist die Suche nach neuen, zusätzlichen Informationsquellen, die man bisher noch nicht auf dem „Radarschirm" hatte. Im eben dargestellten Beispiel wurden ja nur die vielfältigen (bekannten) Informationssysteme im Produktentwicklungs-, Produktions- und Qualitätsumfeld hinsichtlich ihrer Verwertbarkeit überprüft und eine Auswahl der diversen einzelnen darin enthaltenen Informationen vorgenommen. Damit ließ sich aber nur eine Lösung dieser internen Produktionssteuerung erarbeiten – die Produktionsplanung (Produktmengen, Zeitplanung, Kaskadierung) mithilfe von Risikoklassen. Aber wie sollte man nun das Gesamtgebilde strukturieren, damit man die Dynamik der Kundenaufträge einfangen konnte? In einer klassischen Datenanalyse hätte man nun noch die Kundenauftragsdaten zu den vier Risikoklassen ausgewertet, um zu sehen, wie häufig und zu welchem

Zeitpunkt welche Änderung vorgenommen wurde. Auch dies ist schon ein kleines Big-Data-Unterfangen. Die eigentliche Würze aber kam nun dazu, indem man die einzelnen Produkte identifizierte, in die die drei höheren Risikoklassen eingebaut wurden. Und mittels einer Auswertung von ausgewählten Absatzdaten der Endprodukte aus *Public Domain,* also öffentlichen Marktforschungs- und Marktstatistikinformationen, konnte man nun eine bessere Prognose hinsichtlich der zu erwartenden Mengen ableiten. Hier waren also Interaktionsmuster im Vordergrund des Interesses: Was macht ein Abnehmer (=direkter Kunde) und wie und wann kommuniziert er seine vielfältigen Planungsänderungen an den Hersteller? Aus diesen Interaktionen konnten zwei Kundengruppen gebildet werden; eine mit eher plausiblen, prognostizierbaren und systematisch nachvollziehbaren Planänderung (also Absatzmengenprognosen) und andererseits *Planungschaoten,* die sehr viele spontane (und teilweise erhebliche) Änderungen durchgaben, somit immer wieder vorige Korrekturen erneut korrigierten, ohne dass dies mit den Daten zur Marktentwicklung korreliert werden konnte. Es war eine nur teilweise verwertbare Information, da man ja nie genau wusste, wie lange die eben übermittelte Änderung Bestand hat – bei beiden Kundentypen.

Somit war eine neue und durchaus interessante Erkenntnis gewonnen, die nicht unmittelbar für die Produktionssteuerung verwendet werden konnte. Dieses Interaktionsmuster zeigte aber sehr deutlich auf, dass alle Kunden eine gewisse Änderungsintensität hatten, um ihre eigene Marktdynamik in die Steuerung der Zulieferungen weiterzugeben. Dies bedeutete letztlich, dass es wichtig war, einen Entkopplungspunkt zu schaffen zwischen den häufigen Änderungen der Kunden und den dadurch immer wieder in „Unordnung" geratenen Produktionsprozessen. Dieser lag, wie häufig in solchen Situationen, an der Schnittstelle zwischen einer Prozesskette mit langen Durchlaufzeiten und den Prozessketten mit kurzen oder schnell und einfach einplanbaren Durchlaufzeiten. Auch hier wurde wieder eine breit gefächerte Datenanalyse vorgenommen, um die statistische Signifikanz des Matchings von Vorprodukten mit vielfach nachgefragten Endprodukten und den damit verbundenen Produktionszeiten zu prüfen. Dies ergab die Lösung, datenbasiert und aus der Supply-Chain-Mechanik beobachtete Muster zu verwenden: Produkte mit hohem Matching-Potenzial zu bevorrateten Ingots konnten sehr schnell produziert werden und andere brauchten eine längere Durchlaufzeit, die auch mit den Risikoklassen korrelierte.

Somit wurde das Lösungsbündel aus dem Einsatz einer Vielzahl verknüpfter Datenquellen und der Auswertung der systematischen Kausalzusammenhänge gewonnen. Extern orientierte, datengestützte Beobachtungen lassen naturgemäß zusätzlich eine Vielzahl von externen Datenquellen zu, die mehr oder weniger einen Sinnzusammenhang mit den betrachteten Phänomen aufweisen. Hier wird die Auswahl mithilfe der Supply-Chain-Mechanik, aber auch die kreative Suche nach möglichen vorhandenen oder aus theoretischen Überlegungen erwünschten Daten weitaus wichtiger. Komplexitätsmanagement, Supply-Chain-Mechanik und Big Data gehen somit eine enge, nutzenstiftende Symbiose ein.

7.5   Erkennen und Nutzen von dynamischen Zusammenhängen

Neben den eben beschriebenen strukturbildenden Erkenntnissen können die Vielfalt, aber auch die Vielzahl entstehender Daten zielführend eingesetzt werden, um in diesen strukturellen Mustern die Änderungen der Auswirkungen dynamischer Lastzustände oder dynamischer Einflussfaktoren gezielt für die Prognose zukünftiger Zustände einzusetzen. Dies bedeutet, dass man mithilfe der Supply-Chain-Mechanik die grundlegenden Zusammenhänge in der Supply Chain herausarbeitet; dann lassen sich gezielt über die Auswertung der Big-Data-Datenräume die sich aus dem Zusammenwirken der Datenkonstellationen ergebenden und für die Steuerung der Supply Chain erforderlichen Daten herausarbeiten, und diese Datenfelder bzw deren Inhalte in die Auswertungssysteme einspeisen.

7.5.1   Geschwindigkeit von Analyse und Erkenntnis

Das Besondere an der Big-Data-Welt ist, dass die Datenquellen, die verknüpfenden Systeme des Datenabzugs und Datentransports sowie die leistungsfähigen Auswertungssysteme es erlauben, die Geschwindigkeit der Datenentstehung zu verkraften und die Vielfalt der Quellen und der sich daraus ergebenden Datenströme lenkend zu beherrschen. Millionen von Nutzern erzeugen potenziell Myriaden von verwertbaren Datensätzen – sowohl aus Transaktionen, Recherchen, Posts, Kommunikationsvorgängen als auch in ihren wiederkehrenden Mustern. Dies betrifft den gesamten Ablauf, die gesamte Kette der Versorgung, mit allen ihren Verästelungen. Das in Realtime durchzuführen, ist durch die verfügbare Daten- und Systemtechnik leicht möglich. Es gilt allerdings, den Überblick zu behalten – zu viele Dateninputs können dafür sorgen, dass das Rauschen der insignifikanten Dateninhalte so groß wird, dass man die eigentlich wirkenden Kräfte und Zusammenhänge gar nicht mehr erkennen kann. Und doch ist diese Schnelligkeit der Datenentstehung absaugbar, konsolidierbar und sehr schnell analysierbar – und liefert damit sehr schnell Informationen, die neue Erkenntnisse zu erforderlichen Aktionen und Reaktionen geben. Somit lässt sich die Welt des spontanen, auf Intuition und Kreativität basierenden Reagierens umsetzen in eine datenbetriebene Welt der systematischen Informations- und Erkenntnisgewinnung und des daraus ableitbaren systematischen und weitgreifenden Verhaltens von Produktions- und Versorgungssystemen.

Konkret bedeutet dies, dass man z. B. europaweit in Realtime die Absatzmengen pro Minute oder Stunde beobachten kann, in der Käufer Produkte in den verschiedensten Regionen online erwerben. Gleichzeitig kann man die passenden Komplementär-Produkte erkennen, die immer wieder gesucht oder gekauft werden. Dies ergibt sowohl Anregungen für die eigene Nachschub- und Produktionssteuerung als auch eine Einordnung von Produkten in Attraktivitäts- und Geschwindigkeitsraster. Wenn diese

Erkenntnisse verknüpft werden mit Beobachtungsdaten aus den relevanten Social-Media-Kanälen, hat man sowohl die Basis für Korrelationen als auch für das Erkennen von Erklärungsmustern, warum sich das eigene Produkt besser oder schlechter als die vielen Konkurrenzprodukte verkauft. Und man kann nachvollziehen, in welcher Weise Kundenbewertungen und deren Veröffentlichungsdatum darauf hinwirken können, ob sich das Absatzverhalten eines Produktes dadurch verändert – was sowohl Informationen für die Nachschubsteuerung gibt als auch für möglicherweise erforderliche korrektive Aktionen in Werbung, Public Relations, Handelskanälen und deren Informationsversorgung sowie in den entsprechenden klassischen und internet-getriebenen Medienkanälen.

Diese Realtime-Datenversorgung erfordert natürlich eine entsprechende Organisation von Auswertungssystemen und vor allem geschulte Mitarbeiter, die in der Lage sind, sich mit diesen vielfältigen Erkenntnissen zielgerichtet und schnell zu befassen. Daher bringt Big Data keine Effizienz, die sich in Personalabbau übersetzt, sondern Effektivität und Erkenntnisse, die potenziell eher zu einem Personalaufbau führen – aber dafür an den richtigen Stellen. An diesen Stellen sitzen Spezialisten, die sich nicht nur mit der Architektur der Verknüpfung der Datenquellen, dem Durchführen der Datenanalysen und Beurteilen der Wirksamkeit gewonnener Informationen beschäftigen, sondern auch damit, an welchen Stellen diese Informationen idealerweise eingesetzt werden sollten und welche Art von Reaktionen, ggf. auch pro-aktiven Aktionen, damit verbunden sein sollten. Diese können ebenfalls in automatisiert ablaufenden Algorithmen und Methoden zur Entscheidungsfindung eingebunden werden, sodass nach initialer Einrichtung der Informationsstrecken (von Datenquellen hin zur Datensammlung, Konsolidierung, Aufbereitung, Auswertung und den dann ablaufenden Entscheidungs- und Anpassungsprozessen) gar keine zusätzliche Betreuung, kein Personaleinsatz mehr erforderlich ist. Durch den Informationsgewinn aus Datenauswertung, verbunden mit den weitreichenden Gestaltungsmöglichkeiten zur Automatisierung von in Realtime durchgeführten Anpassungsmaßnahmen, wird ein weitaus überproportionaler Nutzen für die Steuerung der Supply Chain, der Value Chain und somit auch für den gesamten Unternehmenserfolg erzielt.

7.5.2 Zusammenspiel von Industrie 4.0 und Big Data

Die gesamte Industrielandschaft ist durchzogen von Systemelementen, die ständig und in großer Menge Daten generieren. Maschinen melden Zustände, Produkte melden ihren Status oder auch Bereitschaft für Folgeoperationen, leere Behälter melden ihre Wiederverwendbarkeit – das *Internet of Things* und die immer weiter voranschreitende Digitalisierung in der Automatisierungstechnik schafft immense Datenräume, die die darauf schauenden Techniker, Ingenieure und Manager zu weit greifenden „Datenträumen" inspirieren. Und wo Träume sind, werden auch Wege gefunden, diese zu realisieren, d. h. Visionen umzusetzen, neue Möglichkeiten zu schaffen, Steuerbarkeit zu erzeugen, wo vorher Grenzen gesetzt waren. Die Möglichkeiten, die sich mit Big-Data-Methoden im gesamten Umfeld des Unternehmens erschließen, gelten in gleicher Weise für die Welt des Industrie 4.0, denn dies ist ja auch nichts weiter als eine technisch ermöglichte Verknüpfung von vielen Datenquellen, die in großer Geschwindigkeit eine große Vielzahl von Daten generieren, austauschen, empfangen, verarbeiten und daraus Anpassungsmaßnahmen ableiten können.

Der große Unterschied zum „eigentlichen" Big Data ist die Investitionsintensität. Der Einsatz digital basierter Techniken und Werkzeuge im Umfeld der Produktion erfordert meist größere Anpassungen an den Anlagen und Maschinen, aber auch der Produktkennzeichnung und -identifikation. Hier müssen die Voraussetzungen geschaffen werden, die entstehenden Zustandsimpulse in technisch abgreifbare Datenformate zu bringen, um diese einer Speicherung und anschließendem Abruf zuführen zu können. Das bedeutet, dass der Investitionsaufwand zunächst in der Primärphase der Datenkette anfällt: Maschinen, Anlagen, Produkte, Transporteinrichtungen etc. müssen „zum Sprechen" gebracht werden – zum Sprechen in einer Sprache, die datentauglich ist. Hierfür können entsprechende Übersetzungsprogramme verwendet werden, die Messsignale in datenbasierte Inhalte umwandeln. Darüber hinaus ist die Vernetzung, das Schaffen der Infrastruktur, ein großer Investitionsbereich – sowohl für den Abtransport der primär anfallenden Signaldaten als auch für die zielgerichtete Verknüpfung der diversen Anlagen und Bausteine der Automatisierungstechnik. Letztlich braucht man spezialisierte Programme, um mit den angefallenen Daten etwas anzufangen und daraus die relevanten Steuerungsinformationen an die geeigneten Stellen in der Automatisierungskette zu geben. Somit ist es nicht nur eine Aufgabe für Datenarchitekten und Datenwissenschaftler, die entsprechenden digitalen Modelle zu digitalen Produktions-, Wartungs- und Geschäftsmodellen zu entwickeln, sondern auch eine Herausforderung für die Gestaltung der gesamten Produktions- und Informationstechnik.

Entsprechend dem Generationenwechsel in der Sofortgesellschaft ist dies natürlich nicht nur eine Aufgabe der „starren" Informationsketten und des Schaffens einer technisch-informatorischen Plattform, sondern vor allem das Zusammenspiel aus *Apps* auf Tablets und Mobilgeräten mit den verschiedenen Anwendern und Akteuren in den Produktionssystemen. Die Mobilität ersetzt die Rigidität – es erfordert neben dem klassischen *Steuerungszentrum,* der *Schaltzentrale,* nun auch Konzepte, wie Personen an beliebiger Stelle in Unternehmen oder an beliebiger Stelle in der Welt wichtige Daten empfangen, diese beurteilen und aus den Apps heraus die erforderlichen Aktionen einleiten können. Der Wartungstechniker muss nicht mehr vor Ort fahren, er muss noch nicht einmal an seinem Arbeitsplatz sein, er kann, wenn er gerade bei einem anderen Kunden ist, ein mechanisches Problem lösen. Von dort kann er eine Ferndiagnose durchführen, Einstellungen überprüfen, Fehler beheben oder die Anlage auf neue Rahmenbedingungen anpassen. Der Fern-Zugriff auf alle erforderlichen Dokumentationen wird verknüpft mit Zustandsdaten der Anlage. Mithilfe von künstlicher Intelligenz werden zunehmend Vorschläge vom System generiert, welche Sachverhalte näher anzuschauen sind, welche Parameter in der Konfiguration suspekt erscheinen oder angepasst werden sollten. Und natürlich kann dann ein erforderlicher Folgeprozess, beispielsweise das Einbauen eines Ersatzteils oder die Bestellung des Ersatzteils und das Vordisponieren des

Technikers, der dies später installieren soll, nicht nur angestoßen, sondern auch system-
unterstützt vollständig bearbeitet werden. Digitale Welten schaffen Raum für digitale
Transaktionen.

Dies ist aber nur ein kleiner Ausschnitt aus der großen Welt der *Industrie 4.0,* die
jeden Tag neu definiert und teils in kleinen Schritten, teil in großen Sprüngen ständig
weiterentwickelt wird. Sie ist mit der Welt der Supply Chain eng verknüpft, da sie die
Betriebssicherheit, Schnelligkeit und Verfügbarkeit von Anlagen und Produktionssystemen signifikant erhöht, aber ist doch mit den erforderlichen Maßnahmen und Infrastrukturen eine eigene Welt mit einer Vielzahl von Spezialisten (siehe z. B. Ematinger
2017; Schulz 2017; Hug 2017).

7.6 Big Data als Quelle von Optimierungsstrategien

Big Data schließt den Kreis – von der Sofortgesellschaft und den ihr innewohnenden
Mechanismen zur Sofortverfügbarkeit von Informationen, um im Unternehmen, seinen
Supply Chains sowie in seinem verbundenen Umfeld steuernd einzugreifen. Es ist ein
langer Weg, ein großer Kreis mit vielen Eingriffspunkten, um dies zielführend zu etablieren und nutzen zu können: von den Methoden der Supply-Chain-Mechanik und des damit
möglichen Komplexitätsmanagements über die vielfältigen Maßnahmen zur operativen
und agilitätsbezogenen Leistungsfähigkeit, die Auswahl von Optimierungsmaßnahmen
und Vorgehensweisen, die auf den internen und externen Reifegrad der Supply Chain eingehen, bis zur passenden Ausrichtung von Managementsystemen und der organisatorischen Aufstellung des Topmanagements hin zu neuen Macht- und Leistungszentren als
Quelle der Überlegenheit. Die hier im Buch vorgestellten Methoden sollen eine Orientierung geben für Unternehmen, ihren eigenen Weg zu finden in der großen Dynamik und
Unübersichtlichkeit, die sich aus dem Wegschmelzen oder dem Verschmelzen vertrauter
Grenzen und Einflussbereiche ergeben.

Die vorherrschende hohe Geschwindigkeit in der Sofortgesellschaft und den darin
ablaufenden Prozessen erfordert das Verwerten von großen Datenmengen aus einer Vielzahl von Datenquellen und Transaktionen – aber auch das Strukturieren von Prozessen.
Ohne diese vorherige Strukturierungsarbeit mit den dargestellten Methoden kann man
sich schnell in diesen riesigen und unübersichtlichen Datengebirgen verlaufen, so wie
die frühen Siedler in Nordamerika auf ihrem Zug von Ost nach Westen. Und ähnlich,
wie man die vielen erfolglosen Bemühungen dieser Siedlerzüge nicht kennt, sondern nur
die neuen Siedlungen der erfolgreich angekommenen Siedler, so ist dies auch mit den
vielen Unternehmen, die sich im Glauben an reine Technik und Rationalisierung aus dem
Marktgeschehen ausscheiden. Sie machen Platz für die Unternehmen, die rechtzeitig die
neuen Mechanismen für das Überleben und Wachsen in der Sofortgesellschaft erkannt
und etabliert haben.

Die Optimierungsstrategien im Zeitalter der Sofortgesellschaft verknüpfen die
Möglichkeiten der neuen datengetriebenen Welten mit den Wirkmechanismen in ihrem

relevanten Umfeld. Big Data schafft Zugang zu Informationen, über die keine Generation vorher jemals verfügt hat – und dies in einer Fülle und potenziellen Geschwindigkeit, die unsere traditionell in drei Dimensionen denkende Vorstellungskraft schnell übersteigt. Dennoch steht am Beginn, dem Ursprung der Komplexität, ein Sachverhalt, der sich in wenigen Dimensionen strukturierend darstellen lässt. Ohne die Kenntnis des wahren Komplexitätskerns fehlt die Leseanleitung, wie die Daten zu strukturieren sind, wie Datenquellen und die mit ihnen beschriebenen Sachverhalte eingesetzt werden können. Die Suche nach dem Komplexitätskern führt oft zur Navigationshilfe, welche Informationen man gerne verwerten würde, um dieses Gebilde besser steuern, besser beherrschen, schneller an neue Situationen anpassen zu können. Aber es muss auf den entsprechenden Reifegrad der Organisation auf allen Ebenen zugeschnitten sein und der Reifegrad von eingesetzten Informationssystemen und Datenmanagement-Systemen muss damit Schritt halten können. Ansonsten kommt es zum Informationskollaps.

Daher ist die für ein Unternehmen zu einem bestimmten Zeitpunkt relevante Optimierungsstrategie ein hochgradig individueller Sachverhalt. Sie kann sich schnell wieder als nicht wirksam herausstellen, weil sich wichtige Umgebungsbedingungen oder auch interne Voraussetzungen geändert haben. Der Generationenwechsel in den Absatzmärkten, aber auch in den Unternehmen führt zusammen mit der weltweiten Wirksamkeit von Vernetzungen von Informationen, Absatzmöglichkeiten und gegenseitiger Beeinflussung zu einem hochgradig instabilen Wirtschaftssystem, das sich nur in der immer höheren Geschwindigkeit stabilisiert – wie ein Fahrrad oder Motorrad bei geringer Geschwindigkeit oder gar Stillstand extrem instabil sind, aber mit zunehmender Geschwindigkeit eine ungeahnte Stabilität erlangen können. Ein geradeaus fahrendes Motorrad ist bei hoher Geschwindigkeit so stabil, dass es ohne Probleme über kleinere Hindernisse oder Löcher auf der Fahrbahn fährt, ohne bemerkbar aus der Spur zu kommen. Es erfordert allerdings eine entsprechende Infrastruktur, um diese Geschwindigkeit sicher fahren zu können – eine Fahrbahn ohne zu großen Hindernisse oder Löcher und keine Rempeleien von anderen Fahrzeugen. Ähnlich ist es für Unternehmen und deren Supply Chain in den Rahmenbedingungen der Sofortgesellschaft. Sie ist extrem schnell unterwegs, darin herrscht eine große Dynamik und Unternehmen können sich darin gut bewegen, da große Datenautobahnen vorhanden sind, auf denen man sich schnell bewegen kann. Wichtig ist aber, dass man weiß, wo man hin will und dass man eine Vielzahl nervöser Spurwechsel vermeiden und nicht gegen die wirkenden Grundkräfte verstoßen sollte.

Daher erfordert der gewinnbringende Einsatz von Big Data, der Teilnahme an der Welt der großen, weitläufigen und schnellen Datenräume, das Wissen über die wirkenden Kausalzusammenhänge in Unternehmen, Supply Chains und der Vielzahl der relevanten Marktteilnehmer.

Epilog: Wie die Transformation gelingt

8

Die Sofortgesellschaft bietet jeden Tag einen großen, weltweiten Raum für eine Vielzahl von Chancen, aber auch von Risiken und Bedrohungen. Die innewohnende Dynamik und das Ausmaß der damit verbundenen Leistungsgewöhnung schaffen täglich neue Herausforderungen. Alle Unternehmen dieser Welt sind hierin aktiv. Viele erfolgreich, viele schlagen sich durch und wiederum viele andere verabschieden sich daraus. Innovative Unternehmen fallen als Trendsetter auf und sind aktiv. Auf der anderen Seite ist die Mehrzahl der Unternehmenseigentümer und Unternehmenslenker in dieser Umgebung der hohen Dynamik und Volatilität überfordert. Sie versuchen immer noch, mit den Erfolgsmethoden früherer Jahre voranzukommen. Das führt zu einem kurzzeitigen Aufflackern scheinbar positiver Effekte, aber oft nicht zum gewünschten, angestrebten und vor allem anhaltenden Erfolg.

Die Dynamik und vielfältig wirkenden Komplexitäten sind so groß, dass sie eine neue Form von Ordnungsmethoden erfordern, um darin für das eigene Unternehmen neue Erfolgsmuster zu finden und eine höhere Form von Agilität und Interaktivität in Unternehmen zu etablieren, die ständig weiterentwickelt werden muss.

Diese Reise erfordert eine große Transformation. Die digitale Transformation von Technik, Märkten und Unternehmen führt zu einer tief greifenden, verhaltensbedingten Veränderung unserer bekannten Gesellschaftsformen. Diese digitale Disruption ist eine Veränderung, die größer ist als alles, was wir bisher kennen. Der Unterschied zur Umwälzung von traditionellen Prozessen in das Zeitalter der Dampfmaschine, von Manufakturprozessen zur Fließbandarbeit, von der klassischen Arbeitsteilung zum Lean-gesteuerten Unternehmen ist die Rasanz auf der Zeitachse, die einhergehende Globalität des Phänomens und das bewusste und unbewusste Andressieren von verhaltensbestimmenden Mechanismen. Die Sofortgesellschaft ist bereits da, sie wird jeden Tag gieriger nach noch schneller, noch besser, noch schöner, noch einfacher, noch interaktiver. Die Geschwindigkeit und Vielfalt des darin stattfindenden Informationsaustausches, die ständige Erreichbarkeit von Personen und Informationen, die als sichtbare

© Springer Fachmedien Wiesbaden GmbH, ein Teil von Springer Nature 2018
D. Bölzing, *Überleben und Wachsen in der Sofortgesellschaft,*
https://doi.org/10.1007/978-3-658-15111-9_8

oder unsichtbare Wellen durch das weltweite Informationsgeflecht des Internet rollenden Trendsetter-Impulse und sich damit ausprägende Präferenzen, das damit verbundene Verändern relevanter Zustandsdaten in Absatzmärkten und in der eigenen Supply Chain führt zu einer Dynamik der erforderlichen Veränderung, die fundamentale Anpassungen in kürzester Zeit erfordert.

Die Herausforderung ist, dass es keine Bauanleitung für das fertige Ergebnis gibt. Es gibt keine *Best Practice,* wie das Unternehmen aussehen sollte, um mit dieser Dynamik bestmöglich umzugehen. Jedes Unternehmen ist ein Unikat und befindet sich in einem individuell einmalig ausgeprägten Umfeld. Es hat einen Personenkreis als Mitarbeiter, die seinen Weg prägen. Auch dieser ist in jedem Unternehmen anders. Aber es gibt Merkmale, die erfolgreiche Unternehmen auszeichnen: Agilität, Innovation, Neugier, Kreativität, Informationshunger, Gestaltungswille, Veränderungsbereitschaft, das Schaffen schneller Flüsse von Informationen und Waren, übergreifende Zusammenarbeit, Sicherheit im Umgang mit Komplexität, der gezielte Einsatz von Informationstechnik, Gestaltung wohlgefühl-auslösender *Customer Experiences* in einer ansprechenden *Customer Journey.* Nur ist der Weg dahin für jedes Unternehmen unterschiedlich beschaffen. Dieser situative Ansatz der Individualität ist das Wesensmerkmal, an dem es anzusetzen gilt.

Wichtige Vorgehensweisen, Erkenntnisse und Methoden, wie man den eigenen Weg finden, definieren und umsetzen kann, sind Ziel dieses Buches. Es will hierfür wichtige Hilfestellungen vermitteln. Die Kenntnis von Wirkmechanismen in den Menschen der Sofortgesellschaft zeigt wichtige Ansatzpunkte. Die Führung von Unternehmen muss sich hierfür in neuen, innovativ beschleunigenden und kundenzentrierten Formen zusammenfinden. Das Erkennen des erforderlichen Zusammenspiels im Unternehmen und seiner gesamtheitlichen Wertschöpfungskette *vom Rohstoff zum Konsumentengenuss* schafft die Voraussetzungen für Schnelligkeit, Agilität und Effizienz. Der bewusste Einsatz von Wirkmechanismen in der Supply-Chain-Mechanik schafft Steuerbarkeit und damit Reaktionsfähigkeit und Geschwindigkeit. Und die Erkenntnis der relevanten Komplexitätskerne legt die Basis für eine Beherrschung von Vielfalt und Dynamik. Das Anzapfen von bekannten und neuen Informationsquellen verschafft Einblicke, die früher unvorstellbar waren, und damit Navigation in einem scheinbar undurchdringlichen Geflecht aus globaler Hyper-Interaktion und Hyper-Dynamik. Zentrale Zutaten, um in den Rahmenbedingungen der Sofortgesellschaft als Unternehmen zu überleben und die ihr innewohnende Dynamik als Quelle des eigenen Unternehmenserfolgs zu aktivieren, den richtigen Fokus zu finden und daraus eine Beschleunigung von Geschäftsprozessen und das Erschließen neuer Geschäftschancen zu erreichen.

Aber hierin liegt auch eine Gefahr: Werden fehlleitende Einschätzungen vorgenommen, falsche Schlussfolgerungen gezogen, die falschen Analysen durchgeführt oder wird ein unpassender Fokus gewählt, dann fliegt man schnell im hohem Bogen aus der Kurve. Hier ist die Dynamik der Sofortgesellschaft fast schon als brutal und konsequent wirksam. Jedoch, wenn diese Fehler als neue Erkenntnisquelle angesehen werden, die herangezogenen Informationen durch neue Einschätzung der Situation in neuer Weise interpretiert und auch ergänzt werden, kann darin auch eine Quelle neuen Erfolgs

liegen. Es gilt also, einen Totalschaden zu vermeiden. Die feine Linie zwischen Behut-
samkeit und Zögern führt zu großen Bereichen von umsichtiger Gestaltung eines Weges
zu neuen Anwendungen und Vorgehensweisen oder zauderndem Nichts-Tun, Festhalten
an Bisherigem. Es ist unausweichlich, den Weg der Innovation und damit der riskanten
Veränderung zu gehen. Innovation bedeutet immer das Risiko von Fehlschlägen. Daher
ist ein klassisches Management immer bestrebt, möglichst wenig Innovation zu betreiben
und diese mit ausgefeilten Methoden genau auf den Erfolgsfortschritt hin zu beobachten,
um bei Problemen schnell eingreifen zu können oder die Projekte einzustellen. Damit
wird das Risiko von Fehlinvestitionen und unprofitablen Situationen minimiert. Kurzfristig scheinbar erfolgreich, aber langfristig blutet das Unternehmen aus und wird
zunächst unterschwellig, schleichend und irgendwann einmal schlagartig unattraktiv.

Dies lässt sich in einer speziellen Anwendung der von McKinsey entwickelten *S-Kurve*
illustrieren. Die eigentliche *S-Kurve* war als Instrument entwickelt worden, um die
Mechanismen von branchenverändernden Innovationen aufzuzeigen. Mit zunehmendem
Forschungsaufwand konnte eine Zunahme der Leistungsfähigkeit einer erfolgreichen
Technologie gezeigt werden – vor allem, dass dies nicht linear zusammenhängt, sondern dass es eine durchaus sehr lange Anfangsphase mit hohem Aufwand und niedrigem
Zuwachs an Leistungsfähigkeit gibt. Ist dann erst einmal der „Durchbruch" geschafft,
wächst die Leistungsfähigkeit überproportional stark an und findet dann irgendwann
abflachend in einem Plateau ihren Abschluss bzw. Ausgang für weitere Ereignisse.

Überträgt man diese Grundbeobachtung auf Unternehmen, so kann man dieses
Modell verwenden und dabei als Maßgröße für die Leistungsfähigkeit des Unternehmens
die Profitabilität messen. Und, etwas vereinfachend, nicht kumulierte Investitionen
oder andere Kennzahlen heranziehen, sondern einfach die Zeitachse verwenden. Hiermit lässt sich ebenfalls eine solche S-förmige Kurve definieren mit darin abgebildeten
Wirkmechanismen. Nach der Umstellung auf eine neue Arbeitsform (z. B. Einführung
einer neuen Ablauforganisation, Einführung eines neuen IT-Systems, Einführung von
Lean-Methoden, aber auch Etablieren einer unternehmensübergreifenden Zusammenarbeit) lässt sich zunächst einmal beobachten, dass es im Lauf der Zeit keine feststell-
bare Leistungssteigerung gibt. Oft geht diese sogar zurück, da die Mitarbeiter erst einmal
lernen müssen, wie sie mit den neuen Techniken, den neuen Abläufen, den neuen Kolle-
gen, den neuen IT-Systemen umgehen (sie werden von der Komplexität überfordert bzw.
sogar überwältigt, da die bisherigen, zur Komplexitätsbewältigung verwendeten Routinen und Hilfsmittel nicht mehr funktionieren).

Diese *S-Kurve der organisatorischen Leistungsfähigkeit* wurde vom Autor bereits
1998 entwickelt, um damit zunächst den abflachenden Grenznutzen von Investitionen
aufzuzeigen. Hintergrund war, dem Management eines Klienten zu verdeutlichen, dass
Investitionen in neue Arbeitsabläufe und neue Methoden (z. B. Six Sigma, Lean, Con-
tinuous Improvement) nach erfolgreicher Einführung eine Blütezeit schöner Erfolge
haben, aber irgendwann ausgereizt sind und zu keiner weiteren Leistungssteigerung
mehr führen. Andererseits sind sie aber zu einer neuen Basis, einer neuen *Null-Linie*
der Leistungsfähigkeit geworden. Weitere Leistungssteigerungen erfordern dann neue

Methoden, neue Wege. Im Unterschied zur klassischen Kurve des abnehmenden Grenz-
nutzens gibt es den ganz speziellen flachen Verlauf auch beim Einstieg in die neuen
Methoden. Die Beobachtung des gesamten Verlaufs ergab dann die charakteristische
S-Kurve mit ihren verschiedenen Zonen.

Mithilfe dieser S-Kurve lassen sich eine ganze Reihe von Überlegungen zu erforderlichen Veränderungsprozessen illustrieren und gestalten (Abb. 8.1). Im Kontext dieses
Buches sollen sie nur kurz beschrieben werden. Zunächst einmal beschreiben die *Positionen 0 bis 3* typische Stufen der Leistungsfähigkeit. *0* steht dabei für die frühe Ein-
führungsphase, in der in die neue Organisation, die neuen Prozesse, die neuen IT-Systeme,
die neuen Wege zur Kundeneinbindung etc. investiert wird. Sind diese erfolgreich imple-
mentiert, von den Marktteilnehmern und im Unternehmen verstanden, akzeptiert und
angewendet, folgt die *Phase 1* der schnellen Leistungssteigerung über den Zeitverlauf.
Dies ist der Bereich mit attraktiven *Return-on-Investments* – jede zusätzliche Investition in
sinnstiftende Maßnahme führt hier zu einem hohen Return, meist auch mit kurzen Rück-
laufzeiten. Mit zunehmender Reife in der Anwendung wird diese immer weiter ausgereizt,
bis hin zum *Punkt 2.* Anschließend nimmt dann aber der Zuwachs der Leistungsfähigkeit langsam ab, es wird schwieriger, für eine Investition einen attraktiven RoI (Return on
Investment) zu finden. Dennoch macht es oft Sinn, hier noch weiter zu investieren, um
weitere Perfektion zu erlangen. Dieses Abflachen hat zwei Ursachen. Einerseits erreicht
man eine hohe Durchdringung sowie interne Anwendungsreife und weitere Steigerun-
gen aus der gleichen Maßnahme werden schwieriger. Andererseits finden ähnliche Techniken, Methoden und Produkt- oder Prozessinnovationen auch in anderen Unternehmen

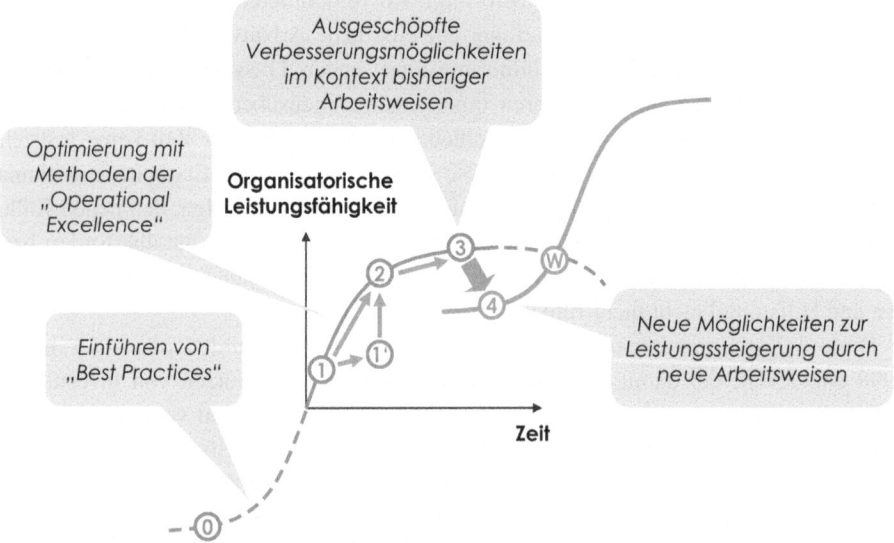

Abb. 8.1 Einflussfaktoren auf die organisatorische Leistungsfähigkeit im Verlauf der S-Kurve

Verbreitung und der Effekt der Differenzierung, des Leistungsvorteils aus dieser Technik verwässert sich durch die vielen Nachahmer, da erfolgreiche Methoden als *Best Practices* oftmals schnelle Verbreitung finden.

Um nun erfolgreich weiter die Leistungsfähigkeit zu erhöhen, erfordert es andere Methoden, Verfahren oder Organisationsprinzipien. Diese können mit einer neuen S-Kurve illustriert werden. Auch hier ist zu Beginn eine geringe Wirksamkeit der neuen Techniken zu verzeichnen, bevor der gleiche Wirkmechanismus wie in der vorhergehenden S-Kurve greifen kann. Nun kommt es aber zu einer Reihe von wichtigen Effekten:

- Der Sprung von der alten Kurve (z. B. *Position 3*) auf die neue Kurve *(Position 4)* ist nicht einfach ein *Fallenlassen,* ein automatischer Wechsel auf eine neue Technik, Organisation oder Arbeitsweise. Die Abbildung steht als zweidimensionales Bild für ein dreidimensionales Phänomen. Zum Zeitpunkt des möglichen Wechsels stehen meist mehrere verschiedene neue Alternativen zur Wahl – diese stehen quasi hinter der hier rot dargestellten Kurve. Die Entscheidung des Managements für eine neue Kurve bedeutet einen Sprung ins Ungewisse – in doppeltem Sinne: zum einen die Ungewissheit, ob die angestrebte neue Kurve wirklich die *richtige* ist, die nach oben führt, oder vielleicht doch nicht abheben wird bzw. im eigenen Unternehmen (noch) nicht richtig funktionieren wird und zum anderen die Ungewissheit, ob man den Sprung dorthin wirklich schafft oder ob man diese neue Methodik, die neue Organisation, die neue Arbeitsweise doch nicht passend ausprägen kann und man somit die neue Kurve verfehlt. Fehlinvestitionen kommen ja immer vor. Die Frage ist dann, ob das Unternehmen noch genügend Zeit und genügend finanzielle sowie mitarbeiterseitige Reserven hat, um den Fehlsprung durch eine Richtigstellung oder alternative Maßnahme zu kompensieren.
- Unternehmen arbeiten oft mit Benchmarks und vergleichen sich in einigen Kennzahlen mit anderen Unternehmen. Dabei kommt es oft zu gravierenden Fehleinschätzungen, wenn man die Hintergründe zur jeweiligen Kennzahlenausprägung nicht ausreichend kennt und berücksichtigt. Die Position *W* steht für einen Wettbewerber, der scheinbar die gleiche Leistungsfähigkeit oder Profitabilität hat. Somit hält man sich selbst für gleich gut, für ebenso leistungsfähig wie der Wettbewerber und ebenso gut gerüstet für die Zukunft. Schwieriger und zum Teil problematisch wird es dann, wenn die Position *W* unterhalb der eigenen Leistungsfähigkeit liegt und man sich damit im Vorteil wähnt (was dazu führen kann, dass man sich entspannt zurücklehnt und auf andere Themen fokussiert). Wenn der Wettbewerber aber bereits auf die neue Technik, die neuen Methoden, die neue Organisation, die neuen Arbeitsweisen umgestellt hat, dann ist er am Beginn des Aufstiegs – und wird anschließend rasant in seiner Leistungsfähigkeit ansteigen und seine Wettbewerber hinter sich lassen. Diese haben dann das Nachsehen und reiben sich die Augen, wie das denn möglich sein kann.
- Wenn man zu lange an der *Position 3* festhält, läuft man im Grunde genommen auf dem gleichen Level weiter im Zeitablauf – wenig Investitionen, da ja die vorgelegten Maßnahmen alle keinen attraktiven RoI ausweisen. Man rettet sein Niveau der

Leistungsfähigkeit, seine Profitabilität, über die Zeit – und verspielt dabei die Zeit, die man gehabt hätte, um auf neue Arbeitsweisen umzusteigen. Wie die Abbildung zeigt, führt dies im Regelfall zum Absturz – erst langsam, dann immer schneller und vor allem unaufhaltsam. Weil die Wettbewerber bereits umgerüstet haben, investiert haben und nun ihren Leistungsvorteil gnadenlos ausspielen, um ihre damit geschaffenen Chancen in Profitabilität, in gewonnene Finanzmittel für neue Investitionen für die Perfektionierung und Weiterentwicklung ihrer neuen Arbeitsweisen zu verwenden – und so ihren Leistungsvorteil mittelfristig abzusichern. Und bereits Rücklagen zu bilden, um den Wechsel in die später einmal erforderliche nächste S-Kurve vorzubereiten und erfolgreich zu meistern.

- Die Darstellung zeigt aber noch einen weiteren wichtigen, interessanten und sehr bedeutungsvollen Aspekt dieser Investitionszurückhaltung auf: Die Leistungsfähigkeit bzw. Profitabilität ist auf dem *Niveau 3* deutlich höher als auf dem *Niveau 4* – Hintergrund sind zum einen die vorgenommenen Investitionen, zum anderen die auftretenden Leistungsverluste beim Vorbereiten und Einführen, vor allem aber beim Umstieg auf die neuen Arbeitsweisen. Dieser Abfall ist unvermeidbar, wie die empirischen Beobachtungen zeigen. Dies ist natürlich für ein Management, das einer externen Berichtspflicht unterliegt, extrem unangenehm – wer möchte schon gerne vor seine Anteilseigner gehen und diesen einen Rückgang der Profitabilität berichten? Vor allem bei börsennotierten Unternehmen ist die Neigung sehr groß, dies nicht zu tun. Bei Unternehmen im Familien- oder Privatbesitz ist dies oftmals mit den Anteilseignern erörterbar und kann einer gemeinsamen Entscheidungsfindung zugeführt werden. Dies erklärt auch, warum Unternehmen im Privatbesitz oftmals innovativer (und in gewisser Weise auch risikofreudiger) auftreten. Bei börsennotierten Unternehmen ist häufig ein anderer Effekt zu beobachten: Das Management hält möglichst lange an den bisherigen Arbeitsweisen fest, da diese ja in den letzten Jahren sehr erfolgreich waren und das Abflachen des Anstiegs sich nicht ohne Weiteres erschließt. Hier kommt es dann zu dem im vorigen Punkt beschriebenen Effekt: Das Unternehmen gerät in eine Schieflage. Rechtzeitig vorher hat sich das Topmanagement aber oft noch erfolgreich um eine Vertragsverlängerung bemüht, um den bisher bewährten Weg fortführen zu können. Nach dem „Absturz" wird das Topmanagement ganz oder teilweise gegen ein neues ausgetauscht. Für das neue Management wird dann auch an der Börse toleriert, dass es zunächst einmal die alten Verluste aufräumen muss. Daher wird die nun vorgenommene Neuorganisation, Einführung neuer Arbeitsweisen, neuer Aufstellung des Unternehmens etc. begeistert begrüßt und positiv aufgenommen. Und anschließend kann dieses erfolgreich sanierte Unternehmen (quasi auf einem Umweg) seinen Weg auf der Erfolgskurve, der neuen S-Kurve, gehen.

Neben den spannenden Konstellationen in dem Umschwungbereich, dem Wechsel von der alten auf die neue S-Kurve, gibt es noch einen weiteren, sehr wichtigen Sachverhalt für das Transformations-Management. Dieser ist im Zusammenhang mit der Sofortgesellschaft besonders wichtig, vor allem aufgrund der heutigen unglaublichen Technisierung der Arbeitswelt, den dadurch immer leistungsfähigeren Formen der Prozess- und Arbeitsorganisation und der hohen Geschwindigkeit der Abläufe – diese macht viele Mitarbeiter im wahrsten Sinne des Wortes „schwindelig".

Für dieses Phänomen steht die *Position 1**. Sie ist deswegen so bedeutsam, weil hiermit zwei grundlegende Problembereiche beschrieben werden. *Position 1** steht dafür, dass ein Unternehmen eine neue Technik eingeführt hat, die Mitarbeiter diese aber nicht wirklich verstanden haben und nicht benutzen können. Das führt zu zwei unerwünschten Effekten:

- Zunächst einmal denkt das Management, das es alles richtig gemacht hat – es hat in die neuen Systeme, in neue Abläufe, in neue Organisationen, in neue Organisationsformen etc. investiert, die Mitarbeiter geschult, kommuniziert und viele Informationsveranstaltungen durchgeführt. Es ist daher im festen Glauben, dass nun alles besser werden wird und dass alle Voraussetzungen geschaffen sind, um Geschwindigkeit und Konten zu beherrschen und daher im Wettbewerb mithalten zu können. Das ist aber eine fatale Fehleinschätzung, die oftmals zu vielen weiteren Fehlentscheidungen und falschen, unangebrachten Maßnahmen führt, damit die Misere noch verschlimmert und auch zu Katastrophen führen kann.
- Die Mitarbeiter sind zutiefst verunsichert, da sie den Druck des Managements spüren, nun endlich erfolgreich zu sein – andererseits aber nicht wissen, wie sie es richtig machen sollen. Dadurch kommt es zu Fehlern, zunächst kleinen operativen Fehlleistungen, die sich aber im Lauf der Zeit ausweiten, aufschaukeln und zu oftmals weitreichenden Konsequenzen führen können. Gleichzeitig wächst die Angst der Mitarbeiter (insbesondere unter dem Druck „von oben"), ihre Unkenntnis zuzugeben. Dadurch wird oftmals eine Arbeitswelt von Provisorien, *Work-Arounds* und Scheinabläufen geschaffen. Arbeitsgruppen treffen sich, arbeiten an Maßnahmen, wissen dann aber nicht, wie sie diese umsetzen sollen – die darin investierte Zeit verpufft. Ein Eil-Auftrag läuft im System auf einen Auftragsstopp, weil die aktualisierte Preisinformation nicht im System eingetragen ist und der zuständige Bearbeiter die Problematik und Dringlichkeit nicht versteht – und damit bleibt der ganze Auftrag hängen.

Als Konsequenz hieraus verfestigt sich eine Situation, in der das Management denkt, dass alles Erforderliche getan wurde und man ja nun alle Voraussetzungen für eine hohe Leistungsfähigkeit umgesetzt hat. Andererseits gibt es eine zunehmende Zahl an Fehlleistungen in verschiedenen Bereichen und Abschnitten der Supply Chain (und auch anderen Bereichen). Auf der operativen Ebene sinkt die Motivation ins Bodenlose, Frustration und Aggression suchen sich Schauplätze der Auseinandersetzungen oder der Resignation und des stillen Rückzugs. Als Ergebnis ist eine signifikante Reduzierung der Leistungsfähigkeit eingetreten, die in den meisten Fällen auch nach außen (zu Kunden und Lieferanten) durchschlägt. Dies kann bis hin zum Untergang des Unternehmens führen – und das Management hat bis zum Schluss das Gefühl, eigentlich doch alles richtig gemacht zu haben und versteht nicht, warum es zu diesen Problemen gekommen ist.

Mithilfe der *S-Kurve der organisatorischen Leistungsfähigkeit* lassen sich noch eine Vielzahl weiterer Sachverhalte beschreiben, erklären und Maßnahmen zur Abhilfe erarbeiten. Dies würde hier zu weit greifen. Wichtig für den Erfolg bei der Umsetzung der erarbeiteten Maßnahmen sind im Kontext der Sofortgesellschaft, der Supply-Chain-Mechanik, des Komplexitätsmanagements und der Welt von Big Data aber ein paar Grundzüge, die man bei der Gestaltung der Transformationsreise beachten sollte.

Abb. 8.2 zeigt hierzu sechs grundlegende Themenbereiche auf, die sich in erfolgreichen Projekten als wichtige Erfolgstreiber herausgestellt haben und in gewisser Weise eine empirisch gewonnene Essenz aus den vielfältigen Methoden des Change Managements darstellen. Interessant an der Beobachtung ist, dass man genau diese sechs Themenbereiche benötigt – wenn man einen auslässt, wird das Transformationsrisiko deutlich erhöht; andererseits benötigt man eigentlich nicht mehr, um diese Reise erfolgreich zu bewältigen. Sie sollen hier nur kurz angerissen werden, um das Augenmerk auf die sechs wichtigen Bausteine zu lenken:

- Eine überzeugende, motivierende und mobilisierende *Vision* – ein Zielbild, das man erreichen will und auch eine Erläuterung, warum dieses Ziel das richtige ist und warum der Aufbruch auf die Reise (unausweichlich) erforderlich ist. Das *Lehren der Sehnsucht nach dem fernen Meer.*
- Gezielte Maßnahmen zur *Mobilisierung* der Organisation, um auf die Reise zu gehen; dabei aber auch eine gewisse Beharrlichkeit und Kreativität, dies notfalls in mehreren unterschiedlichen Anläufen zu versuchen, bis es erfolgreich ist.
- Die Auswahl und der gezielte Einsatz von *Change Agents;* Personen, die in der Organisation tätig sind, intern eine hohe Akzeptanz haben und somit einerseits zu Fürsprechern der neuen Situation werden; andererseits aber durch ihre Bedenken und

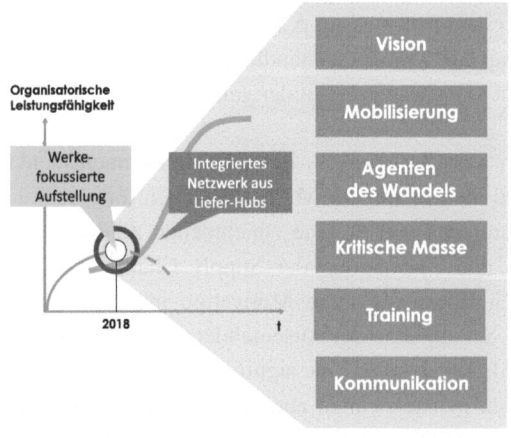

Abb. 8.2 Kern-Handlungsfelder in der komplexen Transformation einer Supply Chain zur integrativen Value Chain

Widerstände wichtige Hinweise geben können, wie man das Zielkonzept, die Mobilisierung und Reise sowie die Kommunikation der neuen Vision besser gestalten kann.

- Das Erreichen einer *kritischen Masse,* die sich auf den neuen Weg macht und die neuen Arbeitsweisen aktiv unterstützt oder zumindest toleriert und anwendet. Damit wächst die Zahl der Fürsprecher stark an. Diese kritische Masse können bereits 10–15 % der Mitarbeiter sein, die dann die anderen (eher unentschiedenen) mitziehen und den Ablehnern den Wind des Widerstands aus den Segeln nehmen.

- Ein breit angelegtes, ziel- und rollenspezifisches *Training* von Führungskräften und Mitarbeitern in den neuen Methoden, die für die künftige Arbeit und Führung von Bedeutung sein können. Dies sind meist keine Einmal-Trainings oder Anleitungen per Rund-Mail, sondern individualisierte Ereignisse, die durchaus einen breiten Methodenmix verwenden können. Dabei ist darauf zu achten, dass die abzulegenden bisherigen Verhaltensweisen ja tief im Unterbewusstsein der Mitarbeiter verankert sind, die sich alle ihre eigenen Routinen zur täglichen Bewältigung der sie umgebenden Komplexität geschaffen haben. Diese gilt es aufzubrechen. Daher ist es erforderlich, mit einer gewissen Wiederholhäufigkeit und dem Einsatz unterschiedlicher Medien und Trainingsimpulse zu arbeiten.

- Frühzeitige, regelmäßige und zielgerichtete *Kommunikation* zum Vorhaben, zu den Visionen, Zielen und Vorgehensweisen, aber auch zu den wesentlichen Beteiligten, den auftretenden Widerständen und sich einstellenden kleinen und großen Erfolgen. Dies rangiert von großen Mobilisierungsveranstaltungen bis hin zu Print, Intranet und E-Mails. Auch der Einsatz von Führungskräften ist wichtig, die in ihren Abteilungen und Bereichen regelmäßige Informationsveranstaltungen durchführen und dadurch einerseits zum Treiber der Veränderung werden und andererseits den Mitarbeitern die Möglichkeit geben, individuelle Sorgen, Nöte und Bedenken zu äußern und einzubringen.

Im gesamten Ablauf ist zu beobachten, wodurch und wie Resistenzen gegen die Veränderung entstehen. Hierfür können die *grauen Eminenzen* eine wichtige Rolle spielen; diese sind oft zunächst mit ihrem Widerstand gegen die neuen Wege hinderlich. Wenn man sich jedoch gezielt mit deren Bedenken beschäftigt, kann man oft die entscheidenden Impulse herausarbeiten, warum die bisherige Kommunikation, möglicherweise auch das Zielbild, noch nicht zielführend ist. Nach meiner Erfahrung entwickeln sich diese dann zu den wichtigsten Change Agents, da sie ja wichtiges und relevantes Organisationswissen besitzen und daher berechtigte Kritik darlegen. Geht man auf deren Themen und Person ein, führt die daraus resultierende, wahrgenommene Aufmerksamkeit zu einer besseren Einbindung dieser Personen und gleichzeitig zu einem besseren Zielkonzept, zu besseren mobilisierenden, gestaltenden und absichernden Maßnahmen.

Die S-Kurve der organisatorischen Leistungsfähigkeit kann auch für die Formulierung des Zielbildes eingesetzt werden, siehe Beispiel in Abb. 8.3. Dies erlaubt auch die darin enthaltene Verdeutlichung, was passieren wird, wenn man die Reise nicht antritt. Trotz aller Zielstrebigkeit und Zielgewissheit des Managements kann man daran auch erläutern, dass diese Reise nicht immer ganz geradlinig sein wird, aufmerksame

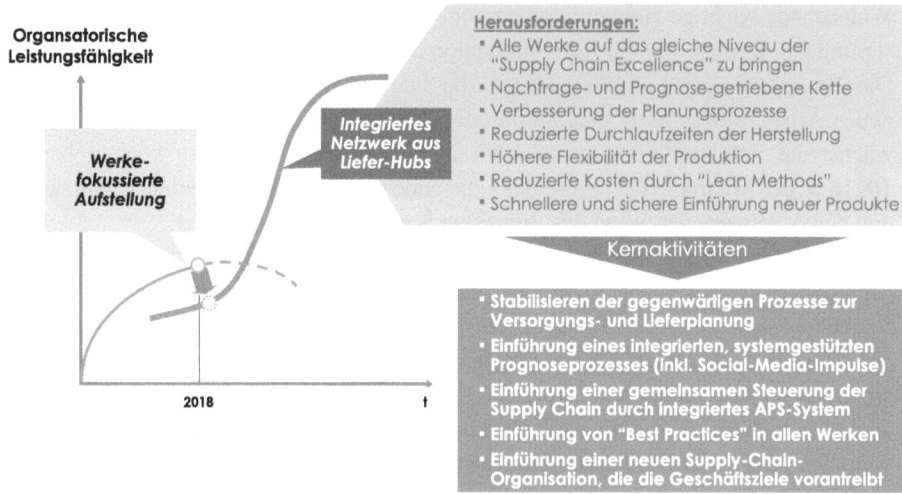

Abb. 8.3 Vision, Ziele und Handlungsfelder als „Quick-Info-Sheet" für schnell Informationsaufnahme in der Sofortgesellschaft

Begleitung aller Beteiligten erfordert und durchaus immer wieder einmal Korrekturen vorgenommen werden. Doch die Zielrichtung ist klar und es gibt eine klare Orientierung für das zu erreichende Ergebnis.

Aus dieser Darstellung kann auch die Auswahl und Priorisierung der festgelegten Maßnahmen verdeutlicht werden und somit die Kommunikation der Handlungsschwerpunkte anschaulich aufgezeigt werden. So kann mit einer einzigen Seite sehr kompakt dargestellt werden, warum man in diesen Transformationsprozess einsteigen will, was man anstrebt und erreichen will und welche wichtigen Aktivitäten hierbei eine zentrale Rolle spielen. Im Kontext der Sofortgesellschaft unterstützt dies die kompakte, schnelle Information und auch die schnelle Aufnahmefähigkeit der Information. Die Darstellung verbindet grafische Elemente für die „Bildermenschen", Worte für die „Wortmenschen" und vielleicht auch noch ein paar wenige Kennzahlen für die „Zahlenmenschen", die somit alle gemeinsam mit einer einzigen Kommunikationsform angesprochenen und eingebunden werden können. Hieraus lässt sich auch ikonenhaft eine reduzierte Darstellung entwickeln, die zum Logo des Veränderungsprozesses in allen Kommunikationskanälen und Hilfsmitteln wird – viel wirksamer als die in der Vergangenheit beliebten Bezeichnungen *Programm 2010, Strategie 2015, Unternehmen 2020, Zielbild 2025* etc.

Somit wird die S-Kurve zum Symbol für die Veränderung, für die Ziele, für den Kontext – und letztlich steht das *S* auch für die Sofortgesellschaft. Die Schnelligkeit der Gesellschaft, in der wir leben, erfordert die Schnelligkeit der Veränderung und die Schnelligkeit der Kommunikation – multimedial, multikanal und multikulturell – denn sie überschreitet die bisherigen kulturellen Grenzen unserer Gesellschaft; sie ist „multikosmonal".

Der Dialog ist eröffnet!

Literatur

Ansoff I (1965) Corporate strategy: an analytic approach to business policy for growth and expansion. McGrawHill, USA

Barton D, Court D (2012) Keine Angst vor Analytik. Harv Bus Manag 11(2012):45–51

Bölzing D (2015a) Agilität – Die Quelle von Wettbewerbsvorteilen. Logistik Heute 10:34–36

Bölzing D (2015b) Jeden Tag anders agil – Neue Prozessmodelle in Supply Chain und Unternehmen. Logistik Heute 11:28–30

Bölzing D (2015c) Eine Aufgabe der Lenker – Neue Führungsmodelle für zukunftsweisende Agilität. Logistik Heute 12:30–32

Bölzing D (2016) Digitale Transformation – richtig handeln durch zielgerichtete Evolutionsstrategie. ZFO 85(2):91–98

Brynjolfsson E, McAfee A (2017) Von Managern und Maschinen. Harv Bus Manag 11(2017):22–34

Davenport T (2013) Auf Augenhöhe mit den Zahlenprofis. Harv Bus Manag 10:99–103

Davenport T, Patil D (2012) Wir stellen ein: Data Scientists. Harv Bus Manag 11(2012):32–40

Dell C (2012) Die improvisierende Organisation. transcript, Bielefeld

Deuber L (2016) Chinesische Vorbilder. Wirtschaftswoche Global, Feb, S 20

Deuflhard P, Hohmann A (2002) Numerische Mathematik. de Gruyter, Berlin

EHI (2105) Umfrage unter Onlinehändlern; zitiert nach Wirtschaftswoche, S 15

Ematinger R 2017 Von der Industrie 4.0 zum Geschäftsmodell 4.0: Chancen der digitalen Transformation. Springer Gabler, Berlin

EY (2015) Agility matters – Die Supply Chain im Spannungsfeld zwischen Finanzen, Operation und Unternehmensstrategie. Eschborn 02/2015

Gartner (2015) The Gartner supply chain top 25 for 2015. Gartner, Stamford

Gartner (2016) The Gartner supply chain top 25 for 2016. Gartner, Stamford

Gartner (2017) The Gartner supply chain top 25 for 2017. Gartner, Stamford

Global Supply Chain Institute (2013) Game-changing trends in supply chain. University of Tennessee, Knoxville

Halbleiter.org (2018). Halbleitertechnologie von A bis Z: Waferherstellung und Herstellung des Einkristalls. Interaktives Technologie-Lexikon von Philipp Laube

Henderson B (1970) The product portfolio. Boston Consulting Group, Boston

Hook L, Whipp L (2016) Brands start putting AI into retail to bag sales. Financial Times, 23. Nov., S 15

Hopp W, Spearman M (1995) Factory physics: Foundation of manufacturing management. McGrawHill, New York

© Springer Fachmedien Wiesbaden GmbH, ein Teil von Springer Nature 2018
D. Bölzing, *Überleben und Wachsen in der Sofortgesellschaft,*
https://doi.org/10.1007/978-3-658-15111-9

Hug H (2017) Industrie 4.0: Historische Grundlagen, technische Veränderungen, wirtschaftliche und soziale Auswirkungen. Merkur Verlag, Rinteln

J&M Research (2011) Supply Chain Management als Motor für Leistungssteigerungen – Planungsprozesse mangelhaft integriert. J&M, Mannheim

J&M Research (2013) Erfolgsfaktor Integration – Warum Supply Chain Champions besser sind. J&M, Mannheim

Kern J (2009) Ishikawa Diagramme – Ursache-Wirkungs-Diagramme als Qualitätswerkzeuge. GRIN-Verlag, München

Kreutzer RT, Land KH (2016) Digitaler Darwinismus: Der stelle Angriff auf Ihr Geschäftsmodell und Ihre Marke. Springer Gabler, Berlin

Lundin S (2009) CATS – the nine lives of innovation. McGraw Hill, New York

Mack O, Share A (2016) Managing in a VUCA World. Springer, Heidelberg

Mandelbrot B (1991) Die fraktale Geometrie der Natur. Birkhäuser, Basel

Matzler K, Bailom F, von den Eichen SF, Anschober M (2016) Digital Disruption. Vahlen, München

McAfee A, Brynjolfsson E (2012) Besser entscheiden mit Big Data. Harv Bus. Manag 11(2012):22–30

Meyers R (2009) Encyclopedia of complexity and systems science. Springer, Berlin

Myers Briggs I, Myers P (1980) Gifts differing: understanding personality type. Consulting Psychologists Press, Palo Alto

Peters S (2015) The chimp paradox. Vermilion, London

Peters T (1987) Thriving on Chaos. Harper & Row, New York

Porter M (1988) Wettbewerbsstrategie: Methoden zur Analyse von Branchen und Konkurrenten. Campus, Frankfurt

Rommel G, Kluge J, Kempis RD (1995) Simplicity wins: How Germany's mid-sized industrial companies succeed. Harvard Business School Press, Boston

Ross J, Beath C, Quaadgras A (2014) Die Grenzen von Big Data. Harv Bus Manag 2

Schulz T (Hrsg) (2017) Industrie 4.0: Potenziale erkennen und umsetzen. Vogel Business Media, München

Schumpeter A (1912) Theorie der wirtschaftlichen Entwicklung. z. B. Röpke J, Stiller O (2006), Duncker & Humboldt, Berlin

Selbach D (2016) Reise mit Wiederkehr. Wirtschaftswoche Global, Feb, S 15

Siems F (2009) Preismanagement. Vahlen, München

Specht G (1979) Die Macht aktiver Konsumenten. Poeschel-Verlag, Stuttgart

Theguardian (2014) The desperate struggle at the heart of the brutal Apple supply chain. theguardian.com. Zugegriffen: 14. Nov. 2014

Wahba P (2016) Who suffers when you return these xmas gifts. Fortune 1

Waterman R, Peters T (1984) In search of excellence. Harper & Row, USA

Womack J, Jones D, Roos D (1990) The machine that changed the world. Dawson Associates, New York

The manufacturer's authorised representative in the EU is Springer
Nature Customer Service Centre GmbH, Europaplatz 3, 69115 Heidelberg,
Germany. If you have any concerns regarding our products, please
contact ProductSafety@springernature.com

Printed and bound by CPI Group (UK) Ltd, Croydon, CR0 4YY
27/04/2026
02097614-0012